궁핍한 시대에 시인은 무엇을 위하여 사는가

주제를 따라서 읽는
횔덜린 시선

Hölderlins ausgewählte Gedichte
übertragen u. kommentiert
von
Young-Tae Chang
Seoul 2012

Friedrich Hölderlin

궁핍한 시대에 시인은 무엇을 위하여 사는가

주제를 따라서 읽는 횔덜린 시선

프리드리히 횔덜린 지음 | 장영태 옮김

옮긴이 장영태 (홍익대학교 명예교수)

서울대학교 문리과대학과 동대학원 독어독문학과를 졸업했으며, 뮌헨대학에서 수학했고, 「횔덜린의 시학 연구」로 고려대학교에서 문학박사 학위를 받았다. 1982년 이래 홍익대학교 문과대학 독어독문학과 교수로 재직하고 2009년 8월에 정년퇴임하였다. 저서로는 『횔덜린 생애와 문학 사상』, 『지상에 척도는 있는가 – 횔덜린의 후기문학』(2004년도 대한민국학술원 우수학술도서), 『횔덜린평전』이 있고, 옮긴 책으로는 한스 로베르트 야우스의 『도전으로서의 문학사』, 마렌 그리제바하의 『문학연구의 방법론』, 디이터 람핑의 『서정시 – 이론과 역사』, 캐테 함부르거의 『문학의 논리』(2002년도 대한민국학술원 우수학술도서)등의 문학이론서와 『횔덜린 시선: 머무는 것은 그러나 시인이 짓는다』, 횔덜린의 『휘페리온』(을유문화사 세계문학전집11), 유렉 베커의 『거짓말쟁이 야콥』, 『동독 단편 문학선』, 『괴테 시선』 등 독문학 작품이 있다. 또한 「횔덜린의 소포클레스 비극 안티고네에 대한 해석과 번역」, 「횔덜린의 지리학적 시 이스터 강」 등 횔덜린 문학에 대한 여러 편의 논문을 썼다.

표지 컷 : Wolf D. Zimmermann
제 호 : 시 『빵과 포도주』 제 123행
        wozu Dichter in dürftiger Zeit?

궁핍한 시대에 시인은 무엇을 위하여 사는가
주제를 따라서 읽는 횔덜린 시선

초판 1쇄 발행 2012년 3월 10일

지은이 _ 프리드리히 횔덜린
옮긴이 _ 장영태
펴낸이 _ 배정민
펴낸곳 _ 유로서적

편집 _ 심재진
디자인 _ 천현주

등록 _ 2002년 8월 24일 제 10-2439호
주소 _ 서울시 금천구 가산동 329-32 대륭테크노타운 12차 416호
TEL _ (02) 2029-6661 | FAX _ (02) 2029-6664
E-mail _ bookeuro@bookeuro.com

ISBN 978-89-91324-48-0 (93850)

책머리에

프리드리히 횔덜린(Friedrich Hölderlin, 1770-1843)은 독일문학의 전성기, 소위 "괴테시대"의 가장 뛰어난 시인이다. 그의 시 작품은 독일어문학에서 정점을 이룬다고 평가된다. 횔덜린은 그러나 당대에는 소설 『휘페리온』을 통해서 겨우 수수한 문명을 유지했을 뿐 시인으로서는 거의 인정받지 못했었다.

괴테와 쉴러와 같은 거장의 그늘아래서 횔덜린과 같은 변방의 시인들은 발표의 기회를 얻기 어려운 탓도 있었지만, 횔덜린의 시가 "사랑의 지친 날개"와 같은 전래의 주제에 머물지 않고 "표상세계의 변화"를 시도했던 만큼 당대의 이해지평을 훨씬 넘어 서 있었기 때문이다. 그러나 20세기 초 뮌헨의 젊은 불문학도 헬링라트(Hellingrath)에 의해서 발굴되고 재평가된 그의 후기 시문학이 뒤늦게 횔덜린을 현대시의 선구자로 세워놓았다. 그의 시 「빵과 포도주」는 헤세를 시인의 길로 인도했으며, 릴케와 첼란과 같은 독일의 현대 시인들은 횔덜린을 시인의 모범으로 삼기를 주저하지 않았다.

프랑스 혁명의 열기의 세례를 받았으며 디오티마와는 뜨겁고 비극적인 사랑을 나누고 독일 이상주의 철학에 기초를 놓았던 횔덜린은 그 시대의 고통과 희망을 온 몸으로 체험했던 독일의 대표적인 지성이었다. 반생(半生)을 정신착란 가운데 외롭고 불우한 삶을 살아야 했지만 오늘날 그의 문학과 사상, 그의 삶에 대한 끊임없는 관심 가운데 그는 살아있다.

*　　*　　*

2008년 역자는 『횔덜린 시선. 머무는 것은 그러나 시인이 짓는다』를 통해서 이미 85편의 작품을 번역 소개한 바 있다. 이 2008년판의 시 선집은 시 양식(송가, 찬가, 비가)에 따라 창작년도 순으로 게재하여 시 세계의 변화와 시형식의 의미를 살필 수 있도록 했던 만큼 다분히 문학사적인 관점이 반영된 것이었다.

이번 새롭게 펴내는 이 시 선집은 104편의 길고 짧은 작품을 번역하여 원문과 함께 싣고 그의 시 문학이 드러내고 있는 주제들을 따라서 분류하여 편집했다. 2008년판의 시집에 실렸던 85편 가운데 74편을 추리고 새롭게 30편을 추가하여 이 새판을 낸 것이다. 그렇게 하여 두 시집은 횔덜린의 주요 시 작품을 거의 모두 싣고 있다.

주제를 따라서 분류하기로 한 것은 독일의 시인 중 "가장 뜻 깊은 시"를 쓴 시인으로 평가되는 횔덜린의 시를 독자들이 좀 더 쉽게 이해하고 향유할 수 있도록 하기 위해서이다. 그렇지 않아도 독일의 독자들에게도 이해가 쉽지 않은 횔덜린의 시 세계에 좀 더 쉽게 접근할 수 있도록 하기 위해서 1954년 보이트(Ludwig Voit)와 쉐러(Michael Scherer)가 21편의 시를 주제를 따라 분류하여 수록한 시 선집을 발행한 적이 있고, 2005년 미트(Günter Mieth)도 주제에 따라 편집된 『프리드리히 횔덜린 100편의 시』를 출판하였다. 미트가 제시한 주제들은 지금까지 횔덜린 연구의 결실들을 대부분 수용하고 있어 횔덜린 시세계의 이해에 좋은 길잡이가 될 것으로 생각하고, 『궁핍한 시대에 시인은 무엇을 위하여 사는가- 주제를 따라서 읽는 횔덜린 시선』도 미트가 제시한 7개의 주제를 그대로 따르기로 했다. 주제별로 분류된 시들도 대체로 미트의 편집에 따랐지만 본 역자의 생각에 따라서 여러 편을 제외 또는 추가했다.

물론 모든 시들이 이 주제아래 명백하게 구분되는 것은 아니다. 소위 '조국적 찬가'로 불리는 긴 찬가들만 하더라도 몇 개의 주제들을 함께 노래하고 있는 것이 사실이다. 따라서 이러한 시들은 가장 두드러진 주도(主導) 주제를 따라 분류하고 해설을 통해서 포함된 관련 주제를 설명하기로 했다. 또한 각 작품에 등장하는 난해한 시어나 시구에 대해서는 가능한 자세한 주석을 달아서 이해를 도우려고 했다.

  이 선집은 슈미트(Jochen Schmidt)가 편집한 횔덜린 시선집(Hölderlin, Sämtliche Gedichte, Text und Kommentar. Deutscher Klassiker Verlag im Taschenbuch, Bd. 4, Frankfurt am Main 2005)을 대본으로 삼고, 그 원문을 이 책에 그대로 옮겨 실었다. 필요한 독자도 있을 것이고 번역이 다 따라잡지 못한 부분을 원문이 보완해줄 것으로 생각한다.

  이 시선집이 역자가 의도하는 대로 독자들로 하여금 횔덜린 시세계를 좀 더 용이하게, 그리고 깊게 이해하는 길잡이가 되었으면 좋겠고 이를 통해서 횔덜린의 문학이 우리들의 현실에도 깨우침과 희망으로 작용할 수 있기를 간절히 소망한다. 마지막으로 횔덜린의 시구를 빌어 독자들에게 바란다.

    오, 아침의 바람을 마시라
    그대 열릴 때 까지,
    또한 그대 눈앞에 있는 것 이름 부르라,
    더 이상 말해지지 않은 것
    신비로 남아 있어서는 안 된다.
    오래전에 이미 베일에 가려진 것이라 할지라도.

                      시 「게르마니아」 중에서

                              2012. 3
                            역자 장영태

차례

횔덜린 시선

1 자연과 고향

자연에 부처 An die Natur | 16
떡갈나무들 Die Eichbäume | 22
천공에 부처 An den Äther | 24
하이델베르크 Heidelberg | 30
넥카 강 Der Neckar | 34
마인 강 Der Main | 38
고향 Die Heimat | 42
귀향 Rückkehr in die Heimat | 46
슈투트가르트 Stutgard | 50
방랑자 Der Wanderer | 62
귀향 Heimkunft | 72
편력 Die Wanderung | 83
하르트의 협곡 Der Winkel von Hahrdt | 93
고향 Heimat | 95
산책 Der Spaziergang | 97
하늘에서부터… Wenn aus dem Himmel… | 100

2 사랑과 우정

노이퍼에게 An Neuffer | 106
사죄 Abbitte | 108
좋은 믿음 Der gute Glaube | 110
그녀의 회복 Ihre Genesung | 112
용납할 수 없는 일 Das Unverzeihliche | 114
소크라테스와 알키비아데스 Sokrates und Alcibiades | 116
사랑 Die Liebe | 118
이별 Der Abschied | 122
란다우어에게 An Landauer | 126
에듀아르에게 An Eduard | 130
디오티마에 대한 메논의 비탄 Menons Klage um Diotima | 134
눈물 Tränen | 147
저 멀리에서부터… Wenn aus der Ferne… | 151

차례

3 시대와 역사

디오티마에게 An Diotima | 158
치유할 수 없는 자들을 위한 기도 Gebet für die Unheilbaren | 160
보나파르트 Buonaparte | 162
디오티마 Diotima | 164
디오티마 Diotima | 172
독일인들에게 An die Deutschen | 174
시대의 정신 Der Zeitgeist | 176
모든 악의 근원 Würzel alles Übels | 180
독일인의 노래 Gesang des Deutschen | 182
격려 Ermunterung | 188
게르마니아 Germanien | 192
소크라테스의 시대에 Zu Sokrates' Zeiten | 202
평화의 축제 Friedensfeier | 204

4 시인과 민중

나의 결심 Mein Vorsatz | 220
현명한 조언자들에게 An die klugen Ratgeber | 224
천재와 대중 Genie und Popularität | 230
좋은 충고 Guter Rat
악마의 옹호자 Advocatus diaboli
서술하는 문학 Die beschreibende Poesie
특출한 사람들 Die Vortrefflichen
잘못된 명망 Falsche Popularität
운명의 여신들에게 An die Parzen | 234
백성의 목소리 Stimme des Volks | 236
짧음 Die Kürze | 242
인간의 갈채 Menschenbeifall | 244
젊은 시인들에게 An die jungen Dichter | 246
변덕스러운 자들 Die Launischen | 248
삶과 예술 Leben und Kunst | 252
자신에게 Προϵ ϵαυτου
소포클레스 Sophokles
분노하는 시인 Der zürnende Dichter
농하는 자들 Die Scherzhaften

차례

나의 소유물 Mein Eigentum | 254
마치 축제일에서처럼…Wie wenn am Feiertage… | 260
시인의 사명 Dichterberuf | 268
눈먼 가인 Der blinde Sänger | 275
알프스 아래서 노래함 Unter den Alpen gesungen | 281
회상 Andenken | 285
므네모쉬네 Mnemosyne | 291

5 신들과 안티케

그리스 Griechenland | 298
바니니 Vanini | 304
휘페리온의 운명의 노래 Hyperions Schicksalslied | 306
내가 한 소년이었을 때…Da ich ein Knabe war… | 310
사라져 가라, 아름다운 태양이여…Geh unter, schöne Sonne… | 314
신들 Die Götter | 316
빵과 포도주 Brot und Wein | 318
라인 강 Der Rhein | 334
신이란 무엇인가?…Was ist Gott?… | 352
유일자 Der Einzige | 354
파트모스 Patmos | 362
사랑스러운 푸르름 안에…In Lieblicher Bläue… | 380

6 삶과 죽음

그때와 지금 Ehmals und Jetzt | 388
고별 Abschied | 390
삶의 행로 Lebenslauf | 392
엠페도클레스 Empedokles | 394
영면한 사람들 Die Entschlafenen | 396
희망에 부쳐 An die Hoffnung | 398
반평생 Hälfte des Lebens | 401
삶의 연륜 Lebensalter | 403
인간의 삶이란 무엇인가…Was ist der Menschen Leben… | 405
한 어린아이의 죽음에 부쳐 Auf den Tod eines Kindes | 407

차례

이 세상의 평안함... Das Angenehme dieser Welt... | 409
찜머에게 An Zimmern | 411
즐거운 삶 Das fröhliche Leben | 413
한층 높은 인간다움 Höhere Menschheit | 417

7 계절과 하루의 때

일몰 Sonnenuntergang | 420
저녁의 환상 Abendphantasie | 422
아침에 Des Morgens | 426
불칸 Vulkan | 429
봄 Der Frühling | 433
여름 Der Sommer | 435
가을 Der Herbst | 437
겨울 Der Winter | 439
봄 Der Frühling | 441
전망 Die Aussicht | 443

주석과 해설

주석과 해설 | 447

후기 | 576

횔덜린 연보 | 592

찾아보기(시 제목) | 603
    한국어(독일어) | 603
    독일어(한국어) | 605

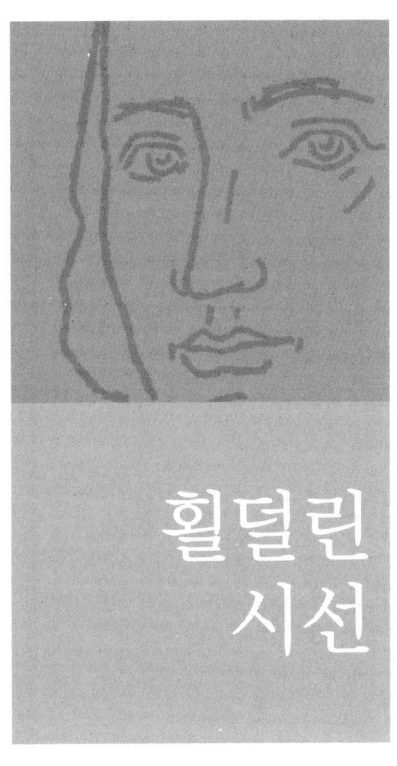

횔덜린 시선

1. 자연과 고향

축복받으라, 황금빛 어린 시절의 꿈들이여,
그대들 나의 삶의 궁핍함을 숨겨주었고
너희들 마음의 착한 싹을 움트게 했었노라
내 결코 이루지 못할 바를 그대들 나에게 주었노라!
오 자연이여! 그대의 아름다움의 빛으로부터
애씀도 억지도 없이
사랑의 당당한 열매
마치 태고의 수확처럼 영글었도다.

시 「자연에 부처」 중에서

자연에 부쳐

그때 내 아직 그대의 장막을 맴돌아 놀았으며
한 송이 꽃인 양 그대에게 매달려
나의 연약하게 숨 쉬는 가슴을 에워싼
모든 소리 가운데에서 그대의 가슴을 느꼈었노라.
그때 내 아직 그대처럼 믿음과 동경으로 가득 차
그대의 모습 앞에 서 있었고
내 눈물 흘릴 한 곳
나의 사랑을 위한 한 세계를 찾아내었노라.

그때 마치 내 마음의 소리 듣기라도 하듯이
나의 마음은 아직 태양을 향했었노라.
또한 별들을 형제라 불렀고
봄을 신의 멜로디라 불렀었노라.
임원(林苑)을 떠도는 숨결 가운데
아직 그대의 영혼, 환희의 영혼은
마음의 고요한 파도로 찰랑이었고
그때 황금빛 나날들은 나를 안아 주었도다.

샘물이 나를 시원하게 해 주며
어린 풀줄기의 초록빛
말없는 바위들을 에워싸 놀며

가지들 사이로 천공이 모습을 보이는 계곡
그곳에서 내가 꽃들의 세례를 받으며
말없이 취하여 그들의 숨결을 들이마시고
나를 향해서 빛살과 광채에 휩싸여
높은 곳으로부터 황금빛 구름 내려왔을 때―

단애의 가물거리는 품안에서부터
강물들이 거인처럼 부르는 노래 울려 오며
캄캄한 구름들이 나를 휘감아 드는 곳
저 멀리 불모의 들판을 내 유람하고 있었을 때,
폭풍이 스쳐 꿰뚫어가고
하늘의 불길이 나를 에워싸 날아갔을 때,
그때 그대 모습 나타냈었도다, 자연의 정령이여!

그럴 때면 때로 취한 눈물과 함께
오랜 방황 끝에 강물들 대양을 동경하듯
아름다운 세계여! 사랑하며, 내
그대의 충만 가운데 빠져들기도 했었노라.
아! 그때 온갖 존재의 힘으로
기쁨에 차, 시간의 고독으로부터 빠져나와
한 순례자 아버지의 회당으로 뛰어들 듯이
영원무궁함의 품안에 나는 뛰어들었도다.

축복받으라, 황금빛 어린 시절의 꿈들이여,
그대들 나의 삶의 궁핍함을 숨겨주었고
너희들 마음의 착한 싹을 움트게 했었노라
내 결코 이루지 못할 바를 그대들 나에게 주었노라!

오 자연이여! 그대의 아름다움의 빛으로부터
힘듬도 억지도 없이
사랑의 당당한 열매
마치 태고의 수확처럼 영글었도다.

나를 기르고 달래주던 이, 이제는 죽었고
청춘의 세계 이제 죽었도다.
한때 하늘이 충만케 했던 이 가슴
마치 수확이 끝난 터전인 양 죽어 궁핍하도다.
아! 봄은 아직도 옛처럼 나의 염려에 대고
우정에 찬 위안의 노래 부르나
내 삶의 아침은 사라져 버리고
내 마음의 봄도 스러져 버렸도다.

청춘의 황금빛 꿈 죽어버렸고
나에게 다정한 자연도 죽어갔을 때
가장 소중한 사랑도 영원히 궁핍해야 하고
우리가 사랑하는 것은 오직 그림자일 뿐.
그처럼 고향이 그대로부터 멀리 있음을
즐거운 나날에는 그대 깨닫지 못했던 것
고향에의 꿈이 그대를 충족시키지 아니하면
가련한 마음이여, 그대 결코 고향을 묻지도 않으리라.

AN DIE NATUR

Da ich noch um deinen Schleier spielte,
Noch an dir, wie eine Blüte hing,
Noch dein Herz in jedem Laute fühlte,
Der mein zährtlichbebend Herz umfing,
Da ich noch mit Glauben und mit Sehnen
Reich, wie du, vor deinem Bilde stand,
Eine Stelle noch für meine Tränen,
Eine Welt für meine Liebe fand,

Da zur Sonne noch mein Herz sich wandte,
Als vernähme seine Töne sie,
Und die Sterne seine Brüder nannte
Und den Frühling Gottes Melodie,
Da im Hauche, der den Hain bewegte,
Noch dein Geist, dein Geist der Freude sich
In des Herzens stiller Welle regte,
Da umfingen goldne Tage mich.

Wenn im Tale, wo der Quell mich kühlte,
Wo der jugendlichen Sträuche Grün
Um die stillen Felsenwände spielte
Und der Äther durch die Zweige schien,

Wenn ich da, von Blüten übergossen,
Still und trunken ihren Othem trank
Und zu mir, von Licht und Glanz umflossen,
Aus den Höh'n die goldne Wolke sank —

Wenn ich fern auf nackter Heide wallte,
Wo aus dämmernder Geklüfte Schoß
Der Titanensang der Ströme schallte
Und die Nacht der Wolken mich umschloß,
Wenn der Sturm mit seinen Wetterwogen
Mir vorüber durch die Berge fuhr
Und des Himmels Flammen mich umflogen,
Da erschienst du, Seele der Natur!

Oft verlor ich da mit trunknen Tränen
Liebend, wie nach langer Irre sich
In den Ozean die Ströme sehnen,
Schöne Welt! in deiner Fülle mich;
Ach! da stürzt' ich mit den Wesen allen
Freudig aus der Einsamkeit der Zeit,
Wie ein Pilger in des Vaters Hallen,
In die Arme der Unendlichkeit. —

Seid gesegnet, goldne Kinderträume,
Ihr verbargt des Lebens Armut mir,
Ihr erzogt des Herzens gute Keime,
Was ich nie erringe, schenktet ihr!
O Natur! an deiner Schonheit Lichte,

Ohne Müh' und Zwang entfalteten
Sich der Liebe königliche Früchte,
Wie die Ernten in Arkadien.

Tot ist nun, die mich erzog und stillte,
Tot ist nun die jugendliche Welt,
Diese Brust, die einst ein Himmel füllte,
Tot und dürftig, wie ein Stoppelfeld;
Ach! es singt der Frühling meinen Sorgen
Noch, wie einst, ein freundlich tröstend Lied,
Aber hin ist meines Lebens Morgen,
Meines Herzens Frühling ist verblüht.

Ewig muß die liebste Liebe darben,
Was wir liebten, ist ein Schatten nur,
Da der Jugend goldne Träume starben,
Starb für mich die freundliche Natur;
Das erfuhrst du nicht in frohen Tagen,
Daß so ferne dir die Heimat liegt,
Armes Herz, du wirst sie nie erfragen,
Wenn dir nicht ein Traum von ihr genügt.

떡갈나무들

정원들을 나와 내 너희들에게로 가노라, 신의 아들들이여!
내가 떠나온 거기 정원엔 참을성 있고 알뜰하게 가꾸고
또 가꾸어지며 자연은 근면한 사람들과 함께 살고 있노라.
그러나 너희들 장려한 자들이여! 마치 거인족인 양 한층
온화한 세계 가운데 우뚝 서서, 오로지 너희 자신들과
너희들에게 양분을 주고 길러 주는 하늘과 너희들을 낳은 대지에 어울릴
　　　　　　　　　　　　　　　뿐이로다.
너희들 중 아무도 인간의 학교에 다닌 적 없고,
오직 즐겁고 자유롭게 힘찬 뿌리에서
서로들 가운데로 솟아올라와, 마치 독수리가 먹이를 채듯
힘차게 팔을 뻗어 공중을 움켜쥐고, 구름을 찌르듯이
너희들의 햇빛받은 수관을 즐겁고 당당하게 쳐들도다.
너희들 각자가 하나의 세계이며, 하나의 신이지만
마치 하늘의 별들인 양 자유로운 동맹으로 함께 살도다.
내 예속됨을 견딜 수만 있다면, 결코 이 숲을 샘내지 않으며
기꺼이 어울려 사는 삶에 순순히 따르련만,
사람으로부터 떨어지지 못하는 이 마음이 어울려 사는 삶에 붙들어
　　　　　　　　　　　　　　　매지만 않는다면,
내 정녕 기꺼이 그대들과 함께 살고 싶어라!

DIE EICHBÄUME

Aus den Gärten komm' ich zu euch, ihr Söhne des Berges!
Aus den Gärten, da lebt die Natur geduldig und häuslich,
Pflegend und wieder gepflegt mit dem fleißigen Menschen
zusammen.
Aber ihr, ihr Herrlichen! steht, wie ein Volk von Titanen
In der zahmeren Welt und gehört nur euch und dem Himmel,
Der euch nährt' und erzog und der Erde, die euch geboren.
Keiner von euch ist noch in die Schule der Menschen
gegangen,
Und ihr drängt euch frohlich und frei, aus der kräftigen
Wurzel,
Unter einander herauf und ergreift, wie der Adler die Beute,
Mit gewaltigem Arme den Raum, und gegen die Wolken
Ist euch heiter und groß die sonnige Krone gerichtet.
Eine Welt ist jeder von euch, wie die Sterne des Himmels
Lebt ihr, jeder ein Gott, in freiem Bunde zusammen.
Könnt' ich die Knechtschaft nur erdulden, ich neidete nimmer
Diesen Wald und schmiegte mich gern ans gesellige Leben.
Fesselte nur nicht mehr ans gesellige Leben das Herz mich,
Das von Liebe nicht läßt, wie gern würd' ich unter euch
wohnen!

천공(天空)에 부쳐

  신들과 인간들 가운데 어느 누구도 그대처럼
성실하고 친절하게 나를 키운 이 없었나이다, 오 아버지 천공이시여!
어머니 나를 품에 안아 젖먹이기도 전에
당신은 사랑에 넘쳐 나를 붙들어 천상의 음료를 부으시고
움트는 가슴 안으로 성스러운 숨결[1] 맨 먼저 부어 주셨나이다.

  살아있는 것들 세속의 양식만으로 자라지 않으니
당신은 그 모두를 당신의 감로주로 길러 주시나이다, 오 아버지시여!
하여 영혼을 불어넣으시는 대기, 당신의 영원한 충만으로부터
흘러나와 모든 생명의 줄기를 물밀듯 꿰뚫어 가나이다.
그러하기에 살아있는 것들 당신을 또한 사랑하며
즐거운 성장 가운데 끊임없이 다투어 당신을 향해 오르려 하나이다.

  천상에 계신이여! 초목도 눈길 들어 당신을 찾으며
낮은 관목들은 수줍은 팔들을 들어 그대를 향해 뻗치지 않나이까?
당신을 찾으려 갇힌 씨앗은 껍질을 부수고
당신의 물결에 젖어 당신으로 하여 생기를 얻으려
거추장스러운 옷을 벗는 양 숲은 눈을 털어내나이다.
물고기도 요람을 벗어나 당신을 향하여 열망하듯
강물의 반짝이는 수면을 올라와 사무치듯 뛰어 노나이다.
지상의 고귀한 짐승들, 당신을 향한 누를 길 없는 동경과

그 사랑이 그들을 부여잡아 끌어 올릴 때,
발걸음은 날개가 되나이다.

 말(馬)은 대지를 당당히 무시하고 마치 휘어진 강철인 양
목을 하늘로 치켜세우고 발굽도 모래땅에 거의 딛지 않나이다.
장난치듯 사슴의 발은 풀줄기를 건드리며
마치 미풍인 양[2], 거품 일으키며 세차게 흐르는 냇가를 이리저리 건너뛰고
수풀 사이로 보이지 않게 배회하나이다.

 그러나 천공의 총아, 행복한 새들
아버지의 영원한 집 안에서 만족하여 깃들며 노니나이다!
이들 모두에게 넉넉한 장소가 있나이다. 누구에게도 길은 그어져 있지
                                                                    않으며,
크거나 작거나 그 집 안에서 자유롭게 떠도나이다.
그들 나의 머리 위에서 환희하고 있으니 나의 마음도
그들을 향해 오르기를 갈망하나이다. 다정한 고향인 양
저 위에서 눈짓 보내니, 알프스의 산정으로
내 올라가 서둘러 날아가는 독수리에게 외치고 싶나이다.
한때 제우스의 품안에 복된 소년[3]을 안겨 주었듯이
 이 갇힘에서 나를 풀어 천공의 회랑으로 데려가 달라고.

 우리는 어리석게도 정처 없이 헤매고 있나이다. 마치 하늘을 향해
의지해 자랐던 버팀대가 부러져 자랄 길 잃은 덩굴처럼
우리 바닥에 흩어져 대지의 영역에서 부질없이 찾으며
방랑하고 있나이다. 오 아버지 천공이여!
당신의 정원에 깃들어 살려는 욕망이 우리를 내모는 탓이로다.
바다의 물결로, 널따란 평원으로 만족을 찾아서

우리들 힘차게 들어서면 무한한 물결들
우리의 배(船)의 고물을 맴돌아 치고 해신의 힘참에 마음은 즐거우나
그 역시 만족을 주지 않나이다. 가벼운 물결 일렁이는
더 깊은 대양(大洋)이 우리를 유혹하는 탓이로소이다. 오 누구 저 곳
그 황금빛 해안으로 떠도는 뱃길 몰아갈 수 있다면!

  그러나 그 가물거리는 먼 곳, 당신이 푸르른 물결로 낯선
해안을 품에 안는 그 곳을 향해 내가 동경하는 사이,
당신은 과일 나무의 피어나는 우듬지로부터 살랑이며 내려오시는 듯
하나이다.
아버지 천공이시여! 또한 나의 애끓는 마음 손수 가라앉혀 주시는 듯
하나이다.
하여 이제 옛처럼 대지의 꽃들과 더불어 내 기꺼이 살겠나이다.

AN DEN ÄTHER

Treu und freundlich, wie du, erzog der Götter und Menschen
Keiner, o Vater Äther! mich auf; noch ehe die Mutter
In die Arme mich nahm und ihre Brüste mich tränkten,
Faßtest du zärtlich mich an und gossest himmlischen Trank mir,
Mir den heiligen Othem zuerst in den keimenden Busen.

Nicht von irdischer Kost gedeihen einzig die Wesen,
Aber du nährst sie all' mit deinem Nektar, o Vater!
Und es drängt sich und rinnt aus deiner ewigen Fülle
Die beseelende Luft durch alle Röhren des Lebens.
Darum lieben die Wesen dich auch und ringen und streben
Unaufhörlich hinauf nach dir in freudigem Wachstum.

Himmlischer! sucht nicht dich mit ihren Augen die Pflanze,
Streckt nach dir die schüchternen Arme der niedrige Strauch
                                                    nicht?
Daß er dich finde, zerbricht der gefangene Same die Hülse,
Daß er belebt von dir in deiner Welle sich bade,
Schüttelt der Wald den Schnee wie ein überlästig Gewand ab.
Auch die Fische kommen herauf und hüpfen verlangend
Über die glänzende Fläche des Stroms, als begehrten auch diese
Aus der Wiege zu dir; auch den edeln Tieren der Erde

Wird zum Fluge der Schritt, wenn oft das gewaltige Sehnen
Die geheime Liebe zu dir, sie ergreift, sie hinaufzieht.

Stolz verachtet den Boden das Roß, wie gebogener Stahl strebt
In die Höhe sein Hals, mit der Hufe berührt es den Sand kaum.
Wie zum Scherze, berührt der Fuß der Hirsche den Grashalm,
Hüpft, wie ein Zephyr, über den Bach, der reißend hinabschäumt,
Hin und wieder und schweift kaum sichtbar durch die Gebüsche.

Aber des Äthers Lieblinge, sie, die glücklichen Vögel
Wohnen und spielen vergnügt in der ewigen Halle des Vaters!
Raums genug ist für alle. Der Pfad ist keinem bezeichnet,
Und es regen sich frei im Hause die Großen und Kleinen.
Über dem Haupte frohlocken sie mir und es sehnt sich auch
                mein Herz
Wunderbar zu ihnen hinauf; wie die freundliche Heimat
Winkt es von oben herab und auf die Gipfel der Alpen
Möcht' ich wandern und rufen von da dem eilenden Adler,
Daß er, wie einst in die Arme des Zeus den seligen Knaben,
Aus der Gefangenschaft in des Äthers Halle mich trage.

Töricht treiben wir uns umher; wie die irrende Rebe,
Wenn ihr der Stab gebricht, woran zum Himmel sie aufwächst,
Breiten wir über dem Boden uns aus und suchen und wandern
Durch die Zonen der Erd', o Vater Äther! vergebens,
Denn es treibt uns die Lust in deinen Gärten zu wohnen.
In die Meersflut werfen wir uns, in den freieren Ebnen
Uns zu sättigen, und es umspielt die unendliche Woge

Unsern Kiel, es freut sich das Herz an den Kräften des Meergotts.
Dennoch genügt ihm nicht; denn der tiefere Ozean reizt uns,
Wo die leichtere Welle sich regt — o wer dort an jene
Goldnen Küsten das wandernde Schiff zu treiben vermöchte!

Aber indes ich hinauf in die dämmernde Ferne mich sehne,
Wo du fremde Gestad' umfängst mit der bläulichen Woge,
Kömmst du säuselnd herab von des Fruchtbaums blühenden
Wipfeln,
Vater Äther! und sänftigest selbst das strebende Herz mir,
Und ich lebe nun gern, wie zuvor, mit den Blumen der Erde.

하이델베르크

오랫동안 내 그대를 사랑했고, 나의 기쁨을 위해
  그대를 어머니[1]라 부르며, 소박한 노래 한 편 드리고 싶네.
    그대 내가 본 많은 조국의 도시들 가운데서
      가장 아름다운 정경의 도시[2],

그대를 스쳐 반짝이며 강물 흐르는 곳에
  숲 속의 새가 나무의 정수리를 넘어 날듯이
    힘차게 나는 듯 다리 걸쳐 있고
      마차와 사람들도 그 다리 울리고 있네.

내 거기를 넘어갈 때, 신들의 사자이듯
  마법은 한 때 그 다리 위에 나를 부여잡았고
    매혹하는 먼 경치 나에겐
      산 속으로 비쳐드는 듯하였으며,

젊은이[3], 강물은 평원을 달리고 있었네.
  슬프도록 흔쾌하게[4], 자신에겐 너무나도 아름다워
    사랑하면서 파멸하고자
      시간의 물결에 몸 던진 마음처럼.

도망쳐 나온 자에게 그대[5] 샘들을 주었고

서늘한 그늘도 선사했었네. 그리고 모든 강안
　그를 향해 바라다보고 물결로부터는
　　그들의 사랑스러운 모습 살아 움직였네.

그러나 계곡 가운데로 거대한
　운명을 알리는 성곽은 밑바닥까지 묵직이 드리워져 있었네,
　　온갖 풍상으로 할퀴어진 채로.
　　　그러나 영원한 태양은

그 회춘의 빛살 나이를 먹어 가는 거인의 모습 위로
　내리비치고 사방으로 생생한 송악 푸르게 물들이고
　　있었네. 하여 다정한 숲들은
　　　그 성 위로 속삭이고 있었네.

덤불도 무성히 피어 내려 닿았던 곳, 해맑은 골짜기 안에
　언덕에 기대어 혹은 강변을 따라
　　그대의 즐거운 골목길들
　　　향기 피어나는 정원 사이에 쉬고 있네.

HEIDELBERG

Lange lieb' ich dich schon, möchte dich, mir zur Lust,
   Mutter nennen und dir schenken ein kunstlos Lied,
      Du, der Vaterlandsstädte
         Ländlichschönste, so viel ich sah.

Wie der Vogel des Walds über die Gipfel fliegt,
   Schwingt sich über den Strom, wo er vorbei dir glänzt,
      Leicht und kräftig die Brücke,
         Die von Wagen und Menschen tönt.

Wie von Göttern gesandt, fesselt' ein Zauber einst
   Auf die Brücke mich an, da ich vorüber ging,
      Und herein in die Berge
         Mir die reizende Ferne schien,

Und der Jüngling, der Strom, fort in die Ebne zog,
   Traurigfroh, wie das Herz, wenn es, sich selbst zu schön,
      Liebend unterzugehen,
         In die Fluten der Zeit sich wirft.

Quellen hattest du ihm, hattest dem Flüchtigen
   Kühle Schatten geschenkt, und die Gestade sahn

All' ihm nach, und es bebte
Aus den Wellen ihr lieblich Bild.

Aber schwer in das Tal hing die gigantische,
Schicksalskundige Burg nieder bis auf den Grund
Von den Wettern zerrissen;
Doch die ewige Sonne goß

Ihr verjüngendes Licht über das alternde
Riesenbild, und umher grünte lebendiger
Efeu; freundliche Wälder
Rauschten über die Burg herab.

Strauche blühten herab, bis wo im heitern Tal,
An den Hügel gelehnt, oder dem Ufer hold,
Deine fröhlichen Gassen
Unter duftenden Gärten ruhn.

넥카 강

그대의 계곡들에서 내 가슴은 생명으로 일깨워지고
　물결은 나를 에워싸 찰랑대었네.
　　그대 방랑자여! 그대를 알아보는 마음씨 고운 언덕들
　　　어느 하나도 나에게 낯설지 않네.

그들의 정상에 서면 천국의 바람은
　내 예속의 아픔을 풀어주기도 했고
　　환희의 술잔에서 생명이 빛나듯
　　　계곡에선 파란 은빛 물결 반짝이었네.

산 속의 샘물들은 그대에게로 서둘러 떨어져 내리고
　그 샘물들과 함께 내 가슴도 떨어져 내리고
　　그대는 말없이 장엄한 라인 강으로
　　　도시들과 흥겨운 섬들로 우리를 인도했었네.

아직도 세계는 나에게 아름답게 여겨지거니, 나의 눈길은
　대지의 매혹을 갈망하면서
　　황금빛의 팍토르 강[1], 스미르나의 해변,
　　　일리온의 숲[2]을 향해 달아나고 있네. 또한

내 수니움의 해변에 올라, 그대의 지주(支柱)들을

향한 말없는 길을 묻고 싶어라, 올림피온이여!
　아직 폭풍우와 연륜이
　　아테네의 사당과 그 신상(神像)들의 폐허 속에

그대를 묻어 버리기 전에. 오 세계의 자랑
　더 이상 있지도 않은 자랑인 그대
　　오랫동안 홀로 서 있기 때문. 또한 너희들
　　　아름다운 이오니아의 섬들이여! 그 곳

바다의 바람 뜨거운 해변을 식히고 월계수의 숲에
　살랑대며 불고 태양은 포도원을 따뜻하게 비치는 곳.
　　아! 황금빛 가을이 가난한 백성[3]의 탄식을
　　　노래들로 바꾸어 주는 곳

석류나무 익고 초록빛 밤[4]으로
　오렌지[5]가 엿보며 마스틱스나무[6]에
　　송진도 방울져 흐르며 북소리 심벌즈의 소리
　　　미로와 같은 춤으로 부르며 울리는 곳

그대들을 향해, 너희들 섬들이여! 언젠가 한 번
　나의 수호신 나를 데려가리라. 그러나 충실한
　　생각으로부터 그 때에도 나의 넥카, 사랑스런 초원과
　　　강변의 버드나무들 더불어 물러가지 않으리라.

DER NECKAR

In deinen Tälern wachte mein Herz mir auf
Zum Leben, deine Wellen umspielten mich,
   Und all der holden Hügel, die dich
      Wanderer! kennen, ist keiner fremd mir.

Auf ihren Gipfeln löste des Himmels Luft
Mir oft der Knechtschaft Schmerzen; und aus dem Tal,
   Wie Leben aus dem Freudebecher,
      Glänzte die bläuliche Silberwelle.

Der Berge Quellen eilten hinab zu dir,
   Mit ihnen auch mein Herz und du nahmst uns mit,
      Zum stillerhabnen Rhein, zu seinen
         Städten hinunter und lustgen Inseln.

Noch dünkt die Welt mir schön, und das Aug entflieht
   Verlangend nach den Reizen der Erde mir,
      Zum goldenen Paktol, zu Smirnas
         Ufer, zu Ilions Wald. Auch möcht ich

Bei Sunium oft landen, den stummen Pfad
   Nach deinen Säulen fragen, Olympion!

Noch eh der Sturmwind und das Alter
Hin in den Schutt der Athenertempel

Und ihrer Gottesbilder auch dich begräbt,
Denn lang schon einsam stehst du, o Stolz der Welt,
Die nicht mehr ist. Und o ihr schönen
Inseln Ioniens! wo die Meerluft

Die heißen Ufer kühlt und den Lorbeerwald
Durchsäuselt, wenn die Sonne den Weinstock wärmt,
Ach! wo ein goldner Herbst dem armen
Volk in Gesänge die Seufzer wandelt,

Wenn sein Granatbaum reift, wenn aus grüner Nacht
Die Pomeranze blinkt, und der Mastyxbaum
Von Harze träuft und Pauk und Cymbel
Zum labyrinthischen Tanze klingen.

Zu euch, ihr Inseln! bringt mich vielleicht, zu euch
Mein Schutzgott einst; doch weicht mir aus treuem Sinn
Auch da mein Neckar nicht mit seinen
Lieblichen Wiesen und Uferweiden.

마인 강

참으로 살아 있는 대지의 많은 나라들을
　내 보고 싶네. 때로는 산들을 넘어
　　나의 마음 내닫고, 나의 소망은
　　　바다를 넘어 해안으로 방랑해 가네,

내 아는 다른 이들 나에게 찬미하는 그 해안으로.
　그러나 그 멀리 있는 것, 그 어느 것도
　　신들의 아들 잠들어 누워 있는
　　　그리스의 슬픈 나라보다 사랑스러운 것 없네.

아! 언젠가는 한 번 수니움[1]의 해변에
　내 오르고 싶어라, 올림피온[2]이여! 그대의 지주(支柱)로
　　향하는 길 묻고 싶어라. 거기 북풍[3]이 불어
　　　아테네의 신전과 그 신상들의

폐허 속에 그대를 묻어 버리기 전에.
　오래 전에 그대 고독하게 서 있으니,
　　이제 없어진, 오 세계의 자랑이여! ― 또한 오
　　　너희들 이오니아의 아름다운 섬들, 거기엔

바람들이 바다로부터 따뜻한 해안에 서늘하게 불고
　힘찬 태양 아래 포도는 영글고 있네.

아! 그 곳 황금빛 가을이 가난한 백성의[4]
탄식을 노래로 바꾸어 주고 있네.

미망에 젖은 모두를, 그 레몬의 숲
그 석류나무, 진홍빛의 열매 맺은 나무
그리고 달콤한 포도주와 팀파니 소리, 지타의 현 소리[5]
미로와 같은 춤[6]으로 모두를 부를 때 —

어쩌면 너희들 섬들로 부를 때! 고향 잃은 가인(歌人)도
한번쯤은 들르리라. 왜냐하면 그 가인
낯선 곳에서 낯선 곳으로 방랑하는 것이니
대지, 자유로운 대지, 송구한 일이나

조국을 대신해 그가 살아있는 한 그를 돌봐야만 하기 때문.
그리고 그 가인 죽을 때 — 아니 내 멀리 방황할지라도
내 그대, 아름다운 마인 강이여! 그대 결코 잊지 않으리
더없이 축복받은 그대의 강변 역시.

그대 당당한 자여! 그러나 손님을 반기듯 그대 곁에
나를 맞았으며 낯선 이방인의 눈길을 빛나게 해 주었고
고요히 이어지는 노래들
그대 나에게 가르쳤고 소음 없는 삶도 가르쳤노라.

오 별들과 함께 평온하게, 그대 행복한 자여!
아침에서부터 저녁으로
그대의 형제, 라인 강으로 흘러가, 그와 함께
기쁨에 차 대양으로 흐르고 있구나!

DER MAIN

Wohl manches Land der lebenden Erde möcht'
Ich sehn, und öfters über die Berg' enteilt
   Das Herz mir, und die Wünsche wandern
      Über das Meer, zu den Ufern, die mir

Vor andern, so ich kenne, gepriesen sind;
Doch lieb ist in der Ferne nicht Eines mir,
   Wie jenes, wo die Göttersöhne
      Schlafen, das trauernde Land der Griechen.

Ach! einmal dort an Suniums Küste möcht'
Ich landen, deine Säulen, Olympion!
   Erfragen, dort, noch eh der Nordsturm
      Hin in den Schutt der Athenertempel

Und ihrer Götterbilder auch dich begräbt;
Denn lang schon einsam stehst du, o Stolz der Welt,
   Die nicht mehr ist! — und o ihr schönen
      Inseln Ioniens, wo die Lüfte

Vom Meere kühl an warme Gestade wehn,
Wenn unter kräft'ger Sonne die Traube reift,

Ach! wo ein goldner Herbst dem armen
　　　　Volk in Gesänge die Seufzer wandelt,

Wenn die Betrübten itzt ihr Limonenwald
　Und ihr Granatbaum, purpurner Äpfel voll
　　Und süßer Wein und Pauk' und Zithar
　　　Zum labyrinthischen Tanze ladet —

Zu euch vielleicht, ihr Inseln! gerät noch einst
　Ein heimatloser Sänger; denn wandern muß
　　Von Fremden er zu Fremden, und die
　　　Erde, die freie, sie muß ja leider!

Statt Vaterlands ihm dienen, so lang er lebt,
　Und wenn er stirbt — doch nimmer vergeß ich dich,
　　So fern ich wandre, schöner Main! und
　　　Deine Gestade, die vielbeglückten.

Gastfreundlich nahmst du Stolzer! bei dir mich auf
　Und heitertest das Auge dem Fremdlinge,
　　Und still hingleitende Gesänge
　　　Lehrtest du mich und geräuschlos Leben.

O ruhig mit den Sternen, du Glücklicher!
　Wallst du von deinem Morgen zum Abend fort,
　　Dem Bruder zu, dem Rhein; und dann mit
　　　Ihm in den Ozean freudig nieder!

고향

사공은 잔잔한 강어귀로 기쁨에 차 돌아오네,
  거둠이 있어 먼 섬들로부터.
    그렇게 나 또한 고향에 가리, 고통만큼
      많은 재화들 거두어 들였다면.

너희들 정다운 해변, 한 때 날 길러 준 너희들
  사랑의 고통을 씻어 줄 것인가, 아! 너희
    내 젊은 날의 숲들 내가 돌아가면
      다시 한 번 평온을 나에게 주리라 약속하는가?

내 물결의 유희를 바라다보던 시원한 시냇가
  미끄러져 가는 배들을 바라다보던 강가
    그 곳에 내 곧 가리니, 한 때 나를 보호해 준
      너희들 친근한 산들, 고향의

숭고하고 튼튼한 경계, 어머니의 집
  사랑하는 형제자매들의 포옹
    내 곧 반겨 맞으리니, 또한 너희들 나를 에워싸
      마치 붕대에 감싸듯 내 마음 낫게 하리,

너희들 충실히 머무는 자들이여! 그러나 내 아노니, 알고 있나니

사랑의 고통 그리 쉽게 낫지 않음을,
  유한한 자들이 위안하며 부르는 어떤 자장가도
   나의 가슴으로부터 울리지 않으리.

천상의 불길을 우리에게 건네 준 이들
 그 신들은 성스러운 고뇌를 또한 우리에게 안겨 주었기 때문,
  그 때문에 고통은 여전한 것. 나는 대지의 아들로
   사랑하도록 지어져 또한 고통하는듯 하노라.

DIE HEIMAT

Froh kehrt der Schiffer heim an den stillen Strom,
   Von Inseln fernher, wenn er geerntet hat;
      So käm' auch ich zur Heimat, hätt' ich
         Güter so viele, wie Leid, geerntet.

Ihr teuern Ufer, die mich erzogen einst,
   Stillt ihr der Liebe Leiden, versprecht ihr mir,
      Ihr Wälder meiner Jugend, wenn ich
         Komme, die Ruhe noch einmal wieder?

Am kühlen Bache, wo ich der Wellen Spiel,
   Am Strome, wo ich gleiten die Schiffe sah,
      Dort bin ich bald; euch, traute Berge,
         Die mich behüteten einst, der Heimat

Verehrte sichre Grenzen, der Mutter Haus
   Und liebender Geschwister Umarmungen
      Begrüß' ich bald und ihr umschließt mich,
         Daß, wie in Banden, das Herz mir heile,

Ihr Treugebliebnen! aber ich weiß, ich weiß,
   Der Liebe Leid, dies heilet so bald mir nicht,

Dies singt kein Wiegensang, den tröstend
Sterbliche singen, mir aus dem Busen.

Denn sie, die uns das himmlische Feuer leihn,
Die Götter schenken heiliges Leid uns auch,
Drum bleibe dies. Ein Sohn der Erde
Schein' ich; zu lieben gemacht, zu leiden.

귀향

너희들 부드러운 바람결! 이탈리아의 사자[1]들이여!
  또한 너 포플러 나무들과 함께 있는 사랑하는 강이여[2]!
    너희들 일렁이는 산맥들이여! 오 너희 모든
      햇빛 비치는 산정들이여! 너희들 모두 옛대로인가?

너 고요한 곳! 꿈길 가운데에서, 실의의 나날 지난 후
  멀리로부터 동경하는 자에게로 모습을 나타내었도다.
    너 나의 집, 너희 놀이의 동무들,
      언덕 위 나무들, 너희 옛 친우들이여!

그 언제던가, 얼마나 오랜 일인가! 이제 어린아이의
  평온도 사라지고 젊음도 사라지고 사랑과 기쁨도 사라졌도다.
    그러나 그대 나의 조국이여! 그대 성스럽고
      고통 견디는 이여[3]! 보라, 그대 옛대로 남아 있구나.

하여 그 때문에 그대와 더불어 견디며 그대와 더불어
  기쁨 나누도록 그대 귀한 이여! 그대의 자식들을 길렀도다.
    또한 꿈길에서, 이들 멀리 방황하며 헤매일 때
      그 불충실한 자들[4]에게 그대 경고하도다.

또한 젊은이의 불타는 가슴 속에

가차 없는 소망들이 잠재워지고
　운명 앞에서 침묵케 될 때, 그 때
　　순수해진 자 기꺼이 그대에 몸 바치리라.

그 때가 오면 잘 있거라, 젊은 나날이여, 그대 사랑의
　장미꽃 길이여, 또한 너희 방랑자의 길들이여,
　　잘 있거라! 그리고 그대 고향의 하늘이여, 다시
　　　나의 생명 거둬들이고 축복해 달라!

RÜCKKEHR IN DIE HEIMAT

Ihr milden Lüfte! Boten Italiens!
  Und du mit deinen Pappeln, geliebter Strom!
    Ihr wogenden Gebirg! o all ihr
      Sonnigen Gipfel, so seid ihrs wieder?

Du stiller Ort! in Träumen erschienst du fern
  Nach hoffnungslosem Tage dem Sehnenden,
    Und du mein Haus, und ihr Gespielen,
      Bäume des Hügels, ihr wohlbekannten!

Wie lang ists, o wie lange! des Kindes Ruh
  Ist hin, und hin ist Jugend und Lieb' und Lust;
    Doch du, mein Vaterland! du heilig—
      Duldendes! siehe, du bist geblieben.

Und darum, daß sie dulden mit dir, mit dir
  Sich freun, erziehst du, teures! die Deinen auch
    Und mahnst in Träumen, wenn sie ferne
      Schweifen und irren, die Ungetreuen.

Und wenn im heißen Busen dem Jünglinge
  Die eigenmächt'gen Wunsche besänftiget

Und stille vor dem Schicksal sind, dann
Gibt der Geläuterte dir sich lieber.

Lebt wohl dann, Jugendtage, du Rosenpfad
Der Lieb', und all' ihr Pfade des Wanderers,
Lebt wohl! und nimm und segne du mein
Leben, o Himmel der Heimat, wieder!

슈투트가르트
지그프리트 슈미트에게

1

다시 행복 하나 맛보았네. 위태로운 가뭄 벗어났고,
  햇살의 날카로움은 꽃들을 더 이상 시들게 하지 않네.
이제 회당은 다시 활짝 열린 채 서있고, 정원은 성성하네,
  또한 비로 생기 얻어 반짝이는 계곡 찰찰 소리내고
높은 자세되어 시냇물들 부풀어 오르며 모든 묶인
  날개들 노래의 나라로 다시금 뛰어드네.[1]
이제 즐거움의 대기 가득하고 도시와 언덕은
  천국의 만족한 아이들로 사방 가득 채워졌네.
그들 서로가 가까이 만나며 서로 사이로 거니네.
  근심도 없이, 그리고 어떤 것도 넘치거나 부족함 없어 보이네.
그처럼 마음이 그렇게 시키기 때문. 또한 우아함을 숨 쉬도록
  신적인 정신[2] 그 재치 있는 것 그들에게 선사하네.
그러나 방랑자들도 또한 잘 인도되어 넉넉하게
  화환과 노래 지니고, 포도열매와 잎사귀로
가득 장식하여 성스러운 지팡이 지니고 있네. 또한
  소나무의 그늘도.[3] 마을에서 마을로 환호성 울리네.[4] 날마다
그리고 자유분방한 들짐승에 매단 마차처럼,[5] 그렇게
  산들은 앞으로 이끌며 그렇게 길은 느리게 또한 빠르게 뻗쳐 있네.

2

그러나 그대는 지금, 신들께서 부질없이 성문들을
　열어 제치고 기뻐하며 길을 내었다고 말하는가?
또한 만찬의 풍성함을 위해서 포도주와
　산딸기와 꿀과 과일과 함께 재화를 내린 것 부질없다 말하는가?
축제의 합창에 자줏빛 빛살 주시고 서늘하고도
　평온하게 우정의 깊은 대화 위해 밤을 주시는 것도?
한층 진지한 것이 그대를 붙들고자 겨울을 아끼며, 그대가
　구혼코자 원하면, 기다려라, 오월이 구혼자를 행복케 하리라.
이제는 다른 것이 필요하네, 이제 가을의 오랜 미풍양속
　다가와 축제를 벌이리, 더욱이 이제 그 고결함이 우리와 함께 피어나리.
한낮을 위해 단 하나 가치 있네. 조국, 그리고 희생의
　축제 같은 불꽃에 각자 제 것을 던져 바치네.
때문에 공동의 신은[6] 우리 머리카락을 둘러싸 산들거리며 화환을 둘러
　　　　　　　　　　　　　　　　　　　　　　　　주시네.

　그리고 포도주 진주를 녹이듯[7] 저 참뜻을 풀어놓네.
마치 꿀벌들 굴참나무를 에워싸듯, 우리가
　둘러앉아 노래할 때,[8] 공경하는 식탁이 이를 뜻하네,
이것은 큰 잔의 울림, 그리하여 합창은
　싸우는 남아들의 거친 영혼을 한데로 몰아 간다네.

3

그러나 그것으로서, 너무도 영리한 자처럼, 이렇게 몸기울인 시간
　우리로부터 달아나지 않기를, 내 곧장 마중 나가려니,

나의 사랑스러운 탄생지, 강물의 섬을 푸르른 강물
　에워싸 흐르는 곳, 그 땅의 경계에 이르기까지.
나에겐 양쪽의 강변에 있는 그곳, 정원과 집들 더불어
　물결로부터 푸르게 솟구쳐 있는 암벽 또한 성스럽네,
거기서 우리는 만나게 되리, 오 자비로운 빛이여! 그대의
　깊이 느껴진 빛살 하나 나를 맨 처음 맞혔던 거기서.
거기서 사랑스러운 삶은 시작되었고 또 새롭게 시작되리.
　그러나 나는 아버지의 묘소를 보고[9] 또 벌써 당신을 향해 울고 있는가?
울며 붙들며 친구를 지니리라, 또한 한때
　천국적 기예로 사랑의 고통 낯게 해준 말을 귀담아 들으리라.
달리 깨어나라! 나는 이 땅의 영웅들을 그에게 이름 불러야 하겠네,
　바르바로사여! 그대를 역시, 선한 크리스토프, 그리고 그대를
콘라딘이여![10] 그대가 쓰러졌듯이, 강한 자들 쓰러지네, 송악
　암벽에 푸르고 도취한 나뭇잎 성을 뒤덮고 있네,[11]
그러나 지나간 것 다가올 것처럼 가인(歌人)들에게 성스러우며,
　또한 가을의 나날에 우리들은 그늘의 대가를 받네.

4

그리하여 강한 자들과 가슴 부풀게 하는 운명을 생각하고
　행위없이 또한 가볍게, 그러나 천공으로부터는
바라다보이며 경건하게, 마치 옛사람들, 신적으로 길러진
　환희에 찬 시인들처럼 우리는 기뻐하며 대지를 거닌다네.[12]
사방으로 생성은 거대하네. 저기 가장 바깥의 산들로부터
　젊은 산들 많이도 뻗어나고 언덕들은 아래로 내려온다네.

거기로부터 샘들은 졸졸거리고 수많은 바쁜 시냇물들은
  밤낮없이 아래로 흘러내려 대지를 길러내네.
그러나 장인(匠人)이 땅의 한가운데를 일구고 넥카 강이
  고랑을 치며 은총을 내린다네.
또한 그와 더불어 이탈리아의 대기 다가오고, 대양은
  자신의 구름을 보내며, 찬란한 태양을 함께 보내주네.
그렇기에 우리들 머리 위를 거의 넘겨 힘찬
  충만은 또한 자라네, 여기로, 여기 평원으로 재화가
사랑하는 자들, 농부들에게 풍요롭게 주어지지만,
  저기 산에 사는 누구도 그들의 정원, 포도나무
또는 무성한 풀과 곡식과 방랑자들의 머리 위에
  길 곁에 열 지어 작열하는 나무들을 샘내지 않기 때문에.

5

그러나 우리가 바라다보며 거대한 기쁨과 함께 거니는 동안
  길가 한낮은 취한 자들 같은 우리에게서 멀리 달아나네.
왜냐면 성스러운 나뭇잎으로 치장하고 찬미 받은 자, 도시는 벌써
  저기에 반짝이면서 그의 위풍어린 머리를 쳐들었기 때문에.
그 도시 찬란하게 서서 주신(酒神)의 지팡이와 전나무들을
  복된 자줏빛 구름 안으로 높이 치켜들고 있네.[13]
우리를 귀여워해 주시라! 손님과 아들을,[14] 오 고향의 여왕이시어!
  복된 슈투트가르트여, 나의 이방인을 친절하게 맞아주시라!
언제나 그대는 플룻과 현금에 맞춰 노래하는 것 허락했었고
  내가 믿기로 생생한 정신이 돌면 노래의

유치한 요설과 수고의 달콤한 망각을 허락했었네.[15]
　그 때문에 그대 또한 기꺼이 가인(歌人)들의 마음을 즐겁게 해 준다네.
그러나 그대들, 보다 위대한 자를 알고 있었네, 아니면 더 강하게 조차.
　젊은이들 저 위에 계시는 선조들을 회상하며
분별 있고 밝은 표정으로 그대들 앞에 사려 깊은 인간이 설 때까지.
　그대들 성스러운 밤에 일하며 지어내며 홀로 다스리면서
전지전능하게 예감하는 백성을 끌어올릴 때이면―

6

조국의 천사들이여![16] 오 그대들, 그대들 앞에서 눈은
　또한 강해지며 개개의 남자는 무릎을 꿇고
친구들 곁에 오래 머물며 충실한 자들에게 청해야만 하리,
　이들 그와 함께 행복을 주는 모든 짐 함께 짊어지기를.
오 착한 이여, 필멸하는 것들 가운데 내 생명, 내 재산인
　그와[17] 모든 다른 이들 있음에 감사하노라.
그러나 밤이 다가온다! 가을 축제를 서둘러 열자,
　오늘 당장에! 마음은 가득하나 삶은 짧은 것이다.
그리고 천국적인 날이 우리에게 말하라 명하는 것
　그것을 일컫기에, 나의 슈미트여! 우리 둘로는 충분치 않네.
뛰어난 자들 내가 그대에게 데려 오리, 그리고 환희의 불꽃은
　높이 솟아오르며 보다 과감한 어휘 한층 더 성스럽게 말해야 하리.
보라! 그 말 순수하도다! 우리가 나누는 신의
　친절한 선물들[18] 그것은 오로지 사랑하는 사람들 사이에만 있다네.
달리는 없는 것― 오 오라! 그것을 증명하자! 도대체
　나는 진정 홀로이며 아무도 내 이마로부터 거친 꿈을 떼어가지 않는단
　　　　　　　　　　　　　　　　　　　　　　　　　말인가?

오라, 그대들 사랑하는 이들이여, 와서 손을 내밀어라! 그것으로
충분하리라,
그러나 우리 한층 큰 기쁨은[19] 자손들을 위해 아껴두세.

STUTGARD
An Siegfried Schmidt

1

Wieder ein Glück ist erlebt. Die gefährliche Dürre geneset,
  Und die Schärfe des Lichts senget die Blüte nicht mehr.
Offen steht jetzt wieder ein Saal, und gesund ist der Garten,
  Und von Regen erfrischt rauscht das glänzende Tal,
Hoch von Gewächsen, es schwellen die Bäch und alle
                        gebundnen
  Fittige wagen sich wieder ins Reich des Gesangs.
Voll ist die Luft von Fröhlichen jetzt und die Stadt und
                        der Hain ist
  Rings von zufriedenen Kindern des Himmels erfüllt.
Gerne begegnen sie sich, und irren untereinander,
  Sorgenlos, und es scheint keines zu wenig, zu viel.
Denn so ordnet das Herz es an, und zu atmen die Anmut,
  Sie die geschickliche, schenkt ein göttlicher Geist.
Aber die Wanderer auch sind wohlgeleitet und haben
  Kränze genug und Gesang, haben den heiligen Stab
Vollgeschmückt mit Trauben und Laub bei sich und der
                        Fichte
  Schatten; von Dorfe zu Dorf jauchzt es, von Tage zu Tag,
Und wie Wagen, bespannt mit freiem Wilde, so ziehn die

Berge voran und so träget und eilet der Pfad.

2

Aber meinest du nun, es haben die Tore vergebens
    Aufgetan und den Weg freudig die Götter gemacht?
Und es schenken umsonst zu des Gastmahls Fülle die
                    Guten
    Nebst dem Weine noch auch Beeren und Honig und
                    Obst?
Schenken das purpurne Licht zu Festgesängen und kühl und
    Ruhig zu tieferem Freundesgespräche die Nacht?
Hält ein Ernsteres dich, so spars dem Winter und willst du
    Freien, habe Geduld, Freier beglücket der Mai.
Jetzt ist anderes not, jetzt komm' und feire des Herbstes
    Alte Sitte, noch jetzt blühet die Edle mit uns.
Eins nur gilt für den Tag, das Vaterland, und des Opfers
    Festlichr Flamme wirft jeder sein Eigenes zu.
Darum kränzt der gemeinsame Gott umsäuselnd das Haar
                    uns,
    Und den eigenen Sinn schmelzet, wie Perlen, der Wein.
Dies bedeutet der Tisch, der geehrte, wenn, wie die Bienen,
    Rund um den Eichbaum, wir sitzen und singen um ihn,
Dies der Pokale Klang, und darum zwinget die wilden
    Seelen der streitenden Männer zusammen der Chor.

3

Aber damit uns nicht, gleich Allzuklugen, entfliehe
　Diese neigende Zeit, komm' ich entgegen sogleich,
Bis an die Grenze des Lands, wo mir den lieben Geburtsort
　Und die Insel des Stroms blaues Gewässer umfließt.
Heilig ist mir der Ort, an beiden Ufern, der Fels auch,
　Der mit Garten und Haus grün aus den Wellen sich hebt.
Dort begegnen wir uns; o gütiges Licht! wo zuerst mich
　Deiner gefühlteren Strahlen mich einer betraf.
Dort begann und beginnt das liebe Leben von neuem;
　Aber des Vaters Grab seh' ich und weine dir schon?
Wein' und halt' und habe den Freund und höre das Wort, das
　Einst mir in himmlischer Kunst Leiden der Liebe geheilt.
Andres erwacht! ich muß die Landesheroen ihm nennen,
　Barbarossa! dich auch, gütiger Christoph, und dich,
Konradin! wie du fielst, so fallen Starke, der Efeu
　Grünt am Fels und die Burg deckt das bacchantische
　　　　　　　　　　　　　　　　　　　Laub,
Doch Vergangenes ist, wie Künftiges heilig den Sängern,
　Und in Tagen des Herbsts sühnen die Schatten wir uns.

4

So der Gewaltgen gedenk und des herzerhebenden
　　　　　　　　　　　　　　　Schicksals,
　Tatlos selber, und leicht, aber vom Äther doch auch

Angeschauet und fromm, wie die Alten, die göttlicherzognen
　Freudigen Dichter ziehn freudig das Land wir hinauf.
Groß ist das Werden umher. Dort von den äußersten
　　　　　　　　　　　　　　　Bergen
　Stammen er Jünglinge viel, steigen die Hügel herab.
Quellen rauschen von dort und hundert geschäftige Bäche,
　Kommen bei Tag und Nacht nieder und bauen das Land.
Aber der Meister pflügt die Mitte des Landes, die Furchen
　Ziehet der Neckarstrom, ziehet den Segen herab.
Und es kommen mit ihm Italiens Lüfte, die See schickt
　Ihre Wolken, sie schickt prächtige Sonnen mit ihm.
Darum wächset uns auch fast über das Haupt die gewaltge
　Fülle, denn hieher ward, hier in die Ebne das Gut
Reicher den Lieben gebracht, den Landesleuten, doch neidet
　Keiner an Bergen dort ihnen die Gärten, den Wein
Oder das üppige Gras und das Korn und die glühenden
　　　　　　　　　　　　　　　Bäume,
　Die am Weg gereiht über den Wanderern stehn.

5

Aber indes wir schaun und die mächtige Freude
　　　　　　　　　　　　durchwandeln,
　Fliehet der Weg und der Tag uns, wie den Trunkenen, hin.
Denn mit heiligem Laub umkränzt erhebet die Stadt schon,
　Die gepriesene, dort leuchtend ihr priesterlich Haupt.
Herrlich steht sie und hält den Rebensstab und die Tanne

Hoch in die seligen purpurnen Wolken empor.
Sei uns hold! dem Gast und dem Sohn, o Fürstin der Heimat!
Glückliches Stutgard, nimm freundlich den Fremdling mir auf!
Immer hast du Gesang mit Flöten und Saiten gebilligt,
Wie ich glaub', und des Lieds kindlich Geschäz und der Mühn
Süße Vergessenheit bei gegenwärtigem Geiste,
Drum erfreuest du auch gerne den Sängern das Herz.
Aber ihr, ihr Größeren auch, ihr Frohen, die allzeit
Leben und walten, erkannt, oder gewaltiger auch,
Wenn ihr wirket und schafft in heiliger Nacht und allein herrscht
Und allmächtig empor ziehet ein ahnendes Volk,
Bis die Jünglinge sich der Väter droben erinnern,
Mündig und hell vor euch steht der besonnene Mensch —

6

Engel des Vaterlands! o ihr, vor denen das Auge,
Sei's auch stark, und das Knie bricht dem vereinzelten Mann,
Daß er halten sich muß an die Freund' und bitten die Teuern,
Daß sie tragen mit ihm all die beglückende Last,
Habt, o Gütige, Dank für den und alle die Andern,

Die mein Leben, mein Gut unter den Sterblichen sind.
Aber die Nacht kommt! laß uns eilen, zu feiern das Herbstfest
Heut noch! voll ist das Herz, aber das Leben ist kurz,
Und was uns der himmlische Tag zu sagen geboten,
Das zu nennen, mein Schmidt! reichen wir beide nicht aus.
Treffliche bring' ich dir und das Freudenfeuer wird hoch auf
Schlagen und heiliger soll sprechen das kühnere Wort.
Siehe! da ist es rein! und des Gottes freundliche Gaben
Die wir teilen, sie sind zwischen den Liebenden nur.
Anderes nicht — o kommt! o macht es wahr! denn allein ja
Bin ich und nimand nimmt mir von der Stirne den Traum?
Kommt und reicht, ihr Lieben, die Hand! das möge sein,
Aber die größere Lust sparen dem Enkel wir auf.

방랑자

고독하게 서서 나는 아프리카의 메마른 평원을 바라보았다.
　올림프[1]로부터 불길은 비처럼 내렸다.
격동하는 불길! 그 불길 신이 빛으로 가르며
　높이와 깊이를 주어 지었을 때보다 하나도 부드럽지 않았다.
그러나 그에 뒤따라 새롭게 푸르러지는 숲 어느 하나
　울리는 대기 가운데 호화롭고 찬연하게 솟아오르지 않는다.
산의 머리는 화환도 걸치지 않고 능변의 개천들을
　그는 알지 못한다. 골짜기는 원천에 이르는 일 거의 없다.
정오의 한낮 찰랑대는 우물 곁을 지나는 짐승의 무리도 없다.
　나무들 사이로 우정 어리게 손님을 반기는 지붕도 보이지 않는다.
수풀 가운데 심각한 새 한 마리 노래도 없이 앉아 있다.
　그러나 방랑자들인 타조들이 서둘러 나는 듯이 지나갔다.
자연이여! 그러한 황야에서 나는 그대에게 물을 청하지 않았다.
　오히려 경건한 낙타가 충실하게 나에게 물을 간직해 주었다.[2]
언덕의 노래를, 아! 아버지의 정원들을
　고향의 기별을 알리는 떠도는 새를[3] 오히려 나는 청했다.
그러나 그대는 나에게 말했다. 이 곳에도 신들 있어[4] 다스리며
　그들의 척도는 위대하지만 인간은 자신의 뼘으로 이것을 잰다고.

그 말은[5] 나로 하여금 더 다른 것을 찾도록 충동했다.
　멀리 북쪽의 극지를 향해 나는 배를 타고 올라갔다.

눈(雪)의 껍질 속에 붙들린 생명 거기 조용히 잠들고 있었다.
  그 단단한 잠은 수년 동안을 한낮을 기다리며 있었다.
왜냐하면 너무도 오랫동안, 마치 피그말리온[6]의 팔이 연인을 껴안 듯
  올림포스가 대지를 다정한 팔로 껴안지 않았던 탓이다.
그 일 나에게는 놀라운 것이어서 내 우둔하게 말했었다: 오 어머니
  대지여, 그대는 영원히 미망인으로서 시간을 잃었나이까?
아무 것도 피어날 수 없고 아무것도 사랑 가운데 보살필 것 없으며
  당신의 모습 어린아이들에게 비치는 것 볼 수 없으니, 죽음과 같나이다.
그러나 어쩌면 그대 한번쯤 천국의 빛살로 몸 덥히고
  그 어쩔 수 없는 잠으로부터 그 빛살의 숨결이 그대를 달래어 깨우리
하여 씨앗처럼, 그대 그 단단한 껍질을 깨부수고
  뚫고 나와서 속박을 벗은 세계 빛을 반겨 맞으며,
한껏 모은 힘 찬연한 봄날에 터져 나오고
  장미들 꽃 피어 작열하고 포도주 삭막한 북쪽에서 끓어오르리다.

내 그렇게 말하고는 라인 강으로, 내 고향으로 되돌아왔다.
  그 이전처럼 부드럽게 어린 시절의 바람은 나에게 불어 온다.
나의 열망하는 마음, 한 때 품안에 나를 재우던
  친밀하며 언제나 환영하는 나무들 다시 달래어 주고
성스러운 푸르름, 복되고 심오한 세계의 생명의 증인
  나를 에워싸 생기 있게 만들어 청년이 되게 해 준다.
그사이 내 벌써 나이가 들었고 얼음 같은 북극 나를 창백하게 만들었으며
  남쪽의 불길 가운데 나의 머릿단은 떨어져 내렸다.
그러나 한 사람 필멸의 날 마지막에 멀리서부터 오면서
  영혼에까지 깊숙이 지친 가운데에서도 이제
이 땅을 다시 보게 된다면, 또 다시 한 번 그의 뺨
  피어오르고 꺼진 듯했던 그의 눈길 다시 반짝이리라.

라인 강의 복된 계곡이여! 포도원 없는 언덕 하나도 없고
　포도덩굴의 잎사귀로 성벽과 정원은 화환을 달고 있다.
그 성스러운 음료로 강 가운데의 배들은 가득 채워졌다.
　도시와 섬들 모두 포도주와 과일로 취해 있다.
그러나 미소 지으며 진지하게 저 위에는 옛 타우누스 쉬면서
　굴참나무로 장식하고 그 자유로운 자 머리를 숙이고 있다.

이제 숲으로부터 사슴 뛰어 나오고 구름 사이로 날빛[7] 비치며
　드높이 해맑은 창공에서 매가 사방을 살피고 있다.
그러나 아래, 꽃들이 샘들을 양식 삼는 계곡에는
　작은 마을들 편안하게 풀밭 너머로 펼쳐져 있다.
여기는 고요하다. 멀리에선 언제나 바쁜 물레방아 소리내고 있지만
　한낮의 기울어짐을 교회 종들은 나에게 알리고 있다.
큰 낫에 망치질하는 소리와 농부의 목소리 사랑스럽게 울리고
　집으로 돌아가는 자 황소의 발걸음을 맘에 맞게 이끌며
어린 아들과 함께 풀섶에 앉아 있는 어머니의 노래는
　바라다봄에 물려 어린아이 잠들게 한다. 그러나 구름은 붉게 물든다.
또한 임원이 열린 마당의 대문을 푸르게 물들이고
　빛살 황금빛으로 창문에 떠도는, 반짝이는 호숫가에는
집과 정원의 신비에 찬 어둠이 나를 반겨 맞이하고 있다.
　거기 초목들과 더불어 아버지 한때 사랑하며 나를 키워 주신 곳,
거기 창공을 나는 자처럼 내 자유롭게 바람 이는 가지들 위에 노닐던 곳,
혹은 임원의 꼭대기에서 충실한 푸르름을 내 바라다보던 곳.
그 때부터 그대 충실하였고 도망자에게조차 변함이 없었다,
　고향의 하늘이여, 그 한때처럼 그대 나를 다정하게 맞아 주는구나.

아직 복숭아들 나를 위해 익어 가고, 지금도 만발한 꽃들 나를 감탄시킨다.

마치 나무들인 양 찬연하게 장미꽃 달고 관목은 서 있다.
그사이 나의 버찌나무는 짙은 열매들로 묵직해져
　열매 따는 손길에 가지들 저절로 내려와 닿는다.
또한 옛처럼 작은 오솔길 숲으로 그리고 한층 트인 정자로
　혹은 저 아래 시냇가로 나를 정원에서부터 이끌어 간다.
그 곳 내 누워, 사나이들의 명성, 예감에 찬 사공들의 명성에
　내 마음 용기를 얻었던 곳, 그대들의 전설들이
내 바다로 떠나고 황량한 곳으로 가도록 해 주었다. 오 그대들 힘찬
　　　　　　　　　　　　　　　　　　자들이여!

아! 그러는 사이 아버지와 어머니 나를 헛되이 찾았다.
그러나 그들 어디에 있는가? 그대는 침묵하는가? 머뭇거리는가? 집을
　　　　　　　　　　　　　　　　　지키는 자여!8)
내 역시 머뭇거렸노라! 내 다가서면서 발걸음의 수효를 헤아렸고
또한 순례자처럼 조용히 멈추어 서 있었노라.
　그러나 안으로 들어가라, 가서 낯선 사람, 너의 아들 있음을 전하라.
하여 그들 팔을 벌리고 그들의 축복 나를 맞게 하며
　내 축복받아서 다시금 그 문턱이 나에게 허락되도록!
그러나 내 벌써 예감하나니, 성스러운 이역으로 그들 역시
　사라져 갔고9) 그들의 사랑 나에게 다시 돌아오지 않음을.

아버지와 어머니라고? 행여 아직 친우들 살아 있어 다른 무엇을
　얻었다면, 그들 더 이상 나의 친구들 아니다.
옛처럼 내 가서 또한 옛 이름, 사랑의 이름 부르고
　옛처럼 심장이 아직도 뛰고 있는지 마음에 대고 물을지라도
그들은 침묵하리라. 그처럼 시간은 많은 것을 한데 묶고
　또한 갈라놓는 법. 그들에겐 내 죽은 듯하고, 나에겐 그들이 죽은 듯 싶다.
하여 내 홀로 남아 있도다. 그러나 그대, 구름 너머의

조국의 아버지여! 힘찬 천공이여![10] 그리고 그대
대지와 빛이여! 다스리고 사랑하는 그대들 셋,
　영원한 신들이여! 나의 유대 그대들과 인연 결코 끊지 않으리라.
그대들로부터 태어나 그대들과 더불어 내 방랑하였거늘
　그대들, 환희하는 자들, 그대들에게로 더욱 경험에 차 돌아가리라.
때문에 이제 나에게 저 위 라인 강의 따뜻한 구릉에서 자란
　포도주 가득 담긴 술잔을 건네어 달라!
하여 우선 그 신들을 그리고 영웅들, 사공들을 회상하면서
　술잔을 들도록, 그리고 그대들 친밀한 자들 회상하면서! 또한
부모와 친구들을 회상하면서! 또한 고단함과 모든 고통 오늘과
　내일 잊고 빨리 고향의 사람들 가운데 내 서도록.

DER WANDERER

Einsam stand ich und sah in die Afrikanischen dürren
 Ebnen hinaus; vom Olymp regnete Feuer herab,
Reißendes! milder kaum, wie damals, da das Gebirg hier
 Spaltend mit Strahlen der Gott Höhen und Tiefen gebaut.
Aber auf denen springt kein frischaufgrünender Wald nicht
 In die tönende Luft üppig und herrlich empor.
Unbekränzt ist die Stirne des Bergs und beredsame Bäche
 Kennet er kaum, es erreicht selten die Quelle das Tal.
Keiner Herde vergeht am plätschernden Brunnen der Mittag,
 Freundlich aus Bäumen hervor blickte kein gastliches Dach.
Unter dem Strauche saß ein ernster Vogel gesanglos,
 Aber die Wanderer flohn eilend, die Störche, vorbei.
Da bat ich um Wasser dich nicht, Natur! in der Wüste,
 Wasser bewahrte mir treulich das fromme Kamel.
Um der Haine Gesang, ach! um die Gärten des Vaters
 Bat ich vom wandernden Vogel der Heimat gemahnt.
Aber du sprachst zu mir: Auch hier sind Götter und walten,
 Groß ist ihr Maß, doch es mißt gern mit der Spanne der Mensch.

Und es trieb die Rede mich an, noch Andres zu suchen,
 Fern zum nördlichen Pol kam ich in Schiffen herauf.
Still in der Hülse von Schnee schlief da das gefesselte Leben,

Und der eiserne Schlaf harrte seit Jahren des Tags.
Denn zu lang nicht schlang um die Erde den Arm der Olymp hier,
　　Wie Pygmalions Arm um die Geliebte sich schlang.
Hier bewegt' er ihr nicht mit dem Sonnenblicke den Busen,
　　Und in Regen und Tau sprach er nicht freundlich zu ihr;
Und mich wunderte des und törig sprach ich: o Mutter
　　Erde, verlierst du denn immer, als Witwe, die Zeit?
Nichts zu erzeugen ist ja und nichts zu pflegen in Liebe,
　　Alternd im Kinde sich nicht wieder zu sehn, wie der Tod.
Aber vielleicht erwarmst du dereinst am Strahle des Himmels,
　　Aus dem dürftigen Schlaf schmeichelt sein Othem dich auf;
Daß, wie ein Samkorn, du die eherne Schale zersprengest,
　　Los sich reißt und das Licht grüßt die entbundene Welt,
All' die gesammelte Kraft aufflammt in üppigem Frühling,
　　Rosen glühen und Wein sprudelt im kärglichen Nord.

Also sagt' ich und jetzt kehr' ich an den Rhein, in die Heimat,
　　Zärtlich, wie vormals, weh'n Lüfte der Jugend mich an;
Und das strebende Herz besänftigen mir die vertrauten
　　Offnen Bäume, die einst mich in den Armen gewiegt,
Und das heilige Grün, der Zeuge des seligen, tiefen
　　Lebens der Welt, es erfrischt, wandelt zum Jüngling mich um.
Alt bin ich geworden indes, mich bleichte der Eispol,
　　Und im Feuer des Süds fielen die Locken mir aus.
Aber wenn einer auch am letzten der sterblichen Tage,
　　Fernher kommend und müd bis in die Seele noch jetzt
Wiedersähe dies Land, noch Einmal müßte die Wang' ihm
　　Blüh'n, und, erloschen fast, glänzte sein Auge noch auf.

Seliges Tal des Rheins! kein Hügel ist ohne den Weinstock,
 Und mit der Traube Laub Mauer und Garten bekränzt,
Und des heiligen Tranks sind voll im Strome die Schiffe,
 Städt' und Inseln, sie sind trunken von Weinen und Obst.
Aber lächelnd und ernst ruht droben der Alte, der Taunus,
 Und mit Eichen bekränzt neiget der Freie das Haupt.

Und jetzt kommt vom Walde der Hirsch, aus Wolken das Tagslicht,
 Hoch in heiterer Luft siehet der Falke sich um.
Aber unten im Tal, wo die Blume sich nähret von Quellen,
 Streckt das Dörfchen bequem über die Wiese sich aus.
Still ists hier. Fern rauscht die immer geschäftige Mühle,
 Aber das Neigen des Tags künden die Glocken mir an.
Lieblich tönt die gehämmerte Sens' und die Stimme des Landmanns,
 Der heimkehrend dem Stier gerne die Schritte gebeut,
Lieblich der Mutter Gesang, die im Grase sitzt mit dem Söhnlein;
 Satt vom Sehen entschliefs; aber die Wolken sind rot,
Und am glänzenden See, wo der Hain das offene Hoftor
 Übergrünt und das Licht golden die Fenster umspielt,
Dort empfängt mich das Haus und des Gartens heimliches Dunkel,
 Wo mit den Pflanzen mich einst liebend der Vater erzog;
Wo ich frei, wie Geflügelte, spielt' auf luftigen Ästen,
 Oder ins treue Blau blickte vom Gipfel des Hains.
Treu auch bist du von je, treu auch dem Flüchtlinge blieben,

Freundlich nimmst du, wie einst, Himmel der Heimat, mich auf.

Noch gedeihn die Pfirsiche mir, mich wundern die Blüten,
    Fast, wie die Bäume, steht herrlich mit Rosen der Strauch.
Schwer ist worden indes von Früchten dunkel mein Kirschbaum,
    Und der pflückenden Hand reichen die Zweige sich selbst.
Auch zum Walde zieht mich, wie sonst, in die freiere Laube
    Aus dem Garten der Pfad oder hinab an den Bach,
Wo ich lag, und den Mut erfreut' am Ruhme der Männer
    Ahnender Schiffer; und das konnten die Sagen von euch,
Daß in die Meer' ich fort, in die Wüsten mußt', ihr Gewalt'gen!
    Ach! indes mich umsonst Vater und Mutter gesucht.
Aber wo sind sie? du schweigst? du zögerst? Hüter des Hauses!
    Hab' ich gezögert doch auch! habe die Schritte gezählt,
Da ich nahet', und bin, gleich Pilgern, stille gestanden.
    Aber gehe hinein, melde den Fremden, den Sohn,
Daß sich öffnen die Arm' und mir ihr Segen begegne,
    Daß ich geweiht und gegönnt wieder die Schwelle mir sei!
Aber ich ahn' es schon, in heilige Fremde dahin sind
    Nun auch sie mir, und nie kehret ihr Lieben zurück.

Vater und Mutter? und wenn noch Freunde leben, sie haben
    Andres gewonnen, sie sind nimmer die Meinigen mehr.
Kommen werd' ich, wie sonst, und die alten, die Namen der Liebe
    Nennen, beschwören das Herz, ob es noch schlage, wie sonst,
Aber stille werden sie sein. So bindet und scheidet
    Manches die Zeit. Ich dünk' ihnen gestorben, sie mir.
Und so bin ich allein. Du aber, über den Wolken,

Vater des Vaterlands! mächtiger Äther! und du,
 Erd' und Licht! ihr einigen drei, die walten und lieben,
  Ewige Götter! mit euch brechen die Bande mir nie.
Ausgegangen von euch, mit euch auch bin ich gewandert,
  Euch, ihr Freudigen, euch bring' ich erfahrner zurück.
Darum reiche mir nun, bis oben an von des Rheines
  Warmen Bergen mit Wein reiche den Becher gefüllt!
Daß ich den Göttern zuerst und das Angedenken der Helden
  Trinke, der Schiffer, und dann eures, ihr Trautesten! auch
Eltern und Freund'! und der Mühn und aller Leiden vergesse
  Heut' und morgen und schnell unter den Heimischen sei.

귀향

근친자에게

1

알프스 산맥의 한가운데에는 아직 투명한 밤[1]이거니와 구름은
  환희를 엮어가며 그 안에서 입 벌리고 있는 계곡을 뒤덮고 있다.
그 곳을 향해 농치듯 산의 정기[2]는 날뛰며 쏟아져 밀려들고
  빛살 하나 전나무들 사이로 가파르게 비치더니 또한 사라진다.
환희에 전율하는 혼돈 그 모습은 앳되지만[3] 힘차게 천천히
  서두르고[4] 싸우며, 바위들 아래서 사랑싸움으로 잔치를 벌인다.
혼돈은 영원한 경계 안에서 끓어오르며 진동하고
  하여 그 안에 바커스처럼 아침은 솟아오른다.
거기에 연륜과 성스러운 시간, 나날은 영원히 자라나고
  그 시간들 더욱 대담하게 질서 지으며 섞여 든다.[5]
그러나 천후의 새[6]는 시간을 알아채고 산들 사이로
  드높이 창공을 날아 올라 한낮을 부른다.
이제 깊은 골짜기 안의 작은 마을들 잠 깨어, 두려움 없이
  벌써 오랫동안 드높음에 친밀해져 사위의 산정을 바라본다.
벌써 성장을 예감하면서 마치 번개처럼 오랜 물줄기
  쏟아지고 떨어져 내리는 폭포수 아래 대지는 안개를 피운다.
메아리는 사방에 울리고 끝도 없는 일터는
  선물을 보내면서 밤낮으로 팔을 움직이고 있다.

2

그 사이 저 위 은빛 산정들은 평온 속에 반짝이고
  아침 햇살로 빛나는 산정의 눈은 장미꽃[7]으로 가득하다.
더 높이에는 그 빛살을 넘어 순수한 복된 신 살면서
  거룩한 햇살의 유희를 즐기고 있다.
침묵하며 그 홀로 살고 그 모습을 밝게 빛나며
  에테르와 같은 이[8], 그는 생명을 주며, 우리 인간과 더불어
기쁨을 창조하려 몸을 굽히고 있는 듯하다. 그 때마다 척도를 알며
  숨쉬는 자들을[9] 알고, 머뭇거리면서 아끼듯 신은
번영된 행복을[10] 도시들과 집들에게 나누어 준다. 또한 대지를
  열려고 부드러운 비와 묵직한 구름 그리고 너희들
가장 사랑하는 바람결 그리고 부드러운 봄날을 보낸다.
  또한 느릿한 손길로[11] 슬픈 자들을 다시 즐겁게 만든다.
창조자인 그 뭇 시간을 새롭게 하고 나이들어 가는 자의
  멈춘 마음을 생기있게 해서 감동시킬 때
또한 심연의 깊은 곳까지 힘을 미치고 자기가 사랑하는 대로
  열리게 하고 밝게 할 때, 그 때 생명은 다시 시작되고
우아함 옛처럼 피어나며 현존의 정신은 다시 돌아오나니
  즐거운 마음 다시금 나래를 펼친다.

3

많은 것을 내 그에게[12] 말했다. 시인이 무엇을 생각하거나
  노래하건 간에, 그 대부분은 천사들과 그에게 해당되기 때문이다.
사랑하는 조국을 위해 나는 많은 것을 간구했다. 초대되지 않은

우리들을 언젠가 갑자기[13] 그 정신 나타나 덮치지 않도록 하기 위함이다.
조국에서 걱정하고 있는 그대들을 위해
　미소하며 성스러운 감사가 피난자들을 되돌려 주는 그대들
동포여! 그대들을 위해 나는 많이 빌었다. 그러는 사이 호수는[14] 나를
　어루만지고, 노젓는 자 편안히 앉아 그 운행을 찬미했다.
호수의 수면 저 멀리 돛대 아래는 흥겨운 파도 일었고
　드디어 거기 이른 새벽 도시는[15] 피어나 밝아 오고
그늘진 알프스로부터 잘 이끌려 와
　배는 항구에서 이제 편안히 쉬고 있다.
여기 호반은 따뜻하고 다정스럽게 열린 골짜기들
　길들로 아름답게 밝혀져 푸르름으로 나를 유혹하며 빛나고 있다.
정원들 어울려 서 있고 반짝이는 새싹도 벌써 움트기 시작하며
　새들의 노래 방랑자를 불러 맞는다.
모든 것은 친밀한 듯하고 지나치며 나누는 인사도 또한
　친구들의 인사인 양 모든 얼굴들이 근친자인 듯하다.

　　　　　　　　　4

그리고 놀랄 일 아니로다! 그대가 찾는 것, 태어난 땅
　고향의 대지이며 그것은 가까이 있어 벌써 그대와 마주치고 있다
하여 방랑하는 사람, 마치 한 아들처럼[16] 사방 파도 소리 나는
　성문 곁에 서서 노래 더불어 그대를 위해 사랑하는 이름 찾고
바라보는 일 헛됨이 없도다, 복된 린다우여!
　그 곳 손님을 후대하는 고국의[17] 문 가운데 하나
유혹하며 많은 약속 던지는 먼 곳으로 떠나도록 부추기는 곳.
　거기 기적들 있고 신과 같은 야수[18]

라인 강 평야를 향해 높은 곳에서 떨어져 대담한 길을 뚫는 곳
  환호하는 계곡 암석들에서 솟구쳐 나와
해맑은 산맥을 뚫고 코모를 향해[19] 방랑하고 저 안으로
  혹은 한낮이 거닐 듯 아래로[20] 탁 트인 바다를 향해 가는 그 약속의 먼
                                                  곳으로
허나 나에게 더 매혹적인 것인, 그대 축복받은 입구여!
  거기 피어 만발한 길들 나에게 익숙한 고향으로 돌아가는 일,
거기 그 땅을 찾아가고 넥카의 아름다운 계곡들을 찾아가는 일
  또한 숲들, 성스러운 나무들의 푸르름, 참나무들
떡갈나무, 자작나무들과 즐겨 한데 어울리는 곳
  또한 신들 가운데 어느 한 곳 나를 반겨 맞으리라.

                            5

거기 그들 역시 나를 맞으리라. 어머니, 나의 도시의 목소리여!
  오 그대의 목소리 내 그 옛날에 배웠던 일들을 맞추고 일깨우누나!
아직도 옛대로이다! 그 옛날보다도 더 찬연하게
  오 그대들 사랑하는 것들이여, 태양과 환희 그대들의 눈에서 피어난다.
그렇다! 옛것은 아직도 그대로이다! 번성하고 열매 맺는다.
  하나 거기서 살며 사랑하는 어떤 것 역시 충실을 버리지 않았다.
그러나 최선의 것, 성스러운 평화의 무지개[21] 아래 숨겨진 재화,
  그것은 젊은이나 늙은이를 기다리고 있다.
내 어리석게 말하고 있구나, 그것은 나의 즐거움인 것. 허나 내일이나 미래에
  우리가 밖으로 나가 꽃피인 나무들 아래
생동하는 들판을 보며, 봄의 축제일에는
  사랑하는 이들이여! 그대들과 더불어 그 즐거움에 대해 많은

것을 이야기하며 희망하리라.
위대한 아버지에 대해[22] 내 많은 것을 들었고 오랫동안
  그에 대해 침묵했었다. 그 아버지 편력의 시간을
저 높은 곳에서 생기차게 해 주며, 산들 위에 군림하여서
  우리에게 곧 천국의 선물을 내려 주시고 보다 밝은 노래
외치시며 많은 좋은 정령들 보내시고 있다. 오 망설이지 말고
  오라, 그 이를 보존하는 자여! 연륜의 천사여![23] 또한 그대들

6

우리 거처의 천사들이여, 오라! 모든 생명의 혈관으로,
  모든 것을 즐겁게 하면서 천상의 것은 나누어 주리라!
고귀하게 하리라! 회춘케 하리라![24] 하여 인간의 착함의 어떤 것도
  하루의 어떤 시간도 흥겨움 없이는, 또한 지금처럼
사랑하는 자들 다시 만날 때, 천사들에 어울리고
  숙명적으로 거룩해지는 그러한 즐거운 자들[25] 없이는 존재하지 않도록.
우리가 식탁에서 축성할 때, 누구의 이름을 불러야 하며, 우리가
  하루의 생활 끝에서 휴식을 말할 때, 누구에게 그 감사를 드려야 하나?[26]
그 때 그 지고한 자를 이름 불러야 할까? 신은 걸맞지 않은 일을 싫어하나니[27]
  그를 붙들기에 우리의 기쁨은 너무도 빈약하다.
우리는 때로 침묵할 수밖에 없다, 알맞은 성스러운 이름 없는 탓으로.
  마음은 크게 두근거리나 말하기를 주저하는가?
그러나 현금은 매시간 바른 소리를 내어서
  다가오는 천국적인 것 어쩌면 기쁘게 할지도 모른다.
탄주를 예비하라,[28] 또한 기쁨 중에도 놓여 있었던[29]
  걱정할 일도 거의 남지 않았다.

이를 좋아하거나 아니거나 간에, 한 가인은 그의 영혼 가운데
이러한 염려 자주 지녀야만 하지만, 다른 이들이 지닐 일 아니다.

HEIMKUNFT

An die Verwandten

1

Drin in den Alpen ists noch helle Nacht und die Wolke,
 Freudiges dichtend, sie deckt drinnen das gähnende Tal.
Dahin, dorthin toset und stürzt die scherzende Bergluft,
 Schroff durch Tannen herab glänzet und schwindet ein Strahl.
Langsam eilt und kämpft das freudigschauernde Chaos,
 Jung an Gestalt, doch stark, feiert es liebenden Streit
Unter den Felsen, es gärt und wankt in den ewigen Schranken,
 Denn bacchantischer zieht drinnen der Morgen herauf.
Denn es wächst unendlicher dort das Jahr und die heilgen
 Stunden, die Tage, sie sind kühner geordnet, gemischt.
Dennoch merket die Zeit der Gewittervogel und zwischen
 Bergen, hoch in der Luft weilt er und rufet den Tag.
Jetzt auch wachet und schaut in der Tiefe drinnen das Dörflein
 Furchtlos, Hohem vertraut, unter den Gipfeln hinauf.
Wachstum ahnend, denn schon, wie Blitze, fallen die alten
 Wasserquellen, der Grund unter den Stürzenden dampft,
Echo tönet umher, und die unermeßliche Werkstatt
 Reget bei Tag und Nacht, Gaben versendend, den Arm.

2

Ruhig glänzen indes die silbernen Höhen darüber,
 Voll mit Rosen ist schon droben der leuchtende Schnee.
Und noch höher hinauf wohnt über dem Lichte der reine
 Selige Gott vom Spiel heiliger Strahlen erfreut.
Stille wohnt er allein und hell erscheinet sein Antlitz,
 Der ätherische scheint Leben zu geben geneigt,
Freude zu schaffen, mit uns, wie oft, wenn, kundig des Maßes,
 Kundig der Atmenden auch zögernd und schonend der Gott
Wohlgediegenes Glück den Städten und Häusern und milde
 Regen, zu öffnen das Land, brütende Wolken, und euch,
Trauteste Lüfte dann, euch, sanfte Frühlinge, sendet,
 Und mit langsamer Hand Traurige wieder erfreut,
Wenn er die Zeiten erneut, der Schöpferische, die stillen
 Herzen der alternden Menschen erfrischt und ergreift,
Und hinab in die Tiefe wirkt, und öffnet und aufhellt,
 Wie es liebet, und jetzt wieder ein Leben beginnt,
Anmut blühet, wie einst, und gegenwärtiger Geist kömmt,
 Und ein freudiger Mut wieder die Fittige schwellt.

3

Vieles sprach ich zu ihm, denn, was auch Dichtende sinnen
 Oder singen, es gilt meistens den Engeln und ihm;
Vieles bat ich, zu lieb dem Vaterlande, damit nicht
 Ungebeten uns einst plötzlich befiele der Geist;

Vieles für euch auch, die im Vaterlande besorgt sind,
  Denen der heilige Dank lächelnd die Flüchtlinge bringt,
Landesleute! für euch, indessen wiegte der See mich,
  Und der Ruderer saß ruhig und lobte die Fahrt.
Weit in des Sees Ebene wars Ein freudiges Wallen
  Unter den Segeln und jetzt blühet und hellet die Stadt
Dort in der Frühe sich auf, wohl her von schattigen Alpen
  Kommt geleitet und ruht nun in dem Hafen das Schiff.
Warm ist das Ufer hier und freundlich offene Tale,
  Schön von Pfaden erhellt grünen und schimmern mich an.
Gärten stehen gesellt und die glänzende Knospe beginnt schon,
  Und des Vogels Gesang ladet den Wanderer ein.
Alles scheinet vertraut, der vorübereilende Gruß auch
  Scheint von Freunden, es scheint jegliche Miene verwandt.

4

Freilich wohl! das Geburtsland ists, der Boden der Heimat,
  Was du suchest, es ist nahe, begegnet dir schon.
Und umsonst nicht steht, wie ein Sohn, am wellenumrauschten
  Tor' und siehet und sucht liebende Namen für dich,
Mit Gesang ein wandernder Mann, glückseliges Lindau!
  Eine der gastlichen Pforten des Landes ist dies,
Reizend hinauszugehn in die vielversprechende Ferne,
  Dort, wo die Wunder sind, dort, wo das göttliche Wild
Hoch in die Ebnen herab der Rhein die verwegene Bahn bricht,
  Und aus Felsen hervor ziehet das jauchzende Tal,

Dort hinein, durchs helle Gebirg, nach Komo zu wandern,
   Oder hinab, wie der Tag wandelt, den offenen See;
Aber reizender mir bist du, geweihete Pforte!
   Heimzugehn, wo bekannt blühende Wege mir sind,
Dort zu besuchen das Land und die schönen Tale des Neckars,
   Und die Wälder, das Grün heiliger Bäume, wo gern
Sich die Eiche gesellt mit stillen Birken und Buchen,
   Und in Bergen ein Ort freundlich gefangen mich nimmt.

5

Dort empfangen sie mich. O Stimme der Stadt, der Mutter!
   O du triffest, du regst Langegelerntes mir auf!
Dennoch sind sie es noch! noch blühet die Sonn' und die Freud'
euch,
   O ihr Liebsten! und fast heller im Auge, wie sonst.
Ja! das Alte noch ists! Es gedeihet und reifet, doch keines
   Was da lebet und liebt, lässet die Treue zurück.
Aber das Beste, der Fund, der unter des heiligen Friedens
   Bogen lieget, er ist Jungen und Alten gespart.
Törig red ich. Es ist die Freude. Doch morgen und künftig
   Wenn wir gehen und schaun draußen das lebende Feld
Unter den Blüten des Baums, in den Feiertagen des Frühlings
   Red' und hoff' ich mit euch vieles, ihr Lieben! davon.
Vieles hab' ich gehört vom großen Vater und habe
   Lange geschwiegen von ihm, welcher die wandernde Zeit
Droben in Höhen erfrischt, und waltet über Gebirgen

Der gewähret uns bald himmlische Gaben und ruft
Hellern Gesang und schickt viel gute Geister. O säumt nicht,
Kommt, Erhaltenden ihr! Engel des Jahres! und ihr,

6

Engel des Hauses, kommt! in die Adern alle des Lebens,
　Alle freuend zugleich, teile das Himmlische sich!
Adle! verjünge! damit nichts Menschlichgutes, damit nicht
　Eine Stunde des Tags ohne die Frohen und auch
Solche Freude, wie jetzt, wenn Liebende wieder sich finden,
　Wie es gehört für sie, schicklich geheiliget sei.
Wenn wir segnen das Mahl, wen darf ich nennen, und wenn wir
　Ruhn vom Leben des Tags, saget, wie bring' ich den Dank?
Nenn' ich den Hohen dabei? Unschickliches liebet ein Gott nicht,
　Ihn zu fassen, ist fast unsere Freude zu klein.
Schweigen müssen wir oft; es fehlen heilige Namen,
　Herzen schlagen und doch bleibet die Rede züruck?
Aber ein Saitenspiel leiht jeder Stunde die Töne,
　Und erfreuet vielleicht Himmlische, welche sich nahn.
Das bereitet und so ist auch beinahe die Sorge
　Schon befriediget, die unter das Freudige kam.
Sorgen, wie diese, muß, gern oder nicht, in der Seele
　Tragen ein Sänger und oft, aber die anderen nicht.

편력

지복(至福)의 슈에비엔, 나의 어머니,
더욱 반짝이는 그대의 동생 저 위의
롬바르다와 같이
수많은 시냇물 거쳐 흐르는 그대여!
나무들도 울창하고, 하이얀 꽃 피우며 빨갛게 물들이고
또한 짙은 색깔로 야생대로 검푸른 잎새 무성해서
스위스의 알프스 산맥 또한 이웃하여[1]
그대에 그늘 드리워 주고 있다.[2] 집의 아궁이 가까이[3]
그대 깃들고, 그 안에서
신에게 바쳐진 은빛의 그릇으로부터
순수한 손길에 의해 흩뿌려져
샘물 솟는 소리에 귀 기울이는 탓이다. 따뜻한

빛살에 수정의 얼음이 마주 닿고
가볍게 와 닿는 빛에[4] 무너져
눈 쌓인 산정 순수하기 이를 데 없는 물길
대지에 쏟아 부을 때, 그 때문에 충실은
그대의 천성인 것, 원천에 가까이 사는 것
그 장소를 떠나기 어려운 것.
그리고 그대의 자식인 도시들
멀리까지 가물거리는 호수가와

넥카의 버드나무 곁, 라인 강가의 도시
모두들 뜻하건대
어디에 다른 곳 이처럼 깃들기 좋은 곳 없으리라 한다.

그러나 나는 코카소스로 가련다!
왜냐하면 오늘에도 대기 가운데
말하는 소리 내 듣기 때문이다.
마치 제비들처럼 시인들 자유롭다는 소리,
또한 젊었을 시절[5] 어느 누군가
그렇지 않아도 나에게 털어놓았었다.
그 옛날 언젠가 우리의 부모
독일 민족은
한 여름날 도나우의 물결을
조용히 떠나, 이들
그늘을 찾으면서
태양의 아이들과 함께
흑해에 이르렀으니[6]
이 바다 친절한 바다[7]라 이른 것
뜻 없는 것이 아니라고.

왜냐하면 그들이 서로 눈길을 나누었을 때
먼저 접근했던 것은 이방인들이었기에, 그 때 우리편
역시 올리브나무 아래 호기심에 차 앉았었다.
그러나 그들의 옷자락이 스쳤을 때
아무도 상대의 말[8]을
알아들을 수 없었으니
하나의 다툼이 일어났음직도 하다. 나뭇가지로부터

서늘함이 떨어져 내리지 않았다면.
때로 있는 일처럼 다투는 자들의
얼굴 위에 미소 떠오르고 한참을
조용히 쳐다보고서 그들을 사랑 가운데
서로 손을 내밀어 붙잡았다. 또한 곧

그들은 무기를 교환하고 집 안의
모든 사랑스런 재화를 나누었으며
말 또한 나누었다. 친밀한 아버지들
결혼의 환호 속에 아이들에게
소망하는 바 있음은 헛된 일이 아니었다.
성스럽게 맺은 자들로부터
사람은 그 모든 것,
인간 스스로를 인간이라 부르기 이전과 이후의
그 모든 것보다 더욱 아름답게 자라났기에, 그러나
그 어디에 너희들 사랑스러운 근친자들 살아
우리가 유대를 새롭게 하고
충실한 선조를 회상할 것인가?[9]

거기 해변가 이오니아[10]의 나무들 아래
카이스터의 평원[11] 가운데
천공을 즐기며 학들
멀리서 가물거리는 산들로 둘러싸인 곳.
거기 아름답기 이를 데 없는 것들이여! 그대들 있었고,
포도로 장식되고
노래로 가득하게 울리는 섬들 돌보았었다. 또 다른 이들
타이게토스[12] 곁에 살고 있었고 널리 찬미된 휘메토스[13] 곁에

마지막으로 그들 번성했었다. 그러나
파르나소스의 샘[14]에서부터 트몰로스의
금빛으로 반짝이는 개울들[15]에 이르기까지
하나의 영원한 노래 울렸다. 하여 그 때
숲들과 모든
현금의 탄주들 함께
천국의 온화함으로 감동되었도다.

오 호머의 땅이여![16]
자주빛의 버찌나무[17]에서 혹은
그대로부터 보내어져 포도원[18]에서
싱싱한 복숭아나무들[19] 푸르러지고
멀리서 제비[20] 날아와 많은 것을 재잘거리며
나의 집 벽에 제집을 지을 때,
오월의 나날, 별빛 아래서도[21]
오 이오니아여, 내 그대를 생각하노라! 그러나 인간들은
눈앞에 나타난 것을 사랑하는 법. 그 때문에 내 왔노라
너희들, 너희들 섬들을 보려고, 그리고 너희들
강물들의 어귀들과, 오 너희들 테티스의 회랑과[22]
너희들 숲들과 그리고 너희들 이다의 구름을[23] 보려고!

하나 내 머물 생각하지 않는다.
내 도망쳐 온 닫혀진 자, 어머니,
공손하지 않으면 마음 사기 어렵다.
그의 아들 중 하나, 라인 강
힘으로 그녀의 가슴에 뛰어들려 했으나
물리침을 당한 그 자 멀리, 어딘지는 아무도 모르는 곳으로 사라져 갔다.[24]

그러나 내 그렇게 그녀로부터 사라져 버리기 원치 않았으니
오로지 그대들을 여기에 초대코자 원하여
그대들 그리스의 자비의 여신들이여
그대들 천국의 딸들이여, 내 그대들에게로 갔었노라.
하여 여행길이 그리 멀지 않다면
그대들 우리에게 와도 되리라, 그대들 사랑스런 이들이여!

대기들 한층 부드럽게 숨쉬고
아침의 사랑하는 빛의 화살
너무도 인내하는 우리들을[25] 향해 보내며
가벼운 구름 때 우리의
부끄러운 눈길 위에 피어나면
그 때 우리 말하게 되리라, 그대들 우미의 여신들[26]
어찌 미개한 자들에게로 오는지?
그러나 천국의 시녀들
마치 모든 신적인 태생자들처럼
신비롭도다.
누군가 그것에 살며시 다가가면
그는 제 손으로 꿈을 붙들게 되지만
힘으로 필적하려 할 때 벌을 내린다.
미처 생각하지 못했던 자를
신적인 태생은 놀라게 만드는 것이다.

DIE WANDERUNG

Glückselig Suevien, meine Mutter,
Auch du, der glänzenderen, der Schwester
Lombarda drüben gleich,
Von hundert Bächen durchflossen!
Und Bäume genug, weißblühend und rötlich,
Und dunklere, wild, tiefgrünenden Laubs voll
Und Alpengebirg der Schweiz auch überschattet
Benachbartes dich; denn nah dem Herde des Hauses
Wohnst du, und hörst, wie drinnen
Aus silbernen Opferschalen
Der Quell rauscht, ausgeschüttet
Von reinen Händen, wenn berührt

Von warmen Strahlen
Kristallenes Eis und umgestürzt
Vom leichtanregenden Lichte
Der schneeige Gipfel übergießt die Erde
Mit reinestem Wasser. Darum ist
Dir angeboren die Treue. Schwer verläßt,
Was nahe dem Ursprung wohnet, den Ort.
Und deine Kinder, die Städte,
Am weithindämmernden See,

An Neckars Weiden, am Rheine,
Sie alle meinen, es wäre
Sonst nirgend besser zu wohnen.

Ich aber will dem Kaukasos zu!
Denn sagen hört' ich
Noch heut in den Lüften:
Frei sei'n, wie Schwalben, die Dichter.
Auch hat mir ohnedies
In jüngeren Tagen Eines vertraut,
Es seien vor alter Zeit
Die Eltern einst, das deutsche Geschlecht,
Still fortgezogen von Wellen der Donau
Am Sommertage, da diese
Sich Schatten suchten, zusammen
Mit Kindern der Sonn'
Am schwarzen Meere gekommen;
Und nicht umsonst sei dies
Das gastfreundliche genennet.

Denn, als sie erst sich angesehen,
Da nahten die Anderen erst; dann satzten auch
Die Unseren sich neugierig unter den Ölbaum.
Doch als sich ihre Gewande berührt,
Und keiner vernehmen konnte
Die eigene Rede des andern, wäre wohl
Entstanden ein Zwist, wenn nicht aus Zweigen herunter
Gekommen wäre die Kühlung,

Die Lächeln über das Angesicht
Der Streitenden öfters breitet, und eine Weile
Sahn still sie auf, dann reichten sie sich
Die Hände liebend einander. Und bald

Vertauschten sie Waffen und all
Die lieben Güter des Hauses,
Vertauschten das Wort auch und es wünschten
Die freundlichen Väter umsonst nichts
Beim Hochzeitjubel den Kindern.
Denn aus den heiligvermählten
Wuchs schöner, denn Alles,
Was vor und nach
Von Menschen sich nannt', ein Geschlecht auf. Wo,
Wo aber wohnt ihr, liebe Verwandten,
Daß wir das Bündnis wiederbegehn,
Und der teuern Ahnen gedenken?

Dort an den Ufern, unter den Bäumen
Ionias, in Ebenen des Kaisters,
Wo Kraniche, des Äthers froh,
Umschlossen sind von fernhindämmernden Bergen;
Dort wart auch ihr, ihr Schönsten! oder pfleget
Der Inseln, die mit Wein bekränzt,
Voll tönten von Gesang; noch andere wohnten
Am Tayget, am vielgepriesnen Himettos,
Die blühten zuletzt; doch von
Parnassos Quell bis zu des Tmolos

Goldglänzenden Bächen erklang
Ein ewiges Lied; so rauschten
Damals die Wälder und all
Die Saitenspiele zusamt
Von himmlischer Milde gerühret.

O Land des Homer!
Am purpurnen Kirschbaum oder wenn
Von dir gesandt im Weinberg mir
Die jungen Pfirsiche grünen,
Und die Schwalbe fernher kommt und vieles erzählend
An meinen Wänden ihr Haus baut, in
Den Tagen des Mais, auch unter den Sternen
Gedenk' ich, o Ionia, dein! doch Menschen
Ist Gegenwärtiges lieb. Drum bin ich
Gekommen, euch, ihr Inseln, zu sehn, und euch,
Ihr Mündungen der Ströme, o ihr Hallen der Thetis,
Ihr Wälder, euch, und euch, ihr Wolken des Ida!

Doch nicht zu bleiben gedenk ich.
Unfreundlich ist und schwer zu gewinnen
Die Verschlossene, der ich entkommen, die Mutter.
Von ihren Söhnen einer, der Rhein,
Mit Gewalt wollt' er ans Herz ihr stürzen und schwand
Der Zurückgestoßene, niemand weiß, wohin, in die Ferne.
Doch so nicht wünscht' ich gegangen zu sein,
Von ihr und nur, euch einzuladen,
Bin ich zu euch, ihr Grazien Griechenlands,

Ihr Himmelstöchter, gegangen,
Daß, wenn die Reise zu weit nicht ist,
Zu uns ihr kommet, ihr Holden!

Wenn milder atmen die Lüfte,
Und liebende Pfeile der Morgen
Uns Allzugedultigen schickt,
Und leichte Gewölke blühn
Uns über den schüchternen Augen,
Dann werden wir sagen, wie kommt
Ihr, Charitinnen, zu Wilden?
Die Dienerinnen des Himmels
Sind aber wunderbar,
Wie alles Göttlichgeborne.
Zum Traume wirds ihm, will es Einer
Beschleichen und straft den, der
Ihm gleichen will mit Gewalt;
Oft überraschet es einen,
Der eben kaum es gedacht hat.

하르트의 협곡[1]

숲은 아래로 가라앉고
꽃봉오리들처럼, 한쪽으로
매달려 있는 이파리들을 향해
아래엔 바닥이 피어나고 있다,[2]
전혀 말할 줄 모르는 것도 아닌[3]
말하자면 거기 울리히가
다녀갔다. 하여 이 발디딤에 대해
한 위대한 운명은 때로
수수한 장소[4]에서 기꺼이 생각에 잠긴다.

DER WINKEL VON HAHRDT

Hinunter sinket der Wald,
Und, Knospen ähnlich, hängen
Einwärts die Blätter, denen
Blüht unten auf ein Grund,
Nicht gar unmündig.
Da nämlich ist Ulrich
Gegangen; oft sinnt, über den Fußtritt,
Ein groß Schicksal
Bereit, an übrigem Orte.

고향

그리고 아무도 모른다.

그러는 사이에 나로 하여금 거닐게 하고
그리고 산딸기를 꺾도록 용납하라
그대의 길 곁에서, 오 대지여
그대를 향한 사랑을 달랠 수 있도록.

여기 이곳 —
　　　그리고 장미가시들
그리고 달콤한 보리수나무가
너도밤나무 곁에서 향기를 내뿜고 있다, 한낮에, 노란 곡식 밭에는
성장이 사각거리며, 꼿꼿한 줄기에
그리고 이삭이 가을처럼 고개를
한쪽으로 숙이고 있을 때. 그러나 지금 굴참나무의
높은 아치 아래, 내가 생각하며
위쪽을 향해 물음을 물을 때, 종치는 소리
나에게 익숙하게
황금빛 소리를 내면서 멀리로부터 울린다, 새가
다시 깨는 시각 무렵에. 그처럼 만사는 평온하다.

HEIMAT

Und niemand weiß

Indessen laß mich wandeln
Und wilde Beeren pflücken,
Zu löschen die Liebe zu dir
An deinen Pfaden, o Erd

Hier wo —
            und Rosendornen
Und süße Linden duften neben
Den Buchen, des Mittags, wenn im falben Kornfeld
Das Wachstum rauscht, an geradem Halm,
Und den Nacken die Ähre seitwärts beugt
Dem Herbste gleich, jetzt aber unter hohem
Gewölbe der Eichen, da ich sinn
Und aufwärts frage, der Glockenschlag
Mir wohlbekannt
Fernher tönt, goldenklingend, um die Stunde, wenn
Der Vogel wieder wacht. So gehet es wohl.

산책

너희들 숲들은 한쪽 곁에 아름답게
초록빛 산비탈에 그려져 있네,
거기서 나는 이곳 저곳으로 이끌려 가네,
가슴 속의 모든 가시는
달콤한 평온으로 보답받네,
처음부터 예술과 생각들이
고통을 안겨 주었던 나의 감각이
어두워지게 되면.
계곡에 있는 너희들 사랑스러운 영상들,
예를 들면 정원들과 나무
그리고 오솔길, 그 가느다란 오솔길,
시냇물은 겨우 보일 듯 말듯
내 즐겨 온화한 날씨에 찾아가는
정경의 찬란한 영상은
쾌청한 먼 곳으로부터
얼마나 아름답게 한사람에게 반짝이나.
신성은 다정하게 푸르름과 함께
처음에 우리에게로 이끌러오고
그 다음 구름으로 채비되어
둥글게 회색으로 모양새를 띄우고
축복해 주는 번개와 천둥의

울림, 또한 들판의 매력,
샘에서 솟구쳐 나온
근원적 영상의 아름다움으로.

DER SPAZIERGANG

Ihr Wälder schön an der Seite,
Am grünen Abhang gemalt,
Wo ich umher mich leite,
Durch süße Ruhe bezahlt
Für jeden Stachel im Herzen,
Wenn dunkel mir ist der Sinn,
Den Kunst und Sinnen hat Schmerzen
Gekostet von Anbeginn.
Ihr lieblichen Bilder im Tale,
Zum Beispiel Gärten und Baum,
Und dann der Steg, der schmale,
Der Bach zu sehen kaum,
Wie schön aus heiterer Ferne
Glänzt einem das herrliche Bild
Der Landschaft, die ich gerne
Besuch im Witterung mild.
Die Gottheit freundlich geleitet
Uns erstlich mit Blau,
Hernach mit Wolken bereitet,
Gebildet wölbig und grau,
Mit sengenden Blitzen und Rollen
Des Donners, mit Reiz des Gefilds,
Mit Schönheit, die gequollen
Vom Quell ursprünglichen Bilds.

하늘에서부터...

하늘에서부터 해맑은 환희가 쏟아져 내리듯이
  하나의 환희 인간들에 이르러
    그들 눈에 보이는 많은 것들, 들리는 것들
      만족케 하는 것들에 대해 감탄한다.

게다가 얼마나 멋지게 성스러운 노래 울리는가!
  얼마나 가슴은 노래 가운데 진리를 향해 웃음 웃는가.
    하나의 유대에 기쁨 있다는 진리 ―
      가물거리는 숲들로 뻗어 있는

오솔길로 양 떼들 행군을 시작한다.
  그러나 초원은 청순한 초록으로
    뒤덮이여, 늘상 보는대로 임원이 그러하듯
      어두운 숲에 가까이 놓여 있다.

거기 초원 위에 역시 이 양떼들
  머무르고 있다. 사방에 놓여 있는
    산꼭대기, 그 헐벗은 꼭대기는
      참나무로 덮여 있고 드문드문 전나무도 있다.

강의 출렁이는 물결 있고

하여 길을 넘어온 자가 즐겁게
　내려다 보는 그곳, 산들이 산뜻한 모습을
　처들고 포도원도 높이 일어서는 그 곳.

포도넝쿨 아래 계단들은 높이에서
　아래를 향해 있고 과일나무들 그 위에 꽃피어
　서 있으며 향기도 거치른 울타리에 머문다.
　거기 숨어 오랑캐꽃은 움트고 있다.

그러나 물줄기는 졸졸 아래로 흐르고 그 곳에서
　종일토록 살랑대는 소리가 들린다.
　그러나 그 경계의 장소들은
　오후 내내를 편안히 쉬며 침묵한다.

WENN AUS DEM HIMMEL...

Wenn aus dem Himmel hellere Wonne sich
Herabgießt, eine Freude den Menschen kommt,
　Daß sie sich wundern über manches
　　Sichtbares, Höheres, Angenehmes:

Wie tönet lieblich heilger Gesang dazu!
Wie lacht das Herz in Liedern die Wahrheit an,
　Daß Freudigkeit an einem Bildnis?
　　Über dem Stege beginnen Schafe

Den Zug, der fast in dämmernde Wälder geht.
Die Wiesen aber, welche mit lautrem Grün
　Bedeckt sind, sind wie jene Heide,
　　Welche gewöhnlicher Weise nah ist

Dem dunkeln Walde. Da, auf den Wiesen auch
Verweilen diese Schafe. Die Gipfel, die
　Umher sind, nackte Höhen sind mit
　　Eichen bedecket und seltnen Tannen.

Da, wo des Stromes regsame Wellen sind,
　Daß einer, der vorüber des Weges kommt,

   Froh hinschaut, da erhebt der Berge
     Sanfte Gestalt und der Weinberg hoch sich.

Zwar gehn die Treppen unter den Reben hoch
  Herunter, wo der Obstbaum blühend darüber steht
   Und Duft an wilden Hecken weilet,
    Wo die verborgenen Veilchen sprossen;

Gewässer aber rieseln herab, und sanft
  Ist hörbar dort ein Rauschen den ganzen Tag;
   Die Orte aber in der Gegend
    Ruhen und schweigen den Nachmittag durch.

2. 사랑과 우정

자라나서 숲이 되어라! 한층 정기어리고
힘껏 피어난 세계 되어라! 사랑하는 이들의 말
나라의 말이 되고
그들의 영혼 백성의 노래 소리 되어라!

시 「사랑」 중에서

노이퍼에게

1794년 3월

아직 내 마음 가운데로 감미로운 봄 다시 돌아오거니
아직 나의 철모르고 기쁜 가슴 늙지 않았거니
아직 사랑의 이슬 내 눈으로부터 흘러내리거니
아직 내 마음 속에 희망과 기쁨과 고통이 살아 있거니

아직 푸르른 하늘과 초록의 들녘
감미로운 위안의 눈길로 나를 달래주며
청춘의 다정한 자연, 그 신성이
환희의 술잔[1] 나에게 건네 주거니,

위안받으라! 이 삶은 고통할 가치 있도다.
신의 햇빛 우리 가난한 사람들에게 비치고
더 나은 세월의 영상들 우리의 영혼을 맴돌며
또한 아! 우리와 함께 다정한 한 눈길 울음을 우는 한.

AN NEUFFER

Im März. 1794

Noch kehrt in mich der süße Frühling wieder,
Noch altert nicht mein kindischfröhlich Herz,
Noch rinnt vom Auge mir der Tau der Liebe nieder,
Noch lebt in mir der Hoffnung Lust und Schmerz.

Noch tröstet mich mit süßer Augenweide
Der blaue Himmel und die grüne Flur,
Mir reicht die Göttliche den Taumelkelch der Freude,
Die jugendliche freundliche Natur.

Getrost! es ist der Schmerzen wert, dies Leben,
So lang uns Armen Gottes Sonne scheint,
Und Bilder beßrer Zeit um unsre Seele schweben,
Und ach! mit uns ein freundlich Auge weint.

사죄(謝罪)

성스러운 존재여! 자주 나는 그대의 황금빛
  신들의 평온 깨뜨렸고, 그대는
    삶의 비밀스럽고 깊은 고통을
      나로부터 많이도 배웠었노라.

오 잊어다오, 용서해다오! 저기
  평화로운 달을 가리고 있는 구름처럼
    내 사라져 가리니, 그대의 아름다움 가운데
      편히 쉬고 다시 빛나라, 그대 감미로운 빛살이여!

ABBITTE

Heilig Wesen! gestört hab' ich die goldene
  Götterruhe dir oft, und der geheimeren,
    Tiefern Schmerzen des Lebens
      Hast du manche gelernt von mir.

O vergiß es, vergib! gleich dem Gewölke dort
  Vor dem friedlichen Mond, geh' ich dahin, und du
    Ruhst und glänzest in deiner
      Schöne wieder, du süßes Licht!

좋은 믿음

아름다운 생명이여! 그대 병들어 누워있구나, 하여 나의 가슴은
 울음으로 지쳐 있으며 벌써 내 마음 안에는 두려움 가물거리네,
  그러나, 그러나 나는 믿을 수 없네,
   그대가 죽는다는 것을, 그대가 사랑하는 한에는.

DER GUTE GLAUBE

Schönes Leben! du liegst krank, und das Herz ist mir
 Müd vom Weinen und schon dämmert die Furcht in mir,
  Doch, doch kann ich nicht glauben,
   Daß du sterbest, solang du liebst.

그녀의 회복

자연이여! 그대의 친구 고통하며 잠들어 있음에도
　그대 생명을 주는 자여, 머뭇거리고 있는가? 아!
　　그대들 천공의 힘찬 대기도
　　　그대들 햇빛의 원천들도 어찌 그녀를 낫게 하지 않는가?

지상의 모든 꽃들과 즐겁고
　아름다운 임원의 모든 열매들도, 그대 신들이여!
　　그대들이 사랑 가운데 낳은 이 생명을
　　　어찌 명랑하게 해 주지 않는가? ―

아! 벌써 숨쉬며 옛처럼 매혹적인
　말마디 가운데 그녀의 성스런 삶의 열락은 울린다.
　　벌써 연인의 눈망울 친밀하게 열리어
　　　자연이여! 그대를 향해서 반짝이도다.

IHRE GENESUNG

Deine Freundin, Natur! leidet und schläft und du
Allbelebende, säumst? ach! und ihr heilt sie nicht,
   Mächt'ge Lüfte des Äthers,
      Nicht ihr Quellen des Sonnenlichts?

Alle Blumen der Erd', alle die fröhlichen,
   Schönen Früchte des Hains, heitern sie alle nicht
      Dieses Leben, ihr Götter!
         Das ihr selber in Lieb' erzogt? —

Ach! schon atmet und tönt heilige Lebenslust
   Ihr im reizenden Wort wieder wie sonst und schon
      Glänzt das Auge des Lieblings
         Freundlichoffen, Natur! dich an.

용납할 수 없는 일

너희들이 친구를 잊는다면, 너희들이 예술가를 조롱한다면
  그리고 심오한 정신을 왜소하고 천하게 이해한다면
    신은 그것을 용서하시리라, 그러나 다만
      사랑하는 사람들의 평화를 깨뜨리지는 말라.

DAS UNVERZEIHLICHE

Wenn ihr Freunde vergeßt, wenn ihr den Künstler höhnt
Und tieferen Geist klein und gemein versteht,
  Gott vergibt es, doch stört nur
    Nie den Frieden der Liebenden.

소크라테스와 알키비아데스

≫성스러운 소크라테스여, 어찌하여 그대는
 이 젊은이를 언제나 섬기는가? 그대는 더 위대한 것을 알지 못하는가?
  어찌하여 신들을 향해서인 양
   사랑으로 그에게 눈길을 보내는가?≪

가장 심오한 것을 생각하는 자, 가장 생동하는 것을 사랑하고
 세계를 바라다본 경험이 있는 자 드높은 젊음을 이해하며
  현명한 자 끝에 이르러
   아름다움에 마음 기울이는 법이다.

SOKRATES UND ALCIBIADES

≫Warum huldigest du, heiliger Sokrates,
 Diesem Jünglinge stets? kennest du Größers nicht?
  Warum siehet mit Liebe,
   Wie auf Götter, dein Aug' auf ihn?≪

Wer das Tiefste gedacht, liebt das Lebendigste,
 Hohe Jugend versteht, wer in die Welt geblickt
  Und es neigen die Weisen
   Oft am Ende zu Schönem sich.

사랑

그대들이 친구를 잊게 된다며, 그대들의 한 둥우리 잊게 된다면
  오 고마우신 분들이여,[1] 그대들이 시인들을 헐뜯는다면
    신께서 그것을 용서해 주시기를. 그러나 그대들
      사랑하는 자들의 영혼만은 존중해 주기를.

오 말해 보라, 비굴한 근심이 우리 모두를 억압하는데[2]
  어디에 인간다운 삶이 살아 있을 수 있을까?
    때문에 신은 근심도 없이
      우리의 머리 위에서 오래 전부터 거닐고 있으리라.[3]

그러나 박복의 시간에 한 해는 차갑고 노래는 없을지라도
  하이얀 들녘에서
    푸르른 풀줄기 솟아오르면
      때마다 한 마리의 고독한 새는 노래 부른다.[4]

숲이 한결 풍성해지고, 강물도 움직일 때
  따스한 바람은 벌써 한낮으로부터
    미리 택한 시간으로 불어오거니
      그리하여 보다 아름다운 시절의 징후[5]

우리가 믿으며 홀로 유독 만족한[6] 가운데

홀로 단단하고 거친 대지 위에
　　　고귀하고 경건하게 신의 딸,
　　　　사랑은 홀로 그로부터 성장하도다.

축복받으라, 오 천상적인 수목이여, 나로 하여금
　노래로써 가꾸게 하라, 천공의 넥타르의 힘
　　그대를 자라게 하고
　　　창조적인 빛살 그대를 영글게 할 때.

자라나서 숲이 되어라! 한층 정기 어리고
　힘껏 피어난 세계 되어라! 사랑하는 이들의 말
　　나라의 말이 되고
　　　그들의 영혼 백성의 노래 소리 되어라!

DIE LIEBE

Wenn ihr Freunde vergeßt, wenn ihr die Euern all,
 O ihr Dankbaren, sie, euere Dichter schmäht,
  Gott vergeb' es, doch ehret
   Nur die Seele der Liebenden.

Denn o saget, wo lebt menschliches Leben sonst,
 Da die knechtische jetzt alles, die Sorge zwingt?
  Darum wandelt der Gott auch
   Sorglos über dem Haupt uns längst.

Doch, wie immer das Jahr kalt und gesanglos ist
 Zur beschiedenen Zeit, aber aus weißem Feld
  Grüne Halme doch sprossen,
   Und ein einsamer Vogel singt,

Wenn sich mählig der Wald dehnet, der Strom sich regt,
 Schon die mildere Luft leise von Mittag weht
  Zur erlesenen Stunde,
   So ein Zeichen der schönern Zeit,

Die wir glauben, erwächst einziggenügsam noch,
 Einzig edel und fromm über dem ehernen,

Wilden Boden die Liebe,
 Gottes Tochter, von ihm allein.

Sei gesegnet, o sei, himmlische Pflanze, mir
 Mit Gesange gepflegt, wenn des ätherischen
  Nektars Kräfte dich nähren,
   Und der schöpfrische Strahl dich reift.

Wachs und werde zum Wald! eine beseeltere,
 Vollentblühende Welt! Sprache der Liebenden
  Sei die Sprache des Landes,
   Ihre Seele der Laut des Volks!

이별

제2초고

우리는 헤어지려 했었는가? 그리함이 좋고 현명하다 생각했었나?
 그렇다면 어찌하여 우리 헤어짐이 마치 살인이나 되듯이 우리를 놀라게
했던가?

 아! 우리는 우리 자신을 잘 알지 못하니
  우리 마음 가운데 하나의 신[1] 지배하기 때문이다.

그 신을 배반했는가? 아, 우리에게 모든 것을,
 감각과 생명을 지어준 그, 우리들 사랑의
  영감에 찬 수호신인 그에게 하나의 배신을
   저지를 수는 없노라.

그러나 다른 하나의 과오를 세계의 정신은 생각하고
 다른 하나의 무정한 봉사자, 다른 법칙을 행하나니
  일상의 습속은 지략을 다해서
   나날이 우리의 영혼을 앗아가도다.

그렇다! 내 이전에 알고 있는 터. 뿌리 깊고
 괴이한 두려움, 신들과 인간 사이를 갈라놓은 때로부터[2]
  이를 사랑하는 자들의 마음은 피로 갚음하고자
   죽어가야만 하노라.

나로 하여금 침묵케 하라! 오 지금부터 결코
  이 죽음에 이르는 것 보이지 않도록 하라, 하여
    평화 가운데 내 고독함 가운데로 숨어들어
      비로소 헤어짐이 우리의 것이 되도록!

그대 손수 나에게 잔을 건네 주어라, 하여 그 구원의
  성스러운 독약 가득한 잔, 레테의 음료[3] 담긴 잔을
    내 그대와 함께 마시어, 모든
      증오와 사랑 다 잊혀지도록!

내 사라져 가련다. 어쩌면 내 오랜 시간 후 어느 날
  디오티마여! 그대를 보게 되리, 그러나 그때는
    소망 피 흘려 스러지고 축복받은 자들처럼
      평화롭게, 또한 낯선 자들처럼 우리

거닐며, 대화가 이 곳 저 곳으로 우리를 인도해 가리라.
  생각하며, 머뭇거리며, 그러나 잊은 자들[4]
    여기 이별의 장소가 되새겨 주고
      우리 마음 가운데 가슴은 따뜻해지리라.

놀라워하며 내 그대를 보고, 목소리와 감미로운 노래
  옛 시절에서부터인 양 현금의 탄주를 내 들으며
    나리꽃 황금빛으로
      개울을 넘어 우리에게 향기 뿜으리라.

DER ABSCHIED

Zweite Fassung

Trennen wollten wir uns? wähnten es gut und klug?
　Da wirs taten, warum schröckte, wie Mord, die Tat?
　　Ach! wir kennen uns wenig,
　　　Denn es waltet ein Gott in uns.

Den verraten? ach ihn, welcher uns alles erst,
　Sinn und Leben erschuf, ihn, den beseelenden
　　Schutzgott unserer Liebe,
　　　Dies, dies Eine vermag ich nicht.

Aber anderen Fehl denket der Weltsinn sich,
　Andern ehernen Dienst übt er und anders Recht,
　　Und es listet die Seele
　　　Tag für Tag der Gebrauch uns ab.

Wohl! ich wußt' es zuvor. Seit die gewurzelte
　Ungestalte die Furcht Götter und Menschen trennt,
　　Muß, mit Blut sie zu sühnen,
　　　Muß der Liebenden Herz vergehn.

Laß mich schweigen! o laß nimmer von nun an mich
　Dieses Tödliche sehn, daß ich im Frieden doch

Hin ins Einsame ziehe,
　Und noch unser der Abschied sei!

Reich die Schale mir selbst, daß ich des rettenden
　Heilgen Giftes genug, daß ich des Lethetranks
　　Mit dir trinke, daß alles
　　　Haß und Liebe vergessen sei!

Hingehn will ich. Vielleicht seh' ich in langer Zeit
　Diotima! dich hier. Aber verblutet ist
　　Dann das Wünschen und friedlich
　　　Gleich den Seligen, fremde gehn

Wir umher, ein Gesprach führet uns ab und auf,
　Sinnend, zögernd, doch itzt mahnt die Vergessenen
　　Hier die Stelle des Abschieds,
　　　Es erwarmet ein Herz in uns,

Staunend seh' ich dich an, Stimmen und süßen Sang,
　Wie aus voriger Zeit hör' ich und Saitenspiel,
　　Und die Lilie duftet
　　　Golden über dem Bach uns auf.

란다우어에게

기뻐하라! 그대는 행운을 뽑았도다,
어떤 정령이 그대에게 깊고도 충실하게 된 때문.
친구들의 친구가 되도록 그대는 태어났도다,
이 일을 우리가 축제에서 그대에게 증언하리라.

또한 그대처럼 자신의 집에서 평화,
그리고 사랑과 충만과 평온을 보는 자 복되도다.
낮빛과 한밤처럼 많은 삶은 제각기 다르지만,
그대 황금빛 한가운데에서 살고 있노라.

태양은 잘 지어진 홀 안에서[1] 그대에게 빛나고
산에서 태양은 그대의 포도를 영글게 하네.
또한 현명한 신께서는[2] 언제나 행복하게
온갖 재화를 그대에게 실어다 주고 실어내 가네.

또한 아이 잘 자라고 지아비 둘레에 지어미,
그리고 황금빛 구름숲에 왕관을 씌우듯 하네,
그처럼 너희들 역시 그를 에워싸거라, 사랑스러운 그늘이여,
그대들 복된 자들이여, 그에게 깃들어라!

오 그와 함께 하거라! 왜냐면 구름과 바람은

자주 대지와 집 위로 불안하게 불어오기 때문에.
그러나 마음은 모두 삶의 노고 가운데에도
성스러운 기억 속에 휴식을 갖는다네.

그리고 보라! 환희 가운데 우리는 근심을 말하네.
마치 검붉은 포도주처럼, 진지한 노래 역시 즐거워하네.
축제의 울림 잦아들고, 아침이 되면 각자는
가느다란 대지를 따라 자신의 길을 가네.

AN LANDAUER

Sei froh! Du hast das gute Los erkoren,
Denn tief und treu ward eine Seele dir;
Der Freunde Freund zu sein, bist du geboren,
Dies zeugen dir am Feste wir.

Und selig, wer im eignen Hause Frieden,
Wie du, und Lieb' und Fülle sieht und Ruh;
Manch Leben ist, wie Licht und Nacht, verschieden,
In goldner Mitte wohnest du.

Dir glänzt die Sonn' in wohlgebauter Halle,
Am Berg reift die Sonne dir den Wein,
Und immer glücklich führt die Güter alle
Der kluge Gott dir aus und ein.

Und Kind gedeiht, und Mutter um den Gatten,
Und wie den Wald die goldne Wolke kröhnt,
So seid auch ihr um ihn, geliebte Schatten!
Ihr Seligen, an ihn gewöhnt!

O seid mit ihm! denn Wolk' und Winde ziehen
Unruhig öfters über Land und Haus,

Doch ruht das Herz bei allen Lebensmühen
Im heil'gen Angedenken aus.

Und sieh! aus Freude sagen wir von Sorgen;
Wie dunkler Wein, erfreut auch ernster Sang;
Das Fest verhallt, und jedes gehet morgen
Auf schmaler Erde seinen Gang.

에뒤아르에게

제2초고

너희들 높은 곳에 있는 오랜 친구들이여, 불멸의
　성좌[1], 영웅들이여! 내 그대들에게 묻노라, 어떤 이유로
　　내가 그에게 예속되어 있으며, 그리하여
　　　그 힘센 자 나를 제 편이라고 부르는가?

내가 줄 수 있는 것 많지 않으며, 잃을 것도
　조금일 뿐, 그러나 한층 풍요로운 나날을
　　기억할 수 있도록, 유일한 행복
　　　사랑스러운 행복 하나 남겨져 있도다.

그리고 이것, 이 하나의 일, 나의 현악기를 켜라고
　그가 명한다면, 그가 원하는 대로 감행하여
　　종말에 이를지라도 노래와 함께
　　　용맹한 자, 그 충실한 자를 따라 아래로 내려 갈텐데.

내 노래하리, 뇌우가 그대를 구름으로 적시지만
　어두운 대지여, 피로서 인간은 그대를 적신다고.
　　그처럼 천상과 지상에서 자신과
　　　같은 것을 헛되이 찾았던 그는 침묵하고 쉬고 있도다.

한낮 사랑의 징표는 어디에 있는가? 마음은
　어디에서 말하고 있는가? 어디에 마침내 그는 쉬고 있는가?

어디에 밤과 낮에 타오르는 꿈이 우리에게
　예고하던 것 실현되고 있는가?

여기다, 희생자들, 너희들 사랑하던 자들 쓰러진 곳, 여기다!
　벌써 성대한 행렬이 들어선다! 벌써
　　칼이 번쩍인다! 구름이 피어오른다! 그들 쓰러지고
　　　공중에서 소리울리고 대지는 이를 찬양하리라.

내가 이렇게 노래부르며 쓰러진다면, 그대가
　내 원수를 갚아주리라, 나의 아킬레우스여[2]! 그리고 말하리라,
　　그는 끝까지 충실하게 살았다고! 나의 적을 향한
　　　엄숙한 말 그리고 죽음의 심판자여!

실로 나는 지금 그대를 휴식하도록 버려두고 있어,
　진지한 숲이 그대를 숨기고, 산맥은 그대를[3],
　　안전한 품안에 모성 같은 것이 고귀한
　　　제자를 품고 있도다. 그 지혜가

그대에게 옛 자장가를 부르고, 눈 주위에
　그 성스러운 어둠을 잣고 있도다, 그러나 보라!
　　멀리 천둥 울리는 구름떼로부터
　　　시대의 신의 경고하는 불길 타오르고 있음을.

그 폭풍은 그대의 날개를 자극하고 그대를 부르도다.
　영웅들의 주인 그대를 불러 올리리라,
　　그대 나를 데려 가다오, 그대와 함께!
　　　가벼운 전리품인 나를 미소짓는 신에게로
　　　　데려 가다오!

AN EDUARD

Zweite Fassung

Euch alten Freunde droben, unsterbliches
　Gestirn, euch frag' ich, Helden! woher es ist,
　　Daß ich so untertan ihm bin, und
　　　So der Gewaltige sein mich nennet?

Nicht vieles kann ich bieten, nur weniges
　Kann ich verlieren, aber ein liebes Glück,
　　Ein einziges, zum Angedenken
　　　Reicherer Tage zurückgeblieben,

Und dies, so ers geböte, dies Eine noch,
　Mein Saitenspiel, ich wagt' es, wohin er wollt'
　　Und mit Gesange folgt' ich, selbst ins
　　　Ende der Tapfern hinab dem Teuern.

Mit Wolken, säng' ich, tränkt das Gewitter dich,
　Du dunkler Boden, aber mit Blut der Mensch;
　　So schweigt, so ruht er, der sein Gleiches
　　　Droben und drunten umsonst erfragte.

Wo ist der Liebe Zeichen am Tag? wo spricht
　Sich aus das Herz? wo ruhet es endlich? wo

Wirds wahr, was uns, bei Nacht und Tag, zu
　　Lange der glühende Traum verkündet?

Hier, wo die Opfer fallen, ihr Lieben, hier!
　　Und schon tritt hin der festliche Zug! schon blinkt
　　　　Der Stahl! die Wolke dampft! sie fallen und es
　　　　　　Hallt in der Luft und die Erde rühmt es!

Wenn ich so singend fiele, dann rächtest du
　　Mich, mein Achill! und sprächest, er lebte doch
　　　　Treu bis zuletzt! das ernste Wort, das
　　　　　　Richtet mein Feind und der Totenrichter!

Zwar hab' ich dich in Ruhe noch itzt; dich birgt
　　Der ernste Wald, es hält das Gebirge dich
　　　　Das mütterliche noch den edlen
　　　　　　Zögling in sicherem Arm, die Weisheit

Singt dir den alten Wiegengesang, sie webt
　　Ums Aug' ihr heilig Dunkel, doch sieh! es flammt
　　　　Aus fernetönendem Gewölk die
　　　　　　Mahnende Flamme des Zeitengottes.

Es regt sein Sturm die Schwingen dir auf, dich ruft,
　　Dich nimmt der Herr der Helden hinauf; o nimm
　　　　Mich du! mit dir! und bringe sie dem
　　　　　　Lächelnden Gotte, die leichte Beute!

디오티마에 대한 메논[1]의 비탄

1

나날이 나는 밖으로 나가 언제나 다른 그 무엇을 찾는다.
　셀 수 없이 많은 나날 나는 이 땅의 모든 길을 그들에게 물었다.
저기 서늘한 고원, 모든 그늘들을 나는 찾는다.
　또한 샘터도 찾는다. 영혼은 안식을 간청하며 아래 위를
헤맨다. 그처럼 화살에 맞은 들짐승도[2] 숲 속으로 달아난다,
　어느 때 정오가 되면 어둠 속에서 편안히 쉬던 그 숲 속으로.
그러나 푸르른 터전도 그의 가슴을 낫게 하지 않는다.
　가시는 들짐승을 신음케 하고 졸음도 쫓아 내몰아 간다.
빛살의 따스함도 한밤의 서늘함도 효험이 없다.
　시냇물에 상처를 담그나 그 또한 헛된 일이다.
또한 대지가 그 기쁨에 찬 약초를 그에게 건네 주나 헛된 것처럼
　부드러운 바람결도 솟구치는 핏줄기를 막을 길 없다.
그렇게 사랑하는 이들이여! 나에게서도 그 들짐승의 모습을 보려함인가,
　누구도 나의 머리에서 슬픈 꿈을[3] 거두어 갈 수 없단 말인가?

2

그렇다! 너희들 죽음의 신들이여! 너희들 그를 한 번 부여잡고

제압당한 자 그를 단단히 붙잡아맨다면,
너희들 사악한 자들을 몸서리치는 밤으로 끌어내려 간다면
　달아나려고 하거나 너희들에게 화를 낸들 소용이 없는 일.
혹은 참을성 있게 두려운 속박 속에서 깃들면서
　미소와 함께 그대들로부터 정신 깨우는 노래 듣는 일도 헛된 일.
그렇다면 그대의 구원도 잊고 소리도 없이 잠들어라!
　허나 하나의 소리 있어 희망하면서 그대의 가슴에서 솟아 나온다.
여전히 그대 오 나의 영혼이여! 그 소리에 길들 수가 없다.
　하여 단단한 잠 가운데서[4] 그대 꿈꾸고 있노라!
내 잔치를 맞이한 것 아니나, 머릿단에 화환을 두르고 싶다.
　허나 내 도대체 혼자가 아닌가? 그러나 한 우정 어린 것
멀리서부터 나에게 올 것이며 내 미소지으며
　고통 가운데서도 내 얼마나 행복한지를 놀라워할 것이다.

3

사랑의 빛이여! 그대는 죽은 자들을 비추고 있구나, 너 황금의 빛이여!
　너희들 한밤중에 더욱 찬란했던 시절의 영상을 나에게 비추고 있는가?
사랑스러운 정원이여, 너희들 노을빛 든 산들
　어서 오너라, 그리고 임원의 말없는 작은 길들
천상의 행복을 증언하며 또한 너희들, 높은 저 곳에서 바라다보는 별들
　한때 때로 나에게 축복의 눈길을 던졌었노라!
너희들, 사랑스러운 것들 역시, 너희들 아름다운 오월의 아이들
　말없는 장미꽃들과 너희들 백합화들, 내 아직 때때로 이름 부르노라!
봄들은 충실하게 지나가고, 한 해는 다른 해를 빚어내며
　바꾸어가고 싸워 나간다. 하여 저 드높이 시간은

필멸하는 인간의 머리를 지나가고 있다. 하나 축복의 눈길 앞에
  그리고 사랑하는 자들 앞에 다른 삶은 주어지지 않는다.
왜냐하면 성좌들의 나날과 연륜, 그 모든 것은
  디오티마여! 우리 주위에 마음 속으로 영원히 결합되어 있는 탓이다.

4

그러나 우리, 만족하게 어울려, 사랑하는 백조들
  호수 위에 쉬면서 혹은 파도에 몸 맡기고
은빛 구름이 비추어 드는 물 속을 내려다보듯이
  또한 항해하는 자의 아래 천공의 푸르름이 물결치듯
그렇게 우리는 지상을 방랑했었다. 북풍, 그 사랑하는 자들의
  적대자는 비탄을 예비하면서 위협했고 가지에서는
나뭇잎 떨어지고 빗발치는 바람결에 날리었을지라도
  우리 평온하게 미소 짓고 친밀한 대화 속에서
우리들 자신의 신을 함께 느꼈었다. 평화 가운데
  우리들 어린이 같고 환희하는 가운데 부른 하나의 영혼의 노래 속에서.
그러나 집은 이제 나에게 황폐하고 그들은 나의 눈을[5]
  앗아갔으며 또한 그녀와 더불어 나 또한 잃었노라.
때문에 내 망령처럼 방랑하며 어쩔 수 없이 살아가나니
  남은 오랜 삶 내게 부질없을까 두렵도다.

5

내 잔치하고자 한다, 하나 무엇을? 그리고 다른 이들과 더불어 노래하고자
한다.

그러나 그 신성 외롭게 나에겐 있지 않다.
이것을, 나는 아노라 나의 잘못을, 하나의 저주 그 때문에
　나의 동경을 병들게 하였고 내 시작한 곳으로 내동댕이쳐짐을.
하여 한낮을 느낌도 없이 앉아 어린아이처럼 말없이
　다만 눈으로부터 때때로 차갑게 눈물이 스며 나옴을.
또한 들녘의 초목과 새들의 울음소리 나를 슬프게 함을.
　왜냐하면 환희 더불어 그들 천국의 사자들[6]이지만
이 떨리는 가슴 속에서는 영감에 찬 태양도 밤 가운데에서의 빛처럼
　차갑게 그리고 결실도 없이 가물거리는 탓이다.
아! 또한 허무하고도 효험이 없이 마치 감옥의 벽인 양
　하늘은 허리를 굽게 하는 짐을 내 머리 위에 매달고 있구나!

6

옛날은 달랐도다! 오 청춘이여, 기도도 그대를
　결코 되돌려 주지 않는가? 어떤 길도 나를 돌이켜 주지 않는가?
내 운명, 이전엔 반짝이는 눈빛으로 복된 식탁에 앉았으나
　이제 신들을 잃어버린 자들[7]에게처럼
곧 배불러지고 취한 손님들도
　말을 잃고 만 것과 같은 것이라면, 이제 대기 아래
노래는 잠자고, 꽃 피어나는 대지 아래서도 노래 잠들리라,
　경이로운 힘이 그 침침한 자를 깨우쳐 되돌아오기를,
새롭게 푸르른 대지 위를 거닐기를 강요할 때까지.
　성스러운 숨결 신적으로 빛나는 형상을 꿰뚫어 흐르는 것은
축제 저절로 흥겨워지고 사랑의 밀물 스스로 움직이며[8]
　천국을 힘껏 마시고 살아 있는 강물 소리내어 흐를 때,

그 아래 소리내며 한밤이 그 풍요로운 대가를 치르며,
 시내들로부터는 묻혀진 황금이 솟아 반짝일 때이리라.

7

그러나 오 그대, 내 그대 앞에 주저앉아 있었던
 그 갈림길에서 위안하며 보다 아름다운 것을 가리켜 보였다.
그대 위대한 것을 보도록, 기쁘게 신들을 노래하도록 한 때
 침묵 가운데, 마치 신들처럼 말없이 영감에 차 나에게 가리켰다.
신의 아이여! 그대 옛처럼 나에게 모습 보이고
 옛처럼 다시금 드높은 일들을 나에게 이르고 있는가?
보라! 아직도 내 영혼 부끄러워하는 고귀한 시절을 생각할 때
 내 그대 앞에서 울며 비탄치 않을 수 없도다.
왜냐하면 그렇게 오랫동안 이 지상의 메마른 길들에서
 그대에 익숙해져 미망 가운데 내 그대를 찾았기 때문이다.
환호의 수호신이여! 그러나 우리 예감하면서 우리의 주위에 반짝이는
　　　　　　　　　　　　　　　　　　　　　저녁을 바라본 이래
 모든 것은 헛되었고 해는 거듭 흘러갔었다.

8

그대만을, 그대 자신의 빛이, 오 반신녀(半神女)여! 빛 안에 지키며
 그대의 참을성이, 오 착한 이여, 그대를 지킨다.
또한 그대 결코 외롭지 않다. 그대 피어나고 연륜의 장미 아래
 그대 쉬는 곳에 같이 어울리는 자 많고도 넘친다.

또한 아버지, 부드럽게 숨쉬는 뮤즈를 통해
  감미로운 자장가를 그대에게 보내신다.
그렇다! 그녀는 그 자체이다! 아직 그녀의 머리에서부터
  발끝까지 고요히 움직이면서 옛날처럼 아테네의 여인 내 눈앞에 어리
  고 있다.
또한 친밀한 정신이여! 쾌활하게 생각하는 그 이마에서부터
  축복하며 확실하게 그대의 빛살 필멸하는 자 가운데 떨어진다.
그처럼 그대 나에게 증언하고[9] 나에게 이르기를
  다른 이들 믿지 않을지라도 내 다른 이들에 이를 반복하라고,
또 이르기를 근심과 분노보다 환희가 더 무궁하며
  황금빛 날은 나날이 종말에 이르도록 빛나리라 말한다.

9

그대들 천상의 것들이여! 그러나 나는 감사하려 한다. 또한 마침내
  가벼운 가슴으로 가인의 기도는 다시 숨쉰다.
또한 너희들과 함께 햇빛 비치는 산정에 섰을 때
  생기를 불어 넣으며 신전으로부터 하나의 신은 내게 말을 건넨다.
내 또한 살고 지고! 벌써 초록빛이 감돈다! 성스러운 현금에서인 양
  아폴론의 은빛 산들로부터[10] 외치는 소리 들린다!
오라! 꿈과 같았도다! 피 흘리는 날개는
  이제 다 나았고, 희망들도 회춘하여 생동한다.
위대함을 찾아내는 일 많고, 아직도 찾을 것 많이 남아 있도다. 또한
  그렇게 사랑했던 자 신들에 이르는 길을 가고, 가야만 하리라.
그대들 축복의 시간들도 우리와 함께 가며
  그대 진지하고 청청한 자들이여! 오 멈추어라, 성스러운 예감

그대 경건한 소망들이여! 사랑하는 자들 곁에
  기꺼이 머무는 감동과 모든 정령들이여:
우리 공동의 땅 위에 설 때까지 그렇게 우리와 함께 머무르라.
  그 곳 축복받은 자 모두 기꺼이 되돌아오는 곳
거기 독수리들, 행성들, 아버지의 사자들 있고
  그 곳 뮤즈 여신들과 영웅들과 사랑하는 자들도 있으며
우리 거기 혹은 여기 이슬 맺힌 섬 위[11] 만나게 되는 곳
  그 곳 우리 인간들 활짝 피어나 정원에서 어울리고
거기 노래들은 참되고 봄들도 아름다우며
  새롭게 우리 영혼의 연륜[12] 시작하는 그 곳에 설 때까지.

MENONS KLAGEN UM DIOTIMA

1

Täglich geh' ich heraus, und such' ein Anderes immer,
  Habe längst sie befragt alle die Pfade des Lands;
Droben die kühlenden Höhn, die Schatten alle besuch' ich,
  Und die Quellen; hinauf irret der Geist und hinab,
Ruh' erbittend; so flieht das getroffene Wild in die Wälder,
  Wo es um Mittag sonst sicher im Dunkel geruht;
Aber nimmer erquickt sein grünes Lager das Herz ihm,
  Jammernd und schlummerlos treibt es der Stachel umher.
Nicht die Wärme des Lichts, und nicht die Kühle der Nacht hilft,
  Und in Wogen des Stroms taucht es die Wunden umsonst.
Und wie ihm vergebens die Erd' ihr fröhliches Heilkraut
  Reicht, und das gärende Blut keiner der Zephyre stillt,
So, ihr Lieben! auch mir, so will es scheinen, und niemand
  Kann von der Stirne mir nehmen den traurigen Traum?

2

Ja! es frommet auch nicht, ihr Todesgötter! wenn einmal
  Ihr ihn haltet, und fest habt den bezwungenen Mann,
Wenn ihr Bösen hinab in die schaurige Nacht ihn genommen,

Dann zu suchen, zu flehn, oder zu zürnen mit euch,
Oder geduldig auch wohl im furchtsamen Banne zu wohnen,
Und mit Lächeln von euch hören das nüchterne Lied.
Soll es sein, so vergiß dein Heil, und schlummere klanglos!
Aber doch quillt ein Laut hoffend im Busen dir auf,
Immer kannst du noch nicht, o meine Seele! noch kannst du's
Nicht gewohnen, und träumst mitten im eisernen Schlaf!
Festzeit hab' ich nicht, doch möcht' ich die Locke bekränzen;
Bin ich allein denn nicht? aber ein Freundliches muß
Fernher nahe mir sein, und lächeln muß ich und staunen,
Wie so selig doch auch mitten im Leide mir ist.

3

Licht der Liebe! scheinest du denn auch Toten, du goldnes!
Bilder aus hellerer Zeit leuchtet ihr mir in die Nacht?
Liebliche Gärten seid, ihr abendrötlichen Berge,
Seid willkommen und ihr, schweigende Pfade des Hains,
Zeugen himmlischen Glücks, und ihr, hochschauende Sterne,
Die mir damals so oft segnende Blicke gegönnt!
Euch, ihr Liebenden auch, ihr schönen Kinder des Maitags,
Stille Rosen und euch, Lilien, nenn' ich noch oft!
Wohl gehn Frühlinge fort, ein Jahr verdränget das andre,
Wechselnd und streitend, so tost droben vorüber die Zeit
Über sterblichem Haupt, doch nicht vor seligen Augen,
Und den Liebenden ist anderes Leben geschenkt.
Denn sie all die Tag' und Jahre der Sterne, sie waren
Diotima! um uns innig und ewig vereint;

4

Aber wir, zufrieden gesellt, wie die liebenden Schwäne,
  Wenn sie ruhen am See, oder, auf Wellen gewiegt,
Niedersehn in die Wasser, wo silberne Wolken sich spiegeln,
  Und ätherisches Blau unter den Schiffenden wallt,
So auf Erden wandelten wir. Und drohte der Nord auch,
  Er, der Liebenden Feind, klagenbereitend, und fiel
Von den Ästen das Laub, und flog im Winde der Regen,
  Ruhig lächelten wir, fühlten den eigenen Gott
Unter trautem Gespräch; in Einem Seelengesange,
  Ganz in Frieden mit uns kindlich und freudig allein.
Aber das Haus ist öde mir nun, und sie haben mein Auge
  Mir genommen, auch mich hab' ich verloren mit ihr.
Darum irr' ich umher, und wohl, wie die Schatten, so muß ich
  Leben, und sinnlos dünkt lange das Übrige mir.

5

Feiern möcht' ich; aber wofür? und singen mit Andern,
  Aber so einsam fehlt jegliches Göttliche mir.
Dies ist's, dies mein Gebrechen, ich weiß, es lähmet ein Fluch mir
  Darum die Sehnen, und wirft, wo ich beginne, mich hin,
Daß ich fühllos sitze den Tag, und stumm wie die Kinder;
  Nur vom Auge mir kalt öfters die Träne noch schleicht,
Und die Pflanze des Felds, und der Vögel Singen mich trüb macht,
  Weil mit Freuden auch sie Boten des Himmlischen sind,

Aber mir in schaudernder Brust die beseelende Sonne,
  Kühl und fruchtlos mir dämmert wie Strahlen der Nacht,
Ach! und nichtig und leer, wie Gefängniswände, der Himmel
  Eine beugende Last uber dem Haupte mir hängt!

6

Sonst mir anders bekannt! o Jugend, und bringen Gebete
  Dich nicht wieder, dich nie? führet kein Pfad mich zuruck?
Soll es werden auch mir, wie den Götterlosen, die vormals
  Glänzenden Auges doch auch saßen am seligen Tisch',
Aber übersättiget bald, die schwärmenden Gäste,
  Nun verstummet, und nun, unter der Lüfte Gesang,
Unter blühender Erd' entschlafen sind, bis dereinst sie
  Eines Wunders Gewalt sie, die Versunkenen, zwingt,
Wiederzukehren, und neu auf grünendem Boden zu wandeln.?
  Heiliger Othem durchströmt göttlich die lichte Gestalt,
Wenn das Fest sich beseelt, und Fluten der Liebe sich regen,
  Und vom Himmel getränkt, rauscht der lebendige Strom,
Wenn es drunten ertönt, und ihre Schätze die Nacht zollt,
  Und aus Bächen herauf glänzt das begrabene Gold. —

7

Aber o du, die schon am Scheidewege mir damals,
  Da ich versank vor dir, tröstend ein Schöneres wies,

Du, die Großes zu sehn, und froher die Götter zu singen,
  Schweigend, wie sie, mich einst stille begeisternd gelehrt;
Götterkind! erscheinest du mir, und grüßest, wie einst, mich,
  Redest wieder, wie einst, höhere Dinge mir zu?
Siehe! weinen vor dir, und klagen muß ich, wenn schon noch,
  Denkend edlerer Zeit, dessen die Seele sich schämt.
Denn so lange, so lang auf matten Pfaden der Erde
  Hab' ich, deiner gewohnt, dich in der Irre gesucht,
Freudiger Schutzgeist! aber umsonst, und Jahre zerrannen,
  Seit wir ahnend um uns glänzen die Abende sahn.

8

Dich nur, dich erhält dein Licht, o Heldin! im Lichte,
  Und dein Dulden erhält liebend, o Gütige, dich;
Und nicht einmal bist du allein; Gespielen genug sind,
  Wo du blühest und ruhst unter den Rosen des Jahrs;
Und der Vater, er selbst, durch sanftumatmende Musen
  Sendet die zärtlichen Wiegengesänge dir zu.
Ja! noch ist sie es ganz! noch schwebt vom Haupte zur Sohle,
  Stillherwandelnd, wie sonst, mir die Athenerin vor.
Und wie, freundlicher Geist! von heitersinnender Stirne
  Segnend und sicher dein Strahl unter die Sterblichen fällt;
So bezeugest du mir's, und sagst mir's, daß ich es andern
  Wiedersage, denn auch Andere glauben es nicht,
Daß unsterblicher doch, denn Sorg' und Zürnen, die Freude
  Und ein goldener Tag täglich am Ende noch ist.

9

So will ich, ihr Himmlischen! denn auch danken, und endlich
　Atmet aus leichter Brust wieder des Sängers Gebet.
Und wie, wenn ich mit ihr, auf sonniger Höhe mit ihr stand,
　Spricht belebend ein Gott innen vom Tempel mich an.
Leben will ich denn auch! schon grünt's! wie von heiliger Leier
　Ruft es von silbernen Bergen Apollons voran!
Komm! es war wie ein Traum! die blutenden Fittige sind ja
　Schon genesen, verjüngt leben die Hoffnungen all.
Großes zu finden, ist viel, ist viel noch übrig, und wer so
　Liebte, gehet, er muß, gehet zu Göttern die Bahn.
Und geleitet ihr uns, ihr Weihestunden! ihr ernsten,
　Jugendlichen! o bleibt, heilige Ahnungen, ihr
Fromme Bitten! und ihr Begeisterungen und all ihr
　Guten Genien, die gerne bei Liebenden sind;
Bleibt so lange mit uns, bis wir auf gemeinsamem Boden
　Dort, wo die Seligen all niederzukehren bereit,
Dort, wo die Adler sind, die Gestirne, die Boten des Vaters,
　Dort, wo die Musen, woher Helden und Liebende sind,
Dort uns, oder auch hier, auf tauender Insel begegnen,
　Wo die Unsrigen erst, blühend in Gärten gesellt,
Wo die Gesänge wahr, und länger die Frühlinge schön sind,
　Und von neuem ein Jahr unserer Seele beginnt.

눈물

천국적인 사랑이여! 감미로운 것이여! 내 그대를
  잊는다면,[1] 숙명적인 것들인 그대들,
    불길 같은 그대들[2] 이미 잿더미로 차고 황폐해지고
    고독해지고 만 그대들을 내 잊는다면,

사랑하는 섬들이여, 경이로운 세계의 눈들[3]이여!
  그대들 오로지 나에게만 마음 주고 관여하므로
    그대들의 해안, 우상을 숭배하는 자들 참회하는 곳
    그러나 사랑은 오로지 천국적인 것에 참회하노라.

왜냐하면 너무도 헌신해서 너무도 감사하게
  아름다움의 나날 가운데 그 곳에서 성스러운 자들 봉헌했고
    또한 분노하는 영웅들[4] 헌신했던 탓이다. 하여 많은
    나무들 있었고 도시들도 한 때 그 곳에 서 있었노라.

깊이 생각하는 사람처럼[5] 선연하게. 이제 영웅들도
  죽고 사랑의 섬들도 일그러져 거의
    모습을 잃었노라. 하여 사랑도 또한 속임 당하고[6]
    영원히 도처에 가차 없이 우둔한 일이 되어 버렸도다.

그러나 아직은 나의 눈빛 부드러운 눈물

다 쏟아 버린 것은 아니도다. 내 고귀하게
 죽게 할 하나의 회상 있어 아직도 여전히
 너희들 미망(迷忘)의 것, 은밀스러운 것들이여[7], 나를 살아남게
하도다.

TRÄNEN

Himmlische Liebe! zärtliche! wenn ich dein
   Vergäße, wenn ich, o ihr geschicklichen,
     Ihr feur'gen, die voll Asche sind und
        Wüst und vereinsamet ohnedies schon,

Ihr lieben Inseln, Augen der Wunderwelt!
   Ihr nämlich geht nun einzig allein mich an,
     Ihr Ufer, wo die abgöttische
        Büßet, doch Himmlischen nur, die Liebe.

Denn allzudankbar haben die Heiligen
   Gedienet dort in Tagen der Schönheit und
     Die zorn'gen Helden; und viel Bäume
        Sind, und die Städte daselbst gestanden,

Sichtbar, gleich einem sinnigen Mann; itzt sind
   Die Helden tot, die Inseln der Liebe sind
     Entstellt fast. So muß übervorteilt,
        Albern doch überall sein die Liebe.

Ihr weichen Tränen, löschet das Augenlicht
   Mir aber nicht ganz aus; ein Gedächtnis doch,

Damit ich edel sterbe, laßt ihr
Trügrischen, Diebischen, mir nachleben.

저 멀리에서부터...

우리가 헤어진 저 멀리에서부터
  내 그대에게 아직 알아 보여질 수 있고, 과거여
    오 내 고통의 동반자여!
      그대에게 몇몇 반가운 일을 표현해 보일 수 있다면,

말하시라, 연인이 어떤 모습으로 그대를 기다리는지?
  우리가 놀랍고도 어두운 시절이 지나자
    서로 발견했던 그 정원 안에서
      여기 성스러운 원초적 세계의 강가에서.

이것을 내 말하지 않을 수 없어요. 몇몇의 선한 일
  그대의 눈길 가운데 있었음을. 멀리에서
    언젠가 기뻐하면서, 그대 언제나 꼭 닫힌 사람
      어두운 눈길로 주위를 돌아다보았을 때.

시간들이 흘러 사라져 가듯이
  내가 그렇게 떨어져 있을지도 모른다는
    진실에 대해 나의 영혼은 얼마나 침묵했던가요?
      그렇습니다 내 고백하거니, 나는 그대의 것이었습니다.

참으로! 그대가 알려진 모든 것을

나의 기억 속으로 가져 오고 편지로
쓰려는 것처럼, 그처럼 나에게도
지나간 모든 것 말할 생각이 듭니다.

그 때가 봄이었나요? 여름이었나요? 나이팅게일은
감미로운 노래로 멀지 않는 덤불 속에 사는
작은 새들과 더불어 살고
향기들로 나무들이 우리를 에워싸고 있었습니다.

흔적 뚜렷한 길들, 낮은 관목과 모래
우리가 걸었던 그 길들을 히야신스
혹은 튤립과 바이올렛 혹은 카네이션이
모두 즐겁고 사랑스럽게 해 주고 있었습니다.

암벽과 성벽을 감고 담쟁이 넝쿨 푸르렀고
드높은 숲길의 축복 받은 어둠도 또한 푸르렀습니다.
저녁 때 혹은 아침에 자주 우리는 그곳에 갔고
많은 것을 말하고 서로를 즐겁게 바라보았습니다.

나의 품 안에는 젊은이 새롭게 살아나고 있었습니다.
얼만큼 슬픔을 가지고 나에게 가리켜 보였던
그 들판을 떠나 거기서부터 그는 왔었습니다.
그러나 기이한 장소들의 이름과

모든 아름다운 것들을 그는 그대로 지니고 있었습니다.
그것들 복된 강변에서, 나에게 매우 귀중한 것은,
고향의 땅에서 피어나거나

숨겨진 채, 높은 전망으로는

어디든지에서 바다를 사람들은 바라볼 수도 있었습니다.
  그러나 아무도 존재하려 하지 않아요. 이제 나를 용서하시라
    또한 아직도 만족한 자를 생각하시라. 그것은
      매혹적인 한낮이 우리를 비치고 있기 때문.

그 한낮 회상과 더불어 혹은 굳은 악수로
  떠오르고 우리를 결합시킵니다. 그러나 아! 슬프도다!
    그 때는 아름다운 나날이었습니다. 그러나
      비탄스러운 어스름이 그 뒤를 따랐습니다.

하여 그대는 이 아름다운 세계에 홀로 있으며
  그대는 언제나 나에게 주장합니다. 연인이여! 그러나
    그대는 알지 못합니다, ―

WENN AUS DER FERNE...

Wenn aus der Ferne, da wir geschieden sind,
  Ich dir noch kennbar bin, die Vergangenheit
    O du Teilhaber meiner Leiden!
      Einiges Gute bezeichnen dir kann,

So sage, wie erwartet die Freundin dich
  In jenen Gärten, da nach entsetzlicher
    Und dunkler Zeit wir uns gefunden?
      Hier an den Strömen der heiligen Urwelt.

Da muß ich sagen, einiges Gutes war
  In deinen Blicken, als in den Fernen du
    Dich einmal fröhlich umgesehen
      Immer verschlossener Mensch, mit finstrem

Aussehn. Wie flossen Stunden dahin, wie still
  War meine Seele über der Wahrheit daß
    Ich so getrennt gewesen wäre?
      Ja! ich gestand es, ich war die deine.

Wahrhaftig! wie du alles Bekannte mir
  In mein Gedächtnis bringen und schreiben willst,

Mit Briefen, so ergeht es mir auch
Daß ich Vergangenes alles sage.

Wars Frühling? war es Sommer? die Nachtigall
Mit süßem Liede lebte mit Vögeln, die
Nicht ferne waren im Gebüsche
Und mit Gerüchen umgaben Bäum' uns.

Die klaren Gänge, niedres Gesträuch und Sand
Auf dem wir traten, machten erfreulicher
Und lieblicher die Hyazinthe
Oder die Tulpe, Viole, Nelke.

Und Wänd und Mauern grünte der Efeu, grünt'
Ein selig Dunkel hoher Alleen. Oft
Des Abends, Morgens waren dort wir
Redeten manches und sahn uns froh an.

In meinen Armen lebte der Jüngling auf,
Der, noch verlassen, aus den Gefilden kam,
Die er mir wies, mit einer Schwermut,
Aber die Namen der seltnen Orte

Und alles Schöne hatt' er behalten, das
An seligen Gestaden, auch mir sehr wert
Im heimatlichen Lande blühet
Oder verborgen, aus hoher Aussicht,

Allwo das Meer auch einer beschauen kann,
Doch keiner sein will. Nehme vorlieb, und denk
An die, die noch vergnügt ist, darum,
Weil der entzückende Tag uns anschien,

Der mit Geständnis oder der Hände Druck
Anhub, der uns vereinet. Ach! wehe mir!
Es waren schöne Tage. Aber
Traurige Dämmerung folgte nacher.

Du seiest so allein in der schönen Welt
Behauptest du mir immer, Geliebter! das
Weißt aber du nicht,

3. 시대와 역사

벌써 너무도 오랫동안 나의 머리 위에서
어두운 구름 속에서 지배하고 있구나, 그대 시대의 신이여!
사방은 너무도 거칠고 두렵다. 하여
내 눈길 미치는 곳마다 무너지며 흔들리고 있다.

시 「시대의 정신」 중에서

디오티마에게

아름다운 생명이여! 한겨울의 연약한 꽃송이처럼, 그대는 살고 있구나,
  늙어버린 세계에 그대 갇힌 채 꽃피우고 있구나, 홀로.
봄볕에 몸 쬐이고자 사랑하며 밖으로 애써 향하네.
  세계의 청춘에 몸 덥히고자 그대는 그것을 찾고 있네.
그러나 그대의 태양, 아름다운 시대는 지고
  지금은 서리 내린 밤에 광풍들 다투어 불고 있네.

AN DIOTIMA

Schönes Leben! du lebst, wie die zarten Blüten im Winter,
In der gealterten Welt blühst du verschlossen, allein.
Liebend strebst du hinaus, dich zu sonnen am Lichte des
                              Frühlings,
Zu erwarmen an ihr, suchst du die Jugend der Welt.
Deine Sonne, die sch?nere Zeit, ist untergegangen
Und in frostiger Nacht zanken Orkane sich nun.

치유할 수 없는 자들을 위한 기도

오 주저하는 시간이여, 서둘러 그들을 부조리한 것으로 데려가 다오,
 달리 그들이 얼마나 분별이 있는지[1] 그대 그들을 결코 깨우치지 못하리.
서둘러 그들을 완전히 파멸케 하고 끔찍한 무(無)로 데려가 다오,
 달리 그들이 얼마나 타락했는지 그들이 그대를 결코 믿지 못하리.
현기증을 느끼지 않으면 이 바보들은 결코 전향하지 않으며,
 부패를 직접 보지 않는 한 이를 결코 [알지][2] 못하리라.

GEBET FÜR UNHEILBAREN

Eil, o zaudernde Zeit, sie ans Ungereimte zu führen,
Anders belehrest du sie nie wie verständig sie sind.
Eile, verderbe sie ganz, und führ ans furchtbare Nichts sie,
Anders glauben sie dir nie, wie verdorben sie sind.
Diese Toren bekehren sich nie, wenn ihnen nicht schwindelt,
Diese [...]sich nie, wenn sie Verwesung nicht sehn.

보나파르트

시인들은 성스러운 그릇이라,
  그 안에 삶의 포도주, 영웅들의
    정신 간직하여 담겨있네,

그러나 이 젊은이의 정신
  그 재빠른 정신, 그것을 붙잡으려 한
    그 그릇을 깨뜨릴 수 밖에 없지 않았던가?

시인은 자연의 정신이 그러하듯 그를 건드리지 않은 채 버려두었고
  그런 소재를 만나면 시인은 장인의 어린아이가 된다네.

그는 시 안에서 살 수도 머물 수도 없으니
  세속에서 살며 머물러 있다네.

BUONAPARTE

Heilige Gefäße sind die Dichter,
 Worin des Lebens Wein, der Geist
  Der Helden sich aufbewahrt,

Aber der Geist dieses Jünglings
 Der schnelle, müßt' er es nicht zersprengen
  Wo es ihn fassen wollte, das Gefäß?

Der Dichter laß ihn unberührt wie den Geist der Natur,
 An solchem Stoffe wird zum Knaben der Meister.

Er kann im Gedichte nicht leben und bleiben,
 Er lebt und bleibt in der Welt.

디오티마[1]

신초고(新草稿)

그대 옛처럼 비쳐 내리는가,
황금빛 한낮이여! 또한 나의
노래의 꽃들[2] 이제 다시
생명을 숨쉬며 그대를 향해 움트는가?
어찌 이렇게 달라졌는가?
내 비탄하며 피해 온 많은 것들
친밀한 화음 가운데
이제 내 환희의 노래에 울리도다.
또한 매시간의 울림마다
소년 시절의 평온한 나날을
경이롭게도 되새기노라,
내 그대 한 여인 찾아낸 때로부터.

디오티마! 고귀한 생명이여!
누이여, 성스럽게 나에게 근친인이여!
그대에게 손길 내밀기도 전에
나는 멀리서 그대를 알았었노라.
그때 이미 내 꿈길에서
해맑은 날에 이끌리어서
정원 나무들 아래
한 만족한 소년 누워 있었을 때

잔잔한 열락과 아름다움 가운데
내 영혼의 오월이 시작되었을 때
그때 벌써, 부드러운 서풍의 소리처럼
신적인 여인이여! 그대의 영혼 나에게 속삭였노라.

아! 그리고 마치 하나의 전설인 양
낱낱의 기쁜 신들도 나에게서 사라져 버리고
하늘의 한낮 앞에 눈먼 사람처럼
시들어가며 내 서 있었을 때
시간의 짐이 나를 굴복케 하고
나의 삶은 싸늘하고도 창백하게
벌써 동경에 차 사자(死者)들의
침묵의 나라로 기울어져 갔을 때
그래도 마냥 이 눈먼 방랑자
내 마음의 상(像), 이 한 사람을
명부에서나 여기 현세에서나
찾아내기를 원했었노라.

이제! 내 그대를 찾아내었도다!
내 예감하며 축제의 시간에
희망하면서 바라다보았던 자보다 더욱 아름답게
사랑스러운 뮤즈여! 그대 여기 있도다.
환희도 솟구쳐 달려가는 곳
연륜도 뛰어넘어
영원히 쾌활한 아름다움 꽃피어 나는 곳
그 곳 저 높이 천국에서부터
그대 나에게로 비추어 내리는 듯하여라.

신들의 전령이여! 그대 이제
자비로운 만족 가운데
가인(歌人)의 곁에 영원히 머물도다.

여름의 무더위와 봄의 따스함
다툼과 평화가 여기
평온한 신들의 모습 앞에서
내 가슴 속에 경이롭게도 바뀌어지노라.
사랑을 구하는 사이, 분기충천하여
내 자주 부끄러워하며
나의 가장 큰 용기도 벗어나는
그녀를 붙잡음에 황송해 했으나, 이룩하였노라.
하나 얻었음에도 만족치 못하고
그녀 내 오관에 너무도 찬란하고
거대하게 보여 그 때문에
오만하게도 내 울음을 울었노라.

아! 그대의 평온한 아름다움
복되게 마음씨 고운 면전!
그 진심! 그대의 천국의 음성
그것들에 나의 마음은 길들지 않았노라,
그러나 그대의 멜로디
나의 감각을 차츰 해맑게 하고
거친 꿈들은 달아나니
내 자신 다른 사람이어라.
내 진정 그렇게 선택되었는가?
내 그대의 드높은 평온

빛과 열락을 향해 태어났는가,
신처럼 행복한 이여! 그대처럼 그렇게 태어났는가?

그대의 아버지이며 나의 아버지[3]
명쾌한 당당함 가운데
자신의 참나무 숲 언덕 너머로
저기 많은 하늘 위에 가고 있듯이
또한 청청한 깊이로 푸르른
대양의 파도 가운데를
천공으로부터 떠올라
맑고 고요히 내려다보듯이
더욱 아름다운 행복 가운데 축복받고
신들의 고원에서 나와
기쁘게 노래하며 바라보고자
나 이제 인간들의 세계로 돌아가려 하네.[4]

DIOTIMA

Jüngere Fassung

Leuchtest du wie vormals nieder,
Goldner Tag! und sprossen mir
Des Gesanges Blumen wieder
Lebenatmend auf zu dir?
Wie so anders ist's geworden!
Manches, was ich trauernd mied,
Stimmt in freundlichen Akkorden
Nun in meiner Freude Lied,
Und mit jedem Stundenschlage
Werd' ich wunderbar gemahnt
An der Kindheit stille Tage,
Seit ich Sie, die Eine, fand.

Diotima! edles Leben!
Schwester, heilig mir verwandt!
Eh' ich dir die Hand gegeben,
Hab' ich ferne dich gekannt.
Damals schon, da ich in Träumen,
Mir entlockt vom heitern Tag,
Unter meines Gartens Bäumen,
Ein zufriedner Knabe lag,
Da in leiser Lust und Schöne

Meiner Seele Mai begann,
Säuselte, wie Zephirstöne,
Göttliche! dein Geist mich an.

Ach! und da, wie eine Sage,
Jeder frohe Gott mir schwand,
Da ich vor des Himmels Tage
Darbend, wie ein Blinder, stand,
Da die Last der Zeit mich beugte,
Und mein Leben kalt und bleich,
Sehnend schon hinab sich neigte
In der Toten stummes Reich:
Wünscht' ich ofters noch, dem blinden
Wanderer, dies Eine mir,
Meines Herzens Bild zu finden
Bei den Schatten oder hier.

Nun! ich habe dich gefunden!
Schöner, als ich ahndend sah,
Hoffend in den Feierstunden,
Holde Muse! bist du da;
Von den Himmlischen dort oben,
Wo hinauf die Freude flieht,
Wo, des Alterns überhoben,
Immerheitre Schöne blüht,
Scheinst Du mir herabgestiegen,
Götterbotin! weiltest du
Nun in gütigem Genügen

Bei dem Sänger immerzu.
Sommerglut und Frühlingsmilde,
Streit und Frieden wechseln hier
Vor dem stillen Götterbilde
Wunderbar im Busen mir;
Zürnend unter Huldigungen
Hab' ich oft, beschämt, besiegt,
Sie zu fassen, schon gerungen,
Die mein Kühnstes überfliegt;
Unzufrieden im Gewinne,
Hab' ich stolz darob geweint,
Daß zu herrlich meinem Sinne
Und zu mächtig sie erscheint.

Ach! an deine stille Schöne,
Selig holdes Angesicht!
Herz! an deine Himmelstöne
Ist gewohnt das meine nicht;
Aber deine Melodien
Heitern mälig mir den Sinn,
Daß die trüben Träume fliehen,
Und ich selbst ein andrer bin;
Bin ich dazu denn erkoren?
Ich zu deiner hohen Ruh,
So zu Licht und Lust geboren,
Göttlichglückliche! wie du? −

Wie dein Vater und der meine,

Der in heitrer Majestät
Über seinem Eichenhaine
Dort in lichter Höhe geht,
Wie er in die Meereswogen,
Wo die kühle Tiefe blaut,
Steigend von des Himmels Bogen,
Klar und still herunterschaut:
So will ich aus Götterhöhen,
Neu geweiht in schön'rem Glück,
Froh zu singen und zu sehen,
Nun zu Sterblichen zurück.

디오티마

그대는 침묵하며 참고 있노라, 그리고 그들 그대를 알지 못한다,
그대 성스러운 존재여! 그대 시들어가며 또한 침묵하노라,
   아, 그것은 이 미개한 자들 가운데서
     그대 그대와 같은 자들을, 이제 존재하지 아니하는,[1]

감미롭고 위대한 영혼들을 태양 아래서 찾음이 헛된 탓이로다.
  허나 시간은 서둘러 간다. 그러나 덧없을지라도 나의 노래는
    디오티마여! 신들에 이어 영웅들과 함께
      그대를 부를 날, 그대에게 알맞은 날을 보고 있노라.

DIOTIMA

Du schweigst und duldest, und sie versteh'n dich nicht,
　Du heilig Leben! welkest hinweg und schweigst,
　　Denn ach, vergebens bei Barbaren
　　　Suchst du die Deinen im Sonnenlichte,

Die zärtlichgroßen Seelen, die nimmer sind!
　Doch eilt die Zeit. Noch siehet mein sterblich Lied
　　Den Tag, der, Diotima! nächst den
　　　Göttern mit Helden dich nennt, und dir gleicht.

독일인들에게

채찍과 박차를 가지고 목마 위에 앉아 스스로
　용기 있고 위대한 것처럼 생각하는 어린아이를 조롱하지 말라,
　　그대들 독일인들이여, 그대들 역시
　　　생각은 꽉 차 있으나 행동은 보잘 것 없기 때문이다.

아니라면, 구름을 뚫고 햇살 비추듯이 생각으로부터
　행동이 솟아나온다는 것인가? 책들이 방금 살아 숨 쉰다는 말인가?
　　오 그대들 사랑하는 이들이여, 그렇다면 나의 뜻을
　　　받아 달라, 내 비방을 속죄하도록.

AN DIE DEUTSCHEN

Spottet ja nicht des Kinds, wenn es mit Peitsch' und Sporn
 Auf dem Rosse von Holz mutig und groß sich dünkt,
  Denn, ihr Deutschen, auch ihr seid
  Tatenarm und gedankenvoll.

Oder kömmt, wie der Strahl aus dem Gewölke kömmt,
 Aus Gedanken die Tat? Leben die Bücher bald?
  O ihr Lieben, so nimmt mich,
   Daß ich büße die Lästerung.

시대의 정신

벌써 너무도 오랫동안 나의 머리 위에서
  어두운 구름 속에서 지배하고 있구나, 그대 시대의 신이여!
    사방은 너무도 거칠고 두렵다. 하여
      내 눈길 미치는 곳마다 무너지며 흔들리고 있다.

아! 마치 어린아이처럼, 내 가끔 대지를 내려다보고
  지옥 안에서 그대의 구원을 찾는다. 또한 지각없는 자
    나는 그대가 있지도 않은 정처를,
      천지를 진동시키는 자여! 그 정처를 찾고자 한다.

끝내 아버지여! 저로 하여금 뜬 눈으로 그대를
  맞게 하시라! 도대체 그대는 그대의 빛살로써 먼저
    나의 정신을 일깨우지 않으셨던가? 그대
      찬란하게 생명으로 나를 이끄셨도다. 오 아버지여!

어린 포도나무에서 우리의 성스러운 힘은 움터오른다.
  따뜻한 대기에서, 이들 말없이 임원을 떠돌 때
    죽어 갈 자들을 쾌활케 하며 한 신을 만난다.
      그러나 보다 전능하게 그대는

젊은이들의 순수한 영혼을 일깨우며, 또한 노인들에게는

현명한 기예를 일러 주나니, 허나 사악한 자는 오로지
더욱 사악해질 뿐, 하여 그대 대지를 흔드는 자여!
　사악한 자를 붙들 때, 그의 종말은 일찍 다가오리라.

DER ZEITGEIST

Zu lang schon waltest über dem Haupt mir
  Du in der dunkeln Wolke, du Gott der Zeit!
    Zu wild, zu bang ist's ringsum, und es
      Trümmert und wankt ja, wohin ich blicke.

Ach! wie ein Knabe, seh' ich zu Boden oft,
  Such' in der Höhle Rettung von dir, und möcht'
    Ich Blöder, eine Stelle finden,
      Alleserschütt'rer! wo du nicht wärest.

Lass' endlich, Vater! offenen Aug's mich dir
  Begegnen! hast denn du nicht zuerst den Geist
    Mit deinem Strahl aus mir geweckt? mich
      Herrlich an's Leben gebracht, o Vater! —

Wohl keimt aus jungen Reben uns heil'ge Kraft;
  In milder Luft begegnet den Sterblichen,
    Und wenn sie still im Haine wandeln,
      Heiternd ein Gott; doch allmächt'ger weckst du

Die reine Seele Jünglingen auf, und lehrst
  Die Alten weise Künste; der Schlimme nur

Wird schlimmer, daß er bälder ende,
Wenn du, Erschütterer! ihn ergreifest.

모든 악의 근원

일치적인 것은 신적이며 좋은 것이다. 그런데 도대체 무슨 이유로 인간들 사이에, 오로지 유일자와 유일한 것이 있다는 중독이 생긴 것인가?

WURZEL ALLES ÜBELS

Einig zu sein, ist göttlich und gut; woher ist die Sucht denn
Unter den Menschen, daß nur einer und eines nur sei?

독일인의 노래

오 백성의 성스러운 심장, 오 나의 조국이여!
  침묵하는 어머니 대지처럼 모든 것을 인고하며[1]
    또한 결코 인정받지 못하고 있구나. 그대의 깊숙한 곳에서
      외지의 사람들 그들의 최상의 소유물을 건져 갈지라도.

그들 그대로부터 사상을 거두어 가고 영혼을 거두어 갔으며
  즐겨 포도열매 꺾어 갔으나 그들은 그대를,
    모습 갖추지 못한 덩굴[2]이여! 그대를 조롱하도다, 그대
      흔들리며 대지를 거칠게 헤매고 있는 탓으로.

그대 드높고 진지한 정령의 나라여!
  그대 사랑의 나라여[3]! 내 비록 그대의 것일지라도
    때로 눈물지으며 분노하나니, 그대 언제나
      어리석게도 제 자신의 영혼을 부정하기 때문에.

허나 그대 많은 아름다움을 나에게 숨길 수는 없노라.
  때로 친밀한 푸른 초원, 넓은 그대의 정원을 대기 가운데
    내려다보며 해맑은 산들 위에
      내 서서 그대를 바라다보았노라.

그대의 강물들 곁을 내 걸으며, 그대를 생각했었노라.

그 사이 나이팅게일은 하늘거리는 버드나무 가지에서
　수줍은 듯 노래 불렀고, 조용히
　　가물거리는 바닥 위로 물결이 머물고 있었노라.

또한 강변에 서서 도시들 피어나는 것 내 바라보았노라,
　일터에선 부지런함이 침묵하고[4]
　　학문도 침묵하는, 또한 그대의 태양이 부드럽게
　　　예술가를 진지함으로 비추어 주는 고귀한 도시들.

그대 미네르바의 아이들을[5] 아는가? 그들은 일찍이
　올리브나무를 그들의 총아로 삼았었노라. 그대는 그들을 아는가?
　　아직 아테네 사람들의 영혼은 존재하며, 아직도
　　　생각 깊은 자들, 인간들 가운데 말없이 살아 있노라.

비록 플라톤의 경건한 정원[6] 옛 강가[7]에서 더 이상
　푸르지 않고 궁핍한 사람이
　　영웅들의 진로를 쟁기질하며, 부끄러운 듯
　　　밤의 새가[8] 기둥 위에서 이들을 서러워할지라도.

오 성스러운 숲이여! 오 앗티카여! 그처럼 빨리
　그 신 자신의 두려운 빛살로 그대를 맞히었고[9]
　　그대를 생동케 한 불꽃들 서둘러
　　　떨어져 나가 천공 안에 모습을 드러냈었단 말인가?[10]

그러나 아직 봄길처럼, 정령은 나라에서
　나라로 방랑하는도다. 그리고 우리는? 우리들 젊은이들 중
　　어느 누가 하나의 예감

가슴의 비밀 숨기고 있는 자 있는가?

독일의 여인들에게 감사할 일이다! 그들 우리로 하여금
　신상(神像)의 친밀한 정신 보존케 했으며
　　나날이 그들의 다정하고 명쾌한
　　　평온이 사악한 혼란을 거듭해 보속하고 있노라.

어디 지금 그들의 신이 존재했던,
　우리의 선조마냥 환희하며 경건한 시인들 있으며
　　어디 우리들의 선조처럼 현명한 자 있느냐?[11]
　　　차갑고 용맹스러운 자들이여, 결코 겁내지 않는 자들이여!

이제! 그대의 고귀함 가운데 인사 받아라, 나의 조국이여
　새로운 이름으로[12] 인사 받아라, 시대의 함뿍 영근 열매여!
　　그대 모든 뮤즈 가운데 마지막이자 처음인
　　　우라니아여[13], 나의 인사를 받아라!

아직도 그대 머뭇거리고 침묵하며 그대를 증언할
　환희의 업보를 생각하도다. 그대 자신처럼
　　사랑으로부터 태어나고 착한 그대처럼,
　　　유일한, 새로운 영상을 생각하도다.

어디에 그대의 델로스 있는가, 어디에 우리 모두
　지극한 축제에 함께 할 그대의 올림피아[14] 있는가?
　　무슨 방법으로, 그대 그대의 자손, 영원무궁한 자를 위해
　　　오래 전에 예비해 두었던 것, 이 아들이 풀어낼 수 있는가?

GESANG DES DEUTSCHEN

O heilig Herz der Völker, o Vaterland!
Allduldend, gleich der schweigenden Mutter Erd',
   Und allverkannt, wenn schon aus deiner
     Tiefe die Fremden ihr Bestes haben!

Sie ernten den Gedanken, den Geist von dir,
   Sie pflücken gern die Traube, doch höhnen sie
     Dich, ungestalte Rebe! daß du
       Schwankend den Boden und wild umirrest.

Du Land des hohen ernsteren Genius!
   Du Land der Liebe! bin ich der deine schon,
     Oft zürnt' ich weinend, daß du immer
       Blöde die eigene Seele leugnest.

Doch magst du manches Schöne nicht bergen mir;
   Oft stand ich überschauend das holde Grün,
     Den weiten Garten hoch in deinen
       Lüften auf hellem Gebirg' und sah dich.

An deinen Strömen ging ich und dachte dich,
   Indes die Töne schüchtern die Nachtigall

Auf schwanker Weide sang, und still auf
Dämmerndem Grunde die Welle weilte.

Und an den Ufern sah ich die Städte blühn,
Die Edlen, wo der Fleiß in der Werkstatt schweigt,
Die Wissenschaft, wo deine Sonne
Milde dem Künstler zum Ernste leuchtet.

Kennst du Minervas Kinder? sie wählten sich
Den Ölbaum früh zum Lieblinge; kennst du sie?
Noch lebt, noch waltet der Athener
Seele, die sinnende, still bei Menschen,

Wenn Platons frommer Garten auch schon nicht mehr
Am alten Strome grünt und der dürftge Mann
Die Heldenasche pflügt, und scheu der
Vogel der Nacht auf der Säule trauert.

O heilger Wald! o Attika! traf Er doch
Mit seinem furchtbarn Strahle dich auch, so bald,
Und eilten sie, die dich belebt, die
Flammen entbunden zum Äther über?

Doch, wie der Frühling, wandelt der Genius
Von Land zu Land. Und wir? ist denn Einer auch
Von unsern Jünglingen, der nicht ein
Ahnden, ein Rätsel der Brust, verschwiege?

Den deutschen Frauen danket! sie haben uns
Der Götterbilder freundlichen Geist bewahrt,
    Und täglich sühnt der holde klare
        Friede das böse Gewirre wieder.

Wo sind jetzt Dichter, denen der Gott es gab,
    Wie unsern Alten, freudig und fromm zu sein,
        Wo Weise, wie die unsre sind? die
            Kalten und Kühnen, die Unbestechbarn!

Nun! sei gegrüßt in deinem Adel, mein Vaterland,
    Mit neuem Namen, reifeste Frucht der Zeit!
        Du letzte und du erste aller
            Musen, Urania, sei gegrüßt mir!

Noch säumst und schweigst du, sinnest ein freudig Werk,
    Das von dir zeuge, sinnest ein neu Gebild,
        Das einzig, wie du selber, das aus
            Liebe geboren und gut, wie du, sei —

Wo ist dein Delos, wo dein Olympia,
    Daß wir uns alle finden am höchsten Fest? —
        Doch wie errät der Sohn, was du den
            Deinen, Unsterbliche, längst bereitest?

격려

제2초고

천국의 메아리여! 성스러운 가슴이여! 어찌하여,
　어찌하여 그대 살아 있는 자들 가운데서도 침묵하며
　　잠자고 있는가, 자유로운 그대여, 신들을 잃은 자들에 의해
　　　어찌하여 영원히 어두움 속으로 쫓기고 있는가?

도대체 이전과 같이 천공의 빛살이 결코 깨우지 않는가?
　예부터의 어머니, 대지가 여전히 피어나지 않는가?
　　또한 정신¹⁾은 도처에서 미소지으며 여전히
　　　그 법칙대로 사랑을 행사하지 않는가?

오로지 그대만이 행치 않도다! 허나 천국적인 것 경고하며
　마치 황량한 들판처럼, 조용히 형성하는 가운데
　　자연, 모든 것을 쾌활케 하며 영혼 가득한
　　　자연의 숨결 그대에게 불어오고 있도다.

오 희망이여!²⁾ 곧, 이제 곧 임원은 삶의 찬미만을
　노래하지 않으리라, 사람의 입을 통해서
　　보다 더 아름다운 영혼 자신을 새롭게 고지하는
　　　그 시간 다가올 것이기 때문이로다.³⁾

그 때 이르면 필멸의 인간들과 한 덩어리 이루어

근원의 힘은 자신을 형상화하고, 그 때 이르면 비로소
경건한 어린아이의 감사 가운데 무한한 자
대지의 가슴은 풍요롭게 열리고

우리들의 나날 다시금 마치 꽃들처럼 되리니,
그 때 천국의 태양은 조용히 자리를 바꾸면서
자신의 나눔을 바라다보고 기꺼워하는 자들 가운데
빛살은 환희하며 제 모습을 다시 찾으리라.

또한 말없이 지배하는 자, 은밀히 미래를 예비하는 자,[4]
신은, 다가오는 세월 아름다운 날
인간의 언어를 통해서
옛처럼 다시 말하게 되리라.

ERMUNTERUNG

Zweite Fassung

Echo des Himmels! heiliges Herz! warum,
　　Warum verstummst Du unter den Lebenden,
　　　　Schläfst, freies! von den Götterlosen
　　　　　　Ewig hinab in die Nacht verwiesen?

Wacht denn, wie vormals, nimmer des Äthers Licht?
　　Und blüht die alte Mutter, die Erde nicht?
　　　　Und übt der Geist nicht da und dort, nicht
　　　　　　Lächelnd die Liebe das Recht noch immer?

Nur du nicht mehr! doch mahnen die Himmlischen,
　　Und stillebildend weht, wie ein kahl Gefild,
　　　　Der Othem der Natur dich an, der
　　　　　　Alleserheiternde, seelenvolle.

O Hoffnung! bald, bald singen die Haine nicht
　　Des Lebens Lob allein, denn es ist die Zeit,
　　　　Daß aus der Menschen Munde sie, die
　　　　　　Schönere Seele sich neuverkündet,

Dann liebender im Bunde mit Sterblichen
　　Das Element sich bildet, und dann erst reich,

Bei frommer Kinder Dank, der Erde
　　　Brust, die unendliche, sich entfaltet

Und unsre Tage wieder, wie Blumen, sind,
　Wo sie, des Himmels Sonne sich ausgeteilt
　　Im stillen Wechsel sieht und wieder
　　　Froh in den Frohen das Licht sich findet,

Und er, der sprachlos waltet und unbekannt
　Zukünftiges bereitet, der Gott, der Geist
　　Im Menschenwort, am schönen Tage
　　　Kommenden Jahren, wie einst, sich auspricht.

게르마니아

　복된 자들,[1] 그들 나타났던 바
옛 나라에서의 신들의 모습들
그들 나는 더 이상 부르지 않으리라. 그러나
그대들 고향의 강물이여! 이제 그대들과 더불어
마음 속의 사랑을 비탄한다면, 성스럽게 슬퍼하는 것
달리 무엇을 원할 수 있을까? 기대에 차
이 땅은 놓여 있고[2] 뜨거운 한낮에
그대 동경하는 자여! 하나의 천국
여기에 내려와 오늘 우리에게 그늘 짓는다.
그 천국 약속으로 가득하며, 또한 나에겐
두렵게 보인다.[3] 그러나 나 그에게 머물리라.
그리고 내 영혼 뒷걸음쳐 달아나지 않으리라[4]
나에게 너무도 사랑스러운 지나간 것들이여! 그대들을 향해 달아나지
　　　　　　　　　　　　　　　　　　　　　　　　　않으리라.
왜냐하면 옛대로인 양 너희들의 아름다운 면전을 바라보는 일
내 두려워하며 또한 죽음에 이르는 일이기 때문.
또한 죽어간 자들 일깨우는 일 용납되지 않기 때문이로다.

　달아나 버린 신들이여! 그대들 또한 그대들 현존하는 자들,
그 때에는 더욱 진실되었던 그대들,[5] 그대들 역시 그대들의 시대를 가졌
　　　　　　　　　　　　　　　　　　　　　　　　　었노라!

내 여기서 아무것도 부정하거나 애원하려 하지 않는다.
왜냐하면 시간이 끝나고 한낮이 꺼져 버렸을 때
사제가 얻어맞는 첫 번째 사람이지만 사랑하면서
사당과 영상과 그의 제례가 어둠의 나라로
그를 따라가고 그들 가운데 아무것도 아직 빛날 수가 없기 때문에.[6]
오로지 묘지의 불길[7]에서인 양
황금빛의 연기 피어 오르고 이것의 전설
이제 의심하는 우리들의[8] 머리를 에워싸고 가물거리니
그에게 무슨 일 일어나는지 아무도 모른다. 그는
한 때 존재했던 자들, 옛 사람들 이제 지상을 새롭게 찾는
그들의 그림자를 느끼고 있다.
왜냐하면 와야만 할 자들 지금 우리를 밀어 젖히고
더 이상 신적인 인간들의 성스러운 무리들
푸르른 하늘 가운데 지체하지 않기 때문이다.

 거치른 시대의 전주 가운데 그 시대를 위해
벌써 들판은 푸르러지고 제사를 위해서
예물은 준비되었으며 계곡과 강들은
예언적인 산들을[9] 에워싸 활짝 열려 있다.
하여 그 사나이 동방에 이르기까지
바라볼 수 있고 그 곳으로부터 많은 변형이 그를 움직인다.
그러나 천공으로부터
참된 영상이 떨어져 내리고[10] 신들의 신탁들은
헤아릴 수 없을 만큼 그로부터 비내리듯 한다. 또한 임원의 깊숙이에서
                                소리 울린다.[11]
그리고 인더스 강에서 떠난 독수리가
눈 덮인 파르나스

산정들을 넘어 날고, 이탈리아의 제단의 언덕들
높이에서 날다가 여느 때와는 달리 아버지께 바칠
사냥물을 찾는다.[12] 늙은 독수리 날개짓에 능숙해져서,
이제 환호하며 마지막으로
알프스를 날아 넘어 각양각색의 나라들을 바라본다.[13]

  그 독수리가 찾고 있는 것은 신의 지극히 조용한 딸,
여사제[14]이다. 깊은 간결함 가운데 침묵을 너무 즐기는 그 여사제
그의 머리 위에서 폭풍우 죽음을 위협할 때[15]
그것을 알지도 못하는 듯,
뜬 눈으로 보고만 있었다.
신의 자식은 보다 나은 것[16]을 예감했었고
마침내는 천국 가운데 넓게 한 놀라움이 일어났다.
왜냐하면 한 자식의 믿음, 축복을 내리는
드높은 자의 힘, 그들 자신들 만큼이나 컸기 때문이다.
하여 신들 사자를 보냈으니,[17] 그 사자 재빨리 그들을 인식하고
미소지으며 생각하도다. 그대, 부서질 수 없는[18] 그대를
또 다른 말이 시험하리라고. 그리고 그 젊은 독수리[19]
독일을 바라다 보며 외친다.
≫그대 선택된 자이로다.
삼라만상이 사랑하는 그대이도다. 어려운 행복[20]
견디어 낼 만큼 강해진 자 그대이도다.

  그 때로부터 숲에 숨겨져 달콤한 잠으로 가득 찬[21]
만개한 양귀비 안에 숨어서, 취하여, 그대 나를
오랫동안 주목하지 않았도다. 적은 수효의 사람들
동정녀의 자랑스러움을 느꼈으며 그대 누구의 자식이며 어디서

왔는지 어리둥절하기 이전에. 허나 그대도 그 자체를 몰랐었다.
나는 그대를 잘못 알지는 않았었다. 그대 꿈꿀 때, 은밀히
한낮에[22] 헤어지면서 그대에게 하나의 우정의 표지
입의 꽃[23]을 남겨 주었으며 하여 그대 고독하게 말했었다.[24]
허나 그대 황금빛 말들의 충만함 강물과 더불어 보냈으니,
행복에 찬 이여! 그 말들 닳지 않도록
모든 곳에서 솟아오른다. 왜냐하면 성스러운 자처럼
모든 것의 어머니[25]
그렇지 않아도 숨겨진 자라고 사람들이 불렀고
하여 그대의 가슴 사랑과 고통으로
또한 예감으로
그리고 평화로 가득한 때문이다.

  오, 아침의 바람[26]을 마시라
그대 열릴 때까지,[27]
또한 그대 눈앞에 있는 것 이름 부르라,
더 이상 말해지지 않은 것
신비로 남아 있어서는 안 된다.
오래 전에 이미 베일에 가려진 것이라 해도.
부끄러움이 필멸의 우리 인간에 마땅한 것이고
신들에 대해서 말하는
대부분의 시간 역시 현명하기 때문이다.[28]
그러나 순수한 샘물보다도
황금이[29] 더욱 넘치며 하늘에서의 분노 진지해지는 곳에
낮과 밤사이
한번쯤 참됨이[30] 나타나야만 하리라.
이제 그대 그것을 삼중으로 고쳐 쓰거라.

그러나 말해지지 않은 채, 그대가 발견한 채로
순수무구한 자 그대로 남아 있게 하라.[31]

　오 그대 성스러운 대지의 딸이여,
한번 어머니라 불러 보라.[32] 바위에는 물소리
숲속에는 뇌우 소리 요란하고 그 이름 듣자
옛 시절로부터 흘러간 신성[33] 다시 울려 온다.
얼마나 다른가! 참으로 미래가 멀리서부터
또한 빛나며 말하고 있다.
그러나 시대의 한가운데에는
축성받은 동정녀 대지와 함께
천공[34]은 조용히 살고 있다.
또한 부족함 모르는 신들이 기꺼이
부족함 없는 축제일에 손님을 반기며
옛날을 회상하고 있다,
게르마니아여, 그대가 사제이며
저항 없이 온 세상의 왕들과
백성들에게[35] 충고를 주는
그대의 축제일에.≪

GERMANIEN

Nicht sie, die Seligen, die erschienen sind,
Die Götterbilder in dem alten Lande,
Sie darf ich ja nicht rufen mehr, wenn aber
Ihr heimatlichen Wasser! jetzt mit euch
Des Herzens Liebe klagt, was will es anders,
Das Heiligtrauernde? Denn voll Erwartung liegt
Das Land und als in heißen Tagen
Herabgesenkt, umschattet heut
Ihr Sehnenden! uns ahnungsvoll ein Himmel.
Voll ist er von Verheißungen und scheint
Mir drohend auch, doch will ich bei ihm bleiben,
Und rückwärts soll die Seele mir nicht fliehn
Zu euch, Vergangene! die zu lieb mir sind.
Denn euer schönes Angesicht zu sehn,
Als wärs, wie sonst, ich fürcht' es, tödlich ists,
Und kaum erlaubt, Gestorbene zu wecken.

Entflohene Götter! auch ihr, ihr gegenwärtigen, damals
Wahrhaftiger, ihr hattet eure Zeiten!
Nichts leugnen will ich hier und nichts erbitten.
Denn wenn es aus ist, und der Tag erloschen
Wohl triffts den Priester erst, doch liebend folgt

Der Tempel und das Bild ihm auch und seine Sitte
Zum dunkeln Land und keines mag noch scheinen.
Nur als von Grabesflammen, ziehet dann
Ein goldner Rauch, die Sage drob hinüber,
Und dämmert jetzt uns Zweifelnden um das Haupt,
Und keiner weiß, wie ihm geschieht. Er fühlt
Die Schatten derer, so gewesen sind,
Die Alten, so die Erde neubesuchen.
Denn die da kommen sollen, drängen uns,
Und länger säumt von Göttermenschen
Die heilige Schar nicht mehr im blauen Himmel.

Schon grünet ja, im Vorspiel rauherer Zeit
Für sie erzogen das Feld, bereitet ist die Gabe
Zum Opfermahl, und Tal und Ströme sind
Weitoffen um prophetische Berge,
Daß schauen mag bis in den Orient
Der Mann und ihn von dort der Wandlungen viele bewegen.
Vom Äther aber fällt
Das treue Bild, und Göttersprüche regnen
Unzählbare von ihm, und es tönt im innersten Haine.
Und der Adler, der vom Indus kömmt,
Und über des Parnassos
Beschneite Gipfel fliegt, hoch über den Opferhügeln
Italias, und frohe Beute sucht
Dem Vater, nicht wie sonst, geübter im Fluge
Der Alte, jauchzend überschwingt er
Zuletzt die Alpen und sieht die vielgearteten Länder.

Die Priesterin, die stillste Tochter Gottes,
Sie, die zu gern in tiefer Einfalt schweigt,
Sie suchet er, die offnen Auges schaute,
Als wüßte sie es nicht, jüngst, da ein Sturm
Toddrohend über ihrem Haupt ertönte;
Es ahnete das Kind ein Besseres,
Und endlich ward ein Staunen weit im Himmel
Weil Eines groß an Glauben, wie sie selbst,
Die segnende, die Macht der Höhe sei;
Drum sandten sie den Boten, der, sie schnell erkennend,
Denkt lächelnd so: Dich, unzerbrechliche, muß
Ein ander Wort erprüfen und ruft es laut,
Der Jugendliche, nach Germania schauend:
≫Du bist es, auserwählt,
Alliebend und ein schweres Glück
Bist du zu tragen stark geworden,

Seit damals, da im Walde versteckt und blühendem Mohn
Voll süßen Schlummers, trunkene, meiner du
Nicht achtetest, lang, ehe noch auch geringere fühlten
Der Jungfrau Stolz und staunten wes du wärst und woher,
Doch du es selbst nicht wußtest. Ich mißkannte dich nicht,
Und heimlich, da du träumtest, ließ ich
Am Mittag scheidend dir ein Freundeszeichen,
Die Blume des Mundes zurück und du redetest einsam.
Doch Fülle der goldenen Worte sandtest du auch
Glückselige! mit den Strömen und sie quillen unerschöpflich
In die Gegenden all. Denn fast, wie der heiligen,

Die Mutter ist von allem,
Die Verborgene sonst genannt von Menschen,
So ist von Lieben und Leiden
Und voll von Ahnungen dir
Und voll von Frieden der Busen.

O trinke Morgenlüfte,
Bis daß du offen bist,
Und nenne, was vor Augen dir ist,
Nicht länger darf Geheimnis mehr
Das Ungesprochene bleiben,
Nachdem es lange verhüllt ist;
Denn Sterblichen geziemet die Scham,
Und so zu reden die meiste Zeit,
Ist weise auch, von Göttern.
Wo aber überflüssiger, denn lautere Quellen
Das Gold und ernst geworden ist der Zorn an dem Himmel,
Muß zwischen Tag und Nacht
Einsmals ein Wahres erscheinen.
Dreifach umschreibe du es,
Doch ungesprochen auch, wie es da ist,
Unschuldige, muß es bleiben.

O nenne, Tochter du der heiligen Erd'
Einmal die Mutter. Es rauschen die Wasser am Fels
Und Wetter im Wald und bei dem Namen derselben
Tönt auf aus alter Zeit Vergangengöttliches wieder.
Wie anders ists! und rechthin glänzt und spricht

Zukünftiges auch erfreulich aus den Fernen.

Doch in der Mitte der Zeit

Lebt ruhig mit geweihter

Jungfräulicher Erde der Äther

Und gerne, zur Erinnerung, sind

Die unbedürftigen sie

Gastfreundlich bei den unbedürftgen

Bei deinen Feiertagen

Germania, wo du Priesterin bist

Und wehrlos Rat gibst rings

Den Königen und den Völkern.≫

소크라테스의 시대에

전에는 신이 심판했다.
      왕들.
    현인들.

      지금은 도대체 누가 심판하는가?

몇몇 민중이
  심판하는가? 성스러운 공동체가?
  아니다! 오 아니다! 지금은 도대체 누가 심판하는가?
      간사한 족속이여! 비열하고 엉터리로
     고귀한 낱말을 더 이상
     입술 위에 올리지 말라
오 그 이름으로
        나는 외친다,
   옛 악령이여! 내려오시라

아니면
  영웅 하나 보내주시라

아니면
  지혜를.

ZU SOKRATES' ZEITEN

Vormals richtete Gott.

        Könige.

           Weise.

                wer richtet denn itzt?

Richtet das einige
  Volk? die heilge Gemeinde?
  Nein! o nein! wer richtet denn itzt?
        ein Natterngeschlecht!   feig und falsch
          das edlere Wort nicht mehr
     Über die Lippe
O im Namen
                ruf ich,
    Alter Dämon! dich herab

Oder   sende
   Einen Helden

Oder
   die Weisheit.

평화의 축제

    나는 이글을 그저 너그럽게 읽어 주기를 바란다. 그렇게 되면, 분명 뜻이 파악될 수 있을 것이며, 거슬리는 바도 훨씬 줄어들 것이다. 그럼에도 몇몇 사람들이 그러한 말들이 극히 전통적이지 못하다고 생각하게 된다면, 나는 그들에게 달리는 어찌 할 수 없노라고 고백할 수밖에 없다. 어느 좋은 날, 거의 모든 노래의 양식이 스스로 알아들을 수 있게 되고 그 출발한 자연이 그것을 다시 받아들일 것이다.
    저자는 독자 대중에게 그러한 노래를 모두 묶어서 제시하고자 생각하고 있으며, 여기 이것은 일종의 본보기로 생각되어야 할 것이다.[1]

  은은하게 메아리치며
유유히 떠도는 천국의 소리로 가득 차
오래 전에 지어지고 지복하게 깃들인 회당(會堂)[2]
우뚝 솟아 있다. 푸르른 양탄자 에워싸고
환희의 구름[3] 피어오르고, 저 멀리 반짝이며
잘 익은 과일, 황금테 수놓은 술잔들 가득 채워져
정연하고 당당하게 열지어
한결 평평한 분지 위에 솟아난 듯
식탁들은 이곳 저곳에 놓여 있다.
저녁 무렵이면 멀리서, 오늘
사랑하는 손님들[4]
여기에 모습을 드러낼 터이기 때문이다.

어른거리는 눈길로[5] 나는 벌써
진지한 역사(役事)로부터 미소짓는[6]

그 사람, 축제의 영주를[7] 보는 듯하다.
그러나 그대, 그대의 낯선 곳을[8] 기꺼이 거부하고
길고 긴 행군으로 지친[9]
눈길 떨구고, 잊으며,[10] 가볍게 그늘 덮이며
친구의 모습을 띄울 때, 그대 두루 알려진 자여,[11]
그 드높음이 무릎을 꿇게 한다. 그대 앞에서[12] 내 오직 한 가지,
그대 유한한 자 아니라는 것 외에 아는 바 없다.
현명한 자 나에게 많은 것을 해명할지라도
이제 하나의 신 또한 모습을 나타내니
다른 광채 있으리라.

   그러나 오늘부터가 아니라, 그는 먼저 예고되어 있었다.
또한 홍수도 불길도 겁내지 않았던[13] 한 사람
놀라움을 자아내니,[14] 옛 같지 않게 고요해지고
신들[15]과 인간들 사이 어디에서도 지배를 찾을 수 없기 때문이다.
그들 이제 비로소 역사(役事)의 소리를 듣나니
아침에서 저녁으로 오래 전에 펼쳐진 역사
이제 심연에 울리며
천둥 울리는 자의 반향, 천년의 천후 가이없이 끓어올라,
평화의 소리 아래 잠들어 가라앉는다.
그러나 그대들, 귀중한 오 그대들 순수한 나날이여,
그대들 또한 오늘 축제를 벌리나니, 그대들 사랑하는 것들이여!
하여 저녁 무렵 이 고요함 가운데 정신은 온 누리에 꽃 피어 오른다.
때문에 내 간구하나니, 머릿단은 은회색일지라도
오 친우들이여!
이제 영원한 젊은이들처럼[16] 화환과 만찬을 준비할 일이다.

또한 내 많은 이들을 초대코자 한다. 그러나 오 그대,[17]
인간들에게 친절과 진지함을 베풀며
마을 가까이 있었던 우물 곁
거기 시리아의 야자수 아래 기꺼이 머물렀다.
밀밭은 사방에서 살랑대었고, 성스런 산맥의
그늘로부터 말없이 시원함을 숨쉬었다.
또한 사랑하는 친구들, 충실한 구름 떼
그대를 에워싸 그늘 짓고, 하여 성스럽게 대담한 빛살
광야를 통해 따뜻하게 인간에 와 닿았었다. 오 젊은이여!
아! 그러나 더욱 어둡게, 말씀의 한가운데, 죽음의 숙명은
두렵게 결단하며 그대를 가리웠다. 모든 천상적인 것은
그처럼 빠르고 무상하다. 그러나 헛됨도 없도다.

왜냐하면 신은 항상 절제를 알리며
오로지 한 순간만 인간의 거처를 어루만지니
알듯하나 아무도 모른다. 그것이 언제인지?
그 때되면 오만함도 스쳐 넘어가며
또한 미개함도 성스러운 곳으로 다가올 수 있나니
저 끝 멀리서, 거칠게 손길 벋으며 광란한다. 그러면 한 숙명
그것을 꿰뚫어 맞추리라. 그러나 감사는
주어진 것에 곧바로 따르지 않는 법이니
붙들기엔 깊은 음미 있어야 하리.
또한 우리에겐 마치 그 증여하는 자
이미 오래 전에 부뚜막의 축복으로
산정과 대지에 불당김 아끼지 않는 듯하여라.

그러나 우리는 신적인 것을 또한

너무 많이 받았다. 그것은 불꽃으로
우리 손에 쥐어졌고, 강안과 바다의 밀물로 주어졌다.
그 낯선 힘들 인간으로서
우리가 친숙하기엔 너무도 많다.
하여 천체들도 그대에게 가르치나니, 그대
눈앞에 놓여 있으나 결코 그것을 금새 알 수 없음을.
그러나 두루 생동하는 자, 그 자에 대해
많은 환희와 노래 이루어진다.
그 가운데 한 사람, 한 아들이며 은연히 강한 자이다.
하여 이제 그를 인식하나니
그 아버지 우리가 알기 때문이며
또한 축제일을 행사하려
드높은 자, 세계의
정신은 인간을 향했기 때문이다.[18]

  왜냐하면 그는[19] 오래 전부터 시간의 주인되기에 너무 위대했고
그의 영역을 넘쳐 미쳤던 탓이다. 한데 언제 그를 소진케 했단 말인가?
그러나 한 때 신 역시 한 낮의 일을 택하고자 하니
사멸하는 자들처럼 모든 운명을 함께 나누고자 한다.
운명의 법칙이란 모두가
침묵이 돌아오면 역시 하나의 말씀[20] 있음을 경험하는 것.
그러나 신이 역사하는 곳에 우리도 함께하여
무엇이 최선인지를 다툰다. 하여 내 회상하거니
이제 거장(巨匠)이 자신의 영상을 완성하여 일을 마치고
스스로 그것을 후광삼아, 시간의 말없는 신[21] 일터로부터 나오면,
오직 사랑의 법칙
아름답게 균형케 하는 것, 여기로부터 천국에 이르기까지 효능 있으리라.

아침에서부터
우리는 하나의 대화이며 서로 귀기울인 이래
인간은 많은 것을 경험했다. 그러나 우리는 곧 합창이어라.[22]
또한 위대한 정신이 펼치는 시간의 영상
하나의 징후로 우리 앞에 놓였으니,[23] 그와 다른 이들 사이
그와 다른 힘들 사이 하나의 유대 있음이라.
그 자신 뿐 아니라, 누구에게서도 태어나지 않은 자들, 영원한 자들
모두 그를 통해 알 수 있나니, 마치 초목들[24]을 통해
어머니 대지, 빛과 대기가 알려짐과 같도다.
끝내 너희들, 성스런 모든 힘들
너희를 위해, 너희들 아직 있음을 증언하는
사랑의 징표, 축제일,

　모두를 모이게 하는 축제일이어라,[25] 천상적인 것은
기적을 통해 나타나지 않으며, 천후 가운데 예측 못할 바도 아니었다.
그러나 노래 있음에 서로 반기며
합창 가운데 모습 나타내니, 성스런 수효 이루도다.
축복받은 자들 그처럼
함께 자리하고 그들 모두 매달려 있는
그들의 가장 사랑하는 자[26] 역시 빠짐이 없도다. 하여 내 불렀노라.[27]
만찬으로, 예비된 그 만찬으로
그대를, 잊을 수 없는 자, 그대를 저녁의 시간에
오 젊은이여, 그대를 축제의 영주에게로[28] 불렀노라. 또한
그대들 불리운 자 모두
그대들 불멸하는 자 모두
그대들 천국을 우리에게 말하며
우리의 거처에 모습을 보일 때가지
우리 인류 잠들어 눕지 않으리라.

가볍게 숨쉬는 대기
벌써 너희들에게 예고하며
소리내는 계곡과
천후에 아직 울리는 대지 그들에게 말해 준다.
그러나 희망은 뺨을 붉게 물들이고
집의 문 앞에는
어머니와 아들 앉아
평화를 바라본다.
또한 죽어 쓰러지는 것 거의 없어 보이고[29)]
영혼은 황금빛 빛살로 보내진
하나의 예감을 붙들며
하나의 약속은 나이든 자들을 붙든다.

　삶의 향료 천국으로부터
예비 되었고, 그 수고로움 또한
행해졌도다.
이제 모든 것 만족하고
그 중 만족한 것은
간결함이라, 왜냐하면 오랫동안 찾았던
황금빛 열매
오래고 오랜 가지로부터
뒤흔드는 폭풍 가운데 떨어져 내린 까닭이다.
그러나 이제, 가장 소중한 제물로서, 성스러운 운명 자체로부터
감미로운 무기로 감싸 막으니
그것은 바로 천상적인 것의 형상이도다.

　암사자처럼, 그대

오 어머니, 그대 자연이여,[30]
어린아이들을 잃었을 때, 그대 비탄했도다.
왜냐하면, 마치 신들을 사티로스들과
어울리게 했듯, 그대의 적을
자식처럼 여겼으나, 그 적들
가장 사랑하는 그대의 자식들을 훔쳐 갔기 때문이다.
그처럼 그대 많은 것을 세웠고
또한 많은 것을 땅에 묻었다.
그것은 그대 두루 힘센 자여,
때 이르게 빛으로 이끌어낸 것이
그대를 증오하는 탓이다.
이제 그대 이를 알며 또한 용납하나니
그 두렵게 일하는 것, 성숙할 때까지
기꺼이, 느낌도 없이 쉬일 것이다.

FRIEDENSFEIER

Ich bitte dieses Blatt nur gutmütig zu lesen. So wird es sicher nicht unfaßlich, noch weniger anstößig sein. Sollten aber dennoch einige eine solche Sprache zu wenig konventionell finden, so muß ich ihnen gestehen: ich kann nicht anders. An einem schönen Tage läßt sich ja fast jede Sangart hören, und die Natur, wovon es her ist, nimmts auch wieder.
Der Verfasser gedenkt dem Publikum eine ganze Sammlung von dergleichen Blättern vorzulegen, und dieses soll irgend eine Probe sein davon.

Der himmlischen, still wiederklingenden,
Der ruhigwandelnden Töne voll,
Und gelüftet ist der altgebaute,
Seliggewohnte Saal; um grüne Teppiche duftet
Die Freudenwolk' und weithinglänzend stehn,
Gereiftester Früchte voll und goldbekränzter Kelche,
Wohlangeordnet, eine prächtige Reihe,
Zur Seite da und dort aufsteigend über dem
Geebneten Boden die Tische.
Denn ferne kommend haben
Hieher, zur Abendstunde,
Sich liebende Gäste beschieden.

Und dämmernden Auges denk' ich schon,

Vom ernsten Tagwerk lächelnd,
Ihn selbst zu sehn, den Fürsten des Fests.
Doch wenn du schon dein Ausland gern verleugnest,
Und als vom langen Heldenzuge müd,
Dein Auge senkst, vergessen, leichtbeschattet,
Und Freundesgestalt annimmst, du Allbekannter, doch
Beugt fast die Knie das Hohe. Nichts vor dir,
Nur Eines weiß ich, Sterbliches bist du nicht.
Ein Weiser mag mir manches erhellen; wo aber
Ein Gott noch auch erscheint,
Da ist doch andere Klarheit.

Von heute aber nicht, nicht unverkündet ist er;
Und einer, der nicht Flut noch Flamme gescheuet,
Erstaunet, da es stille worden, umsonst nicht, jetzt,
Da Herrschaft nirgend ist zu sehn bei Geistern und Menschen.
Das ist, sie hören das Werk,
Längst vorbereitend, von Morgen nach Abend, jetzt erst,
Denn unermeßlich braust, in der Tiefe verhallend,
Des Donnerers Echo, das tausendjährige Wetter,
Zu schlafen, übertönt von Friedenslauten, hinunter.
Ihr aber, teuergewordne, o ihr Tage der Unschuld,
Ihr bringt auch heute das Fest, ihr Lieben! und es blüht
Rings abendlich der Geist in dieser Stille;
Und raten muß ich, und wäre silbergrau
Die Locke, o ihr Freunde!
Für Kränze zu sorgen und Mahl, jetzt ewigen Jünglingen ähnlich.
Und manchen möcht' ich laden, aber o du,

Der freundlichernst den Menschen zugetan,
Dort unter syrischer Palme,
Wo nahe lag die Stadt, am Brunnen gerne war;
Das Kornfeld rauschte rings, still atmete die Kühlung
Vom Schatten des geweiheten Gebirges,
Und die lieben Freunde, das treue Gewölk,
Umschatteten dich auch, damit der heiligkühne
Durch Wildnis mild dein Strahl zu Menschen kam, o Jüngling!
Ach! aber dunkler umschattete, mitten im Wort, dich
Furchtbarentscheidend ein tödlich Verhängnis. So ist schnell
Vergänglich alles Himmlische; aber umsonst nicht;

Denn schonend rührt des Maßes allzeit kundig
Nur einen Augenblick die Wohnungen der Menschen
Ein Gott an, unversehn, und keiner weiß es, wenn?
Auch darf alsdann das Freche drüber gehn,
Und kommen muß zum heiligen Ort das Wilde
Von Enden fern, übt rauhbetastend den Wahn,
Und trifft daran ein Schicksal, aber Dank,
Nie folgt der gleich hernach dem gottgegebnen Geschenke;
Tiefprüfend ist es zu fassen.
Auch wär' uns, sparte der Gebende nicht
Schon längst vom Segen des Herds
Uns Gipfel und Boden entzündet.

Des Göttlichen aber empfingen wir
Doch viel. Es ward die Flamm' uns
In die Hände gegeben, und Ufer und Meersflut.

Viel mehr, denn menschlicher Weise
Sind jene mit uns, die fremden Kräfte, vertrauet.
Und es lehret Gestirn dich, das
Vor Augen dir ist, doch nimmer kannst du ihm gleichen.
Vom Allebendigen aber, von dem
Viel Freuden sind und Gesänge,
Ist einer ein Sohn, ein Ruhigmächtiger ist er,
Und nun erkennen wir ihn,
Nun, da wir kennen den Vater
Und Feiertage zu halten
Der hohe, der Geist
Der Welt sich zu Menschen geneigt hat.

Denn längst war der zum Herrn der Zeit zu groß
Und weit aus reichte sein Feld, wann hats ihn aber erschöpfet?
Einmal mag aber ein Gott auch Tagewerk erwählen,
Gleich Sterblichen und teilen alles Schicksal.
Schicksalgesetz ist dies, daß Alle sich erfahren,
Daß, wenn die Stille kehrt, auch eine Sprache sei.
Wo aber wirkt der Geist, sind wir auch mit, und streiten,
Was wohl das Beste sei. So dünkt mir jetzt das Beste,
Wenn nun vollendet sein Bild und fertig ist der Meister,
Und selbst verklärt davon aus seiner Werkstatt tritt,
Der stille Gott der Zeit und nur der Liebe Gesetz,
Das schönausgleichende gilt von hier an bis zum Himmel.
Viel hat von Morgen an,
Seit ein Gespräch wir sind und hören voneinander,
Erfahren der Mensch; bald sind wir aber Gesang.

Und das Zeitbild, das der große Geist entfaltet,
Ein Zeichen liegts vor uns, daß zwischen ihm und andern
Ein Bündnis zwischen ihm und andern Mächten ist.
Nicht er allein, die Unerzeugten, Ew'gen
Sind kennbar alle daran, gleichwie auch an den Pflanzen
Die Mutter Erde sich und Licht und Luft sich kennet.
Zuletzt ist aber doch, ihr heiligen Mächte, für euch
Das Liebeszeichen, das Zeugnis
Daß ihrs noch seiet, der Festtag,

Der Allversammelnde, wo Himmlische nicht
Im Wunder offenbar, noch ungesehn im Wetter,
Wo aber bei Gesang gastfreundlich untereinander
In Chören gegenwärtig, eine heilige Zahl
Die Seligen in jeglicher Weise
Beisammen sind, und ihr Geliebtestes auch,
An dem sie hängen, nicht fehlt; denn darum rief ich
Zum Gastmahl, das bereitet ist,
Dich, Unvergeßlicher, dich, zum Abend der Zeit,
O Jüngling, dich zum Fürsten des Festes; und eher legt
Sich schlafen unser Geschlecht nicht,
Bis ihr Verheißenen all,
All ihr Unsterblichen, uns
Von eurem Himmel zu sagen,
Da seid in unserem Hause.

Leichtatmende Lüfte
Verkünden euch schon,

Euch kündet das rauchende Tal
Und der Boden, der vom Wetter noch dröhnet,
Doch Hoffnung rötet die Wangen,
Und vor der Türe des Hauses
Sitzt Mutter und Kind,
Und schauet den Frieden
Und wenige scheinen zu sterben
Es hält ein Ahnen die Seele,
Vom goldnen Lichte gesendet,
Hält ein Versprechen die Ältesten auf.

Wohl sind die Würze des Lebens,
Von oben bereitet und auch
Hinausgeführet, die Mühen.
Denn alles gefällt jetzt,
Einfältiges aber
Am meisten, denn die langgesuchte,
Die goldne Frucht,
Uraltem Stamm
In schütternden Stürmen entfallen,
Dann aber, als liebstes Gut, vom heiligen Schicksal selbst,
Mit zärtlichen Waffen umschützt,
Die Gestalt der Himmlischen ist es.

Wie die Löwin, hast du geklagt,
O Mutter, da du sie,
Natur, die Kinder verloren.
Denn es stahl sie, Allzuliebende, dir

Dein Feind, da du ihn fast
Wie die eigenen Söhne genommen,
Und Satyren die Götter gesellt hast.
So hast du manches gebaut,
Und manches begraben,
Denn es haßt dich, was
Du, vor der Zeit
Allkräftige, zum Lichte gezogen.
Nun kennest, nun lässest du dies;
Denn gerne fühllos ruht,
Bis daß es reift, furchtsamgeschäftiges drunten.

4. 시인과 민중

아! 사람의 무리들 장터에 쓸모 있는 것이나 찾고
종복은 오직 힘 있는 자에게나 복종한다.
오로지 제 자신 신적인 자들만이
진실하게 신성을 믿는 법이다.

시 「인간의 갈채」 중에서

나의 결심

오 친구들이여! 친구들이여! 그대들 그처럼 나를 변함없이 사랑하는
이들이여!
 무엇이 나의 고독한 눈길을 그처럼 흐리게 만드나?
 무엇이 나의 가엾은 마음을 이 먹구름에 가려
  어두워진 죽음의 정적으로 몰아넣고 있는가?

나는 그대들의 애정 어린 악수를 피하노라,
 영혼 충만한, 복된 형제의 입맞춤도.
  오 내가 그 입맞춤 피하는 것 가지고 나에게 화내지 말라!
   나의 가장 깊은 내면을 보아다오! 시험하고 판단해다오! ─

이것은 남아의 완전함에 대한 뜨거운 갈망인가?
 이것은 크나큰 명예에 대한 열망인가?
  이것은 핀다르의 비상[1]을 향한 연약한 날아오름인가?
   이것은 클롭슈토크의 위대성[2]을 향한 투쟁적인 노력인가?

아 친구들이여! 지상의 어떤 모퉁이가 나를
 가려서 내가 영원히 한 밤에 싸여
  거기서 울도록 해 줄 수 있나? 나는 위대한 자들의
   세계를 에워싸 비상에 결코 이르지 못하리.

그러나 아니다! 저 찬란한 영광의 길로 다가가자!
거기로! 거기로! 달아오르는 과감한 꿈속에서
그들에게 이르도록. 나는 언젠가는 죽어가면서도
더듬거리며 말해야만 하리. 나를 잊어다오, 어린아이들이여! 라고.

MEIN VORSATZ

O Freunde! Freunde! die ihr so treu mich liebt!
Was trübe meine einsame Blicke so?
　Was zwingt mein armes Herz in diese
　　Wolkenumnachtete Totenstille?

Ich fliehe euren zärtlichen Händedruck,
　Den seelenvollen, seligen Bruderkuß.
　　O zürnt mir nicht, daß ich ihn fliehe!
　　　Schaut mir in's Innerste! Prüft und richtet! —

Ists heißer Durst nach Männervollkommenheit?
　Ists leises Geizen um Hekatombenlohn?
　　Ists schwacher Schwung nach Pindars Flug? ists
　　　Kämpfendes Streben nach Klopstocksgröße?

Ach Freunde! welcher Winkel der Erde kann
　Mich decken, daß ich ewig in Nacht gehüllt
　　Dort weine? Ich erreich' ihn nie, den
　　　Weltenumeilenden Flug der Großen.

Doch nein! hinan den herrlichen Ehrenpfad!
　Hinan! hinan! im glühenden kühnen Traum

Sie zu erreichen; muß ich einst auch
Sterbend noch stammeln: Vergeßt mich, Kinder!

현명한 조언자들에게

나의 심장이 최고의 미를 향해 분투하는 한
나는 삶의 터전에서 싸워서는 안될 것이다,
그대들이 그처럼 우리를 산 채로 묻어버리는
그 묘지 곁에서 내가 나의 백조의 노래[1]를 불러야만 하겠는가?
오! 나를 아껴 달라 그리고 힘찬 분투를 용납해 달라,
그 분투의 파랑이 멀고 먼 바다로 곤두박칠 때까지.
언제까지든 내버려두라, 그대들 의사들이여, 내가 살도록 내버려두라,
운명의 여신이 삶의 궤도를 줄여버리지 않는 한.

포도나무의 성장은 차거운 계곡을 거부한다,
헤스페리어엔의 융성한 정원[2]은
마치 화살처럼 대지의 심장으로 내려 꽂히는
뜨거운 빛살 속에서만 황금의 열매를 맺는다.
인간의 마음이 당당하고도 손상됨 없이
과감한 분노로 불탈 때 그네들은 도대체 무엇을 경고하는가,
투쟁가운데에서만 끝장내는 그것으로부터
너희들 졸장부들이여, 그의 불타는 요소의 무엇을 빼앗는가?

오래된 한 밤을 저주하는 심판자
그는 재미로 칼을 빼들지는 않았다.
천공으로부터 유래하는 순수한 정신은

잠자기 위해서 내려온 것은 아니었다.
그 정신은 여기로 빛살 비치며, 유성(流星)처럼
놀라게 한다, 풀어주며 묶고 평온과 갚음 없이,
천국의 문을 통해서 되돌아오는 가운데
그의 전차(戰車)가 승리 가운데 구를 때까지.

그런데 그대를, 복수자의 팔을 마비시키려 했다,
신들의 권리에 승복한 정신에 대고
그대 무리들의 무자비함대로
노예처럼 순응한 것이라고 말하고 있는 것인가?
그대들은 정신병원을 담당한 자가 복종해야 할
법정으로 선택하고 있다,
그대들이 추문으로 만들어버린 우리들 안에 있는 신
그 위에 벌레를 왕으로 삼아 얹고 있는 것이다. ㅡ

이전에도 탐익자는 십자가에 못박혔다,
그리고 고귀한 사자의 분노 가운데 자주
인간은 천둥치는 결정의 날들을 맞아 싸웠다,
과감한 정의가 우연과 폭력을 제압할 때까지.
아! 태양처럼, 투쟁 가운데
찬란한 과업을 시작했던 자 쉬기 위해 가라앉았다,
그는 가라앉았다가 여명을 띄운 채 다시금
그의 사랑하는 이들 가운데 빛 비추기 시작했다.

이제 가슴을 살해하는 새로운 기운이 피어나고 있다.
이제 현명한 남자의 조언은
반역자의 손 안에 든 살해의 단검이 되었다.

또한 오성(悟性)은 형리(刑吏)처럼 두려워졌다.
그대들로부터 비겁한 평온으로 전향하여
젊은이들의 정신은 굴욕적인 묘지를 찾아낸다.
아! 명예도 없이 맑은 대기로부터 벗어나
많은 아름다운 별들 안개 낀 밤 안으로 내려와 사라진다.

까닭도 없이, 일류의 사람들 쓰러지고
강한 덕망들이 밀랍처럼 사라진다 해도
아름다움은 이 모든 싸움으로부터
이 어두운 밤으로부터 날 중의 날 생겨나야만 하리.
그대들 죽은 자들이여, 그대들의 죽음만을 장사지내라![3)]
그대들이 여전히 장례의 횃불을 들고 있는 가운데도
우리의 가슴 명받은 대로 이미 일어나고 있으며
이미 새롭고 더 나은 세계가 동터 오고 있도다.

AN DIE KLUGEN RATGEBER

Ich sollte nicht im Lebensfelde ringen,
Solang mein Herz nach höchster Schöne strebt,
Ich soll mein Schwanenlied am Grabe singen,
Wo ihr so gern lebendig uns begräbt?
Oh! schonet mein und laßt das rege Streben,
Bis seine Flut ins fernste Meer sich stürzt,
Laßt immerhin, ihr Ärzte, laßt mich leben,
So lang die Parze nicht die Bahn verkürzt.

Des Weins Gewächs verschmäht die kühlen Tale,
Hesperiens beglückter Garten bringt
Die goldnen Früchte nur im heißen Strahle,
Der, wie ein Pfeil, ins Herz der Erde dringt;
Was warnt ihr dann, wenn stolz und ungeschändet
Des Menschen Herz von kühnem Zorn entbrennt,
Was nimmt ihr ihm, der nur im Kampf vollendet,
Ihr Weichlinge, sein glühend Element?

Er hat das Schwert zum Spiele nicht genommen,
Der Richter, der die alte Nacht verdammt,
Er ist zum Schlafe nicht herabgekommen,
Der reine Geist, der aus dem Äther stammt;

Er strahlt heran, er schröckt, wie Meteore,
Befreit und bändigt, ohne Ruh' und Sold,
Bis, wiederkehrend durch des Himmels Tore,
Sein Kämpferwagen im Triumphe rollt.

Und ihr, ihr wollte des Rächers Arme lähmen,
Dem Geiste, der mit Götterrecht gebeut,
Bedeutet ihr, sich knechtisch zu bequemen,
Nach eures Pöbels Unerbittlichkeit?
Das Irrhaus wählt ihr euch zum Tribunale,
Dem soll der Herrliche sich unterzieh'n,
Den Gott in uns, den macht ihr zum Skandale,
Und setzt den Wurm zum König über ihn. —

Sonst ward der Schwärmer doch ans Kreuz geschlagen,
Und oft in edlem Löwengrimme rang
Der Mensch an donnernden Entscheidungstagen,
Bis Glück und Wut das kühne Recht bezwang;
Ach! wie die Sonne, sank zur Ruhe nieder,
Wer unter Kampf ein herrlich Werk begann,
Er sank und morgenrötlich hub er wieder
In seinen Lieblingen zu leuchten an.

Jetzt blüht die neue Kunst, das Herz zu morden,
Zum Todesdolch in meuchlerischer Hand
Ist nun der Rat des klugen Manns geworden,
Und furchtbar, wie ein Scherge, der Verstand;
Bekehrt von euch zu feiger Ruhe, findet

Der Geist de Jünglinge sein schmählich Grab,
Ach! ruhmlos in die Nebelnächte schwindet
Aus heitrer Luft manch schöner Stern hinab.

Umsonst, wenn auch der Geister Erste fallen,
Die starken Tugenden, wie Wachs, vergehn,
Das Schöne muß aus diesen Kämpfen allen,
Aus dieser Nacht der Tage Tag entstehn;
Begräbt sie nur, ihr Toten, eure Toten!
Indes ihr noch die Leichenfackel hält,
Geschiehet schon, wie unser Herz geboten,
Bricht schon herein die neue beßre Welt.

천재와 대중
다섯편의 격언시

좋은 충고

그대가 머리와 가슴을 지니고 있다면, 그 중 하나만을 내보여라,
  그대가 두 가지를 동시에 내보이면, 둘은 그대를 저주하리라.

악마의 옹호자[1]

마음 속 깊이 나는 독재자와 세속적 성직자 무리를 미워하노라,
  그러나 천재를 더욱 미워하나니, 천재가 이들과 우정을 맺는 한.

특출한 사람들

사랑하는 형제들이어! 특출해지려고 애쓰지 말아라
  운명을 받들고 지상에서 서투른 자임을 견디어 내어라.
왜냐면 머리가 일단 앞서면 꼬리를 뒤따르는 법이며
  독일 시인들의 모범적 시대는 끝났기 때문에.

서술하는 문학

알고 있어라! 아폴로는[2] 신문기자의 신이 되었도다!
 그에게 사실을 충실하게 설명하는 자, 그의 부하이도다.

잘못된 명망

오 인간을 잘 아는 사람이라! 그는 아이들과 함께는 유치하게 지낸다,
 그러나 나무와 아이는 자신보다 위에 존재하는 것을 찾는 법이다.

GENIE UND POPULARITÄT

Guter Rat

Hast du Verstand und ein Herz, so zeige nur eines von beiden,
Beides verdammen sie dir, zeigest du beides zugleich.

Advocatus diaboli

Tief im Herzen haß ich den Troß der Despoten und Pfaffen,
Aber noch mehr das Genie, macht es gemein sich damit.

Die Vortrefflichen

Lieben Brüder! versucht es nur nicht, vortrefflich zu werden
Ehrt das Schicksal und tragts, Stümper auf Erden zu sein
Denn ist Einmal der Kopf voran, so folgt der Schwief auch
Und die klassische Zeit deutscher Poëten ist aus.

Die beschreibende Poesie

Wißt! Apoll ist der Gott der Zeitungsschreiber geworden
Und sein Mann ist, wer ihm treulich das Faktum erzählt.

Falsche Popularität

O der Menschenkenner! er stellt sich kindisch mit Kindern;
Aber der Baum und das Kind suchet, was über ihm ist.

운명의 여신들[1]에게

오직 한 여름만을 나에게 주시오라, 그대들 힘 있는 자들이여!
  또한 나의 성숙한 노래를 위해 한 가을만 더.
    하여 나의 마음 더욱 흔쾌하고, 감미로운
      유희[2]에 가득 채워지거든 그때 스러지도록.

삶 가운데 그 신적인 권한을 누리지 못한 영혼
  하계(下界)에서도 평온을 찾지 못하리라.
    그러나 내 마음에 놓여진 성스러움
      나의 시 언젠가 이룩되는 때,

그때는 오 그림자 세계[3]의 정적이여! 내 기꺼이 맞으리라.
  그리고 만족하리라, 나의 현금
    나를 동반치 않을지라도[4]. 한번
      신처럼 내 살았으니, 더 이상 부족함이 없는 탓으로.

AN DIE PARZEN

Nur Einen Sommer gönnt, ihr Gewaltigen!
Und einen Herbst zu reifem Gesange mir,
　Daß williger mein Herz, vom süßen
　　Spiele gesättiget, dann mir sterbe.

Die Seele, der im Leben ihr göttlich Recht
Nicht ward, sie ruht auch drunten im Orkus nicht;
　Doch ist mir einst das Heil'ge, das am
　　Herzen mir liegt, das Gedicht gelungen,

Willkommen dann, o Stille der Schattenwelt!
Zufrieden bin ich, wenn auch mein Saitenspiel
　Mich nicht hinab geleitet; Einmal
　　Lebt ich, wie Götter, und mehr bedarfs nicht.

백성의 목소리

제1초고

그대는 신의 음성이라고[1], 성스러운 젊은 시절
 나는 그렇게 믿었다네. 그래 그리고 아직 나는 그렇게 말한다네!
  우리들의 지혜 같은 것 아랑곳하지 않고
   강물들은 소리내며 흐르고 있네, 그렇다고

누가 그것들을 사랑하지 않겠는가? 또한 여전히 그 강물들은
 나의 마음을 흔들고, 나는 멀리서 그 사라지는 것들,
  나의 행로는 아니지만 그 예감에 찬 것들
   틀림없이 바다로 향해 서둘러가는 소리를 듣네.

왜냐면 자신을 잊고 신들의 소망을 충족코자
 넘치게 예비하여 필멸의 것 너무도 즐겨
  붙잡고 한때 뜬눈으로
   자신의 길을 거닐다가

그 짧기 이를 데 없는 행로 우주로 되돌아가듯[2]
 그처럼 강물 떨어져 내리고, 휴식을 찾으면서
  뜻과는 다르게 키 없이 방향을 잃은 자들
   이 절벽에서 저 절벽으로 낚아 채 끌고 가네.

심연을 향하는 놀라운 동경,

그리고 막 지상을 벗어나자, 같은 날
　보랏빛 고원으로부터 울면서
　　구름은 태어난 곳으로 되돌아가네.

또한 죽음의 충동[3] 백성들을 붙들어 잡고
　영웅들의 도시들은 가라앉고 마네. 대지는
　　푸르고 말없이 별들을 마주하여
　　　기동하는 자처럼, 먼지 안으로 내동이 쳐져

자원해서 긴 예술을[4] 넘어서서
　그 모방할 수 없는 것을[5] 마주하여 놓여있네.
　　인간 그 자신은 드높은 자들 공경코자
　　　스스로의 손으로 예술가의 작품을 부수었다네.

그러나 그것들 인간에게 덜 귀한 것이 아니며,
　그들 사랑받는 것처럼 다시금 사랑하고
　　인간이 빛살 속에서 오랫동안 즐거워하면
　　　인간의 행로를 그것들은 자주 막아선다네.

또한 독수리의 새끼들을 그 아비가
　둥지에게 직접 내팽개쳐 새끼들이
　　들판에서 먹이를 찾게 만들듯이[6], 그처럼
　　　신들은 미소지으면서 우리를 내모는 법.

평안을 찾아 떠나버린 이들, 그리고
　때 이르게 쓰러져버린 이들 축복받으라,
　　수확의 맏물처럼[7] 제물로 바쳐졌으나

그 몫을 차지했던 모든 이들도!

오 그대들 귀한 자들이여! 삶의 기쁨 없이
　그대들 멸망하지 않았으며, 한 축제의 날
　　아직 그대들 앞에 놓여 있었으니, 그와 같은 날
　　　다른 이들은 결코 찾아낸 적 없다네.

그러나 확고하도다, 그리고 그들보다 더 위대하고 더 많이
　모든 이에게 모두인 것, 어머니에게는
　　서두는 가운데 머뭇거리며, 독수리의
　　　욕망과 함께 활모양으로 구부러진 행로를 갈 가치 있도다.

그렇기 때문에 그 행로 경건하며, 민중의,
　그 평온한 목소리를 너무도 사랑하여 나는 신들을 공경하노라.
　　그러나 신들과 인간들을 위해서
　　　그 목소리 너무 즐겨 항상 쉬지는 않기를.

STIMME DES VOLKS

Erste Fassung

Du seiest Gottes Stimme, so glaubt ich sonst,
　In heilger Jugend; ja und ich sag es noch!
　　Um unsre Weisheit unbekümmert
　　　Rauschen die Ströme doch auch, und dennoch

Wer liebt sie nicht? und immer bewegen sie
　Das Herz mir, hör ich ferne die Schwindenden
　　Die Ahnungsvollen, meine Bahn nicht
　　　Aber gewisser ins Meer hin eilen.

Denn selbstvergessen, allzubereit den Wunsch
　Der Götter zu erfüllen, ergreift zu gern
　　Was sterblich ist und einmal offnen
　　　Auges auf eigenem Pfade wandelt,

Ins All zurück die kürzeste Bahn, so stürzt
　Der Strom hinab, er suchet die Ruh, es reißt
　　Es ziehet wider Willen ihn von
　　　Klippe zu Klippe den Steuerlosen

Das Wunderbare Sehnen dem Abgrund zu,
　Und kaum der Erd' entstiegen, desselben Tags

Kehrt weinend zum Geburtort schon aus
Purpurner Höhe die Wolke wieder.

Und Völker auch ergreifet die Todeslust,
  Und Heldenstädte sinken; die Erde grünt
    Und stille vor den Sternen liegt, den
      Betenden gleich, in den Staub geworfen

Freiwillig überwunden die lange Kunst
  Vor jenen Unnachahmbaren da; er selbst,
    Der Mensch mit eigner Hand zerbrach, die
      Hohen zu ehren, sein Werk der Künstler.

Doch minder nicht sind jene den Menschen hold
  Sie lieben wieder, so, wie geliebt sie sind
    Und hemmen öfters, daß er lang' im
      Lichte sich freue, die Bahn des Menschen.

Und wie des Adlers Jungen, er wirft sie selbst
  Der Vater aus dem Neste, damit sie sich
    Im Felde Beute suchen, so auch
      Treiben uns lächelnd hinaus die Götter.

Wohl allen, die zur Ruhe gegangen sind
  Und vor der Zeit gefallen, auch sie, auch sie
    Geopfert gleich den Erstlingen der
      Ernte sie haben ihr Teil gewonnen!

Nicht, o ihr Teuern, ohne die Wonnen all
Des Lebens gingt ihr unter, ein Festtag ward
 Noch Einer euch zuvor, und dem gleich
  Haben die Anderen keins gefunden.

Doch sichrer ists und größer und ihrer mehr
Die Allen Alles ist, der Mutter wert,
 In Eile zögernd, mit des Adlers
  Lust die geschwungnere Bahn zu wandeln.

Drum weil sie fromm ist, ehre den Göttern ich
Zu lieb des Volkes Stimme, die ruhige,
 Doch um der Götter und der Menschen
  Willen, sie ruhe zu gern nicht immer.

짧음

≫어찌하여 그대는 그처럼 짧은가? 그대는 도대체 그 전처럼
　노래를 더 이상 사랑하지 않는 것인가? 그대는 그러나, 젊은이로서,
　　희망의 나날에
　　　노래를 부를 때면, 끝을 몰랐었도다!≪

나의 행복처럼 나의 노래 그러하다. ― 그대는 황혼속에
　즐겁게 젖어들려는가? 치워라! 그리고 대지는 차갑고,
　　한 밤의 새는 그대의 눈길 앞에서
　　　불쾌하게 소리 내며 날고 있다.

DIE KÜRZE

≫Warum bist du so kurz? liebst du, wie vormals, denn
  Nun nicht mehr den Gesang? fandst du, als Jüngling, doch,
    In den Tagen der Hoffnung,
      Wenn du sangest, das Ende nie!≪

Wie mein Glück, ist mein Lied. — Willst du im Abendrot
  Froh dich baden? hinweg ists! und die Erd' ist kalt,
    Und der Vogel der Nacht schwirrt
      Unbequem vor das Auge dir.

인간의 갈채

내 사랑한 이후 나의 가슴 성스러워지고
 더욱 아름다운 생명으로 가득하지 않은가? 어찌하여
  내가 더욱 도도하고 거칠며, 더욱 말 많고 텅 비었을 때
   너희들 나를 더 많이 칭찬하였는가?

아! 사람의 무리들 장터에 쓸모 있는 것이나 찾고
 종복은 오직 힘 있는 자에게나 복종한다.
  오로지 제 자신 신적인 자들만이
   진실하게 신성을 믿는 법이다.

MENSCHENBEIFALL

Ist nicht heilig mein Herz, schöneren Lebens voll,
 Seit ich liebe? warum achtetet ihr mich mehr,
  Da ich stolzer und wilder,
   Wortereicher und leerer war?

Ach! Der Menge gefällt, was auf den Marktplatz taugt,
 Und es ehret der Knecht nur den Gewaltsamen;
  An das Göttliche glauben
   Die allein, die es selber sind.

젊은 시인들에게

사랑하는 형제들이여! 어쩌면 우리들의 예술 성숙해지리라.
  그렇게 오랫동안, 젊은이들처럼, 끓어올랐으니
    곧 아름다움의 고요함에 이르리라.
      하니 마치 그리스의 시인들 마냥 다만 경건하여라!

신들을 사랑하며 필멸의 인간들을 우애롭게 생각하여라!
  서리를 대하듯 도취를 미워하여라! 교훈하며 서술하지 말아라!
    대가(大家)가 그대들을 두렵게 하거들랑,
      위대한 자연에 조언을 구할 일이다.

AN DIE JUNGEN DICHTER

Lieben Brüder! es reift unsere Kunst vielleicht,
　Da, dem Jünglinge gleich, lange sie schon gegärt,
　　Bald zur Stille der Schönheit;
　　　Seid nur fromm, wie der Grieche war!

Liebt die Götter und denkt freundlich der Sterblichen!
　Haßt den Rausch, wie den Frost! lehrt und beschreibet nicht!
　　Wenn der Meister euch ängstigt,
　　　Fragt die große Natur um Rat.

변덕스러운 자들

내가 스스로를 한탄하고 있을 때, 멀리에서부터
　현금탄주와 노래 들으면, 내 가슴은 함께 침묵하네,
　　나 역시 곧 변화되면,
　　　진홍빛 포도주여! 그대 나에게 반짝거려 신호하네.

강렬한 한낮의 태양이 정자 위에서
　나를 향해 빛나는 숲의 그늘 아래에서,
　　심한 모욕감에 화가나
　　　들판에서 헤매고 나서

나는 거기서 평온하게 앉아 있네. ― 그러나 자연이여!
　그대의 시인들 쉽게 화내고 비탄하고 눈물짓는다네.
　　그 복 받은 자들, 너무도 정겹게
　　　엄마가 붙들고 있는 어린아이들처럼.

그들은 투덜거리며 답답하게 고집불통이네,
　그들은 조용히 길을 걸으나, 소수는 곧
　　다시 길을 잃고 마네. 그들은
　　　그대에게 거역하며 궤도를 뿌리쳐 벗어나네.

그러나 사랑하는 이여! 그대는 그들을 다정하게 어루만지지는 않네.

그들이 평화롭고 경건해지면 기꺼이 그들은 순종할 것이네
 거장이시여! 그대는 그들을 부드러운 고삐로
  그대가 원하는 곳으로 조정하고 계시네.

DIE LAUNISCHEN

Hör'ich ferne nur her, wenn ich für mich geklagt,
  Saitenspiel und Gesang, schweigt mir das Herz doch gleich;
    Bald auch bin ich verwandelt,
      Blinkst du, purpurner Wein! mich an

Unter Schatten des Walds, wo die gewaltige
  Mittagssonne mir sanft über dem Laube glänzt;
    Ruhig sitz' ich daselbst, wenn
      Zürnend schwerer Beleidigung

Ich im Felde geirrt — Zürnen zu gerne doch
  Deine Dichter, Natur! trauern und weinen leicht,
    Die Beglückten; wie Kinder,
      Die zu zärtlich die Mutter hält,

Sind sie mürrisch und voll herrischen Eigensinns;
  Wandeln still sie des Wegs, irret Geringes doch
    Bald sie wieder; sie reißen
      Aus dem Gleise sträubend dir.

Doch du rührest sie kaum, Liebende! freundlich an,
  Sind sie friedlich und fromm; fröhlich gehorchen sie;

Du lenkst, Meisterin! sie mit
Weichem Zügel, wohin du willst.

삶과 예술

자신에게

삶 가운데에서 예술을 배우고, 예술작품 안에서 삶을 배우라,
　어느 한 쪽을 옳게 알면, 다른 한 쪽도 옳게 알게 되리라.

소포클레스

많은 사람들 가장 기쁜 것을 기쁘게 말하고자 하나 부질없었도다.
　여기 그것은 끝내 나에게 비극 가운데서 자신을 표현하도다.

분노하는 시인

시인이 고상하게 분노할 때 그를 두려워 말라,
　그의 문자는 살해하지만, 정신이 정신들을 생동하게 만드는 법.

농하는 자들

너희들 언제나 유희하며 농하느냐? 너희들 그럴 수 밖에! 오 친구들이여!
내 영혼을 울리는구나, 왜냐면 절망하는 자들만이 그럴 것이기에.

Leben und Kunst

ΠΡΟΣ ΕΑΥΤΟΝ

Lern im Leben die Kunst, im Kunstwerk lerne das Leben,
 Siehst du das Eine recht, siehst du das andere auch.

SOPHOKLES

Viele versuchten umsonst das Freudigste freudig zu sagen
 Hier spricht endlich es mir, hier in der Trauer sich aus.

DER ZÜRNENDE DICHTER

Fürchtet den Dichter nicht, wenn er edel zürnet, sein Buchstab
 Tötet, aber es macht Geister lebendig der Geist.

DIE SCHERZHAFTEN

Immer spielt ihr und scherzt? ihr *müßt*! o Freunde! mir geht dies
 In die Seele, denn dies müssen Verzweifelte nur.

나의 소유물

자신의 충만 가운데 가을날은 이제 쉬고 있다,
  포도열매 정화되고 언덕은
    과일로 붉다, 많은 착한 꽃잎들
      감사드리려 대지로 떨어지면.

내가 고요한 오솔길을 벗어나
  들녘 사방을 거닐 때, 만족한 이들에게
    그들의 재물 익어가고, 그들에게
      풍요가 즐거운 수고를 보상한다.

하늘로부터 바쁘게 일하는 자들을 향해
  빛살은 나무들 사이를 뚫고 부드럽게 내려다본다.
    기쁨을 나누고자, 왜냐면 열매는
      인간의 손길만을 통해서 자라지 않기 때문.

그리고 오 황금빛 빛살이여, 그대는 나에게도 비치려는가,
  그리고 산들바람이여 그대도 나에게 다시 불어오는가.
    그대 그전처럼 하나의 기쁨 축복해주고
      행복한 자들에게처럼 내 가슴에도 서성이는가?

한때 나는 그러했었다, 그런 장미처럼, 경건한 삶

속절없었다, 아! 피어나면서 나에게 머물러
　아직도 생각나게 하며, 착한
　　성좌를 자주 나에게 그것을 회상시킨다.[1]

평온하게 경건한 아내를 사랑하면서
　영광스러운 고향에서 자신의 아궁이 곁에 살고 있는 자, 복 되도다.
　　단단한 대지 위에서 확고한
　　　남자에게 하늘은 더욱 아름답게 반짝인다.

왜냐면 제 땅에 뿌리박지 못한
　초목처럼, 오로지 한낮의 빛과 더불어,
　　불쌍한 자, 성스러운 대지를 거니는
　　　필멸하는 자의 영혼은 타서 소멸하기 때문.

너무도 강렬하게, 아! 천국적인 드높음이여
　그대들 나를 끌어 올린다, 폭풍에서나, 쾌청한 날에
　　나는 쇠약해져 가면서 그대들이 가슴 속에서
　　　변하는 것을 느낀다, 그대들 소요하는 신적 힘들이여.

그러나 그는 나로 하여금 친밀한 길을 따라
　언덕에 오르게 허락해 달라, 그 정상을
　　죽어가는 잎사귀 황금빛으로 치장하는 곳, 또한
　　　나의 이마에도 화관을 씌워 달라, 그대 착한 회상이여!

그리고 나에게도, 나의 죽어가는 가슴 구원하도록
　다른 이들에게처럼 정처가 있기를,
　　또한 고향도 없이 나의 영혼이

삶을 뛰어넘어 먼 곳을 동경하지 않도록,

그대 노래여, 나의 다정한 피난처여! 그대
 복을 주는 자여![2] 염려하는 사랑으로
  돌보아지고, 꽃들 사이 지지 않는
   꽃들 아래 내가 거닐면서

확고한 단순성 안에 살고 있는 정원이도다.
 밖에서 그 힘찬 시간 그 물결과 함께
  그 변화하는 것 멀리서 소리내며
   고요한 태양이 나의 활동을 촉구할 때에.

우리들 필멸하는 자들 위에서 그대
 천상의 힘들이여! 각자에게 그의 소유물을 축복하노라.
  오 나의 소유물도 축복해다오, 하여
   너무 이르게 운명의 여신[3]이 나의 꿈을 끝내지 않도록.

MEIN EIGENTUM

In seiner Fülle ruhet der Herbsttag nun,
 Geläutert ist die Traub und der Hain ist rot
  Vom Obst, wenn schon der holden Blüten
   Manche der Erde zum Danke fielen.

Und rings im Felde, wo ich den Pfad hinaus,
 Den stillen wandle, ist den Zufriedenen
  Ihr Gut gereift, und viel der frohen
   Mühe gewähret der Reichtum ihnen.

Vom Himmel blicket zu den Geschäftigen
 Durch ihre Bäume milde das Licht herab,
  Die Freude teilend, denn es wuchs durch
   Hände der Menschen allein die Frucht nicht.

Und leuchtest du, o Goldnes, auch mir, und wehst
 Auch du mir wieder Lüftchen, als segnetest
  Du eine Freude mir, wie einst, und
   Irrst, wie um Glückliche, mir am Busen?

Einst war ichs, doch wie Rosen, vergänglich war
 Das fromme Leben, ach und es mahnen noch

Die blühend mir geblieben sind, die
Holden Gestirne zu oft mich dessen.

Beglückt, wer, ruhig liebend ein frommes Weib,
Am eignen Herd in rühmlicher Heimat lebt,
Es leuchtet über festem Boden
Schöner dem sicheren Mann sein Himmel.

Denn, wie die Pflanze, wurzelt auf eignem Grund
Sie nicht, verglüht die Seele des Sterblichen,
Der mit dem Tageslichte nur, ein
Armer, auf heiliger Erde wandelt.

Zu mächtig ach! ihr himmlischen Höhen zieht
Ihr mich empor; bei Stürmen, am heitern Tag
Fühl ich verzehrend euch im Busen
Wechseln, ihr wandelnden Götterkräfte.

Doch heute laß mich stille den trauten Pfad
Zum Haine gehn, dem golden die Wipfel schmückt
Sein strebend Laub, und kränzt auch mir die
Stirne, ihr holden Erinnerungen!

Und daß mir auch zu retten mein sterblich Herz,
Wie andern eine bleibende Stätte sei,
Und heimatlos die Seele mir nicht
Über das Leben hinweg sich sehne,

Sei du, Gesang, mein freundlich Asyl! sei du,
Beglückender! mit sorgender Liebe mir
 Gepflegt, der Garten, wo ich, wandelnd
  Unter den Blüten, den immerjungen

In sichrer Einfalt wohne, wenn draußen mir
Mit ihren Wellen allen die mächtge Zeit
 Die Wandelbare fern raucht und die
  Stillere mein Wirken fördert.

Ihr segnet gütig über den Sterblichen
 Ihr Himmelskräfte! jedem sein Eigentum,
  O segnet meines auch und daß zu
   Frühe die Parze den Traum nicht ende.

마치 축제일에서처럼...

 뜨거운 한밤으로부터 서늘하게 하는 번개 밤새도록 떨어져 내리고
멀리에서는 아직도 천둥소리 들리며
강물은 또다시 그 둑을 따라 흐르고[1]
대지는 싱싱하게 푸르며
하늘에서부터 내린 기쁨의 빗방울로
포도줄기 이슬 맺고, 반짝이며
고요한 태양 아래 임원의 나무들 서 있는
이른 아침에, 한 농부 들판을 살피러 가는
축제일에서처럼,

 그와 같이 지금 은혜의 천후 가운데 그들 서 있다.
그들 어떤 거장도 홀로 가르칠 수 없으나, 경이롭게도
도처에 현존하며 가벼운 포옹으로
힘차고 신처럼 아름다운 자연 그들을 길러낸다.
그러므로 연륜의 시간에 자연이 하늘 가운데에서나
초목들 사이 또는 백성들 사이에 잠자고 있는 듯 보일 때
시인들의 얼굴에도 슬픔이 어리고
그들 홀로 있는 듯 보이지만 그들은 항상 예감하고 있다.
자연 자신도 예감하면서 쉬고 있기 때문이다.

 그러나 이제 동이 튼다! 나는 기다렸고 이제 그것이 오는 것을 보았다.

그리고 내가 보았던 것, 성스러운 것은 나의 말이 되어라.
왜냐하면 그 자신, 시간들보다 오래고
동양과 서양의 신들보다 더욱 높은 자
자연은 이제 무기의 소리와 함께 깨어 있기 때문이다.
천공 높이에서부터 심연의 아래에 이르기까지
옛처럼 확고한 법칙에 따라 성스러운 혼돈[2]으로부터 탄생되면서
감격[3] 그 자체, 모든 것을 창조하는 자
다시금 스스로를 새롭게 느낀다.

  드높은 것을 계획했을 때
사나이의 눈길에 불길이 빛나듯, 그렇게
새롭게 한 불길, 신적인 표징, 세계의 행위들[4]을 통해
시인의 영혼 속에 당겨진다.
일찍이 일어난 것이지만 미처 느끼지 못했던 것
이제 비로소 뚜렷해지고
우리에게 미소지으며 밭을 일구었던 자
종복의 모습이지만[5] 더없이 활기찬 자들
뭇 신들의 힘 우리가 이제 알아본다.

  그대는 그것을 묻는가? 노래 속에 그것들의 정신은 나부끼니
한낮의 태양과 따스한 대지로부터 그 노래 싹트고
공중에 떠도는 뇌우에서 그리고 또 다른 뇌우[6]에서 자라나니
그 뇌우 시간의 깊숙이 오래 두고 예비되어
더욱 뜻 깊고 더욱 잘 들릴 수 있도록
하늘과 땅 사이를, 백성들 가운데를 떠다니는
공동정신의 사념인 것,
조용히 시인의 영혼 안에 만족할 자리 찾는다.

영원한 자는 오래 전부터 알려져 있었으되,
이제 갑자기 성스러움 맞은 시인의 영혼은
회상으로 전율하며 성스러운 빛살로 점화되어
사랑 중에 열매를 맺는다. 하여 신들과 인간들의 작품
노래는 이루어지나니, 그 노래 이 둘을 증언하는 도다.
하여 시인들이 노래하듯, 신의 모습을
확인하여 보기를 갈망했을 때 그의 번개 제멜레의 집에 떨어져
그 신적인 것으로 얻어맞은 여인
뇌우의 열매 성스러운 바커스를 낳았음과 같도다.[7]

　그 때문에 이제 지상의 아이들
위험 없이 천국의 불길을 마신다.
그러나 우리는 신의 뇌우 밑에서도
그대 시인들이여! 맨 머리로 서서
신의 빛살을 제 손으로 붙들어
백성들에게 노래로 감싸서
천국의 증여를 건네줌이 마땅하리라.
우리의 마음 어린아이들처럼 오로지 순수할 뿐이고
우리의 손길 결백하기 때문이다.

　아버지의 순수한 빛살은 그러한 마음을 태워 버리지는 않는다.
하여 깊은 충격을 받고서도 강건한 자의 고통
함께 나눔으로 신이 다가올 때, 높이에서 떨어지는 폭풍우 속에서도
마음은 동요하지 않는다.
하나 슬프도다! 그로부터

슬프도다!

하여 내 곧바로 말하노니,

내 천상의 것들 바라보고자 다가갔으나
그들 스스로 나를 살아 있는 자들 가운데로,
잘못된 사제를 어둠 속으로 깊숙이 던져 버리니
내 들을 수 있는 귀 가진 자들에게 경고의 노래 부르노라.
거기

WIE WENN AM FEIERTAGE...

Wie wenn am Feiertage, das Feld zu sehn
Ein Landmann geht, des Morgens, wenn
Aus heißer Nacht die kühlenden Blitze fielen
Die ganze Zeit und fern noch tönet der Donner,
In sein Gestade wieder tritt der Strom,
Und frisch der Boden grünt
Und von des Himmels erfreuendem Regen
Der Weinstock trauft und glänzend
In stiller Sonne stehn die Bäume des Haines:

So stehn sie unter günstiger Witterung
Sie die kein Meister allein, die wunderbar
Allgegenwärtig erzieht in leichtem Umfangen
Die mächtige, die göttlichschöne Natur.
Drum wenn zu schlafen sie scheint zu Zeiten des Jahrs
Am Himmel oder unter den Pflanzen oder den Völkern
So trauert der Dichter Angesicht auch,
Sie scheinen allein zu sein, doch ahnen sie immer.
Denn ahnend ruhet sie selbst auch.

Jetzt aber tagts! Ich harrt und sah es kommen,
Und was ich sah, das Heilige sei mein Wort.

Denn sie, sie selbst, die älter denn die Zeiten
Und über die Götter des Abends und Orients ist,
Die Natur ist jetzt mit Waffenklang erwacht,
Und hoch vom Äther bis zum Abgrund nieder
Nach festem Gesetze, wie einst, aus heiligem Chaos gezeugt,
Fühlt neu die Begeisterung sich,
Die Allerschaffende wieder.

Und wie im Aug' ein Feuer dem Manne glänzt,
Wenn hohes er entwarf; so ist
Von neuem an den Zeichen, den Taten der Welt jetzt
Ein Feuer angezündet in Seelen der Dichter.
Und was zuvor geschah, doch kaum gefühlt,
Ist offenbar erst jetzt,
Und die uns lächelnd den Acker gebauet,
In Knechtsgestalt, sie sind erkannt,
Die Allebendigen, die Kräfte der Götter.

Erfrägst du sie? im Liede wehet ihr Geist
Wenn es der Sonne des Tags und warmer Erd
Entwächst, und Wettern, die in der Luft, und andern
Die vorbereiteter in Tiefen der Zeit,
Und deutungsvoller, und vernehmlicher uns
Hinwandeln zwischen Himmel und Erd und unter den
                                     Völkern
Des gemeinsamen Geistes Gedanken sind,
Still endend in der Seele des Dichters,

Daß schnellbetroffen sie, Unendlichem
Bekannt seit langer Zeit, von Erinnerung
Erbebt, und ihr, von heilgem Strahl entzündet,
Die Frucht in Liebe geboren, der Götter und Menschen Werk
Der Gesang, damit er beiden zeuge, glückt.
So fiel, wie Dichter sagen, da sie sichtbar
Den Gott zu sehen begehrte, sein Blitz auf Semeles Haus
Und die göttlichgetroffne gebar,
Die Frucht des Gewitters, den heiligen Bacchus.

Und daher trinken himmlisches Feuer jetzt
Die Erdensöhne ohne Gefahr.
Doch uns gebührt es, unter Gottes Gewittern,
Ihr Dichter! mit entblößtem Haupte zu stehen,
Des Vaters Strahl, ihn selbst, mit eigner Hand
Zu fassen und dem Volk ins Lied
Gehüllt die himmlische Gabe zu reichen.
Denn sind nur reinen Herzens,
Wie Kinder, wir, sind schuldlos unsere Hände,

Des Vaters Strahl, der reine versengt es nicht
Und tieferschüttert, die Leiden des Stärkeren
Mitleidend, bleibt in den hochherstürzenden Stürmen
Des Gottes, wenn er nahet, das Herz doch fest.
Doch weh mir! wenn von

Weh mir!

Und sag ich gleich,

Ich sei genaht, die Himmlischen zu schauen,
Sie selbst, sie werfen mich tief unter die Lebenden
Den falschen Priester, ins Dunkel, daß ich
Das warnende Lied den Gelehrigen singe.
Dort

시인의 사명

갠지스 강의 강변들 환희의 신의 개선을
 들었도다, 젊은 바커스 신[1] 모든 것을 정복하면서
  성스러운 포도주로 잠에서부터 백성들을 깨우며
   인더스 강으로부터 이 곳으로 왔을 때.

또한, 한낮의 천사여![2] 그대는 아직도 잠자고 있는 이들
 깨우지 않는가? 우리에게 법칙을 부여하고, 우리들에게
  생명을 주어라, 승리하라, 거장이시여, 오로지 그대만이
   그 바커스 신과 마찬가지로 정복의 권리를 가지고 있노라.

여느 때 집에서나 열린 하늘 아래서 인간의 운명이며
 근심인 것 그리 긴요한 일이 아니니
  금수[3]보다 인간이 더 고귀하게 자신을 지키며 스스로
   자양을 취하고 살아가려 할 때[4]! 그 때 다른 일이 긴요할 터이기
                                 때문이도다.

근심하고 섬기는 일 시인들[5]에게 맡겨진 일이로다!
 우리가 몸 바쳐야 할 이, 바로 드높으신 분이니
  하여 더 가까이, 언제나 새롭게 찬미되어
   친밀해진 마음 그 분을 들어 알 수가 있기 위함이도다.

허나⁶⁾ 오 그대들 천상의 모든 이들이여, 그리고 그대들
　샘물과 강변과 임원과 언덕들이여,
　　그 곳에 그대 머릿단을 부여잡았을 때⁷⁾ 최초로
　　　경이롭게 또한 잊지 못하도록

예상치 않았던 정령, 창조적이며 신적인 자
　우리에게로 넘어왔으니, 우리의
　　감각은 침묵하였고 마치 빛살에
　　　얻어맞은 것처럼 사지는 떨렸었노라.

넓은 세계에서의 그대들 쉬임 없는 행동들이여!
　그대들 운명의 나날이며 격동하는 나날들이여,
　　신이 말없이 생각에 잠겨, 거대한 말들이
　　　분노에 취해 당신을 옮겨다 줄 곳으로 조정하고 있을 때,

우리가 그대들에게 입 다물어야 하는가? 또한 우리의
　마음속에 변함없이 쉬고 있는 연륜의 화음⁸⁾이 울릴 때
　　마치 거장의 아이 기분 내키는 대로 태연히
　　　축복받은 순수한 현금을

장난삼아 건드려 켜듯이 그렇게 울려야 하겠는가?
　그 때문에⁹⁾ 그대 시인이여! 동양의 예언자들과
　　그리스의 노래를 들었으며 근래에는
　　　천둥소리를 들었던 것인가? 그리하여

정신을 멋대로 이용하고 착한 정신의 현존을
　우롱하는 가운데 지나쳐 버리고 순진한 정신을

가차 없이 부정하며 사로잡힌 들짐승처럼
그 정신을 놀이삼아 흥정하는 것인가?

가시에 자극되어서 분노하는 가운데서 그 정신
자신의 원천을 회상하고[10] 거장 자신이
다가와 뜨거운 죽음의 화살들 중에
영혼을 뺏고 그대를 놓아 두리라 외칠 때까지.

모든 신적인 것 너무도 오랫동안 값싸게 이용되었고[11]
모든 천상적인 힘 소모하면서 그 선한 힘
농삼아 감사함도 없이 교활한 인간들은
헛되게 써 버리고 있도다. 또한 그 드높은 자

그들을 위해서 밭을 일굴 때, 한낮의 빛과
천둥을 안다고 여기고 있도다. 참으로
그들의 망원경은 그들 모두를 찾아내고
수효를 헤아리며 하늘의 별들에 이름 붙이도다.[12]

그러나 아버지 성스러운 밤으로
우리 눈을 가리시니 우리 머물러도 되는 것.
그는 거칠음을 사랑하지 않도다! 하나 결코
멀리 미치는 힘 하늘에 강요하지도 않으시도다.

너무도 현명한 것, 그래도 좋은 일이다. 우리의
감사가 그를 알고[13] 있을 따름, 그러나 시인 홀로
감사함 담기 쉽지 않아 기꺼이 다른 이들과 어울리도다.
하여 그가 이해함을 다른 이들이 돕도록.

그러나 시인 어쩔 수 없이 외롭게 신 앞에 서야 할지라도
　두려움 없도다. 단순함이 그를 보호해 주며
　　그 어떤 무기도 지략도 필요치 않도다.
　　　신이 없음이 도울 때까지는[14].

DICHTERBERUF

Des Ganges Ufer hörten des Freudengotts
　Triumph, als allerobernd vom Indus her
　　Der junge Bacchus kam, mit heilgem
　　　Weine vom Schlafe die Völker weckend.

Und du, des Tages Engel! erweckst sie nicht,
　Die jetzt noch schlafen? gib die Gesetze, gib
　　Uns Leben, siege, Meister, du nur
　　　Hast der Eroberung Recht, wie Bacchus.

Nicht, was wohl sonst des Menschen Geschick und Sorg'
　Im Haus und unter offenem Himmel ist,
　　Wenn edler, denn das Wild, der Mann sich
　　　Wehret und nährt! denn es gilt ein anders,

Zu Sorg' und Dienst den Dichtenden anvertraut!
　Der Höchste, der ists, dem wir geeignet sind,
　　Daß näher, immerneu besungen
　　　Ihn die befreundete Brust vernehme.

Und dennoch, o ihr Himmlischen all, und all
　Ihr Quellen und ihr Ufer und Hain' und Höhn,

Wo wunderbar zuerst, als du die
　　Locken ergriffen, und unvergeßlich

Der unverhoffte Genius über uns
　　Der schöpferische, göttliche kam, daß stumm
　　　　Der Sinn uns ward und, wie vom
　　　　　　Strahle gerührt das Gebein erbebte,

Ihr ruhelosen Taten in weiter Welt!
　　Ihr Schicksalstag', ihr reißenden, wenn der Gott
　　　　Stillsinnend lenkt, wohin zorntrunken
　　　　　　Ihn die gigantischen Rosse bringen,

Euch sollten wir verschweigen, und wenn in uns
　　Vom stetigstillen Jahre der Wohllaut tönt,
　　　　So sollt' es klingen, gleich als hätte
　　　　　　Mutig und müßig ein Kind des Meisters

Geweihte, reine Saiten im Scherz gerührt?
　　Und darum hast du, Dichter! des Orients
　　　　Propheten und den Griechensang und
　　　　　　Neulich die Donner gehört, damit du

Den Geist zu Diensten brauchst und die Gegenwart
　　Des Guten übereilest, in Spott, und den Albernen
　　　　Verleugnest, herzlos, und zum Spiele
　　　　　　Feil, wie gefangenes Wild, ihn treibest?

Bis aufgereizt vom Stachel im Grimme der
Des Ursprungs sich erinnert und ruft, daß selbst
Der Meister kommt, dann unter heißen
Todesgeschossen entseelt dich lässet.

Zu lang ist alles Göttliche dienstbar schon
Und alle Himmelskräfte verscherzt, verbraucht
Die Gütigen, zur Lust, danklos, ein
Schlaues Geschlecht und zu kennen wähnt es,

Wenn ihnen der Erhabne den Acker baut,
Das Tagslicht und den Donnerer, und es späht
Das Sehrohr wohl sie all und zählt und
Nennet mit Namen des Himmels Sterne.

Der Vater aber decket mit heilger Nacht,
Damit wir bleiben mögen, die Augen zu.
Nicht liebt er Wildes! doch es zwinget
Nimmer die weite Gewalt den Himmel.

Noch ists auch gut, zu weise zu sein. Ihn kennt
Der Dank. Doch nicht behält er es leicht allein,
Und gern gesellt, damit verstehn sie
Helfen, zu anderen sich ein Dichter.

Furchtlos bleibt aber, so er es muß, der Mann
Einsam vor Gott, es schützet die Einfalt ihn,
Und keiner Waffen brauchts und keiner
Listen, so lange, bis Gottes Fehl hilft.

눈먼 가인

> 아레스의 눈길에서 우울한 고뇌가 풀렸도다.[1]
> 소포클레스

그대 어디 있는가, 청춘의 사자여![2] 아침마다
  시간이 되면 나를 깨우던 이, 그대 어디 있는가, 빛이여!
   가슴은 깨어나건만, 한밤은 여전히 성스러운 마법으로
    나를 붙잡아 매고 부여잡고 있도다.

한 때 내 동트는 이스름에 기꺼이 귀기울였고, 그대를
  기다려 기꺼이 언덕에 머물렀으니 헛되지 않았도다!
   그대 사랑스런 이여, 그대의 사자,[3] 바람결 결코
    나를 실망시키지 않았음이니, 왜냐하면 언제나 그대

모든 것을 기쁘게 하며 그대의 아름다움을 통해서
  일상의 길을 따라 다가왔었기 때문이로다. 한데 어디에 있는가 그대
                                            빛이여!
   가슴은 다시금 깨어 있으나 무한한 밤은
    여전히 나를 가로막고 붙들어 매고 있도다.[4]

나무 덮인 길은 나를 향해 푸르렀도다. 마치
  내 자신의 두 눈처럼 꽃들도[5] 나를 향해 피어 반짝였도다.
   내 족속의 얼굴들 멀리 있지 않았고
    나를 향해 빛났으며 나의 머리 위

그리고 숲을 에워싸고 천국의 날개들[6]
　떠도는 것을 보았도다, 내 젊은 시절에.[7]
　　이제 나 홀로 앉아 이 시간에서
　　　저 시간으로[8] 침묵하며 보다 훤했던 나날의

사랑과 고통으로부터 나의 사념[9]은
　내 스스로의 기쁨을 위해 형상들을 짓고 있으며
　　멀리 귀 기울여 친밀한 구원자
　　　나에게로 혹시 다가오는지 엿듣고 있노라.

하여 내 자주 한낮에 천둥치는 자[10]의 목소리를
　들으니, 그 강철 같은 자 가까이 다가오고
　　그 자신의 집은 흔들리며 그의 아래
　　　대지가 울리며 산들도 이를 반향하도다.

그럴 때면 나는 한밤중에 구원자의 소리 듣도다,
　그 해방자가 살해하며 새 생명을 주는 소리,
　　천둥치는 자 서쪽으로부터 동쪽을 향해서
　　　서둘러 가는 소리 듣도다. 또한 그의 소리 따라

너희들 나의 현금은 소리를 내도다! 그와 더불어
　나의 노래 살고, 마치 강줄기 따라서 샘물이 흐르듯
　　그의 생각 미치는 곳으로 내 떠나야 하고
　　　미로의 태양계에서 확실한 자를 내 따르리라.

어디를 향해? 어디로? 내 이곳 저곳에서
　그대 찬란한 자여! 그대의 소리를 듣노라. 대지의 사방에서 소리
　　　　　　　　　　　　　　　　　　　울리는도다.

어디서 그대 끝나는가? 또한 무엇이, 무엇이
　구름위에 있으며, 오 나에게 무슨 일이 일어나는가?

낮이여! 낮이여! 쏟아내리는 구름 위에 있는 그대여!
　어서 나에게로 오라! 나의 눈길은 그대를 향해 피어나노라.
　오 청춘의 빛이여! 오 행복이여! 그 옛된 그대로
　　다시금! 허나 그대 더욱 영적으로 흘러내리는구나,

그대 성스러운 술잔의 황금빛 샘물이여! 또한 그대
　푸르른 대지, 평화스러운 초원이여! 또한 그대,
　　내 선조들의 집이여! 한 때 내가 만났던
　　　너희들 사랑하는 이들이여, 오 다가오라,

오, 오라, 하여 너희들의 것 기쁨이 되고
　너희 모두를, 앞을 보는 자가 너희들을 축복하도록!
　　오 내가 지니고 있는 것 받아가거라, 나의
　　　이 생명을, 힘겨운 나의 가슴으로부터 이 신적인 것을.

DER BLINDE SÄNGER

> Ελυσεν αινον αχος απ' ομματων Αρης
> Sophokles

Wo bist du, Jugendliches! das immer mich
　Zur Stunde weckt des Morgens, wo bist du, Licht!
　　Das Herz ist wach, doch bannt und hält in
　　　Heiligem Zauber die Nacht mich immer.

Sonst lauscht' ich um die Dämmerung gern, sonst harrt'
　Ich gerne dein am Hügel, und nie umsonst!
　　Nie täuschten mich, du Holdes, deine
　　　Boten, die Lüfte, denn immer kamst du,

Kamst allbeseligend den gewohnten Pfad
　Herein in deiner Schöne, wo bist du, Licht!
　　Das Herz ist wieder wach, doch bannt und
　　　Hemmt die unendliche Nacht mich immer.

Mir grüßten sonst die Lauben; es leuchteten
　Die Blumen, wie die eigenen Augen, mir;
　　Nicht ferne war das Angesicht der
　　　Meinen und leuchtete mir und droben

Und um die Wälder sah ich die Fittige

Des Himmels wandern, da ich ein Jüngling war;
Nun sitz ich still allein, von einer
  Stunde zur anderen und Gestalten

Aus Lieb und Leid der helleren Tage schafft
Zur eignen Freude nun mein Gedanke sich,
  Und ferne lausch' ich hin, ob nicht ein
    Freundlicher Retter vielleicht mir komme.

Dann hör ich oft die Stimme des Donnerers
Am Mittag, wenn der eherne nahe kommt,
  Wenn ihm das Haus bebt und der Boden
    Unter ihm dröhnt und der Berg es nachhallt.

Den Retter hör' ich dann in der Nacht, ich hör'
Ihn tötend, den Befreier, belebend ihn,
  Den Donnerer vom Untergang zum
    Orient eilen und ihm nach tönt ihr

Ihm nach, ihr meine Saiten! es lebt mit ihm
Mein Lied und wie die Quelle dem Strome folgt,
  Wohin er denkt, so muß ich fort und
    Folge dem Sicheren auf der Irrbahn.

Wohin? wohin? ich höre dich da und dort
Du Herrlicher! und rings um die Erde tönts.
  Wo endest du? und was, was ist es
    Über den Wolken und o wie wird mir?

Tag! Tag! du über stürzenden Wolken! sei
Willkommen mir! es blühet mein Auge dir.
　O Jugendlicht! o Glück! das alte
　　Wieder! doch geistiger rinnst du nieder

Du goldner Quell aus heiligem Kelch! und du,
Du grüner Boden, friedliche Wieg'! und du,
　Haus meiner Väter! und ihr Lieben,
　　Die mir begegneten einst, o nahet,

O kommt, daß euer, euer die Freude sei,
Ihr alle, daß euch segne der Sehende!
　O nimmt, daß ichs ertrage, mir das
　　Leben, das Göttliche mir vom Herzen.

알프스 아래서 노래함

성스러운 순결[1], 그대 인간들과 신들에게
가장 귀엽고 친밀한 것이여! 그대 집 안에서
혹은 밖에서 나이든 이들의 발치에
        앉아 있어도 좋다,[2]

언제나 만족하는 지혜에 찬 이들의 곁에. 왜냐하면
사람은 많은 착함을 알기 때문이로다. 그러나 들짐승[3]처럼
때로 하늘을 향해 놀라워한다. 그러나 그대에겐
        모든 것, 순수함은 얼마나 순수한가!

보라! 들판의 거친 짐승, 기꺼이 그대를
받들어 섬기며 미더워한다. 침묵하는 숲은
제단 앞에서인 양, 자신의 신탁을 그대에게 말하며
        산들은 일러

성스러운 법칙을 그대에게 깨우친다. 또한 아직도
위대한 아버지 많은 체험 가진 우리에게
고지되기를 원하니, 그대 오로지 우리에게
        분명히 말해도 되리라.

하여 천상적인 힘과만 함께 하고 빛이

스쳐 지나갈 때, 또한 강물과 바람 그리고
시간이 서둘러 자리⁴⁾를 찾아갈 때, 그들 앞에서⁵⁾
     여일한 눈길과 함께 할 일.

그 외 더 축복됨을 내 알지 못하며 원치도 않노라,
수양버들처럼, 홍수가 나를 또한 떠메어 가지 않는 한.⁶⁾
하여 아늑히 치켜져 잠자는 듯 물결에 몸 실어
     거기로 흘러가야만 하리.

하나 충실한 가슴 속에 신성(神性)을 지니는 자, 기꺼이
제 집에 머무는 법. 하여 내 자유롭게, 허락되는 한
그대 모두, 천국의 말씀들이여! 그 모두를
     뜻 새기고 노래하리라.

UNTER DEN ALPEN GESUNGEN

Heilige Unschuld, du der Menschen und der
Götter liebste vertrauteste! du magst im
Hause oder draußen ihnen zu Füßen
          Sitzen, den Alten,

Immerzufriedner Weisheit voll; denn manches
Gute kennet der Mann, doch staunet er, dem
Wild gleich, oft zum Himmel, aber wie rein ist
          Reine, dir alles!

Siehe! das rauhe Tier des Feldes, gerne
Dient und trauet es dir, der stumme Wald spricht
Wie vor Alters, seine Sprüche zu dir, es
          Lehren die Berge

Heil'ge Gesetze dich, und was noch jetzt uns
Vielerfahrenen offenbar der große
Vater werden heißt, du darfst es allein uns
          Helle verkünden.

So mit den Himmlischen allein zu sein, und
Geht vorüber das Licht, und Strom und Wind, und

Zeit eilt hin zum Ort, vor ihnen ein stetes
    Auge zu haben,

Seliger weiß und wünsch' ich nichts, so lange
Nicht auch mich, wie die Weide, fort die Flut nimmt,
Daß wohl aufgehoben, schlafend dahin ich
    Muß in den Wogen;

Aber es bleibt daheim gern, wer in treuem
Busen Göttliches hält, und frei will ich, so
Lang ich darf, euch all', ihr Sprachen des Himmels!
    Deuten und singen.

회상

　북동풍이[1] 분다.
불타는 영혼과 탈없는 항해를
사공들에게 약속함으로
나에겐 가장 사랑스러운 바람.
그러나 이제 가거라,[2] 가서
아름다운 가롱 강과
보르도의 정원에 인사하거라.
거기 가파른 강변에
작은 오솔길 넘어가고 강으로는
시냇물 깊숙이 떨어져 내린다. 그러나 그 위를[3]
떡갈나무와 백양나무 고귀한 한 쌍이
내려다보고 있다.

　지금도 잘 기억하고 있거니[4]
느릅나무 숲의 넓은 우듬지
물레방아 위에 머리 숙이고
마당에는 그러나 무화과나무 자라고 있음을.
축제일이면
그 곳 갈색 피부의 여인들
비단 같은 대지를 밟고 가며
밤과 낮이 똑같은

삼월에는
느릿한 오솔길 위로
황금빛 꿈에 묵직해진
잠재우는 바람들 불어온다.

  그러나 나에게
짙은 빛깔로[5] 가득 찬
향기나는 술잔 하나 건네어 달라,
그것으로 내 쉬고 싶으니,
그늘 아래에서의 한 잠 감미로울 터이기에.
영혼도 없이
죽음의 사념에 놓이는 것은
좋은 일이 아니다. 그러나
하나의 대화 있어 진심어린 뜻을
말하고
사랑의 나날과
일어난 행위[6]에 대해 많이 들음은 좋은 일이다.

  그러나 친우들은 어디 있는가?[7] 동행자와 더불어
벨라르민은? 많은 사람들은
원천에 가는 것을 부끄러워한다.
왜냐하면 풍요로움은
바다에서 시작하기 때문. 또한 그들
마치 화가들처럼[8] 대지의 아름다움
함께 모으고 날개 달린 싸움도[9]
주저하지 않는다. 또한
홀로, 거둔 돛대 아래

밤으로 도시의 축제일
현금의 탄주와 몸에 익힌 춤이
빛나지 않는 곳에 수년을 사는 일도.

  그러나 이제 사나이들
인도를 향해[10] 갔다.
거기 바람부는 곳[11]
포도원, 도르도뉴 강이
흘러와 장엄한
가롱 강과 합쳐 바다의 넓이로
강물은 흘러 나간다. 그러나
바다는 기억을 빼앗고 또 주나니
사랑은 또한 부지런히 눈길을 부여잡는다.
머무는 것은 그러나 시인들이 짓는다.[12]

ANDENKEN

Der Nordost wehet,
Der liebste unter den Winden
Mir, weil er feurigen Geist
Und gute Fahrt verheißet den Schiffern.
Geh aber nun und grüße
Die schöne Garonne,
Und die Gärten von Bourdeaux
Dort, wo am scharfen Ufer
Hingehet der Steg und in den Strom
Tief fällt der Bach, darüber aber
Hinschauet ein edel Paar
Von Eichen und Silberpappeln;

Noch denket das mir wohl und wie
Die breiten Gipfel neiget
Der Ulmwald, über die Mühl',
Im Hofe aber wächset ein Feigenbaum.
An Feiertagen gehn
Die braunen Frauen daselbst
Auf seidnen Boden,
Zur Märzenzeit,
Wenn gleich ist Nacht und Tag,

Und über langsamen Stegen,
Von goldenen Träumen schwer,
Einwiegende Lüfte ziehen.

Es reiche aber,
Des dunkeln Lichtes voll,
Mir einer den duftenden Becher,
Damit ich ruhen möge; denn süß
Wär' unter Schatten der Schlummer.
Nicht ist es gut,
Seellos von sterblichen
Gedanken zu sein. Doch gut
Ist ein Gespräch und zu sagen
Des Herzens Meinung, zu hören viel
Von Tagen der Lieb',
Und Taten, welche geschehen.

Wo aber sind die Freunde? Bellarmin
Mit dem Gefährten? Mancher
Trägt Scheue, an die Quelle zu gehn;
Es beginnet nämlich der Reichtum
Im Meere. Sie,
Wie Maler, bringen zusammen
Das Schöne der Erd' und verschmähn
Den geflügelten Krieg nicht, und
Zu wohnen einsam, jahrlang, unter
Dem entlaubten Mast, wo nicht die Nacht durchglänzen
Die Feiertage der Stadt,

Und Saitenspiel und eingeborener Tanz nicht.

Nun aber sind zu Indiern

Die Männer gegangen,

Dort an der luftigen Spitz'

An Traubenbergen, wo herab

Die Dordogne kommt,

Und zusammen mit der pracht'gen

Garonne meerbreit

Ausgehet der Strom. Es nehmet aber

Und gibt Gedächtnis die See,

Und die Lieb' auch heftet fleißig die Augen,

Was bleibet aber, stiften die Dichter.

므네모쥔네[1]

불길에 담그어지고 익혀져
열매들 무르익고 지상에서 시험되었다. 또한
모든 것, 뱀처럼[2] 꿈꾸며 천국의 언덕으로
올라가는[3] 법칙은 예언적[4]이다. 또한 많은 것은
어깨 위에 올려진
장작더미의 짐처럼
지켜져야 한다.[5] 그러나 길들은
험악하다. 왜냐하면 마치 야생마처럼
갇혀 있던 요소와 지상의 법칙
바르게 가지 않기 때문이다.[6] 그리고 언제나
하나의 동경은 무제약을 향한다. 그러나 많은 것은
지켜져야만 한다. 또한 충실함은 필연이다.
그렇지만 우리는 앞으로도 뒤로도
보려하지 않는다.[7] 마치 호수의
흔들리는 배 위에서인 양 우리를 흔들리게 맡긴다.

그러나 사랑스러운 삶은?[8] 대지 위
햇볕과 메마른 먼지
그리고 고향의 숲의 그림자를 우리는 본다. 그리고
탑의 옛 용두머리 지붕들에서는
연기 평화롭게 피어오른다. 말하자면 영혼이

응수하면서 천상의 것에 생채기 내었다면
한낮의 표지는 좋은 것이다.[9)]
왜냐하면 은방울꽃처럼 눈이
고귀한 품성 어디에
있는지 가리켜 보이면서
알프스의
푸르른 초원 위에 절반쯤 빛나고 있기에. 거기
도중에 한때 죽은 자에
세워진 십자가를 말하면서
드높은 길을
한 방랑자 분노하면서
멀리 예감하며 다른 이와 함께
가고 있다. 그러나 이것이 무엇이란 말인가?[10)]

무화과나무 곁에서 나의
아킬레우스 나로부터[11)] 죽어 갔고
아이약스
바닷가 동굴 곁,
스카만드로스에 가까운 시냇가에 죽어 있다.
관자놀이에 한때 부는 바람,[12)]
움직이지 않는 살라미스의 확고한
습관을 따라서, 낯선 곳에서, 위대한 아이약스는 죽었다.
파트로클로스는 그러나 왕의 갑옷을 입고 죽었다.[13)] 그리고
또 많은 다른 이들도 죽었다. 키타이론 산 곁에는 그러나
므네모쉰네의 도시, 에레우터라이[14)] 놓여 있었다. 신도
그의 외투를 벗었고,[15)] 이후 저녁 어스름은[16)]
머릿단을 풀었다.[17)] 천국적인 것들은 말하자면,

한 사람 영혼을 화해하면서
추스르지 아니하면 꺼려하나니, 그 한 사람 그렇지 않을 수 없다.
그러한 자에게 비탄은 잘못이리라.[18]

MNEMOSYNE

Reif sind, in Feuer getaucht, gekochet
Die Frücht und auf der Erde geprüfet und ein Gesetz ist,
Daß alles hineingeht, Schlangen gleich,
Prophetisch, träumend auf
Den Hügeln des Himmels. Und vieles
Wie auf den Schultern eine
Last von Scheitern ist
Zu behalten. Aber bös sind
Die Pfade. Nämlich unrecht,
Wie Rosse, gehn die gefangenen
Element' und alten
Gesetze der Erd. Und immer
Ins Ungebundne gehet eine Sehnsucht. Vieles aber ist
Zu behalten. Und Not die Treue.
Vorwärts aber und rückwärts wollen wir
Nicht sehn. Uns wiegen lassen, wie
Auf schwankem Kahne der See.

Wie aber liebes? Sonnenschein
Am Boden sehen wir und trockenen Staub
Und heimatlich die Schatten der Wälder und es blühet
An Dächern der Rauch, bei alter Krone

Der Türme, friedsam; gut sind nämlich
Hat gegenredend die Seele
Ein Himmlisches verwundet, die Tageszeichen.
Denn Schnee, wie Maienblumen
Das Edelmütige, wo
Es seie, bedeutend, glänzet auf
Der grünen Wiese
Der Alpen, hälftig, da, vom Kreuze redend, das
Gesetzt ist unterwegs einmal
Gestorbenen, auf hoher Straß
Ein Wandersmann geht zornig,
Fern ahnend mit
Dem andern, aber was ist dies?

Am Feigenbaum ist mein
Achilles mir gestorben,
Und Ajax liegt
An den Grotten der See,
An Bächen, benachbart dem Skamandros.
An Schläfen Sausen einst, nach
Der unbewegten Salamis steter
Gewohnheit, in der Fremd', ist groß
Ajax gestorben
Patroklos aber in des Königes Harnisch. Und es starben
Noch andere viel. Am Kithäron aber lag
Elevtherä, der Mnemosyne Stadt. Der auch als
Ablegte den Mantel Gott, das abendliche nachher löste
Die Locken. Himmlische nämlich sind

Unwillig, wenn einer nicht die Seele schonend sich
Zusammengenommen, aber er muß doch; dem
Gleich fehlet die Trauer.

5. 신들과 안티케

빵은 대지의 열매이지만 빛의 축복을 받고
  천둥치는 신으로부터 포도주의 환희는 나오는 법이다.
그 때문에 우리는 거기서도 천상의 신들을 생각하노라.
  한 때 있었고 제때에 돌아 와 주시는 신들을.
그 때문에 진심으로 가인들 바커스를 노래하며
  그 옛 신의 찬미 공허하게 꾸민 것으로 들리지 않는다.

시 「빵과 포도주」 중에서

그리스
St.에게[1)]

플라타너스의 그늘에서 내가 그대를 만난다면,
그곳 꽃들 사이로 세피수스 강이[2)] 흘렀던 곳,
그곳 젊은이들 명성을 골똘히 생각했던 곳,
그곳 소크라테스가 마음을 사로잡았던 곳,
그곳 아스파시아가[3)] 미르테 나무 사이로 순례했던 곳,
그곳 형제같은 환희의 외침
떠들썩한 아고라부터[4)] 울려 퍼졌던 곳,
그곳 나의 플라톤이 천국을 지었던 곳,[5)]

그곳 축제의 노래가 봄의 흥을 돋구었던 곳[6)]
그곳 감동의 강물이
미네르바의 성스러운 산으로부터[7)] —
수호여신의 섬김을 위해서 — 쏟아졌던 곳,
그곳 수천의 감미로운 시인들의 시간 가운데
마치 신들의 꿈처럼, 제단이 사라져 버린 곳,
오래전 이 마음이 그대를 발견했던 것처럼
그곳에서 사랑하는 이여! 내가 그대를 만난다면,

아! 내가 어찌 그대를 얼싸안지 않겠는가! —
그대는 나에게 마라톤의 영웅을[8)] 노래하겠지.
또한 감동 중에서도 가장 아름다운 감동

그대의 취한 듯한 눈으로부터 미소짓고
승리의 감격이 그대의 가슴을 회춘시키며
월계수 가지로[9] 둘러싸여 그대의 정신을
환희의 숨결이 겨우 식혀준
삶의 숨막히는 더위도 누르지 못하겠지.

사랑의 별이 그대에게서 사라져버렸는가?
또한 청춘의 사랑스러운 장미의 빛도?
아! 헬라스의 황금빛 사람들에 의해 넘어뜨려져
그대는 세월의 재빠른 도주를 느끼지 못하는 것이겠지.
영원히, 베스타의 불꽃처럼[10] 용기와 사랑
거기에선 모든 이의 가슴에서 타올랐고
헤스페리엔의 열매처럼, 영원히
거기에선 청춘의 당당한 쾌락은 피어났었네.[11]

아! 그 더 나은 세월이 오면
그처럼 환희의 눈물 기꺼이 흘렸던
그대의 사랑하는 민중을 위해
형제처럼 위대하게 두근거렸어도 헛되지 않으리[12] —
이제 기다려라! 신성이 감옥으로부터
떼어내 줄[13] 그 시간은 틀림없이 도래할 것이니 —
죽으라! 그대가 이 지구위에서
고귀한 정신이여! 그대의 성분을 찾으려하나 헛된 일이다.

여장부, 아티카[14]는 몰락했다.
거기에는 옛 신의 아들들 쉬고 있다.
아름다운 대리석 홀의 폐허 가운데

지금은 두루미 고독하게 비탄하며 서 있다.
다정한 봄은 미소지으며 다시 돌아오건만
일리수스의[15] 성스러운 계곡에서
그 두루미 다시는 형제들을 찾지 못한다 —
폐허의 잔해와 가시덤불 아래 그들은 졸고 있다.

알케이오스와 아나크레온을[16] 향해
내 마음 먼 나라로 넘어가길 원한다,
그러나 나는 차라리 이 좁은 집에서
마라톤의 성인들 곁에 잠들었다.
아! 이것이 사랑하는 그리스를 위해
흘리는 나의 마지막 눈물이기를,
오 운명의 여신이여[17], 가위질 소리 들리게 해주시라,
왜냐면 나의 심장은 죽은 자들의 것이니!

GRIECHENLAND
An St.

Hätt' ich dich im Schatten der Platanen,
Wo durch Blumen der Cephissus rann,
Wo die Jünglinge sich Ruhm ersannen,
Wo die Herzen Sokrates gewann,
Wo Aspasia durch Myrten wallte,
Wo der brüderlichen Freude Ruf
Aus der lärmenden Agora schallte,
Wo mein Plato Paradiese schuf,

Wo den Frühling Festgesänge würzten,
Wo die Ströme der Begeisterung
Von Minervens heil'gem Berge stürzten —
Der Beschützerin zur Huldigung —
Wo in tausend süßen Dichterstunden,
Wie ein Göttertraum, das Alter schwand,
H?tt' ich da, Geliebter, dich gefunden,
Wie vor Jahren dieses Herz dich fand;

Ach! wie anders hätt ich dich umschlungen! —
Marathons Heroën sängst du mir,
Und die schönste der Begeisterungen
Lächelte vom trunknen Auge dir,

Deine Brust verjüngten Siegsgefühle,
Deinen Geist, vom Lorbeerzweig umspielt,
Drückte nicht des Lebens stumpfe Schwüle,
Die so karg der Hauch der Freude kühlt.

Ist der Stern der Liebe dir verschwunden?
Und der Jugend holdes Rosenlicht?
Ach! umtanzt von Hellas goldnen Stunden,
Fühltest du die Flucht der Jahre nicht,
Ewig, wie der Vesta Flamme, glühte
Mut und Liebe dort in jeder Brust,
Wie die Frucht der Hesperiden, blühte
Ewig dort der Jugend stolze Lust.

Ach! es hätt' in jenen bessern Tagen
Nicht umsonst so brüderlich und groß
Für das Volk dein liebend Herz geschlagen,
Dem so gern der Freude Zähre floß! —
Harre nun! sie kömmt gewiß die Stunde,
Die das Göttliche vom Kerker trennt —
Stirb! du suchst auf diesem Erdenrunde,
Edler Geist! umsonst dein Element.

Attika, die Heldin, ist gefallen;
Wo die alten Göttersöhne ruhn,
Im Ruin der schönen Marmorhallen
Steht der Kranich einsam trauernd nun;
Lächelnd kehrt der holde Frühling nieder,

Doch er findet seine Brüder nie
In Ilissus' heil'gem Tale wieder —
Unter Schutt und Dornen schlummern sie.

Mich verlangt ins ferne Land hinüber
Nach Alcäus und Anakreon,
Und ich schlief' im engen Hause lieber,
Bei den Heiligen in Marathon;
Ach! es sei die letzte meiner Tränen,
Die dem lieben Griechenlande rann,
Laßt, o Parzen, laßt die Schere tönen,
Denn mein Herz gehört den Toten an!

바니니

그들이 그대를 신을 모독한 자라 책망했는가? 저주로
　그들 그대의 가슴을 짓눌렀고 그대를 포박하여
　　불길에 그대를 넘겨 주었노라,
　　　성스러운 사람이여! 오 어찌하여 그대는

하늘로부터 불길로 되돌아 와, 중상모략자의
　머리를 맞추지 않으며, 폭풍에 대고 외치지 않는가,
　　미개한 자들의 재를 대지로부터,
　　　고향으로부터 불어내 버리라고!

그러나 그대가 살면서 사랑했던 자연, 죽은 자인
　그대를 맞아주었던 자연, 그 성스러운 자연은
　　인간의 행위를 잊나니 그대의 적들
　　　그대와 마찬가지로 옛 평화로 돌아갔네.

VANINI

Den Gottverächter schalten sie dich? mit Fluch
Beschwerten sie dein Herz dir und banden dich
   Und übergaben dich den Flammen,
      Heiliger Mann! o warum nicht kamst du

Vom Himmel her in Flammen zurück, das Haupt
Der Lästerer zu treffen, und riefst dem Sturm;
   Daß er die Asche der Barbaren
      Fort aus der Erd', aus der Heimat werfe!

Doch die du lebend liebtest, die dich empfing,
Den Sterbenden, die heil'ge Natur vergißt
   Der Menschen Tun und deine Feinde
      Kehrten, wie du, in den alten Frieden.

휘페리온의 운명의 노래

너희들 천상의 빛 가운데
　부드러운 바닥을 거닐고 있구나, 축복받은 정령들이여!
　　반짝이는 신들의 바람
　　　마치 예술가 여인의 손가락
　　　　성스런 현금을 탄주하듯이
　　　　　너희들을 가볍게 어루만지고 있구나.

잠자는 젖먹이인 양
　천국적인 것들 운명을 모른채 숨쉬고 있도다.
　　수줍은 봉오리에
　　　순수하게 싸였다가
　　　　영혼은 그것으로부터
　　　　　영원히 피어 나도다.
　　　　　　또한 축복받은 눈동자
　　　　　　　고요하고 영원한
　　　　　　　　해맑음 가운데 반짝이도다.

그러나 우리에겐 어디고
　쉬일 곳 없고
　　고뇌하는 인간들
　　　눈먼 채 시간에서

시간으로 떨어져 내리도다.
 마치 물줄기 절벽에서
  절벽으로 내동댕이쳐져
   해를 거듭하며 미지의 세계로 떨어져 내리듯이.

HYPERIONS SCHICKSALSLIED

Ihr wandelt droben im Licht
  Auf weichem Boden, selige Genien!
    Glänzende Götterlüfte
      Rühren euch leicht,
        Wie die Finger der Künstlerin
      Heilige Saiten.

Schicksallos, wie der schlafende
  Säugling, atmen die Himmlischen;
    Keusch bewahrt
      In bescheidener Knospe,
        Blühet ewig
          Ihnen der Geist,
            Und die seligen Augen
          Blicken in stiller
          Ewiger Klarheit.

Doch uns ist gegeben,
  Auf keiner Stätte zu ruhn,
    Es schwinden, es fallen
      Die leidenden Menschen
    Blindlings von einer

Stunde zur andern,
  Wie Wasser von Klippe
    Zu Klippe geworfen,
      Jahr lang ins Ungewisse hinab.

내가 한 소년이었을 때…

내가 한 소년이었을 때
　신은 때때로
　　인간들의 소란과 채찍으로부터 날 구원했었네.
　　　그때는 근심 없고 착한 마음으로
　　　　언덕의 꽃들과 더불어 놀았고
　　　　　천국의 미풍도
　　　　　　나와 함께 놀았네.

그대를 향해서
초목들의 가냘픈 가지들 뻗쳐오를 때
그대 초목들의 마음
즐겁게 해 주었듯이

그대 나의 마음 즐겁게 해 주었네.
아버지 헬리오스[1]여! 또한 엔디미온[2]처럼
내 그대의 연인이었네,
성스러운 루나[3]여!

오 그대들 충실하고
우정어린 신들이여!
나의 영혼 얼마나 그대들을 사랑했는지

그대들도 알고 있는 일!

진실로 그때 내 아직 그대들을
이름으로 부르지 않았으며 그대들 또한
나를 이름지어 부르지 않았었네, 인간들은
서로를 알고나서 이름을 부를지라도.

그러나 나는 그대들을 어떤 인간을
안 것보다 더욱더 잘 알았었다네.
내 천공의 침묵을 이해했으나
인간의 말마디는 이해하지 못했었네.

살랑대는 임원의 화음
나를 길러 내었고
꽃들 가운데서
나는 사랑을 배웠었네.

신들의 품안에서 나는 크게 자랐었네.

DA ICH EIN KNABE WAR...

Da ich ein Knabe war,
  Rettet' ein Gott mich oft
    Vom Geschrei und der Rute der Menschen,
      Da spielt' ich sicher und gut
        Mit den Blumen des Hains,
          Und die Lüftchen des Himmels
            Spielten mit mir.

Und wie du das Herz
Der Pflanzen erfreust,
Wenn sie entgegen dir
Die zarten Arme strecken,

So hast du mein Herz erfreut
Vater Helios! und, wie Endymion,
War ich dein Liebling,
Heilige Luna!

O all ihr treuen
Freundlichen Götter!
Daß ihr wüßtet,
Wie euch meine Seele liebt!

Zwar damals rief ich noch nicht
Euch mit Namen, auch ihr
Nanntet mich nie, wie die Menschen sich nennen
Als kennten sie sich.

Doch kannt' ich euch besser,
Als ich je die Menschen gekannt,
Ich verstand die Stille des Äthers
Der Menschen Worte verstand ich nie.

Mich erzog der Wohllaut
Des säuselnden Hains
Und lieben lernt' ich
Unter den Blumen.

Im Arme der Götter wuchs ich groß.

사라져 가라, 아름다운 태양이여…

사라져 가라, 아름다운 태양이여, 그들 그대를
  거의 눈여겨 보지 않으며, 성스러운 그대를 알지 못했노라.
    그대 그 힘들여 사는 자들의 위로
      힘들이지 않고 말없이 떠올랐기 때문이다.

그대 나에겐 다정히 가라앉고 또한 솟아오른다, 오 빛이여!
  나의 눈은 그대를 알아본다, 찬란한 빛이여!
    내 신성하고 조용히 공경을 깨우쳤음이니
      디오티마, 나의 감각을 낫게 해 주었기 때문이다.

오, 그대 천국의 사자여! 내 얼마나 그대에게 귀기울였나!
  그대 디오티마여! 사랑하는 이여! 그대로 인해
    나는 황금빛의 한낮을 향해 반짝이며
      생각에 젖어 눈길을 들었도다. 거기

샘물들은 더욱 생기있게 흘렀고, 어두운 대지의
  만발한 꽃들 나를 사랑하며 향기를 내쉬었다.
    또한 은빛 구름 너머로 미소지으며
      천공은 축복하며 허리를 굽혔도다.

GEH UNTER, SCHÖNE SONNE...

Geh unter, schöne Sonne, sich achteten
　Nur wenig dein, sie kannten dich, Heilige, nicht,
　　Denn mühelos und stille bist du
　　　Über den mühsamen aufgegangen.

Mir gehst du freundlich unter und auf, o Licht!
　Und wohl erkennt mein Auge dich, herrliches!
　　Denn göttlich stille ehren lernt' ich,
　　　Da Diotima den Sinn mir heilte.

O du des Himmels Botin! wie lauscht ich dir!
　Dir, Diotima! Liebe! wie sah von dir
　　Zum goldnen Tage dieses Auge
　　　Glänzend und dankend empor. Da rauschten

Lebendiger die Quellen, es atmeten
　Der dunkeln Erde Blüten mich liebend an,
　　Und lächelnd über Silberwolken
　　　Neigte sich segnend herab der Äther.

신들

그대 말없는 천공(天空)이여! 그대는 언제나
　고통 중의 내 영혼 지켜주노라, 또한
　　헬리오스여! 그대의 빛살 앞에서
　　　나의 격분한 가슴 용감성으로 세련되도다.

그대들 선한 신들이여! 그대들을 알지 못하는 자 불쌍하도다.
　그의 거치른 가슴 안에 불화 결코 쉬지 않고,
　　그의 세계는 밤이며 어떤
　　　기쁨도 어떤 노래도 그에게 번성하지 않도다.

오로지 그대들만이, 영원한 청춘으로
　그대들을 사랑하는 가슴 안에 어린아이의 감각을
　　기르시고, 근심과 방황 속에서
　　　정령이 비탄으로 지내는 것 결코 그냥 두지 않도다.

DIE GÖTTER

Du stiller Äther! immer bewahrst du schön
　Die Seele mir im Schmerz, und es adelt sich
　　Zur Tapferkeit vor deinen Strahlen,
　　　Helios! oft die empörte Brust mir.

Ihr guten Götter! arm ist, wer euch nicht kennt,
　Im rohen Busen ruhet der Zwist ihm nie,
　　Und Nacht ist ihm die Welt und keine
　　　Freude gedeihet und kein Gesang ihm.

Nur ihr, mit eurer ewigen Jugend, nährt
　In Herzen, die euch lieben, den Kindersinn,
　　Und laßt in Sorgen und in Irren
　　　Nimmer den Genius sich vertrauern.

빵과 포도주

하인제에게 바침[1]

1[2]

사위로 도시는 쉬고 있다. 등불 밝힌 골목길도 조용하다.
  또한 횃불로 장식하고 마차는 사라져 간다.
한낮의 즐거움을 만끽하고 사람들은 소리내며 사라져 간다.
  골똘한 어떤 사람은 만족한 마음으로 잃음과 얻음을
집에서 헤아리기도 한다. 포도열매도 꽃들도 치워져 비고
  일손도 거두어진 채 분주했던 장터도 쉬고 있다.
그러나 멀리 정원에서는 현금의 탄주 소리 들린다. 어쩌면
  그 곳에서 사랑에 빠진 사람이 켜고 있을까, 아니면 외로운 사람 있어
먼 곳의 친구와 청춘 시절을 생각하며 켜고 있을까. 샘들은
  향기 가득한 꽃밭의 곁에서 끊임없이 솟아나며 신선하게 소리내고 있다.
으스름한 대기 가운데 은은한 종소리 조용히 울리며
  시간을 깨우쳐 파수꾼은 수효를 소리 높이 외친다.
이제 또한 한자락 바람 일어 임원의 나무 우듬지들을 흔들고 있다.
  보아라! 우리 지구의 그림자, 달이 이제
은밀히 다가오고 있다. 도취한 자, 한밤이 다가오고 있다.
  별들로 가득해, 우리들을 조금도 걱정하는 것 같지 않다.
저기 우리를 놀라게 하는 것,[3] 인간들 사이에 낯선 여인
  산꼭대기 위로 애처럽고도 장려하게 떠오르고 있다.

2

드높은 밤의 은총은 경이롭다. 아무도
  그 밤으로 어디서 누구에겐가 무슨 일이 일어날지 알지 못한다.
그렇게 그 밤 세상을 움직이고 인간의 희망찬 영혼을 흔들지만
  어떤 현자(賢者)도 그 밤이 무엇을 예비하는지 알지 못한다.
왜냐하면 그것은 그대를[4] 지극히 사랑하는 자, 지고한 신의 뜻이며
  그리하여 한밤보다는 그대에겐 사려 깊은 한낮이 더욱 사랑스럽기
                                                    때문이다.

그러나 때때로는 해맑은 눈길조차 그늘을 사랑하며
  농삼아, 그럴 필요도 없이 잠을 청하기도 한다.
혹은 충실한 사람 역시 한밤을 바라다보며 이를 즐긴다.
  그렇다, 화환과 노래를 밤에 바치는 일은 어울리는 일이다.
왜냐하면 방황하는 자, 죽은 자에게 밤은 바쳐졌지만
  밤 스스로는 그러나 영원히 지극히 자유스러운 정신인 때문이다.
그러나 밤은 우리들에게, 머뭇거리는 순간에[5]
  어두움 속에서 우리가 지닐 수 있는 몇몇이 존재하도록
망각과 성스러운 도취를[6] 허락해 주어야만 하며
  연인들처럼 졸음도 없는[7] 터져 흐르는 말과
가득 찬 술잔과 대담한 인생을 그리고 또한
  한밤에 깨어 성스러운 기억을[8] 허락해 주어야만 한다.

3

가슴 속에 진심을 감추는 일, 용기를[9] 다만 억제하는 일
  거장이며 소년인 우리에겐 소용없는 일, 도대체 누가

그것을 가로막으려 하며 누가 기쁨을[10] 방해하려 하랴?
　신성의 불길은 한낮이건 한밤이건 터져 나오려 한다.
그러하거늘 오라! 하여 탁 트인 천지를 보자
　비록 멀다 한들 우리 고유한 것을 찾자.
하나의 일 지금도 확실하다. 한낮이건
　한밤중에 이르건 언제나 하나의 척도 존재하는 법.
모두에게 공통이며,[11] 그러나 각자에겐 자신의 것이 주어져 있고
　각자는 각기가 이를 수 있는 곳으로 가고 또 오는 것이다.
그 때문이다! 기쁨의 열광이[12] 한밤중에 가인을 붙들 때,
　그 열광은 조롱하는 자들을 조롱하고 싶어한다.
그러니 이스트모스로[13] 오라! 그 곳, 파르나스 산기슭에
　탁 트인 대양 철썩이고 델피의 바위에 덮인 눈이 반짝이는 곳으로.
거기 올림포스의 지역으로 거기 키타이론 산정으로
　거기 가문비나무 아래로, 포도나무의 아래로. 거기로부터
테에베[14] 요정이 달려 나오고 이스메노스[15] 강이 카드모스[16]의 땅에
　　　　　　　　　　　　　　　　소리쳐 흐르는 곳으로,
다가오는 신[17] 그 곳으로부터 오고 거기를 가리켜 보이고 있다.

4

축복받은 그리스여! 그대 모든 천국적인 것들의 집이여,
　그러니 우리 젊은 시절 한때 들었던 것이 정말이란 말인가?
장중한 홀이여! 바다가 바닥이구나! 산은 또 식탁이로다.[18]
　참으로 유익한 용도로 그 옛날에 지어졌도다!
그러나 그 용좌는 어디에? 그 신전들, 그 그릇들은 어디에,
　넥타르[19]로 채워져 신들을 즐겁게 해 주었던 노래는 어디에 있는가?

어디에 그 멀리를 정통으로 맞힌 예언들은[20] 빛나고 있는가?
　델피 신전은 졸고 있다.[21] 어디서 그 위대한 숙명은 울리고 있는가?
그 재빠른 숙명 어디에? 도처에 모습 보이는 행복으로 가득해
　청명한 대기로부터 천둥치며 눈으로 밀려들던 그 숙명 어디에?
아버지 천공이여![22] 그렇게 외쳐 입에서 입으로 수천 번
　전파되었고 아무도 삶을 혼자서 짊어진 자 없었다.[23]
이러한 좋은 일 나누어 즐겼고 하나의 환희는
　타인들과 나누었다. 말의 힘참은 자면서도[24] 자란다.
아버지시여! 밝은 빛이여! 이 말 오래 반향하며 떠돈다.
　그 태고의 징표,[25] 조상으로부터 물려져, 멀리 맞히며 창조하며 울려
　　　　　　　　　　　　　　　　　　　　　　　　　　내린다.
하여 천상의 것들 들어서고, 깊숙한 원천 흔들어 깨우며
　길은 그늘로부터 나와 그들의 날이 인간들 가운데로 이른다.

5

천상의 신들 처음에 올 때 아무도 느끼지 못한다.[26] 오로지 아이들만
　그들을 맞아 나가니 그 행복 너무도 밝게 눈부시게 찾아든다.
인간들은 그들을 꺼려하고 선물을 들고 다가오는 이들
　이름이 무엇인지 반신도 아직 말할 수 없다.
그러나 그들로부터 오는 의지는 위대하고, 반신의 마음 그들의 기쁨으로
　채워지나, 그 재보로 무엇을 해야 할지 그가 알기 어렵다.
부지런히 지어서 소모해 버리고 부정한 것을 성스럽게 여겨[27]
　착하고도 어리석게 축복의 손으로 이를 어루만진다.
천상의 신들 이를 힘껏 참고 있다. 그러나 그들 자신이
　진실 가운데 모습을 나타내고[28] 인간들은 그 행복에 그러한 낮에

익숙해져, 드러난 자들을 보고 그들의 모습을 보는데 익숙해지리.
  그들 오래 전에 하나이며 전체[29]라고 불리워졌고
말없는 가슴 깊숙이 자유로운 만족으로 채웠으며
  처음으로 홀로 모든 욕구를 충족시켰었다.
인간은 그러하다. 재보가 그 곳에 있고 신은 선물로
  그를 보살피지만, 인간은 알지도 못하고 보지도 못한다.
인간은 먼저 참고 견디어야만 한다.[30] 그러나 이제 가장 보배스러운 것
                                            이름 부르고
  이제 그것을 나타낼 말들 꽃처럼[31] 피어나야만 하리라.

6

또한 이제 인간은 진심으로 축복의 신들께 경배하려 생각한다.
  진정 그리고 참되게 삼라만상은 신들의 찬미를 반향해야 한다.
아무 것도 드높은 자들의 마음에 들지 않는 빛을 보아서는 안 된다.
  부질없이 시도하는 것 천공 앞에서는 맞지 않는 탓이다.
때문에 천국의 신들의 면전에서 보람되고 부끄럽지 않게 쉬기 위해
  찬란한 질서 가운데 백성들 나란히 서서
아름다운 신전과 도시들을 견고하고 고귀하게 세우니
  그 위용 해변들을 건너 치솟아 오르리라. ―
하지만 그들은 어디에 있나?[32] 어디에 그 잘 알려진 자들, 축제의 화관들
                                            피어 있나?
  테에베도 아테네도 시들고 올림피아에는 무기도
황금빛 경기마차도 소리내지 않으며,
  또한 코린트의 배들도 이제 다시는 꽃으로 장식하지 않는가?
어찌하여 오랜 성스런 극장들[33]조차 침묵하고 있는가?

어찌하여 신에게 바쳐진 춤[34]도 흥겹지 않은가?
어찌하여 신은 인간의 이마에 옛처럼 증표의 낙인을 찍지 않으며
 옛처럼, 신성으로 맞혀진 자들에게 성스러운 인장을 누르지 않는가?
어쩌면 인간의 모습 띠고 그 스스로 나타나
 손님들을 위안하며 천국의 축제를 완성하고 마무리 지을지도 모른다.[35]

7

그러나 친구여![36] 우리는 너무 늦게 왔다. 신들은 살아 있지만
 우리의 머리 위 딴 세상에서[37] 그들은 살고 있다.
거기서 그들 무한히 역사(役事)하여 우리가 살고 있는지
 거의 거들떠보지 않는 것 같고 그렇게 천국적인 것들 우리를 아낀다.
왜냐하면 연약한 그릇 항시 그들을 담을 수 없고
 인간도 다만 때때로만[38] 신성(神性)의 충만을 견디어 내기 때문이다.
따라서 인생은 그들에 대한 꿈이다. 그러나 방황도 졸음처럼
 도움을 주며 궁핍과 밤도 우리를 강하게 만든다.[39]
하여 영웅들은 강철 같은 요람에서 충분히 자라나고
 마음은 옛처럼 천상적인 것들과 비슷하게 자라나고
그 다음에야 그들은 천둥치며 오리라. 그러나 이러는 사이 자주
 우리처럼 친구도 없이 홀로 있느니 잠자는 것이 낫다는 생각을 한다.
그렇게 언제나 기다리며 그 사이 무엇을 하고 무엇을 말할지
 나는 모른다. 이 궁핍한 시대에 시인은 무엇을 위하여 사는가?
그러나 시인들은 성스러운 한밤에 이 나라에서 저 나라로
 나아가는 바커스의 성스러운 사제와[40] 같다고 그대는[41] 말한다.

8

말하자면 우리에겐 오랜 일로 생각되지만, 사실은 얼마 전에
  삶을 기쁘게 해 주었던 신들 빠짐없이 하늘로 올라가 버리고
아버지께서 인간들로부터 얼굴을 돌리셔
  지상에는 참으로 슬픔이 시작되었을 때,
마지막으로 한 조용한 신인(神人) 천국의 위안 전하며[42] 나타나
  한낮의 종말을 알리고[43] 사라져 갔을 때,
한때 그가 있었고 다시 돌아오리란 징표로
  천상의 합창대[44] 몇몇의 선물을 남겨 두었고
옛처럼 우리들 인간의 분수대로 이를 즐길 수 있나니[45]
  영적 즐거움을 위해 그 위대한 것 사람들 사이에
너무도 커져 가장 강한 자들도[46] 지극한 기쁨
  누릴 수 없으나, 조용히 감사할 일 아직 남아 있기 때문이다.
빵은 대지의 열매이지만 빛의 축복을 받고
  천둥치는 신으로부터[47] 포도주의 환희는 나오는 법이다.
그 때문에 우리는 거기서도 천상의 신들을 생각하노라.
  한 때 있었고 제때에 돌아와 주시는 신들을.
그 때문에 진심으로 가인들 바커스를 노래하며
  그 옛 신의 찬미 공허하게 꾸민 것으로 들리지 않는다.

9

그렇다! 그들, 바커스 한낮과 밤을 화해하며
  천상의 성좌 영원히 위 아래로 운행한다 말한 것 틀림이 없다.
그가 좋아하는 사철 푸른 가문비 잎사귀처럼

송악에서 가려 뽑은 화환처럼 언제나 즐겁게 노래함 옳았다.[48)]
왜냐하면 바커스는 머물러 달아난 신들의 흔적까지를
  어두움 가운데 있는 신 잃은 자들에게 날라다 주기 때문이다.
옛 사람들 신들의 자식들에 대해 예언했던 것
  보라! 우리 자신이다. 서방의 열매인[49)] 우리이다!
놀랍고도 정확하게 서구의 인간들에서 실현된듯이 놀랍도록 아주 가까이
                                                                           있도다.[50)]

  이를 본 자들 믿을 일이다! 그러나 그렇게 많은 일 일어나도
아무 것도 역사(役事)치 않으니, 우리 아버지 천공이 모두에게 알려지고
  모두에게 인식되기까지 우리는 감정도 없는 그림자인 탓이다.
그러나 그 사이 지고한 자의 아들, 시리아의 사람
  햇불을 든 자로서[51)] 우리의 어둠 가운데로 내려오도다.
축복받은 현자 이를 안다. 붙잡힌 영혼에서
  한줄기 미소 드러나고 그 빛에 화답하여 그들의 눈길 누그러져 열린다.
대지의 품안에 안겨 거인족도[52)] 부드럽게 꿈꾸며 잠자고
  시기심 많은 케르베루스[53)]조차 취하여 잠든다.

BROT UND WEIN

An Heinze

1

Rings um ruhet die Stadt; still wird die erleuchtete Gasse,
　Und, mit Fackeln geschmückt, rauschen die Wagen hinweg.
Satt gehn heim von Freuden des Tags zu ruhen die Menschen,
　Und Gewinn und Verlust wäget ein sinniges Haupt
Wohlzufrieden zu Haus; leer steht von Trauben und Blumen,
　Und von Werken der Hand ruht der geschäftige Markt.
Aber das Saitenspiel tönt fern aus Gärten; vielleicht, daß
　Dort ein Liebendes spielt oder ein einsamer Mann
Ferner Freunde gedenkt und der Jugendzeit; und die Brunnen
　Immerquillend und frisch rauschen an duftendem Beet.
Still in dämmriger Luft ertönen geläutete Glocken,
　Und der Stunden gedenk rufet ein Wächter die Zahl.
Jetzt auch kommet ein Wehn und regt die Gipfel des Hains auf,
　Sieh! und das Schattenbild unserer Erde, der Mond
Kommet geheim nun auch; die Schwärmerische, die Nacht kommt,
　Voll mit Sternen und wohl wenig bekümmert um uns,
Glänzt die Erstaunende dort, die Fremdlingin unter den
　　　　　　　　　　　　　　　　　　　　　　Menschen
　Über Gebirgeshöhn traurig und prächtig herauf.

2

Wunderbar ist die Gunst der Hocherhabnen und niemand
  Weiß von wannen und was einem geschiehet von ihr.
So bewegt sie die Welt und die hoffende Seele der Menschen,
  Selbst kein Weiser versteht, was sie bereitet, denn so
Will es der oberste Gott, der sehr dich liebet, und darum
  Ist noch lieber, wie sie, dir der besonnene Tag.
Aber zuweilen liebt auch klares Auge den Schatten
  Und versuchet zu Lust, eh' es die Not ist, den Schlaf,
Oder es blickt auch gern ein treuer Mann in die Nacht hin,
  Ja, es ziemet sich ihr Kränze zu weihn und Gesang,
Weil den Irrenden sie geheiliget ist und den Toten,
  Selber aber besteht, ewig, in freiestem Geist.
Aber sie muß uns auch, daß in der zaudernden Weile,
  Daß im Finstern für uns einiges Haltbare sei,
Uns die Vergessenheit und das Heiligtrunkene gönnen,
  Gönnen das strömende Wort, das, wie die Liebenden, sei,
Schlummerlos und vollern Pokal und kühneres Leben,
  Heilig Gedächtnis auch, wachend zu bleiben bei Nacht.

3

Auch verbergen umsonst das Herz im Busen, umsonst nur
  Halten den Mut noch wir, Meister und Knaben, denn wer
Möcht' es hindern und wer möcht' uns die Freude verbieten?
  Göttliches Feuer auch treibet, bei Tag und bei Nacht,

Aufzubrechen. So komm! daß wir das Offene schauen,
  Daß ein Eigenes wir suchen, so weit es auch ist.
Fest bleibt Eins; es sei um Mittag oder es gehe
  Bis in die Mitternacht, immer bestehet ein Maß,
Allen gemein, doch jeglichem auch ist eignes beschieden,
  Dahin gehet und kommt jeder, wohin er es kann.
Drum! und spotten des Spotts mag gern frohlockender Wahnsinn,
  Wenn er in heiliger Nacht plötzlich die Sänger ergreift.
Drum an den Isthmos komm! dorthin, wo das offene Meer
                                                  rauscht
  Am Parnaß und der Schnee delphische Felsen umglänzt,
Dort ins Land des Olymps, dort auf die Höhe Kithärons,
  Unter die Fichten dort, unter die Trauben, von wo
Thebe drunten und Ismenos rauscht, im Lande des Kadmos,
  Dorther kommt und zurück deutet der kommende Gott.

4

Seliges Griechenland! du Haus der Himmlischen alle,
  Also ist wahr, was einst wir in der Jugend gehört?
Festlicher Saal! der Boden ist Meer! und Tische die Berge,
  Wahrlich zu einzigem Brauche vor Alters gebaut!
Aber die Thronen, wo? die Tempel, und wo die Gefäße,
  Wo mit Nektar gefüllt, Göttern zu Lust der Gesang?
Wo, wo leuchten sie denn, die fernhintreffenden Sprüche?
  Delphi schlummert und wo tönet das große Geschick?
Wo ist das schnelle? wo brichts, allgegenwärtigen Glücks voll

Donnernd aus heiterer Luft über die Augen herein?
Vater Äther! so riefs und flog von Zunge zu Zunge
  Tausendfach, es ertrug keiner das Leben allein;
Ausgeteilet erfreut solch Gut und getauschet, mit Fremden,
  Wirds ein Jubel, es wächst schlafend des Wortes Gewalt
Vater! heiter! und hallt, so weit es gehet, das uralt
  Zeichen, von Eltern geerbt, treffend und schaffend hinab.
Denn so kehren die Himmlischen ein, tiefschütternd gelangt so
  Aus den Schatten herab unter die Menschen ihr Tag.

5

Unempfunden kommen sie erst, es streben entgegen
  Ihnen die Kinder, zu hell kommet, zu blendend das Glück,
Und es scheut sie der Mensch, kaum weiß zu sagen ein Halbgott,
  Wer mit Namen sie sind, die mit den Gaben ihm nahn.
Aber der Mut von ihnen ist groß, es füllen das Herz ihm
  Ihre Freuden und kaum weiß er zu brauchen das Gut,
Schafft, verschwendet und fast ward ihm Unheiliges heilig,
  Das er mit segnender Hand törig und gütig berührt.
Möglichst dulden die Himmlischen dies; dann aber in Wahrheit
  Kommen sie selbst und gewohnt werden die Menschen des
                                                    Glücks
Und des Tags und zu schaun die Offenbaren, das Antlitz
  Derer, welche, schon längst Eines und Alles genannt,
Tief die verschwiegene Brust mit freier Genüge gefüllet,
  Und zuerst und allein alles Verlangen beglückt;

So ist der Mensch; wenn da ist das Gut, und es sorget mit Gaben
Selber ein Gott für ihn, kennet und sieht er es nicht.
Tragen muß er, zuvor; nun aber nennt er sein Liebstes,
Nun, nun müssen dafür Worte, wie Blumen, entstehn.

6

Und nun denkt er zu ehren in Ernst die seligen Götter,
Wirklich und wahrhaft muß alles verkünden ihr Lob.
Nichts darf schauen das Licht, was nicht den Hohen gefället,
Vor den Äther gebührt Müßigversuchendes nicht.
Drum in der Gegenwart der Himmlischen würdig zu stehen,
Richten in herrlichen Ordnungen Völker sich auf
Untereinander und baun die schönen Tempel und Städte
Fest und edel, sie gehn über Gestaden empor?
Aber wo sind sie? wo blühn die Bekannten, die Kronen des Festes?
Thebe welkt und Athen; rauschen die Waffen nicht mehr
In Olympia, nicht die goldnen Wagen des Kampfspiels,
Und bekränzen sich denn nimmer die Schiffe Korinths?
Warum schweigen auch sie, die alten heilgen Theater?
Warum freuet sich denn nicht der geweihete Tanz?
Warum zeichnet, wie sonst, die Stirne des Mannes ein Gott nicht,
Drückt den Stempel, wie sonst, nicht dem Getroffenen auf?
Oder er kam auch selbst und nahm des Menschen Gestalt an
Und vollendet' und schloß tröstend das himmlische Fest.

7

Aber Freund! wir kommen zu spät. Zwar leben die Götter,
　Aber über dem Haupt droben in anderer Welt.
Endlos wirken sie da und scheinens wenig zu achten,
　Ob wir leben, so sehr schonen die Himmlischen uns.
Denn nicht immer vermag ein schwaches Gefäß sie zu fassen,
　Nur zu Zeiten erträgt göttliche Fülle der Mensch.
Traum von ihnen ist drauf das Leben. Aber das Irrsal
　Hilft, wie Schlummer und stark machet die Not und die Nacht,
Bis daß Helden genug in der ehernen Wiege gewachsen,
　Herzen an Kraft, wie sonst, ähnlich den Himmlischen sind.
Donnernd kommen sie drauf. Indessen dünket mir öfters
　Besser zu schlafen, wie so ohne Genossen zu sein,
So zu harren und was zu tun indes und zu sagen,
　Weiß ich nicht und wozu Dichter in dürftiger Zeit?
Aber sie sind, sagst du, wie des Weingotts heilige Priester,
　Welche von Lande zu Land zogen in heiliger Nacht.

8

Nämlich, als vor einiger Zeit, uns dünket sie lange,
　Aufwärts stiegen sie all, welche das Leben beglückt,
Als der Vater gewandt sein Angesicht von den Menschen,
　Und das Trauern mit Recht über der Erde begann,
Als erschienen zu letzt ein stiller Genius, himmlisch
　Tröstend, welcher des Tags Ende verkündet' und schwand,

Ließ zum Zeichen, daß einst er da gewesen und wieder
    Käme, der himmlische Chor einige Gaben zurück,
Derer menschlich, wie sonst, wir uns zu freuen vermöchten,
    Denn zur Freude, mit Geist, wurde das Größre zu groß
Unter den Menschen und noch, noch fehlen die Starken zu höchsten
    Freuden, aber es lebt stille noch einiger Dank.
Brot ist der Erde Frucht, doch ists vom Lichte gesegnet,
    Und vom donnernden Gott kommet die Freude des Weins.
Darum denken wir auch dabei der Himmlischen, die sonst
    Da gewesen und die kehren in richtiger Zeit,
Darum singen sie auch mit Ernst die Sänger den Weingott
    Und nicht eitel erdacht tönet dem Alten das Lob.

9

Ja! sie sagen mit Recht, er söhne den Tag mit der Nacht aus,
    Führe des Himmels Gestirn ewig hinunter, hinauf,
Allzeit froh, wie das Laub der immergrünenden Fichte,
    Das er liebt und der Kranz, den er von Efeu gewählt,
Weil er bleibet und selbst die Spur der entflohenen Götter
    Götterlosen hinab unter das Finstere bringt.
Was der Alten Gesang von Kindern Gottes geweissagt,
    Siehe! wir sind es, wir; Frucht von Hesperien ists!
Wunderbar und genau ists als an Menschen erfüllet,
    Glaube, wer es geprüft! aber so vieles geschieht,
Keines wirket, denn wir sind herzlos, Schatten, bis unser

Vater Äther erkannt jeden und allen gehört.
Aber indessen kommt als Fackelschwinger des Höchsten
    Sohn, der Syrier, unter die Schatten herab.
Selige Weise sehns; ein Lächeln aus der gefangnen
    Seele leuchtet, dem Licht tauet ihr Auge noch auf.
Sanfter träumet und schläft in Armen der Erde der Titan,
    Selbst der neidische, selbst Cerberus trinket und schläft.

라인 강

이작 폰 징클레어에게 바침

나는 어두운 담쟁이 덩굴 속 숲의 입구에
앉아 있었다. 바로 그 때 황금빛 한낮
샘을 찾으며,[1] 알프스 산맥의
계단[2]으로부터 떨어지고 있었다.
나에겐 신성하게 지어진 성
옛 사람들의 생각으로는
천국적인 것들의 성인[3] 알프스.
그러나 거기 비밀스럽게[4] 결정되어
더 많은 것이 사람들에게 이른다. 거기로부터
아무런 예측도 없이 나는
하나의 운명의 소리를 들었다. 바로 직전
따뜻한 그늘 속에서 많은 것을 논하면서
나의 영혼 이탈리아를 향해
저 멀리 모레아의[5] 해변을 향해
막 헤매이기 시작했던 탓이다.

그러나 이제 산맥의 한가운데
은빛 산정 아래 깊숙이
그리고 즐거운 푸르름의 아래
숲들이 전율하면서

또한 바위의 머리들이 겹겹이
그를 내려다보는 곳, 종일토록, 거기
더없이 차가운 심연 속에서
구원을 애원하는 젊은이의[6] 소리를
내 들었다. 그가 미쳐 날뛰며
어머니 대지를 고발하면서
그를 탄생시킨 천둥치는 자를[7] 고발하는 소리
연민에 차 그의 양친은 듣고 있었다. 그러나
필멸의 자들 그 장소로부터 도망쳤다
말도 없이
사슬에 매인 채 날뛸 때
그 반신의[8] 뒤채임 두려웠던 탓이다.

그 목소리는 강 중에서 가장 고귀한 강
자유로 태어난 라인 강의 목소리였다.
저 위에서 형제인 테쎈 강과 로다누스 강과[9]
헤어져 제 길을 떠나고자 했고, 참을 수 없이
그 위풍당당한 영혼이 아시아를 향해[10] 그를 몰아댔을 때,
그의 희망은 다른 것이었다.
허나 운명 앞에서 소망이란
어리석은 것.
그럴지라도 신들의 아들들이야말로
눈먼 자들 중 가장 눈먼 자들이다. 인간도
제 집을 알고 동물도
어디에 집 지어야 할지 알건만
그들의 미숙한 영혼에는
어디를 향해야 할지 모르는 결함 있는 탓이다.[11]

순수한 원천의 것은 하나의 수수께끼.[12] 노래
역시 그 정체를 밝힐 수 없다. 왜냐하면
그대 시작했던 대로 그대 머물 것이기 때문이다.
필연과 길들임이 그렇게 큰 효험을 발한다 하더라도 보다 큰 힘
그대의 탄생이 가지고 있고[13]
갓 태어나는 자를 만나는
빛살이 지니고 있다.
그러나 그 어디에
평생을 자유롭게 머물고
마음의 소망을
제 홀로 충족시키며
마치 라인 강처럼 복된 높이에서부터
그리고 성스런 품으로부터
그처럼 행복하게 태어난 자 있는가?

또한 그의 말이 하나의 환호인 것은 그 때문이다.
그는 다른 아이들처럼
강보에 싸여 울기를 좋아하지 않는다.
구불구불한 강안이
그의 곁으로 살금살금 다가와
갈증을 느끼며 그를 휘감고
그 분별없는 자를
제 자신의 이빨 사이[14]에
기르고 잘 보호하려 열망할 때
웃으며 그는 뱀들을 잡아채고[15]
그 노획물과 함께 돌진하고 있기에. 하여 서둘러
보다 위대한 자가 그를 길들이지 않고

오히려 자라도록[16] 버려둔다면, 번개처럼 그는
대지를 가르지 않을 수 없고, 마치 마술에 걸린 자들처럼
숲들도 그를 따라 날고 산들도 무너져 내리고 말 것이다.[17]

그러나 한 신께서 자식들의
서두르는 삶을 아끼기[18] 원하며
참을 수 없이 그러나 성스러운 알프스에 의해
저지되어서 저 라인 강처럼 깊숙이에서
강들 그에게 분노할 때, 신은 미소 짓는다.
그러한 대장간[19]에서 비로소
모든 순수한 것 역시 연마된다.
또한 라인 강 산들을 떠나고 난 후
곧이어 독일의 땅을 유유히 흘러가면서
스스로 만족하여
훌륭한 사업으로 동경을 달래는 것
아름답다. 아버지 라인 강
땅을 일구고 제가 세운 도시들에서
사랑스런 아이들을 양육할 때.

그러나 그는 결코, 결코 잊지 않는다.
그보다 앞서 인간의 거처 파괴되어야 하고
또한 모든 법칙, 인간들의 한낮은
허깨비가 되기 때문에, 그러하면
그와 같은 자 그의 원천을 잊고
또한 젊음의 순수한 목소리도 잊어야 하기 때문.[20]
최초로 사랑의 유대를 망그러뜨리고
그것으로 올가미를 만든 자가

누구였던가?[21]
그리고 나서 자신의 권리와[22]
천상의 불길을 확신하면서
저항자들은 조롱하였고, 비로소
필멸의 작은 길을 멸시하면서
무모함을 선택해
신들과 겨루고자 분투했었다.

그러나 신들은 자신들의
불멸로서 만족한다. 천상적인 것들
무엇인가를[23] 필요로 한다면,
영웅들과 인간들
그리고 기타 필멸의 존재들이 그것이다. 왜냐하면
가장 복된 자들 스스로는 아무것도 느끼지 못하기 때문이다.
감히 말해도 좋다면
신들의 이름으로
참여하면서 대신으로 느껴야 하고
그 타인을 신들은 필요로 한다.[24] 하지만 신들의 심판은
그 자신의 집 파괴하고
마치 적을 대하듯 가장 사랑하는 자도
욕해야 하며 아버지와 아이도
폐허 밑에 묻어 버려야 한다는 것이다.[25]
만약 어떤 자 신들과 같이 되려 하며
저 망상가가[26] 같지 않음[27]을 감수하려 하지 않는다면.

때문에 잘 나누어진 운명을
찾아낸 자는 행복하나니,[28]

아직 그의 방랑과
달콤하게 그의 고통의
회상이 안전한 해안[29]에서 속삭이는 곳에서
여기 저기로 기꺼이
그는 태어날 때 신이
머물 곳으로 표시해준
경계선에[30] 이르도록 눈길을 돌린다.
그리고 나서 복되게 겸손히[31] 그는 쉰다.
그가 원했던 모든 것
천상적인 것, 스스로 거리낌 없이
포옹하기 때문이다. 미소 지으면서
그가 쉬고 있는 지금 그 대담한 자들.

내 이제 반신들을 생각한다.[32]
또한 내 그 소중한 이들을 알아야 한다.
자주 그들의 삶이 그렇게
나의 그리워하는 마음을 흔들기 때문이다.
그러나 루소여[33], 그대처럼
그 영혼 강하고 끈기 있어
넘어뜨릴 수 없게 되고
확고한 감각과
듣고 말하는[34] 감미로운 천성 타고나
주신(酒神)[35]처럼 성스러운 충만으로부터
어리석게도 신적으로
그리고 법칙도 없이[36] 가장 순수한 자들의 언어를 베푸니
착한 자들에게만 이해될 수 있을 뿐이다. 그러나
불손한 자들 무분별하게

신성을 모독하는 종복들을[37] 침은 옳은 일이니, 내 이 낯선 자를[38]
                                           무엇이라 부를까?

대지의 아들들[39] 어머니처럼
두루 사랑하니, 그들 역시
힘들이지 않고 행복한 자들 모두를 맞아들인다.
그 때문에 필멸의 사람은
놀라고 경악한다.
그가 천국을,
사랑하는 팔로써
자신의 어깨 위에 올려 놓은
천국을 생각하고 그 기쁨의 짐을 느낄 때
그 때 자주[40] 그에게 최선의 것으로 여겨지는 것은
거의 온전히 잊혀진 채
빛살이 불타지 않는 곳
숲의 그늘 가운데[41]
빌러 호수[42] 곁 신선한 푸르름 속에 있는 것,
그리고 아무렇게나 보잘 것 없는 소리로
초보자인 양, 나이팅게일에게서 배우는 것.

그리고 그 다음 성스런 잠에서
일어나[43] 숲의 서늘함에서부터
깨어나, 이제 저녁
따스한 빛살을 향해 나아가는 것[44] 멋지도다.
산들을 세웠고
강들의 길을 그었던 이가
미소 지으면서 또한

인간들의 분주한 삶
그 연약한 숨결의 삶을, 돛을 부풀리듯
자신의 대기로 조종하고 나서
휴식을 또한 취할 때 그리고 이제 그 제자에게로
창조하는 자 악함보다는
선함을 더 많이 발견하면서
한낮 오늘의 대지로 몸을 굽힐 때.

그 때 인간들과 신들은 결혼 잔치를[45] 벌이니
모든 살아 있는 이들 잔치를 열도다.
또한 한동안
운명은 균형을 이룬다.[46]
달아났던 자들은 잘 곳을 찾아들고
용감한 자들은 달콤한 잠을 청한다.
그러나 사랑하는 자들은
옛 그대로 집에
머문다. 거기 꽃들도
햇빛의 해롭지 않은 뜨거움을 즐기고 어둑한 나무들을
정령이 에워싸 살랑인다. 그러나 화해되지 않은 자들
모습을 바꾸고 서둘러
서로 손을 내민다.
우애 어린 빛이
사라져 버리고 밤이 오기 전에.

하지만 이것은 몇몇 사람들에게서는
재빨리 지나가 버리고 말지만, 다른 이들은
그것을 더 오래 지닌다.

영원한 신들은 항상
생명으로 차 있고, 죽을 때까지
인간 역시
기억 속에[47] 최상의 것을 지닐 수는 있다.
그리하여 인간은 최상의 것을 체험한다.
다만 인간 각자는 자신의 척도를 지니는 법.[48]
불행을 견디기는 어렵지만
행복을[49] 견디기 더욱 어려운 탓이다.
그러나 한 현자(賢者)[50] 있어
한낮에서 한밤에 이르기까지
맑은 정신으로 잔치에 남아 있을 수 있었다.

그대에게 전나무 밑 뜨거운 길 위에서나
떡갈나무 숲의 어두움 가운데
강철에 휩싸여 나의 징클레어여![51] 혹은 구름 속에서[52]
신이 나타난다 할지라도 그대는 그를 안다. 그대 젊은이답게
그 착한 이의 힘을 알고, 결코 그대의 눈에
지배자의 미소[53] 숨겨질 수 없기 때문이다.
살아 있는 것 열에 들떠
사슬에 매어져 있는 것처럼 보이는 한낮이나 또는
모든 것이 질서 없이 뒤섞이어
태고의 혼돈이 뒤돌아오는
한밤에도.[54]

DER RHEIN

An Isaak von Sinclair

Im dunklen Efeu saß ich, an der Pforte
Des Waldes, eben, da der goldene Mittag,
Den Quell besuchend, herunterkam
Von Treppen des Alpengebirgs,
Das mir die göttlichgebaute,
Die Burg der Himmlischen heißt
Nach alter Meinung, wo aber
Geheim noch manches entschieden
Zu Menschen gelanget; von da
Vernahm ich ohne Vermuten
Ein Schicksal, denn noch kaum
War mir im warmen Schatten
Sich manches beredend, die Seele
Italia zu geschweift
Und fernhin an die Küsten Moreas.

Jetzt aber, drin im Gebirg,
Tief unter den silbernen Gipfeln
Und unter fröhlichem Grün,
Wo die Wälder schauernd zu ihm,
Und der Felsen Häupter übereinander

Hinabschaun, taglang, dort
Im kältesten Abgrund hört'
Ich um Erlösung jammern
Den Jüngling, es hörten ihn, wie er tobt',
Und die Mutter Erd' anklagt',
Und den Donnerer, der ihn gezeuget,
Erbarmend die Eltern, doch
Die Sterblichen flohn von dem Ort,
Denn furchtbar war, da lichtlos er
In den Fesseln sich wälzte,
Das Rasen des Halbgotts.

Die Stimme wars des edelsten der Ströme
Des freigeborenen Rheins,
Und anderes hoffte der, als droben von den Brüdern,
Dem Tessin und dem Rhodanus,
Er schied und wandern wollt', und ungeduldig ihn
Nach Asia trieb die königliche Seele.
Doch unverständig ist
Das Wünschen vor dem Schicksal.
Die Blindesten aber
Sind Göttersöhne. Denn es kennet der Mensch
Sein Haus und dem Tier ward, wo
Es bauen solle, doch jenen ist
Der Fehl, daß sie nicht wissen wohin?
In die unerfahrne Seele gegeben.

Ein Rätsel ist Reinentsprungenes. Auch

Der Gesang kaum darf es enthüllen. Denn
Wie du anfingst, wirst du bleiben,
So viel auch wirket die Not,
Und die Zucht, das meiste nämlich
Vermag die Geburt,
Und der Lichtstrahl, der
Dem Neugebornen begegnet.
Wo aber ist einer,
Um frei zu bleiben
Sein Leben lang, und des Herzens Wunsch
Allein zu erfüllen, so
Aus günstigen Höhn, wie der Rhein,
Und so aus heiligem Schoße
Glücklich geboren, wie jener?

Drum ist ein Jauchzen sein Wort.
Nicht liebt er, wie andere Kinder,
In Wickelbanden zu weinen;
Denn wo die Ufer zuerst
An die Seit ihm schleichen, die krummen,
Und durstig umwendend ihn,
Den Unbedachten, zu ziehn
Und wohl zu behüten begehren
Im eigenen Zahne, lachend
Zerreißt er die Schlangen und stürzt
Mit der Beut und wenn in der Eil'
Ein Größerer ihn nicht zähmt,
Ihn wachsen läßt, wie der Blitz, muß er

Die Erde spalten, und wie Bezauberte fliehn
Die Wälder ihm nach und zusammensinkend die Berge.
Ein Gott will aber sparen den Söhnen
Das eilende Leben und lächelt,
Wenn unenthaltsam, aber gehemmt
Von heiligen Alpen, ihm
In der Tiefe, wie jener, zürnen die Ströme.
In solcher Esse wird dann
Auch alles Lautre geschmiedet,
Und schön ists, wie er drauf,
Nachdem er die Berge verlassen,
Stillwandelnd sich im deutschen Lande
Begnüget und das Sehnen stillt
Im guten Geschäfte, wenn er das Land baut
Der Vater Rhein und liebe Kinder nährt
In Städten, die er gegründet.

Doch nimmer, nimmer vergißt ers.
Denn eher muß die Wohnung vergehn,
Und die Satzung und zum Unbild werden
Der Tag der Menschen, ehe vergessen
Ein solcher dürfte den Ursprung
Und die reine Stimme der Jugend.
Wer war es, der zuerst
Die Liebesbande verderbt
Und Stricke von ihnen gemacht hat?
Dann haben des eigenen Rechts
Und gewiß des himmlischen Feuers

Gespottet die Trotzigen, dann erst
Die sterblichen Pfade verachtend
Verwegnes erwählt
Und den Göttern gleich zu werden getrachtet.

Es haben aber an eigner
Unsterblichkeit die Götter genug, und bedürfen
Die Himmlischen eines Dings,
So sinds Heroën und Menschen
Und Sterbliche sonst. Denn weil
Die Seligsten nichts fühlen von selbst,
Muß wohl, wenn solches zu sagen
Erlaubt ist, in der Götter Namen
Teilnehmend fühlen ein Andrer,
Den brauchen sie; jedoch ihr Gericht
Ist, daß sein eigenes Haus
Zerbreche der und das Liebste
Wie den Feind schelt' und sich Vater und Kind
Begrabe unter den Trümmern,
Wenn einer, wie sie, sein will und nicht
Ungleiches dulden, der Schwärmer.

Drum wohl ihm, welcher fand
Ein wohlbeschiedenes Schicksal,
Wo noch, der Wanderungen
Und süß der Leiden Erinnerung
Aufrauscht am sichern Gestade,
Daß da und dorthin gern

Er sehn mag bis an die Grenzen
Die bei der Geburt ihm Gott
Zum Aufenthalte gezeichnet.
Dann ruht er, seligbescheiden,
Denn alles, was er gewollt,
Das Himmlische, von selber umfängt
Es unbezwungen, lächelnd
Jetzt, da er ruhet, den Kühnen.

Halbgötter denk' ich jetzt
Und kennen muß ich die Teuern,
Weil oft ihr Leben so
Die sehnende Brust mir beweget.
Wem aber, wie, Rousseau, dir,
Unüberwindlich die Seele
Die starkausdauernde ward,
Und sicherer Sinn
Und süße Gabe zu hören,
Zu reden so, daß er aus heiliger Fülle
Wie der Weingott, törig göttlich
Und gesetzlos sie die Sprache der Reinesten gibt
Verständlich den Guten, aber mit Recht
Die Achtungslosen mit Blindheit schlägt
Die entweihenden Knechte, wie nenn ich den Fremden?

Die Söhne der Erde sind, wie die Mutter,
Alliebend, so empfangen sie auch
Mühlos, die Glücklichen, Alles.

Drum überraschet es auch
Und schröckt den sterblichen Mann,
Wenn er den Himmel, den
Er mit den liebenden Armen
Sich auf die Schultern gehäuft,
Und die Last der Freude bedenket;
Dann scheint ihm oft das Beste,
Fast ganz vergessen da,
Wo der Strahl nicht brennt,
Im Schatten des Walds
Am Bielersee in frischer Grüne zu sein,
Und sorglosarm an Tönen,
Anfängern gleich, bei Nachtigallen zu lernen.

Und herrlich ists, aus heiligem Schlafe dann
Erstehen und aus Waldes Kühle
Erwachend, Abends nun
Dem milderen Licht entgegenzugehn,
Wenn, der die Berge gebaut
Und den Pfad der Ströme gezeichnet,
Nachdem er lächelnd auch
Der Menschen geschäftiges Leben
Das othemarme, wie Segel
Mit seinen Lüften gelenkt hat,
Auch ruht und zu der Schülerin jetzt,
Der Bildner, Gutes mehr
Denn Böses findend,
Zur heutigen Erde der Tag sich neiget. —

Dann feiern das Brautfest Menschen und Götter,
Es feiern die Lebenden all,
Und ausgeglichen
Ist eine Weile das Schicksal.
Und die Flüchtlinge suchen die Herberg,
Und süßen Schlummer die Tapfern,
Die Liebenden aber
Sind, was sie waren, sie sind
Zu Hause, wo die Blume sich freuet
Unschädlicher Glut und die finsteren Bäume
Der Geist umsäuselt, aber die Unversöhnten
Sind umgewandelt und eilen
Die Hände sich ehe zu reichen,
Bevor das freundliche Licht
Hinuntergeht und die Nacht kommt.

Doch einigen eilt
Dies schnell vorüber, andere
Behalten es länger.
Die ewigen Götter sind
Voll Lebens allzeit; bis in den Tod
Kann aber ein Mensch auch
Im Gedächtnis doch das Beste behalten,
Und dann erlebt er das Höchste.
Nur hat ein jeder sein Maß.
Denn schwer ist zu tragen
Das Unglück, aber schwerer das Glück.
Ein Weiser aber vermocht es

Vom Mittag bis in die Mitternacht,
Und bis der Morgen erglänzte,
Beim Gastmahl helle zu bleiben.

Dir mag auf heißem Pfade unter Tannen oder
Im Dunkel des Eichwalds gehüllt
In Stahl, mein Sinklair! Gott erscheinen oder
In Wolken, du kennst ihn, da du kennest, jugendlich,
Des Guten Kraft, und nimmer ist dir
Verborgen das Lächeln des Herrschers
Bei Tage, wenn
Es fieberhaft und angekettet das
Lebendige scheinet oder auch
Bei Nacht, wenn alles gemischt
Ist ordnungslos und wiederkehrt
Uralte Verwirrung.

신이란 무엇인가?...

신이란 무엇인가? 알 수가 없다, 그렇지만
하늘의 얼굴은 그의 본성으로
가득하다. 말하자면 번개는
신의 분노이다. 어떤 것이
보이지 않으면 않을수록,   낯선 곳으로 자신을 보낸다. 그러나
천둥은 신의 명성이다. 불멸영원에 대한 사랑은
우리들의 것과 마찬가지로
신의 재산이다.

WAS IST GOTT? ...

Was ist Gott? unbekannt, dennoch
Voll Eigenschaften ist das Angesicht
Des Himmels von ihm. Die Blitze nämlich
Der Zorn sind eines Gottes. Je mehr ist eins
Unsichtbar,　　schicket es sich in Fremdes. Aber der Donner
Der Ruhm ist Gottes, Die Liebe zur Unsterblichkeit
Das Eigentum auch, wie das unsere,
Ist eines Gottes.

유일자

제1초고

오래고 복된 해변에[1]
나를 붙들어 잡아
나의 조국보다도 그 해변을 더 사랑하게 만드는 것
무엇인가?
왜냐면 마치
천국의
감옥 안으로인 것처럼 내가
그곳에 팔려갔기 때문[2]. 아폴론이
왕의 모습을 하고 걸었으며
그리고 순진한 젊은이들을 향해서
제우스가 내려오고 성스럽게
그 드높은 자 아들과
딸들을 사람들 사이에 낳게한 곳은 어디인가?

드높은 사념은
많은 것
아버지의 머리로부터 솟아나와[3]
위대한 영혼
그로부터 인간에게로 왔도다.
엘리스와 올림피아[4]로부터

내가 귀 기울여 듣고
파르나스[5] 위에 내 섰었고
이스트므스[6]의 산들을 넘어
또한 그 위쪽
스미르나의 곁에도 섰다가 내려와
에페소스 곁에 내 갔었도다[7].

많은 아름다운 것을 내 보았고
인간들 사이에 살아 있는
신의 형상을 내 노래했도다.
그러나 그대들 오랜 신들
그리고 신들의 모든 용감한 아들들
그대들 가운데 내가 사랑하는
일자(一者)를 나는 아직 찾고 있노라,
그들 그대들의 족속의 마지막인 자[8]
가문의 보물로서[9]
낯선 손님인 나에게 숨기고 있는 그 일자를.

나의 스승이며[10] 주인이시여!
오 그대, 나의 선생이시여!
어찌하여 그대는 멀리
떨어져 머물고 있는가? 그리고
나이든 사람들, 영웅들 그리고
신들 가운데서 내가 물었을 때,
어찌하여 그대 그 자리에 없었는가? 이제
내 영혼은 비탄으로
가득 차 있도다, 그대들 천국적인 자들이여,

내 일자에게 봉헌하기를
열망했을 때, 다른 자들
나에겐 미치지 못했을 때.

그러나 나는 알고 있도다, 그것은
내 자신의 잘못임을! 왜냐면,
오 그리스도여! 그대에게 내가 너무도 매달렸기 때문.
또한 과감히 고백하자면,
그대는 헤라클레스의 형제인 것처럼[11]
에비어의 형제이도다[12].
마차에 범을 묶어 이끌게 하고[13]
인더스 강에 이르기까지
기쁨의 봉사를 명하면서[14]
포도밭을 일구고[15]
백성들의 원한을 길들였던 이[16].

그러나 부끄러움 있어
내가 그대를 세속적 사나이들과[17]
비교함을 말리는도다. 그리고 내
아나니, 그대를 낳은 자, 그대의 아버지
이들의 아버지와 같은 이임을.

왜냐면 그 혼자 지배한 적 없기 때문이다[18].

그러나 사랑은

일자에 매달려 있다. 이번에는
말하자면 본래의 마음으로부터
노래는 너무도 아쉽게도 떠났었다,
내가 다른 노래를 부르게 되면
잘못을 고쳐 놓으리라.
내 소망대로 나는 한 번도
정도를 맞추지 못했다. 그러나 신이
오시면 내가 원하는 것 최상의 것을 아시리라[19].
왜냐면 스승처럼
지상위에는

붙잡힌 독수리가[20] 거닐었고,
그를 보았던 많은 이들
두려워 했었으니,
아버지가 그의 최선을
행하시고 최선을
인간들에게 실제로 작용했기 때문[21],
또한 그 아들조차
그가 하늘을 향해 공중으로
날아가기 까지 그렇게 오랫동안 상심했었기 때문[22].
그처럼 영웅들의 영혼 갇혀져 있도다[23].
시인들은 또한 정신적인 자들로서
세속적이어야만 하리라[24].

DER EINZIGE

Erste Fassung

Was ist es, das
An die alten seligen Küsten
Mich fesselt, daß ich mehr noch
Sie liebe, als mein Vaterland?
Denn wie in himmlische
Gefangenschaft verkauft
Dort bin ich, wo Apollo ging
In Königsgestalt,
Und zu unschuldigen Jünglingen sich
Herabließ Zevs und Söhn' in heiliger Art
Und Töchter zeugte
Der Hohe unter den Menschen?

Der hohen Gedanken
Sind nämlich viel
Entsprungen des Vaters Haupt
Und große Seelen
Von ihm zu Menschen gekommen.
Gehöret hab' ich
Von Elis und Olympia, bin
Gestanden oben auf dem Parnaß,

Und über Bergen des Isthmus,
Und drüben auch
Bei Smyrna und hinab
Bei Ephesos bin ich gegangen;

Viel hab' ich schönes gesehn,
Und gesungen Gottes Bild,
Hab' ich, das lebet unter
Den Menschen, aber dennoch
Ihr alten Götter und all
Ihr tapfern Söhne der Götter
Noch Einen such ich, den
Ich liebe unter euch,
Wo ihr den letzten eures Geschlechts
Des Hauses Kleinod mir
Dem fremden Gaste verberget.

Mein Meister und Herr!
O du, mein Lehrer!
Was bist du ferne
Geblieben? und da
Ich fragte unter den Alten,
Die Helden und
Die Götter, warum bliebest
Du aus? Und jetzt ist voll
Von Trauern meine Seele
Als eifertet, ihr Himmlischen, selbst
Daß, dien' ich einem, mir

Das andere fehlet.
Ich weiß es aber, eigene Schuld
Ists! Denn zu sehr,
O Christus! häng' ich an dir,
Wiewohl Herakles Bruder
Und kühn bekenn' ich, du
Bist Bruder auch des Eviers, der
An den Wagen spannte
Die Tyger und hinab
Bis an den Indus
Gebietend freudigen Dienst
Den Weinberg stiftet und
Den Grimm bezähmte der Völker.

Es hindert aber eine Scham
Mich dir zu vergleichen
Die weltlichen Männer. Und freilich weiß
Ich, der dich zeugte, dein Vater,
Derselbe der,

Denn nimmer herrscht er allein.

Es hänget aber an Einem
Die Liebe. Diesesmal
Ist nämlich vom eigenen Herzen
Zu sehr gegangen der Gesang,
Gut machen will ich den Fehl
Wenn ich noch andere singe.

Nie treff ich, wie ich wünsche,
Das Maß. Ein Gott weiß aber
Wenn kommet, was ich wünsche das Beste.
Denn wie der Meister
Gewandelt auf Erden

Ein gefangener Aar,
Und viele, die
Ihn sahen, fürchteten sich,
Dieweil sein Äußerstes tat
Der Vater und sein Bestes unter
Den Menschen wirkete wirklich,
Und sehr betrübt war auch
Der Sohn so lange, bis er
Gen Himmel fuhr in den Lüften,
Dem gleich ist gefangen die Seele der Helden.
Die Dichter müssen auch
Die geistigen weltlich sein.

파트모스

홈부르크의 방백에게 바침

가까이 있으면서
붙들기 어려워라, 신은.
그러나 위험이 있는 곳엔
구원도 따라 자란다.[1]
어둠 속에 독수리들은[2]
살고, 두려움 없이
알프스의 아들들[3] 심연 위에 가볍게
걸쳐 있는 다리를 건넌다.
그리하여, 거기 시간의 꼭대기
둘러싸여 있고, 가장 사랑하는 자들
가까이 저 멀고 멀리 떨어진
산들 위에 지치고 지쳐 살고 있으니,
우리에게 순결한 물길을[4] 달라
오 우리에게 날개를 달라, 진실되기 그지없이
거기를 넘어가고 다시 돌아오도록.

내 그렇게 말하자, 짐작했던 것보다
더욱 빨리, 그리로 가리라곤
생각도 못했던 먼 곳으로
한 정령 내 고향으로부터 나를 데려갔다. 내가 떠났을 때,

고향의 그늘진 숲과,
그리움에 사무친 시냇물
여명 속에서 가물거렸다.[5]
나는 더 이상 그 땅들을 알지 못했다.
그러나 곧 신선한 광채 가운데
신비롭게도
황금빛의 연기에[6] 휩싸여
태양의 발걸음에 맞추어
재빨리 자라나
수천의 봉우리들과 함께 향기를 뿜으면서

아시아는[7] 내 눈 앞에 피어났다. 하여 눈부시어 하며
나 알아볼 수 있는 하나를[8] 그 곳에서 찾았다, 내
널따란 길거리에는 익숙해 있지 않았기에, 거기
트몰루스 산으로부터
황금으로 장식한 팍톨 강[9]이 흐르며
타우루스 산과 메쏘기스 산 서 있고
조용한 불길처럼
꽃으로 가득한 정원 서 있다. 그러나 빛살 속에서
높은 곳엔 은빛의 눈이[10] 만발하다.
다가설 수 없는 암벽에는
영원불멸한 생명의 증인으로
고색창연하게 담쟁이 자라고
살아 있는 기둥들,[11] 삼나무, 월계수에
장려한
신성하게 세워진 궁전 떠받쳐 있다.

그러나 아시아의 문을 에워싸고
불확실한 대양의 평원에는
이 길 저 길로 뻗어나면서
그늘도 없는 바닷길은[12] 수없이 웅얼거린다.
그렇건만 사공은 섬들을 알고 있다.
하여 가까이 있는 섬들의 하나
파트모스라는 것을
내 들었을 때,
내 그 곳에 찾아들어 그 곳
어두운 동굴에[13] 다가가고픈 마음 참을 수 없었다.
왜냐하면 사이프러스처럼
샘들이 많은 섬들도 아니며 혹은
다른 섬처럼
파트모스 멋있게 자리 잡지도[14] 못한 때문이다.

  그러나 그 섬
더욱 가난한 집에서 여전히 손님을 반기며
난파를 당하거나
고향 혹은
세상을 떠난 친구를 슬퍼하면서
낯선 자 하나 그 섬에 다가오면
기꺼이 이를 들어준다. 또한 그 섬의 아이들[15]
뜨거운 임원의 목소리들,
모래가 떨어지고 들판이
갈라지며 내는 소리들
그의 탄식을 들어주고 사랑스럽게
이 모두 그 사나이의 반항하는 탄식으로 다시 울린다. 그처럼

한때 이 섬 신이 사랑했던
예언자를[16] 보살펴 주었다. 그 예언자 복된 청년 시절

지고한 자의 아들과 함께 떨어질 수 없도록[17] 길을 갔었다.
왜냐하면 뇌우를 지니고 있는 분 그 제자의
순진함을 사랑하셨고 그 주의 깊은 사람
신의 얼굴을 정확하게 보았기에.
그 때, 포도나무의 비밀스러움 말하며
만찬의 시간에 함께 앉아
그 위대한 영혼 가운데 조용히 예감하면서
주께서 죽음과 최후의 사랑을[18] 말씀하셨다. 그것은 그 때
주께서 자비에 대해서도
세계의 분노를 보고 달래줄 말도
충분히 지니고 있지 못했던 까닭이다.
왜냐하면 모든 것이 좋은 것이기 때문에.[19] 그리고 그는 죽었다.
그 일에 대해 할 말은 많으리라.[20] 하여 친우들은
의기에 차 바라보는 그를, 더없이 기꺼운 분을 마지막에 보았다.[21]

그러나 그들은 이제 저녁이 되었을 때
놀라워하면서 슬퍼했다.[22]
왜냐하면 그 사람들 영혼 가운데
위대하게 예정되어 있었던 것을 지니고 있었지만, 태양 아래서
그들 삶을 사랑했고 주님의 면전에서
그리고 고향으로부터
떨어지려 하지 않았기 때문이다. 쇠 속을 불길이 뚫고 가듯[23]
그것이 마음 속에 꿰뚫어 박히고 그들의 한 곁으로는
사랑하는 그림자가 함께 가고 있었다.

때문에 그 분은 그들에게 성령을 보내셨고 따라서 집들이
흔들렸고 신의 뇌우가
멀리서 천둥치면서
예감하는 자들의 머리 위에 밀려왔다. 그 때 깊이 생각하면서
죽음의 영웅들은 한데 모였다.[24]

그 때 떠나가면서
다시 한 번 그 분 그들에게 모습을 나타냈다.
그 때 태양의 한낮
위풍당당한 낮이 꺼져 버렸고[25]
곧게 빛을 내는
왕홀을[26] 성스럽게 괴로워하면서 스스로 깨뜨려 버렸기 때문이다.
시간이 되면
제때[27] 돌아와야 했기 때문이다. 뒤늦게 이룩됨
좋지 않았을 터이다. 또한 인간의 업보
갑자기 중단하면서 불성실했었다.[28] 하여
그 때로부터
기쁨[29]이었으니
사랑하는 밤에 깃들며, 간결한 눈길 안에
꼼짝없이 예지의 심연을 지켜 나감이. 하여 저 깊숙이
산록에서는 또한 생생한 영상들 푸르다,[30]

하나 두려운 일이다, 여기저기
무한히 살아 있는 것 신께서 흩뿌리심은.
왜냐하면 벌써 충실한 친우들의
면전을 떠나
산들을 넘어 멀리

홀로 넘어가는 것만은 두려운 일
천상의 정신이
일치하여
이중으로 인식되었을 때.[31] 그리고 그것은 예언된 것이 아니라
머릿단을 움켜잡았었다,[32] 그 자리에서
갑자기 멀리 서둘면서
신께서 그들을 뒤돌아
보았을 때, 그리고 신이 멈추도록
간구하면서, 그 때로부터 마치
황금빛 밧줄에 묶인 것처럼
악령을 불러 쫓으면서 그들 서로 손길을 건네었을 때 —[33]

그러나 그 다음에
아름다움이[34] 지극히 매달려 있었던
그가 죽어서
그의 모습 가운데 한 기적 일고 천상적인 것
그를 가리켰을 때, 또한 하나의 수수께끼 영원히 이어져
기억 속에 함께 살고 있었다.[35]
그들이 서를 이해할 수 없고 모래나
버들만을 휩쓸어 갈 뿐만 아니라
신전들도 덮쳐 버릴 때,[36] 반신과 그 종족의
명예도 바람에 날리고, 지고한 자
얼굴조차도 돌려 버리실 때,
천국의 어디에서도
불멸하는 것 더 이상 찾을 수 없고
푸르른 대지 위에서도 그러하니, 이것이 무엇이란 말인가?[37]

그가 키를 들고 밀을 떠올려
타작마당 위로 흔들면서 깨끗한 곳을 향해
흩뿌릴 때 그것은 씨 뿌리는 이의 파종이다.
쭉정이는 그의 발 앞에 떨어지지만
알맹이는 끝에 이른다.
또한 몇몇 낱알이 잃어 없어지고 말씀에서
살아 있는 소리가 사라져 버려도
나쁠 게 없다.[38]
신적인 일도 우리들의 것과 전혀 다르지 않고
지고한 자 모든 것을 한 번에 원하지 않기 때문이다.
말하자면 광맥이 철을 지니고 있고
에트나 화산이 타오르는 송진을 지니고 있으니
그처럼 나도 하나의 동상[39]을 지워 가지고
본래의 모습과 비슷하게
그리스도를 볼 만큼 중요한 재산 지니고 있는지도 모른다.

그러나 한 사람 제 스스로 채찍질하고
슬프게 말하면서, 도중에, 내 무방비 상태일 때
나를 덮쳐서 놀라워하며 하나의 종복인
내가 신의 모습을 모방하고자 했을 때 —
분노 가운데 명백히 내
천국의 주인들을 보았으니, 내 무엇이 되지 않고 오히려
배워야 함을. 그들은 자비롭지만 그들의 지배가 계속되는 한
그들이 가장 싫어하는 것은 거짓이다. 그리고 그 때
인간적인 것 더 이상 인간들 가운데 효험이 없다.[40]
인간이 지배하는 것이 아니라, 불멸하는 자들의 운명이[41]
지배하며 그들의 업보는

제힘으로 진전하며 서둘러 종말을[42] 찾기 때문이다.
말하자면 천상의 승리가 더 높이 이를 때면
지고한 자의 환희에 찬 아들
강한 자들에 의해 태양처럼.

암호의 표지라 불리운다.[43] 여기에
노래의 지휘봉[44] 아래로 지시해 보인다.
아무것도 천한 것이 없기에. 죽은 자들을
아직 거칠음에 갇힌 자 아니라면
그 지휘봉은 일깨워 세운다. 그러나
많은 겁먹은 눈들
빛을 보려고 기다리고 있다. 그 눈들
날카로운 빛살에[45] 피어나려 하지 않는다.
그들의 용기를 억누르고 있는 것이 황금의 재갈이지만,
그러나 마치
부풀어 오르는 눈썹에
세계를 잊어버리기라도 한 듯
조용히 빛나는 힘이 성스러운 기록에서 떨어지면
은총을 누리면서 그 눈길들
조용한 눈빛을 스스로 익힌다.

  또한 천상적인 것들 이제
내 믿는 바대로 나를 사랑한다면
얼마나 더욱 그대를[46] 또한 사랑하랴.
내 한 가지를 알고 있으니
영원한 아버지의 뜻
더 많이

그대에게 향해져 있음을. 천둥치는 하늘에
그의 징표는 고요하다.[47] 그 아래 한 사람은
평생을 서 있다. 왜냐하면 그리스도는 아직 살아 있기에.
그러나 영웅들, 그의 아들들
모두 도래했고 그 이에 대한
성스러운 문자, 그리고 번개는
지상의 행위들로, 끝날 수 없는 경주에 의해
지금까지도 해명되고 있다. 그러나 그 이 그 가운데 함께 하신다.
그의 업보 처음부터 그에게 모두 알려져 있기 때문이다.

너무도 오래, 이미 너무 오래
천상의 것들의 영광은[48] 눈에 비치지 않았다.
거의 우리의 손가락을 그들이
이끌어야 하며, 부끄럽게도
어떤 힘이 우리의 마음을[49] 앗아가고 있기 때문이다.
천상의 것들 모두 제물을 원하고 있기에
제물의 하나 빠지게 되었을 때
좋은 일이 있어 본 적이 없었다.
우리는 어머니 대지를 섬겼고
근래에는 태양의 빛을 섬겼다.
부지 중에, 그러나 아버지
삼라만상을 다스리시는 그 분
가장 좋아하시는 것은 확고한 문자
가꾸어지고, 현존하는 것이 훌륭하게
해석되는 일이다. 독일의 노래 이를 따라야 하리라.[50]

PATMOS

Dem Landgrafen von Homburg

Nah ist
Und schwer zu fassen der Gott.
Wo aber Gefahr ist, wächst
Das Rettende auch.
Im Finstern wohnen
Die Adler und furchtlos gehn
Die Söhne der Alpen über den Abgrund weg
Auf leichtgebaueten Brücken.
Drum, da gehäuft sind rings
Die Gipfel der Zeit, und die Liebsten
Nah wohnen, ermattend auf
Getrenntesten Bergen,
So gib unschuldig Wasser,
O Fittige gib uns, treuesten Sinns
Hinüberzugehn und wiederzukehren.

So sprach ich, da entführte
Mich schneller, denn ich vermutet
Und weit, wohin ich nimmer
Zu kommen gedacht, ein Genius mich
Vom eigenen Haus'. Es dämmerten

Im Zwielicht, da ich ging
Der schattige Wald
Und die sehnsüchtigen Bäche
Der Heimat; nimmer kannt' ich die Länder;
Doch bald, in frischem Glanze,
Geheimnisvoll
Im goldenen Rauche, blühte
Schnellaufgewachsen,
Mit Schritten der Sonne,
Mit tausend Gipfeln duftend,

Mir Asia auf, und geblendet sucht'
Ich eines, das ich kennete, denn ungewohnt
War ich der breiten Gassen, wo herab
Vom Tmolus fährt
Der goldgeschmückte Paktol
Und Taurus stehet und Messogis,
Und voll von Blumen der Garten,
Ein stilles Feuer; aber im Lichte
Blüht hoch der silberne Schnee;
Und Zeug unsterblichen Lebens
An unzugangbaren Wänden
Uralt der Efeu wächst und getragen sind
Von lebenden Säulen, Zedern und Lorbeern
Die feierlichen,
Die göttlichgebauten Paläste.

Es rauschen aber um Asias Tore

Hinziehend da und dort
In ungewisser Meeresebene
Der schattenlosen Straßen genug,
Doch kennt die Inseln der Schiffer.
Und da ich hörte
Der nahegelegenen eine
Sei Patmos,
Verlangte mich sehr,
Dort einzukehren und dort
Der dunkeln Grotte zu nahn.
Denn nicht, wie Cypros,
Die quellenreiche, oder
Der anderen eine
Wohnt herrlich Patmos,

  Gastfreundlich aber ist
Im ärmeren Hause
Sie dennoch
Und wenn vom Schiffbruch oder klagend
Um die Heimat oder
Den abgeschiedenen Freund
Ihr nahet einer
Der Fremden, hört sie es gern, und ihre Kinder
Die Stimmen des heißen Hains,
Und wo der Sand fällt, und sich spaltet
Des Feldes Fläche, die Laute
Sie hören ihn und liebend tönt
Es wider von den Klagen des Manns. So pflegte

Sie einst des gottgeliebten,
Des Sehers, der in seliger Jugend war
Gegangen mit
Dem Sohne des Höchsten, unzertrennlich, denn
Es liebte der Gewittertragende die Einfalt
Des Jüngers und es sahe der achtsame Mann
Das Angesicht des Gottes genau,
Da, beim Geheimnisse des Weinstocks, sie
Zusammensaßen, zu der Stunde des Gastmahls,
Und in der großen Seele, ruhigahnend den Tod
Aussprach der Herr und die letzte Liebe, denn nie genug
Hatt' er von Güte zu sagen
Der Worte, damals, und zu erheitern, da
Ers sahe, das Zürnen der Welt.
Denn alles ist gut. Drauf starb er. Vieles wäre
Zu sagen davon. Und es sahn ihn, wie er siegend blickte
Den Freudigsten die Freunde noch zuletzt,

Doch trauerten sie, da nun
Es Abend worden, erstaunt,
Denn Großentschiedenes hatten in der Seele
Die Männer, aber sie liebten unter der Sonne
Das Leben und lassen wollten sie nicht
Vom Angesichte des Herrn
Und der Heimat. Eingetrieben war,
Wie Feuer im Eisen, das, und ihnen ging
Zur Seite der Schatte des Lieben.
Drum sandt' er ihnen

Den Geist, und freilich bebte
Das Haus und die Wetter Gottes rollten
Ferndonnernd über
Die ahnenden Häupter, da, schwersinnend
Versammelt waren die Todeshelden,

Itzt, da er scheidend
Noch einmal ihnen erschien.
Denn itzt erlosch der Sonne Tag
Der Königliche und zerbrach
Den geradestrahlenden,
Den Zepter, göttlichleidend, von selbst,
Denn wiederkommen sollt es
Zu rechter Zeit. Nicht wär es gut
Gewesen, später, und schroffabbrechend, untreu,
Der Menschen Werk, und Freude war es
Von nun an,
Zu wohnen in liebender Nacht, und bewahren
In einfältigen Augen, unverwandt
Abgründe der Weisheit. Und es grünen
Tief an den Bergen auch lebendige Bilder,

Doch furchtbar ist, wie da und dort
Unendlich hin zerstreut das Lebende Gott.
Denn schon das Angesicht
Der teuern Freunde zu lassen
Und fernhin über die Berge zu gehn
Allein, wo zweifach

Erkannt, einstimmig
War himmlischer Geist; und nicht geweissagt war es, sondern
Die Locken ergriff es, gegenwärtig,
Wenn ihnen plötzlich
Ferneilend zurück blickte
Der Gott und schwörend,
Damit er halte, wie an Seilen golden
Gebunden hinfort
Das Böse nennend, sie die Hände sich reichten?

Wenn aber stirbt alsdenn
An dem am meisten
Die Schönheit hing, daß an der Gestalt
Ein Wunder war und die Himmlischen gedeutet
Auf ihn, und wenn, ein Rätsel ewig füreinander
Sie sich nicht fassen können
Einander, die zusammenlebten
Im Gedächtnis, und nicht den Sand nur oder
Die Weiden es hinwegnimmt und die Tempel
Ergreift, wenn die Ehre
Des Halbgotts und der Seinen
Verweht und selber sein Angesicht
Der Höchste wendet
Darob, daß nirgend ein
Unsterbliches mehr am Himmel zu sehn ist oder
Auf grüner Erde, was ist dies?

Es ist der Wurf des Säemanns, wenn er faßt

Mit der Schaufel den Weizen,
Und wirft, dem Klaren zu, ihn schwingend über die Tenne.
Ihm fällt die Schale vor den Füßen, aber
Ans Ende kommet das Korn,
Und nicht ein Übel ists, wenn einiges
Verloren gehet und von der Rede
Verhallet der lebendige Laut,
Denn göttliches Werk auch gleichet dem unsern,
Nicht alles will der Höchste zumal.
Zwar Eisen träget der Schacht,
Und glühende Harze der Ätna,
So hätt' ich Reichtum,
Ein Bild zu bilden, und ähnlich
Zu schaun, wie er gewesen, den Christ,

Wenn aber einer spornte sich selbst,
Und traurig redend, unterweges, da ich wehrlos wäre
Mich überfiele, daß ich staunt' und von dem Gotte
Das Bild nachahmen möcht' ein Knecht?
Im Zorne sichtbar sah' ich einmal
Des Himmels Herrn, nicht, daß ich sein sollt etwas, sondern
Zu lernen. Gütig sind sie, ihr Verhaßtestes aber ist,
So lange sie herrschen, das Falsche, und es gilt
Dann Menschliches unter Menschen nicht mehr.
Denn sie nicht walten, es waltet aber
Unsterblicher Schicksal und es wandelt ihr Werk
Von selbst, und eilend geht es zu Ende.
Wenn nämlich höher gehet himmlischer

Triumphgang, wird genennet, der Sonne gleich
Von Starken der frohlockende Sohn des Höchsten,

Ein Losungszeichen, und hier ist der Stab
Des Gesanges, niederwinkend,
Denn nichts ist gemein. Die Toten wecket
Er auf, die noch gefangen nicht
Vom Rohen sind. Es warten aber
Der scheuen Augen viele
Zu schauen das Licht. Nicht wollen
Am scharfen Strahle sie blühn,
Wiewohl den Mut der goldene Zaum hält.
Wenn aber, als
Von schwellenden Augenbrauen
Der Welt vergessen
Stilleuchtende Kraft aus heiliger Schrift fällt, mögen
Der Gnade sich freuend, sie
Am stillen Blicke sich üben.

  Und wenn die Himmlischen jetzt
So, wie ich glaube, mich lieben
Wie viel mehr Dich,
Denn Eines weiß ich,
Daß nämlich der Wille
Des ewigen Vaters viel
Dir gilt. Still ist sein Zeichen
Am donnernden Himmel. Und Einer stehet darunter
Sein Leben lang. Denn noch lebt Christus.

Es sind aber die Helden, seine Söhne
Gekommen all und heilige Schriften
Von ihm und den Blitz erklären
Die Taten der Erde bis itzt,
Ein Wettlauf unaufhaltsam. Er ist aber dabei. Denn seine
                                              Werke sind
Ihm alle bewußt von jeher.

Zu lang, zu lang schon ist
Die Ehre der Himmlischen unsichtbar.
Denn fast die Finger müssen sie
Uns führen und schmählich
Entreißt das Herz uns eine Gewalt.
Denn Opfer will der Himmlischen jedes,
Wenn aber eines versäumt ward,
Nie hat es Gutes gebracht.
Wir haben gedienet der Mutter Erd'
Und haben jüngst dem Sonnenlichte gedient,
Unwissend, der Vater aber liebt,
Der über allen waltet,
Am meisten, daß gepfleget werde
Der feste Buchstab, und bestehendes gut
Gedeutet. Dem folgt deutscher Gesang.

사랑스러운 푸르름 안에…

사랑스러운 푸르름 안에 금속성 지붕을 한 교회의 탑이 피어오른다. 그 주위를 제비들 우짖는 소리 떠돈다. 감동스럽기 이를 데 없는 푸르름이 그 주위를 에워싸고 있다. 그 위로 태양은 높이 떠오르고 양철을 물들인다. 그러나 바람결에 저 위쪽에서는 풍향기가 조용히 운다. 종 아래에서 어떤 이가 그 계단들을 내려오면, 그것은 고요한 삶이다. 왜냐면, 그처럼 그 모습이 떼어내 구분되면, 인간의 형상성이 드러나기 때문이다. 종소리 울려 나오는 그 창문들은 아름다움에 닿아있는 성문과 같다. 즉 자연을 따라서 말하자면, 성문들은 숲의 나무들과 비슷하며, 또 비슷한 점을 지니고 있다. 순수성은 그러나 또한 아름다움이다. 안쪽에는 여러 다른 것들로부터 진지한 영혼이 탄생한다. 그러나 그 영상들은 그처럼 단순하고, 그처럼 성스러워서 우리는 자주 그것을 서술하기조차 정말 두려워진다. 그러나 천국적인 자들, 언제나 선량한 자들, 풍요로운 자들처럼 이것을, 덕망과 환희를 지니고 있다. 인간은 그것을 본떼도 무방하리라.[1] 삶이 진정한 수고로움일 때 한 인간이 올려다보고: 나 역시 존재할 의사가 있는가라고 물어도 되는 것인가? 그렇다. 우정이 아직도 심장에, 순수가 계속되고 있는 한, 인간은 불행하게 신성을 아쉬워하지 않을 것이다. 신은 알 수 없는 존재인가?[2] 신은 하늘과 마찬가지로 열려 있는가? 나는 이 후자를 오히려 믿는다. 그것이 인간의 척도이다. 온통 이득을 찾으며, 그렇지만 인간은 시인처럼 이 땅 위에서 살고 있다.[3] 내가 말할 수 있다면, 별들로 가득한 밤의 그늘도 인간, 즉 신성의 영상인 인간[4]보다 더 순수하지는 않다.

지상에 척도는 있는가? 없다. 다시 말해서 그 창조자의 세계들은 뇌우의 진행을 방해하지 않는다. 또한 한 송이 꽃도 그것이 태양 아래에서 피기 때문에 아름답다.[5] 눈길은 자주 삶 가운데서 꽃들보다도 훨씬 더 아름답다고 할 만한 존재를 발견한다. 오! 나는 그것을 잘 알고 있다! 도대체 형상과 심장에 피 흘리는 것, 그리고 더 이상 완전히 존재하지 않는 것, 그것이 신의 마음에 드는 일인가? 그러나 영혼은, 내 생각으로는, 순수하게 머물러야만 하는 것. 그렇게 해서 그렇게 많은 새들의 찬미하는 노래와 목소리들과 함께 독수리의 날개를 타고 막강함에 다다른다. 그것은 본질이다. 그것은 형상이다. 그대 아름다운 실개천, 그대는 신성의 눈길처럼, 은하수를 그처럼 맑게 흘러가면서 감동을 주는 것처럼 보인다. 나는 그대를 잘 안다. 그러나 눈으로부터는 눈물이 솟아나는구나.[6] 어떤 명랑한 삶이 창조의 모습들 안에서 내 주위에 피어오르는 것을 나는 바라본다. 한편 내가 그 삶을 교회마당의 고독한 비둘기에 비교하는 것은 부당한 일이 아니다. 그러나 사람들의 웃음은 나로 하여금 몹시 슬프게 하는 듯이 보인다. 말하자면 나는 하나의 심장을 지니고 있다. 나는 하나의 행성이기를 원하는가? 그렇다고 생각한다. 왜냐면 행성들은 새들의 빠르기를 지니고 있기 때문에.[7] 행성들은 불길에 닿아 피어오르며 순수에 기댄 아이들과도 같기 때문에. 더 이상 위대해지려고 소망하는 것, 인간의 천성은 주제넘은 일을 행할 수는 없다. 덕망의 명랑함은 정원의 3개의 기둥들 사이로 부는 진지한 영혼으로부터 찬양받을 보답을 얻는다. 한 아름다운 동정녀는 은매화 꽃으로 치장해야만 하니, 그녀는 그 본성으로 감성으로 단순하기 때문에.[8] 그러나 은매화는 그리스에 있다.

누군가 거울을 들여다 볼 때, 어느 한 남자가, 그리고 그 안에서 그려진

대로의 자신의 모습을 볼 때, 그 모습은 남자를 닮았다.[9] 인간의 모습은 눈을 가지고 있지만, 달은 빛을 가지고 있다. 외디푸스 왕은 어쩌면 하나의 눈을 더 많이 가지고 있는지도 모를 일이다.[10] 이 남자의 고통은, 그것을 필설로 다하기 어렵고, 표현할 수 없을 것으로 보인다. 연극이 그러한 것을 표현해 낸다면, 그것은 그 곳으로부터 일어난다. 그러나 내가 지금 그대를 생각한다면, 나에게는 그것이 어떤 것인가? 마치 시냇물처럼 아시아처럼 확장되는 그 무엇으로부터 종말은 나를 낚아 채간다.[11] 물론 이러한 고통을 외디푸스는 지니고 있다. 물론 그렇기 때문이다. 헤라클레스 역시 고통을 겪었는가? 물론이다. 디오스쿠렌도 그 우정 가운데, 이 고통을 견디지 않았던가? 말하자면 헤라클레스처럼 신과 다투는 일 그것이 고통이다.[12] 그렇지만 어느 인간이 주근깨로 뒤덮여 있다면, 많은 점들로 온통 덮여 있다면, 그것 또한 하나의 고통이다.[13] 아름다운 태양이 그것을 만든다. 말하자면 태양은 모든 것을 감아올린다. 태양은 장미를 가지고 그러하듯 그 빛살의 자극을 통해서 젊은이를 길로 이끈다. 한 불쌍한 남자가 무엇인가 결핍되어 있는 것을 비탄하는 것처럼 외디푸스가 견디었던 고통들은 그렇게 보인다. 라이오스의 아들, 그리스의 불쌍한 이방인이여![14] 삶은 죽음이고 또한 죽음도 역시 하나의 삶이다.[15]

IN LIEBLICHER BLÄUE...

In lieblicher Bläue blühet mit dem metallenen Dache der Kirchturm. Den umschwebet Geschrei der Schwalben, den umgibt die rührendste Bläue. Die Sonne gehet hoch darüber und färbet das Blech, im Winde aber oben stille krähet die Fahne. Wenn einer unter der Glocke dann herabgeht, jene Treppen, ein stilles Leben ist es, weil, wenn abgesondert so sehr die Gestalt ist, die Bildsamkeit herauskommt dann des Menschen. Die Fenster, daraus die Glocken tönen, sind wie Tore an Schönheit. Nämlich, weil noch der Natur nach sind die Tore, haben diese die Ähnlichkeit von Bäumen des Walds. Reinheit aber ist auch Schönheit. Innen aus Verschiedenem entsteht ein ernster Geist. So sehr einfältig aber die Bilder, so sehr heilig sind die, daß man wirklich oft fürchtet, die zu beschreiben. Die Himmlischen aber, die immer gut sind, alles zumal, wie Reiche, haben diese, Tugend und Freude. Der Mensch darf das nachahmen. Darf, wenn lauter Mühe das Leben, ein Mensch aufschauen und sagen: so will ich auch sein? Ja. So lange die Freundlichkeit noch am Herzen, die Reine, dauert, misset nicht unglücklich der Mensch sich mit der Gottheit. Ist unbekannt Gott? Ist er offenbar wie der Himmel? dieses glaub' ich eher. Des Menschen Maß ist's. Voll Verdienst, doch dichterisch, wohnet der Mensch auf dieser

Erde. Doch reiner ist nicht der Schatten der Nacht mit den Sternen, wenn ich so sagen könnte, als der Mensch, der heißet ein Bild der Gottheit.

Gibt es auf Erden ein Maß? Es gibt keines. Nämlich es hemmen den Donnergang nie die Welten des Schöpfers. Auch eine Blume ist schön, weil sie blühet unter der Sonne. Es findet das Aug' oft im Leben Wesen, die viel schöner noch zu nennen wären als die Blumen. O! ich weiß das wohl! Denn zu bluten an Gestalt und Herz, und ganz nicht mehr zu sein, gefällt das Gott? Die Seele aber, wie ich glaube, muß rein bleiben, sonst reicht an das Mächtige auf Fittigen der Adler mit lobendem Gesange und der Stimme so vieler Vögel. Es ist die Wesenheit, die Gestalt ist's. Du schönes Bächlein, du scheinest rührend, indem du rollest so klar, wie das Auge der Gottheit, durch die Michstraße. Ich kenne dich wohl, aber Tränen quillen aus dem Auge. Ein heiteres Leben seh' ich in den Gestalten mich umblühen der Schöpfung, weil ich es nicht unbillig vergleiche den einsamen Tauben auf dem Kirchhof. Das Lachen aber scheint mich zu grämen der Menschen, nämlich ich hab' ein Herz. Möcht' ich ein Komet sein? Ich glaube. Denn sie haben die Schnelligkeit der Vögel; sie blühen an Feuer, und sind wie Kinder an Reinheit. Größeres zu wünschen, kann nicht des Menschen Natur sich vermessen. Der Tugend Heiterkeit verdient auch gelobt zu werden vom ernsten Geiste, der zwischen den drei Säulen wehet des Gartens. Eine schöne Jungfrau muß das Haupt umkränzen mit Myrtenblumen, weil sie einfach ist ihrem Wesen nach und ihrem Gefühl. Myrten aber gibt es in Griechenland.

Wenn einer in den Spiegel siehet, ein Mann, und siehet darin sein Bild, wie abgemalt; es gleicht dem Manne. Augen hat des Menschen Bild, hingegen Licht der Mond. Der König Oedipus hat ein Auge zuviel vielleicht. Diese Leiden dieses Mannes, sie scheinen unbeschreiblich, unaussprechlich, unausdrücklich. Wenn das Schauspiel ein solches darstellt, kommt's daher. Wie ist mir's aber, gedenk' ich deiner jetzt? Wie Bäche reißt das Ende von Etwas mich dahin, welches sich wie Asien ausdehnet. Natürlich dieses Leiden, das hat Oedipus. Natürlich ist's darum. Hat auch Herkules gelitten? Wohl. Die Dioskuren in ihrer Freundschaft haben die nicht Leiden auch getragen? Nämlich wie Herkules mit Gott zu streiten, das ist Leiden. Und die Unsterblichkeit im Neide dieses Lebens, diese zu teilen, ist ein Leiden auch. Doch das ist auch ein Leiden, wenn mit Sommerflecken ist bedeckt ein Mensch, mit manchen Flecken ganz überdeckt zu sein! Das tut die schöne Sonne: nämlich die ziehet alles auf. Die Jünglinge führt die Bahn sie mit Reizen ihrer Strahlen wie mit Rosen. Die Leiden scheinen so, die Oedipus getragen, als wie ein armer Mann klagt, daß ihm etwas fehle. Sohn Laios, armer Fremdling in Griechenland! Leben ist Tod, und Tod ist auch ein Leben.

6. 삶과 죽음

나는 이 세상의 평안함을 누렸으니
청춘의 시간은 그 언제런가! 오래 전에 흘러 갔고
4월과 5월과 6월은 멀고
나는 더 이상 그 무엇도 아니니, 내 기꺼이 사는 것도 아니네!

시 「이 세상의 평안함…」 중에서

그때와 지금

젊은 시절의 나날 아침이면 즐거웠고
　저녁이 깃들면 내 울었네. 지금 내 나이 들어
　　나의 하루 의심에 차 시작하나
　　　그 하루의 끝은 나에게 성스럽고 유쾌하여라.

EHMALS UND JETZT

In jüngern Tagen war ich des Morgens froh,
　Des Abends weint' ich; jetzt, da ich älter bin,
　　Beginn ich zweifelnd meinen Tag, doch
　　　Heilig und heiter ist mir sein Ende.

고별

내가 굴욕과 함께 죽는다면, 나의 영혼이
　불순한 자들을 앙갚음하지 못한다면, 내가
　　수호신의 적들로부터 패하여
　　　비겁한 무덤으로 내려간다면,

그때는 나를 잊어 달라, 오 그때는 그대
　착한 가슴이여! 나의 이름을 더 이상 추락에서 구하지 말라,
　　그때는 나에게 사랑스러웠던 그대
　　　앞서 얼굴을 붉히지 말아라!

그러나 내가 그걸 모르는 건가? 슬프도다! 그대
　사랑스러운 수호의 정령이여! 그대로부터 멀리 떨어져
　　내 심장의 현들을 갈갈이 찢으며 곧
　　　죽음의 모든 망령들 유희하리라.

그처럼 오 대담한 청춘의 머릿단이여!
　내일의 나보다 차라리 오늘 너를 빛바래게 하라.

고독한 갈림길에서
　고통이 나를, 나를 살해자가
　　내동댕이치는 이곳에서.

ABSCHIED

Wenn ich sterbe mit Schmach, wenn an den Frechen nicht
  Meine Seele sich rächt, wenn ich hinunter bin
    Von des Genius Feinden
      Überwunden, ins feige Grab,

Dann vergiß mich, o dann rette vom Untergang
  Meinen Namen auch du, gütiges Herz! nicht mehr,
    Dann erröte, die du mir
      Hold gewesen, doch eher nicht!

Aber weiß ich es nicht? Wehe! du liebender
  Schutzgeist! ferne von dir spielen zerreißend bald
    Auf den Saiten des Herzens
      Alle Geister des Todes mir.

O so bleiche dich denn Locke der mutigen
  Jugend! heute noch, du lieber als morgen mir.

    hier wo am einsamen
  Scheidewege der Schmerz mich,
    Mich der Tötende niederwirft.

삶의 행로

그대 역시 보다 위대해지려 했으나 사랑은
  우리 모두를 지상으로 끌어내리고, 고뇌가 더욱 강하게 휘어잡네.
    그러나 우리 인생의 활[1], 떠나왔던 곳으로
      되돌아감은 부질없는 일이 아니네.

위를 향하거나 아래로 내려오거나![2] 말없는 자연
  생성의 한낮을 곰곰이 생각하는 성스러운 밤에
    가장 믿을 수 없는 명부에서조차
      하나의 곧바름이, 하나의 법칙이 지배하지 않는가?[3]

이를 나는 배워 아네. 너희들 천상적인 것들
  너희들 삼라만상을 보존하는 자들 결코 인간의 거장처럼
    조심스럽게 나를 평탄한 길로
      인도하지 않았음을 내 알고 있네.

인간은 모든 것을 시험해야 하리라,[4] 천국적인 자들 말하나니
  힘차게 길러져[5] 인간은 비로소 모든 것에 감사함을 배우고
    제 가고자 하는 곳으로 떠나는
      자유를 이해하게 되는 법이네.

LEBENSLAUF

Größeres wolltest auch du, aber die Liebe zwingt
All uns nieder, das Leid beuget gewaltiger,
   Doch es kehret umsonst nicht
     Unser Bogen, woher er kommt.

Aufwärts oder hinab! herrschet in heil'ger Nacht,
Wo die stumme Natur werdende Tage sinnt,
   Herrscht im schiefesten Orkus
     Nicht ein Grades, ein Recht noch auch?

Dies erfuhr ich. Denn nie, sterblichen Meistern gleich,
Habt ihr Himmlischen, ihr Alleserhaltenden,
   Daß ich wüßte, mit Vorsicht,
     Mich des ebenen Pfads geführt.

Alles prüfe der Mensch, sagen die Himmlischen,
Daß er, kräftig genährt, danken für Alles lern',
   Und verstehe die Freiheit,
     Aufzubrechen, wohin er will.

엠페도클레스

생명을 그대는 찾고 있도다, 또한 대지 깊숙이에서
　그대에게 신적인 불길이 솟아오르고 반짝인다,
　　그리고 그대 전율케하는 열망가운데
　　　에트나의 불 속으로 자신을 던진다.

그렇게 여왕의 오만은 진주를
　포도주 안에서 녹였었다.[1] 그녀는 그렇게 하고 싶었을 것!
　　오 시인이여, 그대는 그대의 재산만을[2]
　　　끓어오르는 잔 속에다 제물로 바치지 않으리라!

허나 그대는 나에게 성스럽도다. 그대를
　앗아간 과감한 살해자 대지의 힘이 그러하듯!
　　또한 사랑이 나를 붙들지 않는다면 나는
　　　심연 속으로 영웅을 뒤따라 가고 싶도다.

EMPEDOKLES

Das Leben suchst du, suchst, und es quillt und glänzt
  Ein göttlich Feuer tief aus der Erde dir,
    Und du in schauderndem Verlangen
      Wirfst dich hinab, in des Ätna Flammen.

So schmelzt' im Weine Perlen der Übermut
  Der Königin; und mochte sie doch! hättst du
    Nur deinen Reichtum nicht, o Dichter,
      Hin in den gärenden Kelch geopfert!

Doch heilig bist du mir, wie der Erde Macht,
  Die dich hinwegnahm, kühner Getöteter!
    Und folgend möcht' ich in die Tiefe,
      Hielte die Liebe mich nicht, dem Helden.

영면(永眠)한 사람들

나 속절없는 하루를 살았고 내 일가와 함께 성장했네,
  하나씩 나로부터 잠들고 저리로 달아나네.
그러나 그대들 잠자는 이들 내 가슴에서 깨어나고, 친근한
  내 영혼 안에는 사라져 버렸던 그대들의 영상 쉬고 있네.
또한 신적 정신의 기쁨이 노쇠해 가는 자 모두
  죽은 자 모두 회춘케 하는 그 곳에 그대들 더욱 생생하게 살아있네.

DIE ENTSCHLAFENEN

Einen vergänglichen Tag lebt' ich und wuchs mit den Meinen,
 Eins um's andere schon schläft mir und fliehet dahin.
Doch ihr Schlafenden wacht am Herzen mir, in verwandter
 Seele ruhet von euch mir das entfliehende Bild.
Und lebendiger lebt ihr dort, wo des göttlichen Geistes
 Freude die Alternden all, alle die Toten verjüngt.

희망에 부쳐

오 희망이여! 사랑스러운 것이여! 착하게 일 바쁜 것이여!
  비탄하는 자의 집도 비웃지 아니하며
    즐겨 봉헌하는 고귀한 것이여! 사람들과
      천상의 힘들 사이를 이어 주재하는도다.

그대 어디에 있는가? 내 아직 얼마 살지 않았으나 나의
  저녁은 벌써 차갑게 숨쉬고 있다. 또한 그림자처럼[1]
    나는 벌써 여기에 침묵하고 있으며, 내 가슴에는
      떨리는 심장이 이미 노래도 없이 졸고 있노라.

푸르른 계곡, 거기 싱싱한 샘물 나날이
  산들에서 솟아 나오고 사랑스러운 콜히쿰[2]
    가을날에 나에게 활짝 피어나는
      그 곳, 정적 가운데서 그대 사랑스러운 자, 내

그대를 찾노라. 혹은 한밤중에 언덕 위에서
  눈에 보이지 않는 생명이 거닐고
    나의 머리 위에 언제나 즐거운 꽃들,
      그 피어나는 별들[3]이 반짝일 때면

오 천공의 딸이여[4]! 그대 아버지의 정원을 나와[5]

나에게 나타나거라. 또한 그대 대지의 정령의
모습으로 오지 않으려거든, 나의 마음만을, 오
다른 형상으로서라도[6] 놀라 깨어나게 하여라.

AN DIE HOFFNUNG

O Hoffnung! holde! gütiggeschäftige!
 Die du das Haus der Trauernden nicht verschmähst,
  Und gerne dienend, Edle! zwischen
   Sterblichen waltest und Himmelsmächten,

Wo bist du? wenig lebt' ich; doch atmet kalt
 Mein Abend schon. Und stille, den Schatten gleich,
  Bin ich schon hier; und schon gesanglos
   Schlummert das schaudernde Herz im Busen.

Im grünen Tale, dort, wo der frische Quell
 Vom Berge täglich rauscht, und die liebliche
  Zeitlose mir am Herbsttag aufblüht,
   Dort, in der Stille, du Holde, will ich

Dich suchen, oder wenn in der Mitternacht
 Das unsichtbare Leben im Haine wallt,
  Und über mir die immerfrohen
   Blumen, die blühenden Sterne glänzen,

O du des Äthers Tochter! erscheine dann
 Aus deines Vaters Gärten, und darfst du nicht
  Ein Geist der Erde, kommen, schröck', o
   Schröcke mit anderem nur das Herz mir.

반평생

노오란 배 열매[1]와
들장미 가득하여
육지는 호수 속에 매달려 있네.
너희 사랑스러운 백조들
입맞춤에 취하여
성스럽게 깨어 있는[2] 물 속에
머리를 담구네.

슬프다, 내 어디에서
겨울이 오면, 꽃들과[3] 어디서
햇볕과
대지의 그늘을 찾을까?
성벽은 말없이
차갑게 서 있고, 바람결에
풍향기는[4] 덜걱거리네.

HALFTE DES LEBENS

Mit gelben Birnen hänget
Und voll mit wilden Rosen
Das Land in den See,
Ihr holden Schwäne,
Und trunken von Küssen
Tunkt ihr das Haupt
Ins heilignüchterne Wasser.

Weh mir, wo nehm' ich, wenn
Es Winter ist, die Blumen, und wo
Den Sonnenschein,
Und Schatten der Erde?
Die Mauern stehn
Sprachlos und kalt, im Winde
Klirren die Fahnen.

삶의 연륜

너희들 에우프라트의 도시들이여!
너희들 팔뮐라의[1] 골목들이여!
황량한 평원 가운데의 너희들 기둥의 숲들이여,[2]
너희들은 무엇이냐?
너희들의 수관,[3] 너희들이
숨쉬는 자의 한계를 넘어갔을 때[4]
천국적인 힘의 연기와
불길이 너희들로부터 걷어 가 버렸다!
그러나 이제,
구름 아래 나는 앉아 있다.[5]
잘 정돈된 참나무들 아래,
노루의 언덕 위에 나는 앉아 있다. 하여
축복의 정령들 나에게 낯설고도 죽은 듯
모습을 나타낸다.

LEBENSALTER

Ihr Städte des Euphrats!
Ihr Gassen von Palmyra!
Ihr Säulenwälder in der Eb'ne der Wüste,
Was seid ihr?
Euch hat die Kronen,
Dieweil ihr über die Grenze
Der Othmenden seid gegangen,
Von Himmlischen der Rauchdampf und
Hinweg das Feuer genommen;
Jetzt aber sitz' ich unter Wolken (deren
Ein jedes eine Ruh' hat eigen) unter
Wohleingerichteten Eichen, auf
Der Heide des Rehs, und fremd
Erscheinen und gestorben mir
Der Seligen Geister.

인간의 삶이란 무엇인가...

인간의 삶이란 무엇인가 ― 신성(神性)의 한 영상이다.
세속의 사람들이 모두 하늘 아래를 떠돌 때 이들은 하늘을 본다.
그러나 어떤 문자를 들여다보듯이, 읽는 가운데
인간은 무한을 본뜨고 풍요로움을 본딴다.
단순한 하늘이 도대체
풍요롭단 말인가? 은빛 구름들은
활짝 핀 꽃과도 같다. 거기로부터
이슬과 습기가 비처럼 내린다. 그러나
푸르름이 꺼져 버리면, 그 단순성은
대리석을 닮은, 단조로움은 광석처럼
풍요로움의 표시처럼 보인다.

WAS IST DER MENSCHEN LEBEN...

Was ist der Menschen Leben ein Bild der Gottheit.
Wie unter dem Himmel wandeln die Irdischen alle, sehen
Sie diesen. Lesend aber gleichsam, wie
In einer Schrift, die Unendlichkeit nachahmen und den Reichtum
Menschen. Ist der einfältige Himmel
Denn reich? Wie Blüten sind ja
Silberne Wolken. Es regnet aber von daher
Der Tau und das Feuchte. Wenn aber
Das Blau ist ausgelöscht, das Einfältige, scheint
Das Matte, das dem Marmelstein gleichet, wie Erz,
Anzeige des Reichtums.

한 어린아이의 죽음에 부쳐

아름다움은 어린아이들의 것,
어쩌면 신의 초상 —
그들의 소유물은 평온과 침묵,
천사들에게 찬미로 주어진 그것.

AUF DEN TOD EINES KINDES

Die Schönheit ist den Kindern eigen,
Ist Gottes Ebenbild vielleicht, —
Ihr Eigentum ist Ruh und Schweigen,
Das Engeln auch zum Lob gereicht.

이 세상의 평안함...

나는 이 세상의 평안함을 누렸으니
청춘의 시간은 그 언제런가! 오래 전에 흘러갔고
4월과 5월과 6월은 멀고
나는 더 이상 그 무엇도 아니니, 내 이제 기꺼이 사는 것도 아니네!

DAS ANGENEHME DIESER WELT...

Das Angenehme dieser Welt hab' ich genossen,
Die Jugendstunden sind, wie lang! wie lang! verflossen,
April und Mai und Julius sind ferne,
Ich bin nichts mehr, ich lebe nicht mehr gerne!

찜머에게

마치 길들처럼, 그리고 산들의 경계처럼
인생의 행로는 각가지이다.
우리 여기 있는 바를, 저기 한 신께서
조화와 영원한 보답과 평화로 보충해 주시리라.

AN ZIMMERN

Die Linien des Lebens sind verschieden
Wie Wege sind, und wie der Berge Grenzen.
Was hier wir sind, kann dort ein Gott ergänzen
Mit Harmonien und ewigem Lohn und Frieden.

즐거운 삶

내 풀밭에 나서면,
그리하여 들녘에 서면,
가시에 생채기도 입지 않은 양
나는 길들여지고 경건한 사람이라.
나의 옷자락은 바람결에 날린다.
정령이 명랑하게
흩어져 해답이 나타날 때까지
어디에 한층 내면적인 것 서 있는지 나에게 묻기라도 하는 양.

오, 푸르른 나무들 서 있는 곳
이 사랑스러운 영상 앞에서
마치 목로집 간판 앞에서처럼
내 스쳐 지나갈 수 없네.
고요한 나날의 평온
나에게 똑바로 맞춘 듯 생각 들고
내 그대에게 대답해야 한다면
이 일을 나에게 묻지도 말 일이다.

그러나 아름다운 시냇가
쾌적한 정자의 안에 있는 양
강안을 스쳐 거칠게 흙탕치며 흐르는 냇가를 향한

즐거운 샛길을 나는 찾나니
그 계단을 넘어서
아름다운 숲 건너가면
바람도 계단을 감싸 불어오는 곳에,
눈길은 즐겁게 하늘을 바라보네.

저 위 언덕의 등성이에
많은 오후의 시간 앉아 있네.
그 때면 종각의 종소리 울리며
바람은 나무의 정수리에 에워싸 불고
영상이 그러하듯 바라다봄은
마음에 평화를 주고
오성과 지략을 꿰매
고통에는 위안을 주네.

친밀한 정경이여! 복판으로
길이 평평하게 꿰뚫어 가고
창백한 달이 떠오르는 곳에
저녁 바람이 불어오며
자연은 간결하게 서 있고
산들이 숭고하게 서 있는 곳에
나는 끝내 집으로 돌아가네, 검약하게
거기서 황금색 포도주를 살피고자.

DAS FRÖHLICHE LEBEN

Wenn ich auf die Wiese komme,
Wenn ich auf dem Felde jetzt,
Bin ich noch der Zahme, Fromme
Wie von Dornen unverletzt.
Mein Gewand in Winden wehet,
Wie der Geist mir lustig fragt,
Worin Inneres bestehet,
Bis Auflösung diesem tagt.

O vor diesem sanften Bilde,
Wo die grünen Bäume stehn,
Wie vor einer Schenke Schilde
Kann ich kaum vorübergehn.
Denn die Ruh an stillen Tagen
Dünkt entschieden trefflich mir,
Dieses mußt du gar nicht fragen,
Wenn ich soll antworten dir.

Aber zu dem schönen Bache
Such' ich einen Lustweg wohl,
Der, als wie in dem Gemache,
Schleicht durch's Ufer wild und hohl,

Wo der Steg darüber gehet,
Geht's den schönen Wald hinauf,
Wo der Wind den Steg umwehet,
Sieht das Auge fröhlich auf.

Droben auf des Hügels Gipfel
Sitz' ich manchen Nachmittag,
Wenn der Wind umsaust die Wipfel,
Bei des Turmes Glockenschlag,
Und Betrachtung gibt dem Herzen
Frieden, wie das Bild auch ist,
Und Beruhigung den Schmerzen,
Welche reimt Verstand und List.

Holde Landschaft! wo die Straße
Mitten durch sehr eben geht,
Wo der Mond aufsteigt, der blasse,
Wenn der Abendwind entsteht,
Wo die Natur sehr einfältig,
Wo die Berg' erhaben stehn,
Geh' ich heim zuletzt, haushältig,
Dort nach goldnem Wein zu sehn.

한층 높은 인간다움

인간에게 감각이 내면 안으로 주어졌네,
하여 인간들 알려진 대로 보다 나은 것을 고르는 법,
그것으로부터 삶의 연륜 한층 정신적으로 헤아려지는 것,
그것이 목표로 가치 있고 참된 삶이네.

스카르다넬리

HÖHERE MENSCHHEIT

Den Menschen ist der Sinn ins Innere gegeben,
Daß sie als anerkannt das Beßre wählen,
Es gilt als Ziel, es ist das wahre Leben,
Von dem sich geistiger des Lebens Jahre zählen.

Scardanelli.

7. 계절과 하루의 때

자연은 시간의 영상을 메꾸어 채우며
자연은 머물고, 시간은 스쳐 지나간다.
완성으로부터 천국의 드높음은 인간에게 빛나니
마치 나무들 꽃으로 치장함과 같구나.

시 「전망」 중에서

일몰

그대 어디 있는가? 나의 영혼은 그대의 환희에
  취하여 가물거린다. 바로
    황금빛 음향으로 가득 채워 매혹의 청년
      태양의 신, 그의 저녁 노래

천국의 칠현금[1]에 실어 타는 것을 내 귀담아듣는
  찰나인 탓이다. 그 소리 숲과 임원을 향해 울린다.
    허나 그 태양의 신, 아직 그를 공경하는
      경건한 백성들을 향해 멀리 사라져 가 버렸도다.

SONNENUNTERGANG

Wo bist du? trunken dämmert die Seele mir
Von aller deiner Wonne; denn eben ist's,
 Daß ich gelauscht, wie, goldner Töne
  Voll, der entzückende Sonnenjüngling

Sein Abendlied auf himmlischer Leier spielt';
 Es tönten rings die Wälder und Hügel nach.
  Doch fern ist er zu frommen Völkern,
   Die ihn noch ehren, hinweggegangen.

저녁의 환상

농부는 오두막 앞 그늘에 편안히 앉아 있고
  그 만족한 자 아궁이에는 연기가 피어오른다.
    평화로운 마을에선 저녁 종소리
      손님을 반기며 나그네에게 울려온다.

이제 어부들도 만족하여 항구로 돌아오고
  먼 도시에서는 장터의 떠들썩한 소리
    흥겹게 사라져 가면, 조용한 정자에는
      어울릴 만찬이 친구들을 기다려 차려져 있다.

한데 나는 어디로 가나? 뭇 사람들
  일과 그 보답으로 살고, 애씀과 쉼을 번갈아
    모두가 즐거운데, 어찌 내 가슴에서만은
      그 가시 결코 스러지지 않는가?

저녁 하늘에는 봄이 피어 오른다.
  장미꽃 수없이 피어나고 황금빛 세계
    고요히 빛난다. 오 저곳으로 나를 데려가 다오,
      진홍빛 구름이여! 하여 저 드높은 곳

빛과 대기 가운데 내 사랑과 고뇌도 사라지려므나!

허나 어리석은 간청에 놀란 듯, 석양은
  도망쳐 간다. 하여 하늘 아래, 옛과 다름없이
    사위는 어두워지고, 나는 외로워라.

이제 그대 오려므나, 달콤한 잠이여! 마음은
  너무 많이 원하노라. 허나 끝내, 청춘이여! 타오르라,
    그대 쉬임 없고 꿈꾸는 자여!
      하여 노년은 평화롭고 유쾌하여라.

ABENDPHANTASIE

Vor seiner Hütte ruhig im Schatten sitzt
Der Pflüger, dem Genügsamen raucht sein Herd.
    Gastfreundlich tönt dem Wanderer im
        Friedlichen Dorfe die Abendglocke.

Wohl kehren itzt die Schiffer zum Hafen auch,
    In fernen Städten, fröhlich verrauscht des Markts
        Geschäft'ger Lärm; in stiller Laube
            Glanzt das gesellige Mahl den Freunden.

Wohin denn ich? Es leben die Sterblichen
    Von Lohn und Arbeit; wechselnd in Müh' und Ruh'
        Ist alles freudig; warum schläft denn
            Nimmer nur mir in der Brust der Stachel?

Am Abendhimmel blühet ein Frühling auf;
    Unzählig blühn die Rosen und ruhig scheint
        Die goldne Welt; o dorthin nimmt mich
            Purpurne Wolken! und möge droben

In Licht und Luft zerrinnen mir Lieb' und Leid! —
    Doch, wie verscheucht von töriger Bitte, flieht

Der Zauber; dunkel wirds und einsam
Unter dem Himmel, wie immer, bin ich —

Komm du nun, sanfter Schlummer! zu viel begehrt
Das Herz; doch endlich, Jugend! verglühst du ja,
Du ruhelose, träumerische!
Friedlich und heiter ist dann das Alter.

아침에

잔디밭은 이슬로 빛나고 있네. 잠 깬 샘물은
  벌써 경쾌하게 서둘러 흐르네. 너도밤나무는
    하늘거리는 머리를 수그리고 무성한 잎 사이로
      살랑대며 빛을 반짝이네. 회색빛의

구름을 에워싸고 저 곳에 빠알간 불길이 띠 둘렀네.
  무엇인가 알리며, 그 불길 소리없이 끓어오르네.
    강안의 강물처럼 그 변화무쌍한 것
      차츰 더 높이 파도치며 밀려오네.

자, 오라, 오거라, 그대 황금빛 한낮이여, 하여
  천상의 정점을 향해, 너무 빨리 나를 스쳐가지는 말라!
    나의 눈길은 보다 크게 뜨고 믿음 어리어
      그대 환희하는 자여! 그대를 향해 날아오른다! 허나

그대 아름다움 가운데 싱싱하게 바라다보며, 또한
  나에게 그대 너무 찬란하며 너무 자랑에 차지 않을 때일 뿐,
    그대는 언제나 서둘러 가려 하네. 나 또한,
      신적인 방랑자여, 그대와 같이 갈 수 있다면! ― 그러나

그대는 이 환호에 찬 불손한 자, 그대와 같이 되려함을

미소 지어 보이네. 그렇다면 차라리 나의 덧없는 행동을
 축복해 다오. 하여 선한 자여! 오늘 다시
  나의 이 고요한 오솔길을 기쁘게 해 다오.

DES MORGENS

Vom Taue glänzt der Rasen; beweglicher
　Eilt schon die wache Quelle; die Buche neigt
　　Ihr schwankes Haupt und im Geblätter
　　　Rauscht es und schimmert; und um die grauen

Gewölke streifen rötliche Flammen dort,
　Verkündende, sie wallen geräuschlos auf;
　　Wie Fluten am Gestade, wogen
　　　Höher und höher die Wandelbaren.

Komm nun, o komm, und eile mir nicht zu schnell,
　Du goldner Tag, zum Gipfel des Himmels fort!
　　Denn offner fliegt, vertrauter dir mein
　　　Auge, du Freudiger! zu, so lang du

In deiner Schöne jugendlich blickst und noch
　Zu herrlich nicht, zu stolz mir geworden bist;
　　Du möchtest immer eilen, könnt ich,
　　　Göttlicher Wandrer, mit dir! — doch lächelst

Des frohen Übermütigen du, daß er
　Dir gleichen möchte; segne mir lieber dann
　　Mein sterblich Tun und heitre wieder
　　　Gütiger! heute den stillen Pfad mir.

불칸[1]

이제 오라, 다정한 불의 정신이여[2], 하여
　여인들의 부드러운 감각을 구름 안으로,
　　황금빛의 꿈안으로 감싸고
　　　언제나 착한 이들의 피어나는 평온을 지켜주시라.

남자에게는 그의 궁리와 그의 일과
　자신의 촛불과 미래의 날이
　　마음에 들도록 용납하고 그의 불만,
　　　언짢은 근심 너무 많지 않도록 해 주시라.

이제 나의 불구대천지의 원수,
　언제나 화를 내는 보레아스[3], 밤사이 서리발로
　　땅을 뒤덮고, 늦게는 졸리는 시간에
　　　조롱하면서 인간들에게 그 경악의 노래 부를 때,

또한 우리들이 부지런히 세운 우리 도시들의
　성과 우리들의 울타리, 그리고 고요한 임원
　　찢어 버리고, 노래를 통해서도, 그 파괴자
　　　내 영혼을 파괴시키며

쉬임 없이, 잔잔한 강물위에 광란하며
　먹구름 쏟아 부어서, 멀리 도처에

계곡이 끓어오르고, 마치 떨어지는 낙엽처럼
　　　파열된 언덕으로부터 바위가 굴러 떨어질 때.

어떤 다른 생명체들 보다도 인간은
　한층 더 경건하도다. 그러나 밖에서 분노할 때
　　자유롭게 태어난 자 제 자신에 귀 기울이고
　　　생각에 잠겨 오두막에 쉬는 것이다.

또한 다정한 정령 중 하나는
　기꺼이 축복하며 그와 더불어 항상 깃든다.
　　또한 깨우치려 하지 않는 정령의 힘들
　　　모두 분노할 때에도, 사랑을 사랑하는 법이다.

VULKAN

Jetzt komm und hülle, freundlicher Feuergeist,
  Den zarten Sinn der Frauen in Wolken ein,
    In goldne Träum' und schütze sie, die
      Blühende Ruhe der Immerguten.

Dem Manne laß sein Sinnen, und sein Geschäft,
  Und seiner Kerze Schein, und den künftgen Tag
    Gefallen, laß des Unmuts ihm, der
      Häßlichen Sorge zu viel nicht werden,

Wenn jetzt der immerzürnende Boreas,
  Mein Erbfeind, über Nacht mit dem Frost das Land
    Befällt, und spät, zur Schlummerstunde,
      Spottend der Menschen, sein schröcklich Lied singt,

Und unsrer Städte Mauren und unsern Zaun,
  Den fleißig wir gesetzt, und den stillen Hain
    Zerreißt, und selber im Gesang die
      Seele mir störet, der Allverderber,

Und rastlos tobend über den sanften Strom
  Sein schwarz Gewölk ausschüttet, daß weit umher

Das Tal gärt, und, wie fallend Laub, vom
　Berstenden Hügel herab der Fels fällt.

Wohl frömmer ist, denn andre Lebendige,
　Der Mensch; doch zürnt es draußen, gehöret der
　　Auch eigner sich, und sinnt und ruht in
　　　Sicherer Hütte, der Freigeborne.

Und immer wohnt der freundlichen Genien
　Noch Einer gerne segnend mit ihm, und wenn
　　Sie zürnten all', die ungelehrgen
　　　Geniuskräfte, doch liebt die Liebe.

봄

들녘에는 새로운 매혹이 움트고
　풍경은 다시금 치장하며
　　나무들이 푸르게 물들이는 산록에
　　　해맑은 바람들, 구름들 모습을 보일 때,

오! 인간들에게 이 무슨 기쁨인가!
　강변엔 고독과 평온과 즐거움이 기쁘게 가고
　　건강의 환희가 활짝 꽃피나니
　　　우정 어린 웃음도 또한 먼 곳에 있지 않다.

DER FRÜHLING

Wenn auf Gefilden neues Entzücken keimt
 Und sich die Ansicht wieder verschönt und sich
  An Bergen, wo die Bäume grünen,
   Hellere Lüfte, Gewölke zeigen,

O! welche Freude haben die Menschen! froh
 Gehn an Gestaden Einsame, Ruh und Lust
  Und Wonne der Gesundheit blühet,
   Freundliches Lachen ist auch nicht ferne.

여름

아직도 한 해의 시간을 볼 수 있나니, 여름의
들판은 그 광채, 그 부드러움 속에 서 있고
초원의 푸르름은 당당하게 펼쳐져 있다.
도처에 냇물은 잔물결 치며 미끄러져 흐른다.

그처럼 한낮은 산들과 계곡을 지나서
멈출 길 없는 힘과 빛살로 흘러가고
구름들은 평온 속에 높은 공간을 떠간다.
한 해가 찬란함 지닌 채 지체하려는 듯 보인다.

1940년	충성심을 다해서, 소생
3월 9일	스카르다넬리

DER SOMMER

Noch ist die Zeit des Jahrs zu sehn, und die Gefilde
Des Sommers stehn in ihrem Glanz, in ihrer Milde;
Des Feldes Grün ist prächtig ausgebreitet,
Allwo der Bach hinab mit Wellen gleitet.

So zieht der Tag hinaus durch Berg und Tale,
Mit seiner Unaufhaltsamkeit und seinem Strahle,
Und Wolken ziehn in Ruh', in hohen Räumen,
Es scheint das Jahr mit Herrlichkeit zu säumen.

d. 9ten März	Mit Untertänigkeit
1940.	Scardanelli.

가을

땅과 바다로부터 떨어져 나가는
한때 있었고 다시 돌아오는 정령에 대한 전설
그들은 인간들에게로 다시 돌아오고, 우리는
서둘러 저절로 소멸하는 시간으로부터 많은 것을 배운다.

과거의 영상들은 자연으로부터 떠나지 않고
한낮이 드높은 여름에서 창백해진다.
그러나 가을은 지상으로 한꺼번에 돌아오고
전율의 정령은 하늘에 다시 자리한다.

짧은 시간 동안에 많은 것들이 종말을 짓고
쟁기질을 뒤돌아보는 농부는
한 해가 즐거운 종말로 기우러 가는 것을 보고 있다.
그러한 영상들 속에 인간의 하루는 완성된다.

지구의 둥그러움 저녁이면 사라지는
구름들과 달리 바위들로 장식되어
황금빛 한낮에 그 모습 드러내니,
그 완벽함은 슬퍼할 일 없도다.

DER HERBST

Die Sagen, die der Erde sich entfernen,
Vom Geiste, der gewesen ist und wiederkehret,
Sie kehren zu der Menschheit sich, und vieles lernen
Wir aus der Zeit, die eilends sich verzehret.

Die Bilder der Vergangenheit sind nicht verlassen
Von der Natur, als wie die Tag' verblassen
Im hohen Sommer, kehrt der Herbst zur Erde nieder,
Der Geist der Schauer findet sich am Himmel wieder.

In kurzer Zeit hat vieles sich geendet,
Der Landmann, der am Pfluge sich gezeiget,
Er siehet, wie das Jahr sich frohem Ende neiget,
In solchen Bildern ist des Menschen Tag vollendet.

Der Erde Rund mit Felsen auszieret
Ist wie die Wolke nicht, die Abends sich verlieret,
Es zeigt sich mit einem goldnen Tage,
Und die Vollkommenheit ist ohne Klage.

겨울

계절의 영상이 보이지 않게 이제
지나가 버리니, 겨울의 시절은 온다.
들판은 비고 풍경은 더욱 온순해 보인다.
폭풍우 사방에 불고 소나기도 내린다.

휴식의 날, 한 해의 종말은 그러하다.
마치 완성을 묻는 소리와 같다.
그리고 나면 봄의 새로운 형성이 모습을 나타내고
자연은 그처럼 지상에서 그 당당함으로 반짝인다.

1849년 충성심을 다해서, 소생
4월 24일 스카르다넬리

DER WINTER

Wenn ungesehn und nun vorüber sind die Bilder
Der Jahreszeit, so kommt des Winters Dauer,
Das Feld ist leer, die Ansicht scheinet milder,
Und Stürme wehn umher und Regenschauer.

Als wie ein Ruhetag, so ist des Jahres Ende,
Wie einer Frage Ton, daß dieser sich vollende,
Alsdann erscheint des Frühlings neues Werden,
So glänzet die Natur mit ihrer Pracht auf Erden.

d. 24 April   Mit Untertänigkeit
1849.   Scardanelli.

봄

먼 고원으로부터 새로운 날이 내려온다,
아침, 그가 여명에서 깨어났다.
그는 인간들에게 웃음을 던진다, 치장하고 경쾌하게,
인간들 기쁨으로 부드럽게 젖어든다.

새로운 생명이 미래에게 자신을 드러내려 한다.
즐거운 말의 표지, 활짝 핀 꽃들로
큰 계곡, 대지는 가득 채워진 듯하다.
한편 봄철 무렵 비탄은 멀리 떨어져 있다.

1648년 3월 3일   충성을 다해서, 소생
                                                          스카르다넬리

DER FRÜHLING

Es kommt der neue Tag aus fernen Höhn herunter,
Der Morgen, der erwacht ist aus den Dämmerungen,
Er lacht die Menschheit an, geschmückt und munter,
Von Freuden ist die Menschheit sanft durchdrungen.

Ein neues Leben will der Zukunft sich enthüllen,
Mit Blüten scheint, dem Zeichen froher Tage,
Das große Tal, die Erde sich zu füllen,
Entfernt dagegen ist zur Frühlingszeit die Klage.

d: 3ten März 1648.   Mit Untertänigkeit
                                                                      Scardanelli.

전망

인간의 깃들인 삶 먼 곳으로 향하고
포도넝쿨의 시간이 먼 곳으로 빛날 때
여름의 텅 빈 들녘 또한 거기에 함께 있고
숲은 그 컴컴한 모습을 나에게 보인다.

자연은 시간의 영상을 메꾸어 채우며
자연은 머물고, 시간은 스쳐 지나간다.
완성으로부터 천국의 드높음은 인간에게 빛나니
마치 나무들 꽃으로 치장함과 같구나.

1748년　　　　　　　　　　　　　충성심을 다해서, 소생
5월 24일　　　　　　　　　　　　　　스카르다넬리

DIE AUSSICHT

Wenn in die Ferne geht der Menschen wohnend Leben,
Wo in die Ferne sich erglänzt die Zeit der Reben,
Ist auch dabei des Sommers leer Gefilde,
Der Wald erscheint mit seinem dunklen Bilde.

Daß die Natur ergänzt das Bild der Zeiten,
Daß die verweilt, sie schnell vorübergleiten,
Ist aus Vollkommenheit, des Himmels Höhe glänzet
Den Menschen dann, wie Bäume Blüt' umkränzet.

d. 24 Mai   Mit Untertänigkeit
1748.   Scardanelli.

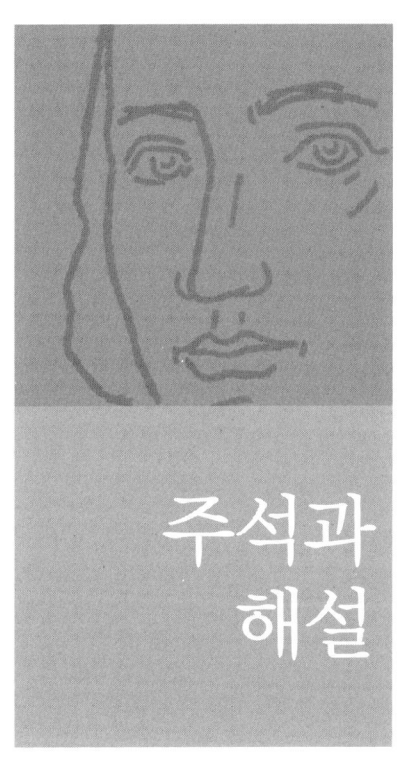

주석과
해설

1. 자연과 고향

자연에 부쳐

| 해설

 강약격(Trochäus)의 운율이 역동감과 긴박감을 주고 있는 이 작품은 1795년에 쓰어졌다. 횔덜린은 다른 작품 「젊음의 신 Der Gott der Jugend」과 함께 이 작품을 『시연감』에 실어달라고 쉴러(Schiller)에게 보냈으나 쉴러는 「젊음의 신」만을 싣고 이 작품은 자신의 시 「그리스의 신들 Die Götter Griechenlands」을 모방했다는 생각으로 실어주지 않았다.

 8행이 1연을 이루는 규칙적인 구성을 가진 이 시는 자연의 상실에 대한 비탄을 노래하면서도 대부분의 시연 ― 전체 8연 중 6연 ― 이 시적 자아가 세계와의 결합과 교감을 통해서 체험했던 행복감을 노래하고 있다. 제7연과 8연에서 비로소 젊은 시절의 행복감에서 떨어져 나온 황량한 감정의 자아가 등장한다.

 제4연의 끝머리에 등장하는 '자연의 정령이여!' 라는 외침은 의미심장하다. 철학자 피히테(Fichte)가 자연을 단순한 비아(Nicht-Ich)로 파악할 것을 가르치고 있었던 예나에서 횔덜린은 그 영향으로 자연의 정령과의 내면적인 관련성을 잊고 있었다. 자연과의 관계 상실은 자연으로부터 멀어져 있었던 쉴러의 영향이기도 했다. 이 시는 이러한 상실로부터의 회복을 나타내 준다. 표면적으로는 다시 찾을 길 없는 잃어버린 자연을 비탄하면서 시인은 자연의 귀중함을 새삼 되새기고 있다.

 마지막 연은 거의 같은 때 쓰어진 소설 『휘페리온』의 본문 중에서의 의식상태를 반영하고 있다. 여기서 자연은 단순히 지배되어야 할 대상이거나 하등의 값어치도 없는 비애로서 나타나지 않는다. 자연의 아름다움과 그 가치 가운데에는 시인 자신의 내면성의 단순한 투영, 따라서 일종의 환상이 그려져 있다. 그림자(Schatten), 황금빛 꿈(goldne Träume) 및 꿈(Traum) 등은 자연의 것이라기보다는 시인 자신의 의식을 반영하는 것이다.

 이 시가 쓰어진 이후 얼마 되지 않아서 횔덜린은 자신의 시적 체험에 상응하는 주관적인 이상주의로부터 객관적 이상주의로 전환하게 된다. 이후에 비로소 자연은 '하나이며 모든 것'으로서, 모든 감각의 담지자로서, 그리고 개별의 실존을 포괄하는 자로서 위치를 찾게 된다. 요컨대 이 시는 자연과의 관계를 복구하는 첫 단계에 놓여 있다.

떡갈나무들

| 해설

   1797년 쉴러의 「호렌 Horen」지에 실렸던 6운각의 시를 1799년 또는 1800년에 확장해서 완성했다. 횔덜린은 이 시에서 실존의 서로 다른 양식을 대비시키고 있다. 그 하나는 자신이 빠져나온 '정원'이며, 또 하나는 그가 가고 있는 '떡갈나무 숲'이다. 정원에서는 작은 꽃나무들, 초목들이 인간과 어울려 살고 있다. '정원'의 실존은 '어울려 사는' 삶으로 보인다. 그러나 이 어울림은 기르는 자에 의존하는 '예속됨'과 짝 지워진다. '인간의 학교'와 같은 것이 '정원'에서의 실존이다. 반면에 저 건너 숲 속에 있는 떡갈나무들은 인간의 학교에 다닌 적도 없으나 마치 '거인족'처럼 서 있다. 떡갈나무들은 찬란함과 위대함 때문에 떨어져 널찍하게 자리를 잡고 있는 별들과도 같다. 별들로서 그 크기들을 가늠할 수 없이 제각기 서 있지만 또한 별들처럼 '자유로운 동맹'을 맺고 있다. 이 시의 거의 모든 시행이 노래하고 있는 떡갈나무의 영상은 천재적 창조의 자율성과 천부적 재능으로서의 창조력을 의미한다. 이것들은 훈련이나 교육으로 이루어지는 것은 아니다. 횔덜린의 이 시는 각기의 정당성을 지닌 위대한 자들이 제 길을 가는 동안에 '자유로운 동맹'으로 맺어지기를 자연의 모습에 대고 노래하고 있으며, 한편으로는 쉴러에 대해서 가지고 있었던 문학적 예속으로부터의 해방과 가정교사로서 공타르 가에서의 사교적인 생활로부터의 탈출을 노래하고 있는 것이다.

천공(天空)에 부쳐

| 주석

1) 이 시구와 아래의 '영혼을 불어넣으시는 대기'는 다 같이 횔덜린이 천공을 일종의 '성령'(Pneuma)으로 이해하고 있음을 드러낸다.
2) 원문의 Zephyr는 '서풍(西風)'을 의미한다. 이 Zephyr는 서풍의 신(神)인 Zephyros로부터 유래하고 있다. 서풍은 북풍 Boreas과는 달리 인간에게 가장 친근한 바람으로 생각

되어 왔다

3) 여기 '복된 소년' 은 미소년 가뉘메트(Ganymed)를 의미한다. 그리스 신화에 따르면 제우스 신은 절세의 미남인 가뉘메트를 사랑한 나머지 독수리로 변장해서 그를 납치해다가 영원히 죽지 않는 신으로 만들어 자신의 곁에서 술을 따르도록 했다고 전한다.

| 해설

6운각(Hexameter)으로 된 찬가인 이 시는 1796년에 그 초고가 씌어진 것으로 전해진다. 소설 『휘페리온』에도 나타나는 바와 같이 천공은 횔덜린 작품세계에 중심적인 의미를 지니고 있다. 『휘페리온』의 한 구절에 '오, 우리 내면에 불길 같은 힘으로 지배하며 생동하는 정신의 자매, 성스러운 대기여! 그대 내 방랑하는 곳마다 나를 동반함은 얼마나 멋진 일인가. 도처에 존재하는 자여, 불멸하는 그대여!' 라고 씌어 있다. 이러한 횔덜린의 천공내지 대기(Luft)에 대한 감동과 의미 부여는 헤르더(Herder)나 셸링(Schelling) 그리고 고대의 문헌으로부터 얻어진 것이기도 하다. 셸링은 「세계 정령에 대해서 Von der Weltseele」라는 논문에서 '천공' 과 '세계정령' 을 동일시하면서 '고대 철학이 자연의 공통적인 정신으로 예감하고 찬미해 마지 않았으며, 물리학자들도 형태를 구성해 주고 키워 주는 천공을 가장 고귀한 자연의 통일적인 일자 Eines로 생각했다' 고 말하고 있다. 횔덜린 연구가중 한 사람인 피에토르(Karl Viëtor)는 '18세기 독일의 범 그리스적 문명의 르네상스가 이어받은 자연현상 가운데 신적인 것으로 공경되어 온 천공이 가장 중요한 것 중의 하나이다. 소크라테스 이전의 고대 자연철학은 이 천공을 지구의 표면을 덮고 있는 대기층이라고만 이해한 것이 아니라, 그것을 훨씬 넘어서 있는 무엇으로 이해했다' 고 말하고 있다.

횔덜린도 천공을 모든 것을 포괄하고, 모든 것을 꿰뚫고 있는 생명의 요소이며, 모든 개별적 존재를 사로잡는 자연의 공동정신으로 보고있다. 왜냐하면 신적인 천공의 영역으로 뻗어가며, 개별성을 벗어나 총체적인 것으로 되돌아가려는 동경은 개별적 존재와 총체적 존재의 내면적인 친화력을 증명해 주기 때문이다.

이 시에서도 천공은 모든 자연이 애써 도달하려는 무한한 공간이다. 또 한편 이 무한한 천공은 시인으로 하여금 제약성을 느끼게 하고 지상으로의 돌아섬을 지시해 주는 매개자이기도 하다. 왜냐하면 천공은 그처럼 무한하기 때문이다.

하이델베르크

| 주석

1) 어머니(Mutter): 가장 사랑하는 것에 대한 휠덜린의 명명.
2) 원문 'Ländlichschönste'는 'landschaftlich schönstgelegene 정경으로 가장 아름답게 위치한' (도시)
3) 젊은이(der Jüngling): 다른 시 「방랑자 Der Wanderer」, 「라인 강 Der Rhein」에서처럼 여기서도 바위 틈 사이로 흐르는 힘찬 강을 뜻한다.
4) 슬프도록 흔쾌하게(traurigfroh): 이 상반되는 단어의 결합은 행복감의 충만과 불만의 감정을 복합적으로 나타내 준다. 설명하자면, 제 자신 너무도 아름다워 사랑하는 가운데 소멸되고자 시간의 흐름 가운데 몸을 던졌을 때의 마음처럼, 즉 행복의 충만으로 부터 빠져나와서 총체성으로, 영원한 변화 속으로 밀쳐 가려고 할 때의 마음처럼, 그렇게 '슬프도록 흔쾌하게'.
5) 그대(du): 여기서는 모두 하이델베르크를 지칭한다.

| 해설

　1799~1800년 홈부르크에서 쓴 아스클레피아데스 시연의 송시이다. 이 때 쓰기는 했으나 하이델베르크를 노래하고자 하는 충동은 이전에도 있었던 것으로 보인다. 휠덜린이 하이델베르크를 처음 방문했던 것은 1788년이었다. 마울브론을 떠나 라인 강을 따라서 5일간 여행할 때 그는 이 도시를 보고 모친에게 '이 도시는 참으로 마음에 든다'고 쓴 적이 있다. 1795년 예나를 떠나 귀향하던 길에, 또 같은 해 12월 프랑크푸르트로 가던 길에, 1789년 라슈타트로 가던 길에, 그리고 1800년 6월 초 홈부르크로부터 귀향하던 길에 휠덜린은 하이델베르크를 거쳐 갔다. 그러나 이 시가 단지 거쳐 간 한 도시의 인상만을 담고 있지 않은 점으로 미루어 볼 때, '내 쫓긴 방랑자/ 인간과 책들로부터 도망쳐 나와' 라는 시구가 담긴 초고를 예나를 떠났던 1795년에 썼고, 이를 1798년에 다시 고쳐 썼으며 1800년에 완성한 것으로 추정된다.
　이 시는 시인의 도시에 대한 사랑의 고백과 그 도시의 정경, 그리고 이 도시에게 하나의 노래를 감사하는 가운데 바치고자 하는 소망으로 시작되고 있다. 숲과 산정, 강과 다리 그리고 이것들을 생동감 있게 하는 사람들을 간결하게 묘사함으로써 이 장소의 전체적 인상을 그려내고, 마지막 시연에서는 언덕과 강, 골목길들과 이 도시의 정원들로 그 전체적 인상은 완성되고 있다. 이러한 영원한 현장감에로의 끼워듦은 한 때 순간적으로 느꼈던 마법적인 힘에 대한 개인적 회상이라는 형식 가운데 '강'과 '성'의 주도적인 체험과 결합되어 있다. 시인은 원경이 산 속으로 비쳐드는 다리위에서 무엇인가를 체험하고 있다. 강물은 그러나 먼 평원으로 달려 나간다. 관찰의 장소에서 만나고 있는 이 두 가지 방향의 대칭을 주목할 필요가 있다. 강물의 젊디 젊은 흐름, 그 강물의 뒤에 서 있는 '성'으로서 나타나는 연륜의 머무름, 이것은 바로 삶의 양식의 한 대칭이다. 그러나 이 두 개의 양식은 다행스러운 위치에 연유하는 것이다. 강물은 정원과 그늘과 사랑스러운 강변으로 부터 힘을 얻고, '성'은 이 청청한 생명으로 그 상처를 싸고 있는 것이다. 마지막 시연은 체험의 과거로부터 영속적인 현재로 되돌아오고 있다.

넥카 강

| 주석

1) 황금빛의 팍토르 강(Zum goldenen Paktol): 소아시아 서쪽 해안의 헤르모스(Hermos) 강의 지류로서 바닥의 모래빛이 그대로 보인다 하여 '황금빛'을 띠고 있다고 했다. 스미르나(Smyrna)는 헤르모스 강 어귀의 남쪽에 자리한 도시.
2) 일리온의 숲(Illions Wald): 트로야 지역을 꿰뚫고 있는 숲들. 일리온은 트로야의 다른 명칭임.
3) 이어지는 시 「마인 강」의 주 3) 참조
4) 초록빛 밤(grüne Nacht): '갈색의 밤 braune Nacht'의 바로크식 표현.
5) 원문 Pomeranze: 오렌지(Orange)와 같이 취급된다.
6) 마스틱스나무(der Mastixbaum): 유향수(乳香樹)의 일종. 송진(樹脂)의 향기가 매우 좋다.

| 해설

1800년 고향 뉘르팅겐에서 쓴 알케이오스 시연의 송시이다. 최초 초안은 「마인 강」으로 제목을 바꾸었고, 「마인 강」과 많은 부분에서 시상을 같이하면서 새롭게 쓴 작품이다. 뒤에 이어지는 「마인 강」이 먼 곳에의 동경으로 시작한 데 반해서 이 작품은 고향의 강에 대한 형상화로 시작하고 있다. 여기서 정령은 그러나 현재의 모습에서가 아니라, 과거의 모습을 묘사하고 있다는 점이 눈에 띈다. 과거형으로 시인은

고향의 체험을 통한 자신의 자연감정을 일깨우고 있다. 자연과 고향의 연결, 이 연관성의 인식은 역사적인 한 시기를 느끼도록 해 준다. 일치의 시대 — 그리스의 고대기 — 를 회상시키는 것이다. 그러나 「마인 강」에서도 그러했듯이, 젊은 시절의 고뇌를 위안해 주고 시인으로 하여금 먼 곳으로의 동경도 일깨워 주었던 그 넥카 강은 '나의 넥카'로 감사하는 회상가운데 변함없이 머물고 있다. 「마인 강」이나 「넥카 강」에서의 그리스라는 나라는 고향과 맞바꿀 수 있는 지리적 영역이 아니라, 지금의 고향에서 사라지고 만 어떤 이념으로 해석된다.

마인 강

| 주석

1) 수니움(Sunium): 앗티카의 남동쪽에 있는 곳. 해신(海神) 포세이돈(Poseidon)의 사당이 있다.
2) 올림피온(Olympion): 아테네의 제우스 사당을 의미한다. 현재는 거대한 돌기둥들만이 남아 있다. 따라서 시인은 올림피온의 지주들이라고 읊고 있다.
3) 가난한 백성: 그리스의 해방전쟁 이전 터키의 지배 아래 있었던 그리스 민중을 암시한다.
4) 북풍(Nordsturm): 북쪽의 미개한 사람들에 의해서 고대의 문명지가 파괴되는 것을 의미한다.
5) 팀파니 소리, 지타의 현 소리(Pauk und Zithar): 구리로 만든 꽹과리인 팀파니(Pauke)는 고대의 떠들썩한 제례를 반영하며, 리라(Lyra)와 함께 지타(Zithar) 또는 키타라(Kithara)는 그리스의 신비적인 악기로서, 떠들썩한 한판의 춤과는 대조적인 분위기를 자아낸다.
6) 미로와 같은 춤: 얼키고 설켜 추는 춤.

| 해설

1799년에 쓴 알케이오스 시연의 송시이다. 처음에는 「넥카 강」이라는 시제를 달았다가 「마인 강」으로 고쳐 썼고, 나중에 「넥카 강」을 따로 썼다. 먼 곳을 향해 흐르고 있는 강물들은 횔덜린에게 특별한 매력을 느끼게 해주었는데 그것은 시인의 먼 곳을 향한 동경의 상징이 되고 있다. 앞의 「넥카 강」도 그렇지만 이 송시는 고향을 흐르는 강을 찬미하면서 그리스의 먼 영상을 한데 결합시키고 있다. 이 시는 먼 곳을 향하는 동경으로 시작되고 있다. '소망은 바다를 넘어 방랑해 가서' 그리스의 해

안에까지 이른다. 시인의 먼 곳을 향한 동경이 '그 멀리 있는 어느 것도 신들의 아들 잠들어 누워 있는 그리스의 슬픈 나라보다 더 사랑스러운 것 없을' 만큼 오로지 그리스를 향해 있다. 어쩌면 시인은 신들이 사라져 버린 현재의 세계 속에서는 고향을 찾지 못할 것 같다. 이와 함께 그가 영혼으로 찾고 있는 현재의 그리스가 그에게 고향으로 자리를 내어줄 수 있을는지 묻는다. 이 때 고향을 잃은 시인에게 '아름다운 마인 강'의 영상이 떠오른다. 실제로 시인이 잊지 못할 그 조국의 강이 떠오르는 것이다. 한 때 낯선 이 — 이즈음 횔덜린은 고향을 떠나 중부 독일에 머물고 있었음 — 를 반겨 주었고 '고요히 이어지는 노래들'과 '소음 없는 삶'을 가르쳐 준 그 강이 운명의 별들과 하모니를 이루며 행복하게 대양으로까지 흐르고 있음을 시인은 깨닫기에 이른다. 먼 곳을 향하는 시인의 동경은 가까운 제 것의 값어치를 인식하는 회귀에서 종결되고 있다.

고향

| 해설

  1798년 가을부터 1800년 초봄까지 충실한 친구 징클레어(Sinclair)의 도움으로 홈부르크에 머물면서 프랑크푸르트 시절의 디오티마와의 사랑의 체험을 정신으로 극복하고 승화시킬 수 있었던 횔덜린은 수많은 좌절을 겪은 사람으로서 1800년 고향으로 돌아온다. 이 때 쓴 여러 편의 송시 가운데 하나가 바로 이 알케이오스 시연의 「고향」이다.

  비교와 대립으로 이 시는 시작된다. 시인처럼 뱃사공도 고향으로 되돌아온다. 그러나 사공이 많은 재화를 거두어 기뻐하면서 귀향하지만, 시인은 고통을 그만큼 많이 짊어지고 돌아온다. 이 때문에 고향이 다시금 평온과 치유를 선사할지 시인은 묻는다. 회상은 산에 둘러싸인 고향의 영상을 일깨운다. 그 다정한 둥우리는 마음을 에 워싼다. 어린 시절 유희하던 시냇물, 보호해준 산들, 어머니 계시는 집, 형제 자매들의 포옹 — 이 모든 희망과 확신이 치유를 기대케 해 준다.

  고향은 옛처럼 그대로이다. 그러나 시인 자신이 옛처럼 더 이상 어린아이가 아니라는 생각이 체념에 이르게 한다. 어떤 어린아이 시절의 위안도 '사랑의 고뇌'와 삶의 체험을 없었던 것으로 해줄 수는 없다. 이러한 체념으로부터 구원을 행사하는 것은 그리스적인 운명론으로 신들은 우리에게 '천국적인 불길'로 환희를 주었지만, 또한 '성스러운 고뇌'도 함께 주었다는 믿음이다. 이 두 개의 서로 다른 신적인 증여를 흔들림 없이 받아들여야 하는 것, 그것이 '지상의 아들' 인간에게는 운명인 것이다. 기쁨과 고통이라는 대립은 첫 시연에 이미 주제화되어 있듯이 전편에 깔려 있다. 제 3~5연은 이 시의 중심부로서 모두 시연 도약(Enjambement)으로, 한 덩어리로 짜여져 있다. '너희들 충실히 머무는 자들이여'는 주제 상으로는 앞의 시구에 속하지만 제 5연의 새로운 반립을 제기해 주기도 한다.

귀향

| 주석

1) 이탈리아의 사자(Boten Italiens): 남쪽에의 예감을 고향 산천에서도 생생하게 느낄 수 있다. 시「슈투트가르트 Stutgard」에서도 '이탈리아의 바람 Italiens Lüfte'으로 이러한 남국적 분위기를 연상시키고 있고, 시「편력 Die Wanderung」에서는 이탈리아 최북단의 정경 ― 롬바르디 ― 을 고향 슈바벤의 자매라고 노래한다.
2) 너 포플러 나무들과 함께 있는 사랑하는 강이여(du mit deinen Poppeln, gelieber Strom!): 횔덜린이 태어난 라우펜을 스쳐 흐르는 넥카 강가에는 오늘날에도 길게 포플러 나무들이 서 있다. 포플러는 넥카 강가의 정경을 대표적으로 나타낸다.
3) 그대 성스럽고/ 고통 견디는 이여!(du heilig- Duldendes): 시「독일인의 노래 Gesang des Deutschen」에서 조국을 '모든 것을 인고하는 allduldend' 자로 표현하고 있다. 대지는 인간의 '서구적인 밤' 속에 놓여 있을지라도 '드높은 자들의 힘'을 그대로 유지하고 있기 때문에 이처럼 성스럽고 ― 고통을 견디는 것으로 불리고 있다.
4) 불충실한 자들(Die Ungetreuen): 슈바벤을 떠나 멀리 머문 자들, 혹은 시인 자신처럼 딴 곳에 마음을 두고 있다가 고향으로 되돌아온 자를 의미한다

| 해설

시「고향」과 비슷한 주제를 지닌 이「귀향」은 1800년 여름에 쓴 알케이오스 시연의 송시이다.

이 송시는 고향을 향한 분출하는 부름으로 시작하고 있다. 그 부름은 당초 의심에 차서 시작하지만 차츰 회복되는 소유의 확신으로 상승되고 있다. 제2연에서는 그 음조가 차츰 내면화되어 간다. 개인적인 젊은 날의 회상이 연달아 떠오르는 만큼 그 내

면화는 더욱 진전되고 있다. 예전에 동경이었던 것이 현실로 변환된다. 그러나 길을 떠났던 시인이 되돌아왔을 때 소년기의 거리낌 없던 붙임성은 되찾을 길 없이 상실되었음을 느낀다. 이 가운데도 드높은 자들의 힘 아래 놓여 있는 낯익은 고향의 공간들은 그대로 남아 있다. 그처럼 고향은 그 자식들에 있어서 그러한 운명의 경건함을 깨우치는 자이며 낯설어하는 자들에게 경고하는 자이다. 때문에 고향의 소망으로부터 밀어져 있었던 젊은이는 운명의 받아들임으로 정화되자 고향에 다시 굴복하게 된다. 그랬을 때 그는 젊은 날의 꿈들과 그 행복을 포기할 수 있고, 고향의 하늘이 경건한 소박성으로부터 나오는 참된 행복을 그에게 선사한다. 잃어버림과 얻음은 이 시에서 형평을 이루고 있다. 잃어버림의 슬픈 확인 ― '젊음도 사라지고' ― 은 마지막 연에서 스스로의 작별 ― '잘 있거라, 젊은 나날이여' ― 로 바뀌고 거리를 두고 있는 '그대 옛대로 남아 있구나'는 '고향의 하늘이여, 다시 나의 생명 거둬들이고 축복해 달라'고 하는 자유의지의 귀환으로 바뀌고 있다. 아직도 희망과 체념 사이를 방황하고 있는 시 「고향」과는 달리 이 「귀향」은 보다 확실하게 고향에의 몸 바침을 긍정하고 있다. 모든 것으로부터 정화된 자, '운명 앞에 침묵하는 자'의 목소리가 더욱 명료하게 들린다.

슈투트가르트

| 주석

1) 모든 묶인 날개들 노래의 나라로 다시 뛰어 드네(alle gebundnen / Fittige wagen sich wieder ins Reich des Gesangs): 그 사이 새들이 날거나 노래하지 않는 폭풍이 지나고 비도 그치고 나면 새들은 이제 대기를 더욱 생기 있게 해 준다. 때문에 지저귀는 노래는 시적인 분위기를 연상시키게 된다.

2) 신적인 정신(ein göttlicher Geist): 꿀벌들처럼, 새들은 이미 고대의 문학에서도 신적인 존재에 특히 가까운 것으로 생각되었다. 영(靈)으로서의 대기는 신적인 것과 동일한 위치에 놓였기 때문이다. 영감을 주는 '정신'에 대한 이러한 근접을 통해서 시적인 것의 연상이 특히 분명해진다.

3) 넉넉하게 화환과 노래 지니고… 또한 소나무 그늘도(Kränze…Gesang…den heiligen Stab…und der Fichte / Schatten): 디오니소스적인 분위기를 환기시킨다. 디오니소스는 땅의 여기저기를 순행할 때 포도 나뭇잎 또는 송악으로 머리에 화환을 얹은 모습을 했다. 영감을 주는 주신(酒神)으로서 디오니소스는 시인들에게는 성스러운 존재였고 따라서 '노

래'의 신이기도 하다. 그 자신과 그의 시녀는 손에 '성스러운 지팡이'를 지니고 있었다. 그 지팡이는 포도나무 잎과 포도송이로 장식되어 있는 튀르소스(Thyrsos, 주신 박쿠스의 지팡이)이다. 디오니소스에게는 언제나 소나무가 연관되어 있는데, 그것은 디오니소스가 재배의 신으로서 나무들의 성장을 관장하는 신이기도 하기 때문이며 또한 디오니소스 신화에 따르면 디오니소스의 탄생지인 테벤의 인근 키타에론의 소나무숲은 특별한 의미를 가지고 있기 때문이다.

4) 마을에서 마을로 환호성 울리네(von Dorfe zu Dorf jauchzt es): 가을의 포도주 축제는 망아적(忘我的)으로 '환호성을 울리는' 시종들을 동반하고 있는 디오니소스의 특성을 드러내 보인다.

5) 자유분방한 들짐승에 매단 마차처럼(wie Wagen, bespannt mit freiem Wilde): 그리스의 신화에 따르면 디오니소스는 표범들(로마시대에 이르러서는 범들)이 끄는 마차를 몰았다.

6) 공동의 신(der gemeinsame Gott): 전래설화에 따르면 디오니소스는 향연의 신이기 때문에 공동의 신으로도 이해된다. 공동체 사상은 가장 높은 의미에서는 정치적으로도 생각되는데 앞에 있는 시구가 이를 나타내준다. "한낮을 위해 단 하나 가치 있네. 조국 그리고 희생의/ 축제와 같은 불길에 각자는 자신의 것을 던져 바치네." 횔덜린은 1801년 신년 즈음에 동생에게 이렇게 쓴 바 있다. "그러나 온갖 형태의 에고이즘이 사랑과 선함의 성스러운 지배 아래 복종케 되리라는 것, 공동의 정신이 모든 것 안에 모든 것 위에 올 것이라는 것, 그것을 내가 말하며 그것을 내가 보며 또 믿고 있다."

7) 포도주 진주를 녹이듯(schmelzet, wie Perlen): 필리니우스는 그의 책 『자연사』(Naturgeschichte)에서 이집트의 여왕 클레오파트라가 안토니우스 앞에서 자신의 한번 식사로 천만 세스테르즈, 즉 엄청난 금액을 먹어치울 수 있다고 자랑했다고 전하고 있다. 그녀는 값비싼 진주를 포도 식초에 녹여서 음료에 섞어 마심으로써 이를 증명해 보였다고 한다.

8) 마치 꿀벌들 굴참나무를 에워싸듯, 우리가/ 둘러앉아 노래할 때(wenn, wie die Bienen, / Rund um den Eichbaum, wir sitzen und singen um ihn): 이 시구는 3가지의 연관 있는 의미를 가지고 있다. 첫째는 고대의 문헌에 시인을 꿀벌에 비유하는 것이 자주 등장하는데, 이것은 더 이전 예컨대 핀다르(Pindar)가 문학을 '꿀'에 비유한 사실에 연유한다. 두 번째는 꿀벌과 디오니소스의 관련이다. 디오니소스는 자신을 따라오는 무리들의 음악을 가지고 벌들을 때로 모아 유혹하고 벌집을 짓고 꿀을 모으도록 유혹했다는 것이다. 때문에 디오니소스는 꿀의 제공자이기도 하다. 셋째 꿀벌들은 고대적인 전통에서 공동의 정신 내지는 완벽한 공동체적 조화에 대한 가장 선호하는 예이다. 횔덜린은 '공동의 신'에 대해서, 포도주가 마치 진주를 그렇게 하듯 '고유한 뜻을 녹인다'는 것과 '합창'이 남자들의 정신을 한데 모이도록 강요한다고 말하고 있다. 이런 문맥에서 꿀벌들은 벌의 나라에서 완

벽하게 실현된 공동의 정신을 뜻하고 있다. '굴참나무를 에워싸고'는 역시 고대에서부터 꿀벌과 굴참나무의 연관을 확인시킨다. 굴참나무가 소위 단물을 분비하면 꿀벌들이 단물을 빨아먹는다는 것이다.

9) 나의 사랑스러운 탄생지... 아버지의 묘소(den lieben Geburtsort···des Vaters Grab): 횔덜린의 탄생지 라우펜(Lauffen)은 당시 뷔르템베르크 공국의 북쪽 경계에 자리잡고 있었다. '양쪽의 강변에 있는 장소'에 대해서 언급하고 있는데 이는 네카 강이 이 도시 한가운데를 관통하기 때문이다. '강의 섬' '암벽'이 옛 '성'의 '정원과 집'을 떠받치고 있다. 여기서 횔덜린의 부친은 1772년 뇌일혈로 사망에 이른다.

10) 바르바로사... 크리스토프... 콘라딘(Barbarossa···Christoph···Konradin): 바르바로사는 슈타우퍼 가에 속한 슈바벤의 공작으로서 프리드리히 1세를 말한다. 콘라딘도 그러한데 그는 슈바벤 황제 가문의 마지막 계승자로서 1268년 적군에 의해 이탈리아에서 교수형에 처해졌다. 크리스토프는 뷔르템베르크의 국법을 창제하고 학교를 세우고 튀빙엔 신학교를 확장했다.

11) 송악/ 암벽에 푸르고... 성을 뒤덮고 있네(der Efeu / Grünt am Fels und die Burg deckt das bacchantische Laub): 송악은 포도나무와 함께 디오니소스를 나타내는데 가장 자주 사용된다. 따라서 송악은 '도취한 나뭇잎'이라고 불릴 수 있는 것이다. 상록수로서 송악은 동시에 영속을 의미하면서 문맥에서 드러나고 있는 기억을 의미하기도 한다.

12) 마치 옛사람들, 신적으로 길러진/ 환희에 찬 시인들처럼 우리는 기뻐하며 대지를 거닌다네(wie die Alten, / Freudigen Dichter ziehn freudig das Land wir hinauf): 이 시에서 반복해서 강조되고 있는 환희와 기쁨은 그리스 문학에서 환희의 신인 디오니소스의 분위기를 환기시킨다. 디오니소스적으로 기뻐하면서 대지를 거닐고 있는 시인들이라는 표상은 비가 「빵과 포도주」에도 등장한다. 거기서 시인은 "성스러운 밤에 이 나라에서 저 나라로 거니는/ 포도주의 신의 성스러운 사제들"이라고 노래되고 있다.

13) 성스러운 나뭇잎으로 치장하고... 복된 자줏빛 구름 안으로 높이 치켜들고 있네(mit heiligem Laub··· / Die gepriesene···ihr priesterlich Haupt···und hält den Rebensstab und die Tanne): 횔덜린이 소포클레스나 무엇보다도 이즈음 번역된 핀다르를 통해서 알고 있는 것처럼 도시예찬의 고대 모범을 따라서 그는 이제, 친구와 함께 한 도보산책이 시제(詩題)에 제시된 목적지에 이르고 나자, 그 도시를 찬미하고 있다. 핀다르의 그 유명한 아테네 찬미를 따랐을 것으로 보인다. 핀다르의 서술을 통해 보면 아테네는 "오랑캐꽃으로 치장했다"고 하는데 횔덜린에게 있어서 슈투트가르트는 '성스러운 나뭇잎으로 치장했다'. 핀다르가 '오... 명성높은 아테네여'라고 한데 반해 횔덜린은 '오... 복된 슈투트가르트여'라고 한다. 두 경우 모두 조국과 연관되어 있다. 아테네가 핀다르에 있어서는 '그리스의 받침대'라면, 횔덜린에게 슈투트가르트는 '고향의 여왕'이다. 무엇보다도 슈투트가르트는 '신적으로 충만된 도시'인데, 이것은 핀다르가 아테네를 칭한 표현과 같다. 도시

는 시적으로 후광을 얻어서 디오니소스 신의 특징으로 장식된 디오니소스의 시녀의 모습으로 상승된다. 이러한 환상에서 도시가 의인화된다는 것도 그리스 시들의 경우에 자주 일어나는 도시들의 의인화로 거슬러 올라가는데, 횔덜린도 반복해서 이것을 자기화하고 있는 것이다. 디오니소스의 망아적인 시녀들은 포도잎으로 머리를 장식했었다. 슈튜트가르트가 '성스러운 나뭇잎으로 치장' 했다고 하는 것은 이러한 표상이 지리적인 사실성에도 부합하도록 만들어 준다. 슈튜트가르트는 당시에 포도밭을 둘러싸여 있었다. 나아가 디오니소스의 시녀들은 하나의 지팡이(튀르소스)를 들고 있었고, 소나무(또는 잔나무)가 이들을 나타내는 것이었다. 슈튜트가르트가 '주신(酒神)'의 지팡이와 전나무를 높이 들고 있다는 것은 이 도시의 포도밭이나 숲이 울창했던 주변을 잘 나타내 주고 있다.

14) 손님과 아들을(dem Gast und dem Sohn): 여기서 '손님' 은 지그프리트 슈미트를, '아들' 은 그를 슈투트가르트로 이끌어 오고 있는 슈바벤 고향의 아들 횔덜린 자신을 말한다.

15) 생생한 정신이 되면 수고의 달콤한 망각(der Mühn / Süße Vergessenheit bei gegenwärtigem Geiste): '수고로움의 망각' 은 그리스문학에서부터 취한 표현이다. 횔덜린이 번역한 핀다르의 제1번 퓌티아 송가에는 "말하자면 전 시간이 나에게/ 그처럼 풍요로움과 재화의 선물이 주어지고/ 수고로움의 망각이 일어난다면" 이라는 표현이 들어있다. 특히 일상의 언짢음과 수고에 대한 망각은 디오니소스의 선물인 포도주의 작용으로 찬미되고 있다.

16) 조국의 천사들이여(Engel des Vaterlands): 정리되기 전 초고에는 '이 땅위 정령들이여' 로 되어 있다. 이것이 앞선 시구 '저 위에 계시는 선조들' 로 표현되어 있다는 사실은 선조의 신격화라는 로마식의 표현법을 일반화시킨 것을 의미한다. 이러한 어법은 제3연에서 '이 땅의 영웅들' 에서 이미 예비되었다.

17) "그와" 에서 그(für den): 지그프리트 슈미트를 의미함.

18) 신의 친절한 선물들(des Gottes freundliche Gaben): 디오니소스의 선물들, 특히 포도주

19) 한층 큰 기쁨(die größere Lust): 모두를 포괄하는 공동체적인 조화 안에서의 충만된 삶. 친구들, 즉 사랑하는 사람들과 함께 여는 가을의 축제가 이에 대한 전주곡이다.

| 해설

이 비가는 횔덜린 자신이 슈투트가르트의 친구인 란다우어의 집에서 머물고 있었던 1800년 가을에 처음 쓰고, 조금 후에 완성된 것으로 보인다. 두 개의 정서본(整書本)이 있는데 소위 홈부르크 사절판에 수록된 것은 수년이 지난 후에 수정된 원고이다. 첫 인쇄본은「가을의 축제」(Die Herbstfeier)란 제목으로 제켄도르프(Seekendorf)가 발행한「1807년 시연감」(Musenalmanach für das Jahr 1807)

에 실린 것이다. 이 비가는 헤센주(洲)의 프리드베르크(Friedberg) 출신의 친구 지그프리트 슈미트(Siegfried Schmidt 1774-1859)에게 바친 헌정시이다. 휠덜린은 프랑크푸르트에서 1797년에 슈미트를 만났었는데 그는 소위 홈부르크 친목회의 한사람이었다. 슈미트도 글을 썼다. 쉴러는 그의 시를 자신의 「1798년 시연감」에 실어주기도 했고, 1801년 휠덜린은 그의 희곡『여주인공』(Die Heroine)에 대한 평을 쓰기도 했다. 그는 1797년~1801년 사이 열다섯통의 편지를 휠덜린에게 썼다. 이 시의 3연 첫머리에 나타나는 것처럼 이 시를 쓴 동기는 지그프리트 슈미트의 방문이었다.

이 비가의 모티브는 다른 비가「귀향」(Heimkunft)에서와 마찬가지로 고향에서의 산책이다. 이 전체의 시를 관통하고 있는 주요동기는 디오니소스 신화에 대한 환기이다. 디오니소스는 포도주의 신으로서 특별히 이제 열리게 되는 가을 축제에 연관되어 있기 때문이다.

제켄도르프의 「1807년 시연감」에 실린 이 비가「가을의 축제」에 대한 슈투트가르트의 비평가 프리드리히 바이서(Friedrich Weißer)의 무시하는 평문이 발표되었을 때 휠덜린은 여전히 옥탑방에서 살고 있었다. "시작품들을 통해 말로 표현할 수 없는 것을 알리려고 언제나 새롭게 그리고 여전히 헛되게 애쓰고 있는 휠덜린씨가 시 연감을 한편의 시 「가을의 축제」로 열고 있다. 그 시는 이렇게 시작된다. '다시 하나의 행복 맛보았네!…' 우리는 휠덜린씨가 때때로 그의 고양된 높이로부터 다소 가라앉는 것을 보게 된다. 적어도 '다시 하나의 행복 맛 보았네'라는 구절과 '회당은 다시 활짝 열린 채 서 있고, 정원은 싱싱하네'와 같은 외침을 대하고 말이다. 이것은 시라기보다는 산문이라고 하는 것이 옳겠다. '묻는 자세를 취하고 계곡은 좔좔 소리내며'는 헛된 소리이다. 그리고 노래의 나라가 어디인지, 모든 묶인 날개가 어디를 향해서 날아가는지를 찾아야 한다면, 그것은 하늘과 휠덜린씨 만이 알고 있을는지 모르겠다. 이 시인에 대한 많은 것이 그렇다."

바이서의 이러한 평가는 당대의 휠덜린과 그의 작품에 대한 이해의 한계를 여실히 보여주는 것이다. 주도 동기에 대한 후세의 이해가 비로소 이 한계를 넘어서서 슈투트가르트와 타향인 그리스의 접점이 먼 곳에 살고 있는, 그리고 성공을 거두지 못하고 애쓰고 있는 친구의 슈투트가르트 방문을 통해서 노래되고 있는 탁월한 시상을 밝혀 준다.

방랑자

| 주석

1) 올림프(Olymp): '하늘 Himmel'에 대한 환유(換喩). 그리스나 로마문학에서도 자주 만날 수 있다.
2) 초고에는 '내 낙타의 배에서 어쩔 수 없을 때 물을 찾았다'고 되어 있다. 당시 백과사전 『Universal-Lexicon』에는 터키인들이 리비아의 사막을 여행할 때, 식수가 없을 때에는 낙타를 죽여 그 위장에 들어있는 물을 마신다는 해설이 수록되어 있기도 했다.
3) 고향의 기별을 알리는 떠도는 새(vom wandernden Vogel der Heimat): 여기서는 '타조'를 말한다. '떠돈다'는 말에는 날아다닌다는 뜻이 아니라, 걸어서 이곳 저곳을 방랑한다는 뜻이 들어 있다.
4) 이곳에도 신들 있어 (Auch hier sind Götter): 아리스토텔레스의 생물학적 저술인 『동물부분론 De Partibus Animalium』에서 헤라클리트(Heraklit)가 그를 방문하려는 이방인들에게 부끄러워 말고 올 것을 촉구하면서 이곳에도 신들이 존재하기 때문이라고 말했음을 전하고 있다.
5) 그 말(die Rede): 인간들의 말, '전설'.
6) 피그말리온(Pygmalion): 제 자신이 만들어낸 조각에 반해 버린 조각가. 비너스가 그의 요청에 따라 그 조각상에게 생명을 불어넣어 주었다고 전해진다.
7) 낮빛(Tagslicht): 태양. 태양을 가름해서 '낮빛'을 쓴 예는 시 「시인의 사명」에도 나온다.
8) 그대들의 전설들이... 오 그대들 힘찬 자들이여! (und das... Gewaltigen! Ach!): 일종의 삽입구이다. 이 삽입구로서 「방랑자」의 편력에 동기가 주어진다. '그러는 사이 indes'로 계속되는 부문장은 '그곳에 누워... 내 마음 용기를 얻었던 곳'이 이어져 있다. 여기서 '너희들'이라는 대명사는 사나이들, 예감에 찬 사공들을 말한다.
9) 성스러운 이역으로 그들 역시 사라져 갔고 (in heilige Fremde dahin): '그들도 죽어버렸고'로 해석된다.
10) 조국의 아버지여! 힘찬 천공이여! (Vater des Vaterlands! mächtiger Aether!): 로마식의 명예로운 칭호 'pater patriae'를 여기서는 천공에 부치고 있다. 다른 경우 단지 '아버지 Vater'라고 불리고 있는 것을 횔덜린의 시 도처에서 볼 수 있다.

| 해설

이 비가는 원래 1795년에 초고가 씌어지고, 1797년 6월 출판을 위해서 쉴러에게 보낸 것으로 알려져 있다. 쉴러는 괴테의 평가를 받고나서 원고를 손질해 그의 「호렌 Horen」지에 발표해 주었다. 횔덜린은 그러나 「호렌」지에 실린 원고를 재차 손질했고 그것이 오늘날의 횔덜린 전집에 실려 있다. 횔덜린은 이 마지막 원고를 시연을 갖춘 구조로 썼다. 매 시연은 3개의 2행 시구(Distichon)를 3번 반복하여 18행으로 구성되어 있다. 따라서 시연의 규모와 역시 3연 1단(Trias)으로 구성되는 시연의 수효 사이의 내면적인 연관성이 발생하게 되는데 그것은 나중에 소위 「조국적 찬가들」에서도 관찰되는 구조이다. 시 「방랑자」는 전체 6연으로 되어 있어서 Trias로 따지자면 2개의 Trias를 가지고 있는 셈이다.

이 비가는 「방랑자」라는 표제를 달고 있는 바, 단순한 표제를 넘어서 이 비가의 중심적인 테마를 말해주고 있다. 여기서는 고향을 향하는 하나의 편력이 여러 차례 다루어지고 있다. 그것은 어린 나날을 보낸 고향, 그리고 동시에 이상적이며 조화된 삶의 목표로서의 고향을 향한 편력이다. 그것은 동경하는 내면적 가능성을 그대로 체현시킨 고향이기도 하다. 다른 비가 「슈투트가르트」나 「귀향」에서도 그렇지만 이 비가의 종결구도 세속적 고향에서부터 정신적 고향으로 단호하게 전향하고 외적이며 구체적, 감각적인 현존에의 행복에 찬 관망에 이어서 신적 현존의 회상으로 내닫고 있다. 결국에 이 천상적 영역과 현세적 영역은 하나의 축제로 결합을 이루고 시인은 친구들과 근친자들을 그 축제로 불러 모으고 있는 것이다.

이 비가 「방랑자」는 티불(Tibull)의 비가 모음집 가운데 들어 있는 작자미상의 「Panegyricus Messallae」라는 시편을 모범으로 삼고 있는데, 특히 여러 기후대(차가운 지역, 열대지역, 그리고 알맞은 기후의 지역)가 등장하는 것이 그것을 뒷받침한다. 횔덜린은 이러한 기후대를 여러 감정의 상태를 확연히 드러내고자 하는 의도로 사용하고 있는 듯하다.

귀향

| 주석

1) 투명한 밤(helle Nacht): 이 모순 형용법(Oxymoron)은 중간적 상태를 표현해 주고 있다. '입 벌리고 있는 계곡'의 심연에는 아침의 가득한 빛이 다 이르지 못한 탓이다. 이어지는 시구에 등장하는 시어들인 '비쳐들며 사라져 간다'라든지 '천천히 서두르고', 또한 '사랑의 싸움' 등 반대되는 의미의 복합적 사용은 동터오르는 아침 여명의 매력을 절묘하게 나타내 주고 있다.
2) 놓치듯 산의 정기(acherzende Bergluft): '이곳/ 저곳 dahin, dorthin', 즉 항상 다른 방

향으로 불고 있는 산의 바람은 마치 농을 걸고 간지럼을 태우는 듯이 생각된다.
3) 모습은 앳되지만(jung an Gestalt): 이미 제기된 모순 형용법의 의미를 깊이 고려한 패러독스이다. '환희에 전율하는 혼돈'은 말뜻 그대로 텅 빈 바위틈이나 입을 크게 벌리고 있는 것을 의미하는 것이 아니라 모습을 짓기 위해서 분출하는 창조적 비등을 나타낸다. 그것은 단순한 '혼돈'이 아니라, 이 매혹적인 중간 상태에서 이미 어느 정도까지는 모습을 취한 것이다. '투명한 밤'의 '혼돈'은 벌써 아침의 젊은 '모습'을 예감케 한다는 말이다. 이것은 빛의, '빛살Strahl'의 산물이며, '사랑의 싸움'이 낳은 산물이다.
4) 천천히/ 서두르고(langsam eilt): 아침의 안개 속에는 격렬하게 노호하며 쏟아지는 움직임이 들어 있다. 또한 이 움직임은 전체로서 일시에 진정되는 것이 아니라, '서서히' 차츰 진정되는 것이다.
5) 해(年)는 나날이 자라난다. 그러나 그 산중에서 이 시간의 자라남은 나날이 더 커간다. 왜냐하면 밤과 혼돈이 평야에서보다도 더 깊고 '무한한' 탓이며, 나날의 시간이 동이 터 날이 지남이 평야에서보다도 더 투쟁적이고, 광란적이기 때문이다. 시간과 날들은 '보다 대담하게 질서 지워진다'. 이 말은 대담함이 질서의 한계를 넘어서고 거의 무질서에 가까워 그것들이 혼돈 가운데 '섞여든다'는 말이다. 이러한 표상은 찬가 「라인 강」의 마지막 시연에도 등장하는 바, 산중에서의 질서는 매번 새롭게 창출되어야 하는 것이 마치 태초의 질서와 마찬가지라는 표상인 셈이다. 하루의 구분과 계절도 저절로 이어지는 것이 아니고 균형 잡힌 교체로 이어지는 것이 아닌 점도 평야에서와는 다른 것이다.
6) 천후의 새(der Gewittervogel): 송시 「루소」에 보면 '그 대담한 정신, 마치 독수리처럼/ 천후를, 그 다가오는 신을/ 앞서 말하면서 날고 있다'라는 구절을 볼 수 있는 바, 여전히 신의 사자로서 새를 노래하고 있다.
7) 장미꽃(Rosen): 아침 노을의 반사. 저녁 하늘이 '장미'로 표현되기도 한다.
8) 에테르와 같은 이(Der ätherische): 에테르, 즉 천공의 신을 말한다. 이로써 '빛 위에' 살고 있는 '순수하고 복된 신'이 누구인지가 해명된다. 그것은 아버지 천공이다.
9) 숨쉬는 자들(Atmenden): 인간들
10) 번영된 행복(Wohlgediegenes): 'gediegen'은 'gedeihen(번성하다)'의 옛 과거분사형.
11) 느릿한 손길로(mit langsamer Hand): '조심스럽고도 서서히'의 뜻. 앞의 '머뭇거리며 아끼듯'과 같은 의미임.
12) 그에게(ihm): 천공의 신에게
13) 갑자기(plötzlich): 천상적인 것, '정신 Geist'의 갑작스러운 등장은 아마도 인간이 견디기 어려운 일일 것이다.
14) 보덴호(Bodensee)를 말한다.
15) 도시(die Stadt): 여기서는 린다우(Lindau)를 두고 말하고 있다.
16) 마치 한 아들처럼(wie ein Sohn): 시인은 린다우 도시에 알맞은 '사랑스러운 이름'을 찾

는 가운데, 그 도시를 '어머니라 부르고' 있다.
17) 고국의(des Landes): 슈바벤의(Schwabens). 당시의 영주령인 뷔르템베르크(W?rttemberg)를 지칭하고 있지는 않다. 실제 1805년까지 린다우는 자유제국도시였다.
18) 신과 같은 야수(das göttliche Wild): 라인 강을 그렇게 일컫고 있다. 그리스의 핀다르(Pindar)는 켄타우어 족인 케이론을 그렇게 부른 적이 있는데, 케이론을 강과 동일시했던 것도 핀다르였다.
19) 코모를 향해(nach Como): 아우크스부르크(Augsburg)에서 이탈리아의 마이란트(Mailand)로 향해 있는 유명한 중세 상업로는 린다우를 거쳐 코모에 이르고 있었다.
20) 한낮이 거닐 듯 아래로(hinab, wie der Tag wandelt): 코모를 향하는 방향은 라인 강을 거슬러 남쪽으로 향해 있다는 말이다. '성문'을 떠나서 가는 자에게 제시되는 다른 방향은 동쪽에서 서쪽을 향해 있는데, 이것은 마치 '한낮이 거닐 듯' 바다쪽 '아래로' 향해 있는 것이다.
21) 성스러운 평화의 무지개(des heiligen Friedens/ Bogen): 신이 노아의 홍수 이후 땅과의 유대를 나타내는 징표로서 구름 속에 새겨 넣었다는 무지개. 횔덜린은 그가 큰 기대를 걸고 있었던 1801년 초의 르네빌(Lunéville) 평화협정이라는 특정한 역사적 사실을 상기하고 있는 듯 하다.
22) 위대한 아버지에 대해(von großen Vater): '저 드높은 곳에서 편력의 시간을 생기 차게 해주는' 아버지 천공.
23) 천사(Engel): 이 말로서 '위대한 아버지께서 보내 주신' '좋은 정령들'을 뜻하고 있다. 고대의 믿음에 따르면 특정한 시대와 장소들은 특별한 보호의 신, 정령들을 지니고 있었다고 한다. 이들을 시인은 '연륜의 천사', '거처의 천사'라 부르고 있다.
24) 고귀하게 하리라. 회춘케 하리라(Adle! verjünge!): 여기서는 명령문이 아니라, 번역된 것처럼 접속법이다. 앞 행의 '나누어 주리라!' 역시 마찬가지이다. 이 세 동사의 공동 주어는 천상적인 것(das Himmlische)이며, '고귀하게 하다' 나 '회춘케 하다' 의 목적어는 '모두 Alle' 이다. 생명의 혈관에 자신을 나누고 있는 천상적인 것은 모든 인간을 기쁘게 하고, 고귀하게 하며 또한 회춘케 하리라고 읊고 있다.
25) 즐거운 자들(die Frohen): '연륜의 천사', '거처의 천사'에 대한 반복적인 수식이다.
26) 다가오는 신은 식탁에 앉아 기도하고 잠자리에 들 때 기도드려야 할 만큼 그렇게 위대하고 드높은 분이 아니냐?
27) 신은 걸맞지 않은 일을 싫어하나니(Unschickliches liebet ein Gott nicht): 「빵과 포도주」제6연의 네 번째 행 '부질없이 시도하는 것 천공 앞에서는 맞지 않는 탓이다'와 같은 뜻.
28) 원문 'Das bereitet'는 떼어서 명령문 'bereitet das Saitenspiel!' (탄주를 예비하라) 로 봄이 타당하다.
29) 기쁨 중에도 놓여 있었던(die unter das Freudige kam): '기쁜 일을 파괴시키려고 했

던'의 뜻으로 해석된다.

| 해설

   가정교사로 가 있었던 하우프트빌(Hauptwil)에서 귀향하자마자 쓴 작품이다. 그가 하우프트빌을 떠난 것이 1801년 4월이었고 고향에 도착한 것이 6월이었으니, 그 직후에 썼다고 생각된다. 외적인 구성은 비가 「방랑자」와 마찬가지로 6연이며 매 시연은 9개의 2행 시구로 되어 있다. 역시 비가 「방랑자」에서처럼 여기서 중심이 되는 테마는 방랑 내지는 편력이다. 다른 점이 있다면 이 편력이 실제 하우프트빌을 떠나 고향으로 돌아오는 편력이 다루어지고 있다는 점이다. 길이라든가 목적지가 모두 상세하게 사실에 부합한다. 그러나 이러한 사실적인 귀향이 시적인 묘사를 통해서 신화적인 차원으로 넘어가고 있다는 점에서 이 작품의 진가가 드러난다. 이 비가는 1802년 잡지 「플로라 Flora」에 실린 바 있다. 이 비가는 그 언어의 율동이나 의미의 전환으로 볼 때 가장 강렬하게 '찬가적인 표현'에 접근하고 있다. 사실 비가 「귀향」은 횔덜린이 쓴 일련의 비가 중 마지막 작품이라고 평가되고 있는 것이다. 시인은 6연의 결구에서 거의 남아 있지 않은 염려조차 시인이 짊어져야 하며 다가오는 신들의 날을 예비하는 책임을 다른 이들에게 떠 맡겨서는 안 되리라고 말한다. 그것은 종교적인 것이기보다는 시인이 지닌 보다 좋은 나날에 대한 확신이 뒷받침해 주는 개인적 신념이라고 생각된다.

편력

| 주석

1) '스위스'는 초고에 없었는데, 후일 연필로 첨가되었다. '이웃하여'는 당초 '원초대로 오래 Uraltes'로 되어 있었다. 말하자면 최초의 원고에는 당시 새롭게 구획된 국경개념이 전혀 고려되지 않았다. 완성고의 제8연에 보면 시인은 슈바벤 방백령(Herzogtum)을 머리에 넣고 있는 것이 명백한데, 이 때문에 이 첫 연에서도 국경의 개념을 살리려 한 것으로 생각된다. 제8연에서 라인 강을 어머니 '슈에비엔', 즉 '슈바벤'의 아들이라 부르고 있다.
2) 그대에 그늘 드리워 주고 있다(überschattet): 원문에서의 동사는 분명히 단수인데, 주어는 '나무들 Bäume' 이다.
3) 집의 아궁이 가까이(nah dem Heerde des Hauses): '중심점 가까이'로 이해된다. 성스

러운 힘들이 솟아나고 모아지는 곳 가까이.
4) 가볍게 와 닿는 빛에(vom leichtanregenden Lichte): 여기서 '흔든다 anregen'는 슈바벤의 구어에서는 접촉이라는 구체적 의미로 쓰인다. '와 닿는다'는 의미가 적당해 보인다.
5) 젊었을 시절(In jüngeren Tagen): 시「빵과 포도주」에서 '그러니 우리가 젊은 시절에 들었던 것이 참된 것인가?'와 비교. 두 차례에 걸쳐 학교 시절 배웠던 것, 그가 이제 시적 관점에서 그 옳음을 다시 발견하게 된 역사의 기록을 암시하고 있다.
6) 그 옛날의 독일민족이 했다는 편력이 역사적으로 사실인지는 증명되지 않고 있다. 시인은 프러시아 출신의 러시아 여황제 카타리나 2세의 식민정책에 따라 1770년에 이루어진 슈바벤 사람들의 흑해 이주라는 역사적 사실에 유추해서 그 편력을 묘사하고 있는 것 같다.
7) 친절한 바다(Das gastfreundliche): 흑해를 말한다. 당초 흑해는 연안에 살고 있었던 원주민들의 포악성 때문에 '살지 못할 곳unwirtliche, póntos áxeinos'이라 불리웠는데, 그리스 인들이 이주해 살고부터는 친절한 곳(óntos eúxeinos)으로 불리게 되었다 한다.
8) 상대의 말(Die eigene Rede des andern): 다른 사람의 고유한 말, 외래인에게는 낯설게 들리는 말.
9) 부모, 독일 민족의 후손과 동방 태양의 아이들 후손 간의 결합이 노래되고 있다. '충실한 선조를 회상할 것인가?'라는 물음은 단지 수사적일 뿐이다.
10) 이오니아(Ionia): 소아시아 서부. 그리스인들이 이주해 살았던 해안선 지역.
11) 카이스터의 평원(Ebenen des Kaysters): 카이스터는 이오니아에 흐르는 강이며, 트몰로스(Tmolos)산이 그 원천이다. 카이스터 평원은 트몰로스 산맥과 메소기스 산맥 사이의 평원을 일컫는다. 카이스터 강의 학(Kraniche)은『일리아드』두 번째 노래에도 등장한다. 카이스터 평원 주위의 '멀리 가물거리는 산들'은 소설『휘페리온』에도 나온다.
12) 타이게토스(Tayget): 펠로폰네스 지방의 고산맥으로 그 계곡에 스파르타가 있었다.
13) 휘메토스(Hymettos): 아티카의 산맥. 아테네의 남쪽에 있다. 대리석과 벌꿀로 유명함.
14) 파르나소스의 샘(Parnassos Quell): 델피에 있는 아폴론과 뮤즈에게 바쳐진 샘.
15) 트몰로스의/금빛으로 반짝이는 개울들(Zu des Tmolos/ Goldglänzenden Bächen): 여기서는 황금빛 팍톨 강을 의미한다. 팍톨 강이 황금빛인 것은 그 바닥의 황금빛 모래 때문이다. 트몰로스 산은 동편에, 파르나스 산은 서편에 자리하고 있기 때문에 이 두 산을 부르고 나면 사실 그리스 전체를 일컬음과 다름없게 된다.
16) 오 호머의 땅이여!(O Land des Homer!): 앞선 시연에서 그리스 전체를 부르고 나서, 여기 이 말로써 다시 눈길은 이오니아를 돌아서고 있다. 호머의 좁은 의미의 고향은 이오니아인 탓이다.
17) 버찌나무(Kirschbaum): 이오니아 지역, 흑해의 남쪽 해변에는 Cerasus라는 도시가 있는데, 이 Cerasus라는 것은 버찌나무 숲으로부터 유래하고 있다. 그곳으로부터 기원전 76년에 Lucullus라는 사람이 cerasus(=버찌나무)와 cerasum(=버찌열매)를 로마로

가져왔다고 전해진다.
18) 포도원(Weinberg): 포도나무의 원산지는 역시 흑해 연안이다. 코커사스.
19) 복숭아나무(Pfirsiche): 복숭아는 이오니아, 아시아 쪽으로부터 보내진 것으로 전해진다. 그 이름 'mala Persica' 즉 '페르시아의 사과'라는 말이 이를 증명한다.
20) 제비(Schwalbe): 봄이 되면 소아시아에서부터 돌아온다.
21) 별빛 아래서도(auch unter den Sternen): 그리스인들은 별에 대해 많은 전설을 지어냈는데, 별들에게 많은 그리스 영웅들의 이름을 붙여 놓고 있다.
22) 테티스의 회랑(Halle der Thetis): 테티스는 해신 Nereus의 딸로서 에게해 깊숙이에서 살고 있다. 아킬레우스의 어머니이기도 하다.
23) 이다의 구름(Wälder... des Ida): 이다는 소아시아의 phrygien지방에 있는 산. '숲 Wälder'과 '구름 Wolken'을 병치해 놓고 있어 숲이 구름처럼, 구름이 숲처럼 바뀌 생각될 수 있도록 해 준다.
24) 슈비엔의 아들 라인 강은 어머니의 심장부에서부터 북쪽을 향한 진로로 쏟아져 흐른다. Chur의 Knick으로부터 보덴 호수의 어귀까지 흘러내려 간다. 거기서부터 옆길로 빠져 나가는데, 첫 라인의 시류(始流)가 당초 동쪽 방향을 취하고 있는 사실이 시 「라인 강」에서는 신화적으로 해석되고 있다.
25) 너무도 인내하는 우리들을(uns Allzugedultigen): 너무도 오랫동안 운명에 만족해서 '궁핍한 시절'을 그냥 살아 나가고 있음을 말하려 한다. 'gedultig'라는 어형은 중세 독어의 'gedultec'을 그대로 유지하고 있는 'geduldig'의 변형이다.
26) 우미의 여신들(Charitinnen): 아그라이야, 에우프로쉰네 및 탈리아로서 인간 사이에 신적 공동성을 지켜 주는 수호의 여신들이다.

| 해설

1801년 봄에 쓴 것으로 보이는 이 작품은 소위 「조국적 찬가 Vaterländische Gesänge」라는 일련의 후기 찬가들 중 하나이다. 횔덜린은 그리스 사람들이 저희들 나름대로 노래했듯이 '조국적이고 자연스럽게, 진실로 독창적으로 노래부르는 것'이 이제 그리스의 노래 방식을 떠나 자신이 행할 시작(詩作)의 궁극적인 목표인 것을 밝힌 바 있다(1802년 11월 친구 뵐렌도르프에게 보낸 편지). 이 작품은 전체가 9연으로 이루어져 있어 횔덜린의 작품에서 흔히 만나게 되는 3연 1단(Trias)의 구조를 다시 한 번 보여 주고 있다. 매 Trias는 12-12-15, 12-12-15, 12-12-15라는 규칙적 시행의 수효를 갖춘 시연들로 구성되어 있다. 그러나 그 내용으로 볼 때는 3연 1단을 벗어나서 12-12, 15-12-12, 15-12 및 12-15의 3부로 나뉘지며 각 부의

시연 수효는 **2-3-4**로 1연씩 축차적으로 확대시키고 있음을 볼 수 있다.

제1부에 속하는 1~2연은 시인 자신의 고향 슈바벤 ─ 슈비엔 ─을 찬미하고 있다. 알프스 산 너머의 롬바르디아 평원처럼 찬란하지는 않지만, 그 곳처럼 시냇물 흐르고 갖가지 꽃들, 울창한 숲이 있는 고향은 아름답기가 롬바르디아 못지않다. 더욱이 알프스 ─ 모든 근원 가까이 놓여 있어 신적인 힘들과도 가까이 있는 곳이 고향 슈바벤이다. 그러나 시인은 고향을 떠나 편력의 길에 오를 수밖에 없다. 그 편력의 동기는 3~5연에서 노래된다. 제비처럼 자유로운 시인은 상상 속에서의 먼 곳 ─ 그리스 ─을 향해 편력한다. 자신의 것 만으로서는 자신의 것을 더욱 풍요롭게 만들기 어렵다. 동서의 만남은 이질적인 것의 조화 있는 결합을 통해서 아주 자연스럽고도 바람직한 것으로 그리고 있다. 그리스의 찬란한 문화도 그러한 다른 본성 사이의 결합에 기초한다는 시인의 믿음은 단단한 것이다. 시인은 6~7연을 통해서 그리스의 세계를 생생하게 떠올린다. 그리스라는 공간의 구조 안에서는 그 문화의 마지막 꽃 피움 이전, 많은 편력의 흔적을 보여 주고 있는 것이다. 전체 그리스의 편력 가운데 다시 이오니아라는 특정한 공간으로 눈길을 돌리면서 그 이오니아와 사랑스러운 고향의 모습이 비교를 이루고 있다. 시인에게는 고향의 모든 것들이 이오니아와 연결되어 있는 것으로 생각된다. 그 이오니아의 문화와 문학을 있게 했던 우미의 여신들을 사랑하는 고향으로 초대하고 싶은 것은 시의 흐름에서 당연한 귀결로 보인다.

시인은 8~9연에 이르러 우미의 여신들을 초대하면서 자신의 편력의 뜻을 밝혀 준다. 그리스가 편력의 최종적인 목표가 아니라, 과묵하고 무뚝뚝한 어머니 슈바벤의 마음을 사려는 것이 목적이었음도 드러난다. 라인 강처럼 무턱대고 흘러 버리거나 방향을 감추지 아니하며 시인은 간접적인 길을 통해서 제 자신의 근본을 캐내고자 한다. 9연은 '우미의 여신들'이 시인의 부름으로 고향에 찾아들었을 때의 조화이룬 상태를 예견해서 말한다. 이 때 너무도 갑작스럽게 찾아든 '우미의 여신들'의 방문이 어찌 미개한 우리를 찾아왔는지? 묻게 만들지도 모른다. 그러나 그것은 감사어린 물음일 뿐 거절은 아니다. 오로지 살며시 다가서는 자에게만 꿈과 같은 이러한 여신들의 현현은 있을 것이다. 서둘러 억지를 부린다면 그것은 벌로 대답될 것이다. 횔덜린은 상상적 편력의 실천 가운데 사실적인 조국의 미래를 꿈꾸고 있다.

하르트의 협곡

| 주석

1) 뉘르팅겐과 덴켄도르프 사이 하르트라는 마을에 있는 빽빽한 산림 속의 울리히스타인 (Ulrichstein)은 두 개의 거대한 절벽이 쓰러져 이룬 동굴처럼 생긴 협곡이다. 절벽이 쓰러져 서로 기대어 있고 사이에는 좁다란 틈이 생겼는데 이러한 틈을 슈바벤 방언에서는 'Winkel' 이라고 불렀다. 이 '협곡(정확히 말해서 좁은 통로)' 은 전설에 따르면 1519년 대공 울리히가 영지를 잃고 나서 이 속에 숨어 있었다고 한다. 그가 말을 탄 채 쾌겐 다리 (Köngener Brücke)에서 이 협곡을 향해 뛰어 내렸고, 뒤를 쫓던 자들이 이 곳으로 닥쳐 들려고 했을 때 한 마리의 거미가 밤새 입구에 거미줄을 쳐 더 이상 접근하지 못했다는 것이다. 그렇게 해서 대공의 생명은 물론 나라도 구했다. 횔덜린은 어릴 때부터 이 운명을 알리는 절벽을 사랑했다. '친구의 게으름 때문에 없어진 것으로 보이는' 횔덜린의 초기시들 가운데의 한 편도 바로 '하르트의 협곡' 을 노래한 것이었다고 크리스토프 슈봐프는 전하고 있다. 1796년 10월에 동생에게 보낸 편지에서 횔덜린은 '그 절벽에 앉아서' 클롭슈토크의 작품을 함께 읽었던 때를 회상하고 있다.

2) 1~4행: 가파른 절벽의 아래를 향해 '한쪽으로 매달려 있는 관목들의 잎사귀 우거진 가지들이, 꽃봉오리들 가운데 활짝 핀 꽃송이처럼 잎사귀들 아래 숨겨진 아이히 계곡(Aichtal)의 ' 바닥 '으로 눈길을 인도하고 있다.

3) 전혀 말할 줄 모른 것도 아닌 (Nicht gar unmündig): 바로 이 작품의 한 가운데 놓여 있는 이 시행은 아이히 계곡의 '바닥' 이 뉘르팅겐과 귀터스타인(Güterstein)을 지나 알프 (Alb)로 갈 때 통과했던 지점으로서 '전혀 말할 줄 모르는 것도 아니다' 라고 읊고 있다. 원문 'unmündig' 는 '성숙하지 않은' 의 뜻을 가지고 있는데, 본래 'Mund' (입)을 어원으로 하고 있어 '말할 줄 모르는' 의 뜻을 가진다. 말하자면 지금 보기에는 전혀 그렇게 보이지 않지만 무엇인가를 이야기 할 수 있는 것이 바로 그 계곡의 바닥이라는 것이다.

4) 원문 'übrig' 는 '남겨진', '여분의' 의 뜻을 가지고 있을 뿐만 아니라, '과잉의', '가치 없는', '의미 없는' 의 뜻을 가진다. 그런 의미에서 'übrige Ort' 는 '하찮은 곳' 이지만 위대한 운명이 일어날 수도 있는 곳이라는 뜻이 된다.

| 해설

이 시는 소위 「밤의 노래들 Nachtgesänge」 가운데 포함되어서 1803년 12월 인쇄에 회부되었던 작품이다. 이 시는 시인이 보르도에서부터 고향에 돌아와서 썼던 것으로 보이는데, 지난 역사의 회귀에 대한 그의 희망이 찬연히 바라다본 자연 속에 집약되어 있음을 볼 수 있다. 첫 4행은 정경의 묘사에 바쳐지고 있는데, 그 정경은

옛과 한치도 다름없이 남아 있다. 어린 시절의 확실함, 또 이 확실함의 되돌아옴에 대한 희망은 '꽃봉오리들처럼 나뭇잎들은 한쪽으로 매달려 있다'는 시구에 숨겨져 있다. 나뭇잎들은 시를 쓰는 사람의 회상과 또 상상적인 도망자인 울리히 대공에의 회상을 함께 감싸고 있다. 이제 이 두 사람은 다 같은 도망자들이다. 이들을 위해서 자연은 커다란 동굴을 쌓아 놓은 것 같다. 숲은 가라앉아 바다에 이른다. 이 바다이 꽃피듯 '피어난다'는 것은 벌써 울리히가 한 때 그곳에 있었음과 연관된다. 그렇기 때문에 이 바다는 '전혀 말할 줄 모른 것도 아니다'. 그는 하나의 기억을 지니고 있다. 일어난 일을 잘 알고 있는 어린아이처럼 그 바다는 이야기를 할 수도 있다. 이곳으로 내쫓긴 대공이 지나갔다. 그의 '위대한 운명'은 자명한 것이며, 전설로서 지금 영웅은 가고 없지만 그대로 남겨진 장소에서 회상할 태세가 갖추어진 자에게는 불가사의한 '흔적(발디딤)'으로서 그대로 남겨져 있는 것이다. 고통을 겪은 제자신의 삶이 영웅의 형상과 결부되어 있으며, 자신의 경우에 대한 예시가 한 영웅의 이야기 안에 재생되어 있다. 자신이 떠나고 난 나머지의 '남겨진 장소'에서 자신이 회상될 수 있을지도 모른다는 희망이 이 시의 밑바닥을 조용히 흐른다.

고향

| 해설

홈부르크 4절판 원고철에 수록되어 전해진다. 1803-1805년 사이에 쓴 것으로 보인다. 어쩌면 이보다 앞서 쓴 것일지도 모른다는 주장도 있다. 시제와 제1행이 텍스트의 다른 부분과 많이 떨어져 있어서 그 연관이 분명하지는 않아 보인다. 다만 "고향"이라는 주제가 그 연관성을 가깝게 느끼게 한다. 첫 시행 "아무도 모른다" 이후 빠진 싯구를 횔덜린의 시상을 유혹해서 보완한다면 아마도 "언제 신들이 이 고향으로 되돌아올지를" 쯤이 되지 않을까. 그렇게 하면 이 시는 온전한 고향의 시가 될 것 같다.

산책

| 해설

1809년에 쓴 것으로 보이는 이 시는 반어적인 근원이 전혀 없는 것은 아닌 채 쉴

러의 비가의 한 제목을 그대로 차용하고 있다. 종지부로 구분되는 3개의 시연(3개의 부분)은 단 하나의 섬세하게 구성된 관찰에 연관되어 있다. 마지막 시연은 3개의 삶의 연륜(소년기, 청년기 그리고 노년기)의 음조를 요약하는 듯하다.

하늘에서부터...

| 해설

시인 뫼리케(Mörike)가 전하는 바에 따르면 이 시는 1824년에 쓰어진 것으로 생각된다. 벌써 횔덜린은 20년이나 정신병에 시달리고 있었던 시기이기도 하다. 이 시를 보건데 그는 광증의 안경을 쓰기도 하고 때로는 벗기도 했던 것 같다. 그가 광증의 안경을 벗었을 때, 그의 시야는 신선한 자연의 정경에 몰입하는 찰라를 향유했다. 그의 눈길은 이 찰라적인 명정의 순간에 '하나의 유대 있음'에 환희하면서 '오솔길로 행군하는 양 떼들', '청순한 초목' 어두움에 가까운 칙칙한 '임원', '발가벗은 산꼭대기', '참나무' 며 '드문드문 서 있는 전나무' 등 도처에 이른다. 이러한 천진한 영상은 모두 천국의 해맑은 환희이다. 이렇게 그려 나가면서 시인의 고개는 차츰 떨구어지고 반대로 '산들이 산뜻한 모습을 쳐들고' '포도원도 높이 일어선다'. 이 아래로 떨굼과 높이 쳐듦의 대비 가운데서 울타리에 숨어 있는 움트는 오랑캐꽃 – 차츰 자신의 위치로 돌아서는 뒷걸음질이 드러나고 있다. 그가 잃어버리고 있는 것을 보고 있는 자는 죽어가는 자가 아니다. 20여 년 전 잃어버렸던 것을 다시 발견하고 있는 자는 잃어버린 자일 뿐이다. 그는 고독 가운데서 평안히 쉬면서 오로지 햇빛이 반짝이는 곳에서 오후 내내를 '침묵' 하는 잃어버린 자로 돌아오고 있다.

2. 사랑과 우정

노이퍼에게

| 주석

1) 술잔(Taumelkelch)은 구약성서 이사야 제51장 17절과 22절에 나오는 '한 번 마셔 비틀거리게 하는 커다란 잔'. 클롭슈토크(Klopstock)의 「구세주 Der Messias」에도 등장한다.

| 해설

이 시는 날짜가 적히지 않은 (어쩌면 1794년 4월 초) 노이퍼(Neuffer)에게 보낸 편지 가운데 들어있는 작품이다. 노이퍼는 횔덜린의 튀빙엔 시절의 절친한 친구로서 그 우정은 오래 계속되었다. 학창시절 노이퍼는 시인을 지망하고 있었는데 그의 창작 태도는 시대적인 자극을 개의하지 않은 채 '보다 드높은 송가와 찬가'에 매달려 있었다고 전해진다.

그는 튀빙엔 대학을 나와서 평생 목사로 지냈다. 어떻게 보면 방황과 고뇌에 빠져 있었던 횔덜린과는 반대되는 성품의 사람이었다. 그러나 오히려 이러한 '다름' 때문에 횔덜린은 한결같이 노이퍼를 자신의 지주로 삼으려 했다. 위의 시에서도 횔덜린은 어둡고 무엇에 쫓기는 듯한 자신의 영혼에 노이퍼를 통해서 위안을 얻고 있음이 드러난다. 이 시의 형식적 특징은 1-5행에 이르기까지 'Noch'라는 단어의 반복, 즉 두어첩용(Anapher)이다. 이러한 반복적인 멜로디는 시인 횔티(Hölty)의 영향이라고 바이스너(Beißner)는 말하고 있다.

사죄(謝罪)

| 해설

아스클레피아데스의 시연을 따르고 있는 이 작품은 1796~1798년 사이 프랑크푸르트 시절에 쓰어졌다.

1연의 마지막 시행 '그대... 나로부터 많이도 배웠노라 Hast du manche gelernt

von mir'는 1826판의 시집이나 1846년의 슈바프(Theodor Schwab)가 발행한 시집에는 '그대… 나로부터 많이도 떼어놓았노라 manche, getrennt, 혹은 manche getrennt'로 되어 있으나 그 의미상 '배웠노라 gelernt'가 옳은 것으로 판독되고 있다. 이 시의 주제 역시 자연의 아름다운 조화를 이성으로 관여하려 했던 자신의 과오를 반성하는 시인의 현재적인 심정이다.

좋은 믿음

| 해설

이 시는 1798년 7월과 8월 노이퍼에게 보낸 18편의 짧은 시 가운데 한 편이다. 이 시는 디오티마의 병환과 관련되어 있고 그것 때문에 발생할 분위기를 나타낸다. 그러나 그것이 어떤 특정한 일회적인 감정상태를 반영하고 있지는 않다. 오히려 그러한 사건의 전형적인 의미가 제기되고 따라서 특별한 감정이 정신의 위대한 보편적인 움직임으로 연결되고 있다. "아름다운 생명이여!"라는 서두의 말붙임은 개별성과 보편성이라는 이중성을 알게 해준다. 순간적인 체험이 느끼는 가슴에 의해 받아들여지고 불변하는 질서, 사랑, 두려움, 믿음으로 연관되는 가운데, 그 순간적 체험은 극복되고 있는 것이다.

그녀의 회복

| 해설

시 「인간의 갈채」와 같은 때에 쓴 알케이오스 운율의 송시이다. 이 시는 1800년에 5연으로 확장되어 개작되었다.

여기서 '그녀'는 디오티마를 연상시킨다. 시 「디오티마」의 40행에는 디오티마가 '사랑스러운 뮤즈'로 비유되어 있음을 볼 때, 여기서 '그녀'는 예술의 여신으로까지 연장되어 있다. 이 시는 능동적인 회복을 노래하고 있다. 스스로 깨어나 자연을 기쁨으로 바라보지 않는 한, 자연의 무한한 힘도 우리를 낫게 하지 않는다.

용납할 수 없는 일

| 해설

이 시는 1798년 7월과 8월 노이퍼에게 보낸 18편의 짧은 시 중 하나이다. 이 시는 「사랑」이라는 제목의 시로 확장되어 1800년에 개작되었다. "사랑하는 사람들의 평화"는 어떤 특권이 아니라, 사랑의 가장 내면적인 본성의 표현이다. 왜 사람에게 경건한 보호의 권리가 주어지는지를 이 시를 확장해 개작한 「사랑」이 역사철학적으로 증언하고 있다.

소크라테스와 알키비아데스

| 해설

프랑크푸르트 시절에 쓴 아스클레피아데스 시연의 송시이다. 말붙임과 대답형식의 시로서 같은 시기에 쓰어진 「짧음」도 같은 형식이다.

청년 알키비아데스는 플라톤의 『잔치 Gastmahl』의 마지막 부분에서 소크라테스를 찬양하면서 등장하는 인물이다. 아가톤에 대한 소크라테스의 편애를 알키비아데스가 제1연에서 묻는데, 소크라테스 대신에 시인이 제2연에서 대답하고 있다. 이미 소설 『휘페리온』에 나타나듯 이 짧은 제2연의 4개 시행에는 삶, 청춘 그리고 아름다움의 개념이 한 덩어리로 관련되어 있다.

우선 청춘은 모든 생명의 통일체임을 보여준다. 그것은 '가장 생동하는 것' 이다. 왜냐하면 생명의 가장 순수한 형태를 체현하고 있기 때문이다. 이것은 아름다움의 이념에도 상응한다. 횔덜린에 있어서 아름다움은 모든 부분들의 전체성으로의 생동하는 일치이기 때문이다. 아름다움은 이처럼 '구분된 것 가운데의 하나 됨' 이다. 때문에 청춘과 아름다움은 가장 심오한 세계의 계시이자, 하나이며 전체인 것의 계시이다. 무릇 현명한 자들은 이것의 인식에 이르는 것이다. 따라서 현명한 사람들은 '청춘'을 이해하며 바로 '아름다움' 에 마음 기우는 법이다. 플라톤의 『잔치』의 말미에서 젊은 알키비아데스가 소크라테스에게 경의를 표하고 있는데, 횔덜린은 이 시에서 전래되는 관계를 뒤집어 소크라테스로 하여금 알키비아데스를 섬기는 것으로 그리고 있다. 이 점이 이 송가의 요점이기도 하다. 이 시는 일종의 사상시로 생각된다.

사랑

| 주석

1) 오 고마우신 분들이여(O ihr Dankbaren): 횔덜린에게서 찾아보기 힘든 역설적 표현의 하나이다. 시인들에 대한 천시(賤視)를 한탄하고 있다.
2) 비굴한 근심... (die Knechtische... die Sorge): 횔덜린은 반복해서 부조화의 상태를 나타내는 특별한 용어로서 근심, 우려(Sorge)라는 단어를 사용한다. 그것은 사랑(Liebe)에서처럼 자유로운 일치가 아니라 파괴적인 강요와 지배가 현존을 압박하는 상태이다. 이 때문에 모두를 억압하고 있는 '종으로 부리는(knechtische)' 근심이라고 표현하고 있다. 반면에 '신은 근심도 없다(der Gott- sorglos)'.
3) 우리의 머리 위에서 오래 전부터 거닐고 있으리라. (wandelt... über dem Haupt uns längst): 신적 충만은 오래 전에 인간적인 삶을 벗어나 있다.
4) 제3연 전체: 1799년 1월 어머니에게 보낸 횔덜린의 편지 구절. '그러나 바로 겨울 뒤에 봄이 오듯이, 인간의 정신이 죽고 난 후에 새로운 삶이 왔던 것이고 인간들이 이 점을 느끼지 못한다 해도 성스러움은 언제나 변함없이 성스러운 것입니다.' 와 비교.
5) 보다 아름다운 시절의 징후(ein Zeichen der schönern Zeit): 횔덜린은 '보다 아름다운 시절'을 말할 때 항상 미래(Zukunft)를 염두에 두고 있다. 다른 시 「루소 Rousseau」에서도 '보다 아름다운 시절에서 비치는 빛(Stralen aus der schönern Zeit)'이라 하면서 바로 뒤이은 시구에서 '미래의 사자(Boten der Zukunft)로 풀어 말하고 있다.
6) 홀로 유독 만족한(einziggenügsam): 복된 충만 가운데 평온한 현존으로서의 사랑을 의미한다. 이러한 가운데 사랑은 신적이며, 그 때문에 사랑은 '신의 딸 Gottes Tochter'이다. 소설 『휘페리온』에도 사랑의 사제 디오티마는 '만족한 genügsam', '신적으로 만족한 göttlichgenügsam'이라고 형용되어 있음을 볼 수 있다. 어떤 결핍이나 긴장도 없는 디오티마의 본성을 이처럼 신적 조화로써, 만족함으로써 표현하고 있는 것이다.

| 해설

1800년 여름에 쓴 아스클레피아데스 시연의 송시이다. 이 송시를 이해하려면 튀빙엔 시절에 쓴 「사랑에 바치는 찬가 Hymne an die Liebe」와 대조해 보는 것이 좋다. 찬가에서부터 송시로 그 표현양식을 바꾼 사실은 세계에 대한 시인의 이해가 변화되었음을 우선 나타내 준다. 찬가에서는 사랑의 힘이 모든 것을 지배하고 강요하는 신적인 작용으로 그려져 있다면, 이 송시에서는 '시간의 완만한 물결'이 성찰의 대상이 되고 있다. 역사는 사랑의 힘만으로 뒤덮이지 않으며, 오히려 역사 그 자체가 사랑을 나타낸다. 이러한 사고 유형은 아스클레피아데스의 반립적인 특성에 잘 어울린다. 지상에서의 균형된 삶은 종말을 고했다. 이러한 균형을 체현하고 있는 자가 '근심 없는 신'으로부터 멀어진 것은 이 탓이다. 단지 사랑하는 자들의 영혼 속에서만 이 본원적인 조화를 이룬 삶은 계속 살아 있을 뿐이다. 시인의 희망은 계절의 변함없는 바뀜이라는 자연현상 속에서 그러한 믿음에의 상응성을 발견해 내고 있다. 이러한 인식을 시인은 3연에서 노래하고 있다. '그러나(Doch)'로서 제2연의 생각을 발전시키고 겨울처럼 느껴지는 앞선 시연의 분위기를 새로운 생각으로 전환하고 있다. 새로운 봄의 싹이 심어지는 것이다. 이렇게 심어진 봄의 이미지는 4연의 서두에서부터 이 시의 끝까지를 꿰뚫고 있다. 사랑은 '신의 딸'이며, 제 스스로 '유독 홀로 만족하고' 있다. 사랑은 사라져 버린 신의 살아 있는 일면인 것이다.

이별

| 주석

1) 우리 마음 가운데 있는 신(ein Gott in uns)은 횔덜린의 작품에서 반복해서 등장하는 표상으로서 플라톤의 '다이모니온'(Daimonion)에서 영향 받은 deus in nobis(우리들 마음에 있는 신) 또는 deus internus(내면의 신)이라는 고대의 전통적인 표상으로부터 기인하고 있다. 횔덜린은 나아가 Gott in uns를 '생명을 불어넣는 우리들 사랑의 수호신'(beseelender Schutzgott unserer Liebe)(시「인간에 대한 찬가」)라고 읊고 있어 인간에 내면에는 에로스(Eros)가 신으로 깃들고 있다는 플라톤의 사고를 이어받고 있다.
2) 두려움이 인간과 신을 갈라놓았다는 것이 아니라, 한 쪽은 두려움과 걱정으로부터 자유로우나, 다른 쪽은 그렇지 못하다는 사실, 그러한 차이가 인간과 신을 갈라놓았다는 것이다.
3) 하계에 흐르는 레테(Lethe) 강물을 마시는 자는 지상에서의 현세적 삶에 대한 기억을 잃게 된다.
4) 원어는 Die Vergessenen으로 되어 있어 수동형이나 능동으로 이해해야 하는 이태(異態) 동사(Deponens)임.

| 해설

아스클레피아데스 시연의 이 송시는 프랑크푸르트 시절의 1연 송시「연인들 Die Liebenden」을 확장시켜 1800년에 새로 쓴 작품이다. 일련의 사랑의 시, 특히 특

정한 상대 디오티마를 상정하여 노래하고 있는 당시의 작품들 가운데 하나이다. 현실에서의 모든 '두려움'은 미래에 대한 희망의 결핍이며, 믿음의 결여라는 기본적인 사고가 이 시의 밑바탕에 깔려 있다. 속세에 있어서의 순수한 재회는 '망각의 음료'를 함께 마시어 '증오와 사랑조차도' 모두 잊은 채 피안의 세계로 장소를 옮기는 것으로 소망되고 있다. 이러한 피안에서의 재회도 '이별의 장소'가 새삼 되새겨지는 기억으로 발단되고 있음을 읽을 수 있으니 그의 현실에서의 끈끈한 유대는 단절되지 않고 있음을 간과해서는 안 된다.

란다우어에게

| 주석
1) 잘 지어진 홀 안에서(in wohlgebauter Halle): 여기서 "홀"은 자연정경을 의미한다.
2) 현명한 신께서는(Der kluge Gott): 여기서 신은 메르쿠어(Merkur), 즉 상인의 신이다.

| 해설
　친구인 크리스티안 란다우어의 31세 생일을 맞아서 1800년 12월 11일 쓴 시이다. 시인의 성숙기에 쓴 유일한 각운시(脚韻詩)이다. 란다우어의 아들이 전하는 바에 의하면 자신의 아버지는 당시 문학적으로 저명한 인사들과 친교를 맺고 있었으며 매 생일 때마다 자신의 나이와 같은 수의 하객을 초청해서 잔치를 열었다는 것이다. 이 하객들은 돌아가며 한마디씩 인사말을 하거나 행사에 따른 즉흥시를 기존의 멜로디에 얹어서 노래하기로 했다고 전해진다. 이 작품은 일종의 행사시(Gelegenheitsgedicht)라 할 수 있다.

에뒤아르에게

| 주석
1) 쌍둥이 카스토르와 풀룩스를 지칭한다. 이들 형제애는 쌍둥이별로서 영원히 하늘에 새겨져 있다.
2) 카스토르와 풀룩스 쌍둥이의 죽음에까지 이르는 친우애로 제시하고나서 아킬레우스와 파

트로클로스의 우정을 두 번째의 예로 들어서 징클레어와 시인 사이의 유사한 우정을 떠올리게 한다. 징클레어는 영웅적인 전사인 아킬레우스에, 시인은 부드러운 성품의 파트로클레스에 비견된다. 설화에서 헥토르가 파트로클로스를 살해하자, 아킬레우스는 전투에서 헥토르를 죽임으로써 원수를 갚아준다.
3) 휠덜린은 징클레어와 함께 타우누스 산에 접해 있는 홈부르크의 방백 궁정에 머문 적이 있다. 이 타우누스 산이 여기서 수풀 우거진 산경(山景)으로 그려지고 있다. 동시에 '모성적인' 이라는 것은 자연의 영역을 상징하고, 그와 나란히 '지혜'의 영역이 등장하고 있다. 징클레어는 휠덜린과 함께 예나의 피히테에게서 철학을 공부한 적이 있으며, 나중에도 휠덜린과 교유하면서 철학공부를 계속했다.

| 해설

이 송시의 첫 초고, 「충성스러운 동맹/ 징클레어에게」(Bundestreue./ An Sinklair)는 휠덜린이 아직 홈부르크에 머물고 있었던 1800년 상반기에 쓰여졌고, 제2초고는 그가 홈부르크를 떠난 이후에 쓰여진 것으로 보인다.

첫 초고의 시제(詩題)에서 보듯이 이 시는 친구 징클레어에게 바친 시이다. 두 번째 초고에서 시인은 여러 다른 시제를 생각했었는데, 「벨라르민에게」, 「아르미니우스에게」, 「필로클레스에게」 등이 그것이다. 휠덜린과 징클레어는 1793년에 튀빙엔에서 알게 되었고 나중에 예나에서 학창시절을 같이 보내면서 우정이 깊어졌다.

징클레어는 1795년 다른 친구 융에게 보낸 편지에서 휠덜린을 "모든 다른 사람들을 다 합쳐야 비견될 진정한 친구"라고 말했다. 휠덜린 역시 누이동생에게 징클레어를 "말의 가장 근본적인 뜻에서의" 친구라고 말했고, 1798년 11월에 모친에게 보낸 편지에서는 "서로 그렇게 지배적이고 또 그렇게 예속적인 친구는 정말 없으리라"고 쓰고 있다. 휠덜린처럼 징클레어도 혁명적인 민주주의자였다. 징클레어는 휠덜린이 나중에 「파트모스」 찬가를 바친 헤센-홈부르크의 방백의 신하로 일했다. 휠덜린이 1798년 프랑크푸르트의 공타르 가를 떠나서 홈부르크에 오게 되었고 그곳에서 1800년 6월까지 머물렀다. 이 시의 8연은 함께 있었던 이 시절을 연상시킨다.

이 송시는 우정의 송시이다. 이 우정의 본질은 2개의 신화적인 예시를 통해서 환기되고 있다. 쌍둥이별 (디오스쿠렌)을 불러내는 것과 아킬레우스와 파트로클로스의 우정을 회상하고 있는 것이다. 휠덜린은 이 신화를 원용하면서 또 변신시킨다. 그는 용감한 자들의 어둠 속까지 친구를 따라 "내려가리라", 즉 죽음에 이르도록, 지하의 세계까지도 따라 내려갈 태세가 되어 있다고 노래하는가 하면, 마지막 시연에서는 제우스의 독수리처럼 가뉘메트를 신적이며 영생인 영역으로 그를 "끌어올리라"고 친구에게 부르짖고 있는 것이다.

이 송시는 또한 혁명의 시이기도 하다. 횔덜린과 징클레어의 공화주의적 혁명적 현실참여에 대해서는 뵐렌도르프가 팔렌베르크에게 보낸 한 편지 (1799년 5월, 홈부르크 발신)에 잘 드러나 있다. "나는 몸과 생명으로서 공화주의자인 한 친구를 곁에 두고 있네. 그리고 때가 오면 어둠을 뚫고 나올 것이 틀림없는 정신과 진리 가운데 살고 있는 다른 한 친구도. 이 후자는 횔덜린 박사라네" 여기서 "몸과 생명으로 공화주의자"인 사람은 징클레어이다.

디오티마에 대한 메논의 비탄

| 주석

1) 메논(Menon): 디오티마를 부르고 있는 서정적 자아를 대신한 '메논'이라는 이름은 '기다리는 자', '끈기있는 자'를 의미한다.
2) 화살에 맞은 들짐승(das getroffen Wild): 소설 『휘페리온』가운데 '피 흘리는 사슴이 강물에 뛰어들 듯, 불타는 가슴을 식히고 광란하는 명예와 위대함의 꿈을 털어 버리고자 나는 환희의 소용돌이 속에 때로 몸을 던졌다. 그러나 그게 무슨 소용이 있었던가?' 라는 구절을 읽을 수 있다. 이러한 비유는 호머의 『일리아드』에서 빌려온 것으로 보인다.
3) 슬픈 꿈을(den traurigen Traum): 이러한 어법은 이 시의 첫 번째 원고 「비가 Elegie」에는 나오지 않았던 것으로 밤의 영역이 그 거리상으로 한껏 떨어져 있고 그렇게 직접적으로 위협하는 것으로는 생각되지 않음을 나타내준다. 이 시에서는 처음부터 끝내 행복한 해결이 있으리라는 의식이 작용하고 있는 것이다. 마지막 시연에서 '오라! 마치 꿈과 같았도다' 는 이 서두의 슬픈 꿈으로 연결되어 있다.
4) 단단한 잠 가운데서(im eisernen Schlaf): '죽음의 잠 가운데서' 로 해석된다.
5) 눈(Auge): 사랑하는 사람. 연인. 사랑하는 사람은 전 세상을 바라보게 하는 기관이다. '눈동자(가장 사랑하는 자, 가장 높은 가치)' 에 상응한다. 시 「눈물」의 주 참조.
6) 사자들(Boten): '들녘의 초목' 과 함께 '새들' 도 '천국의 사자들' 이다. 시 「눈먼 가인」에서 빛이 그러한 사자(使者)들이었고 이를 고쳐 쓴 시 「케이론」에서는 '빛' 을 '새들' 로 바꾸고 있다.
7) 신들을 잃어버린 자들(Götterlosen): 그리스인들이 오만 때문에 신을 잃기 전에, 그들은 인간과 같은 형상의 신들과 더불어 '복된 식탁' 에 자리를 함께 했다. 『오딧세이』에서 알키

노스(Alkinoos)가 이야기하는 것에 따르면 신들은 인간들에게 '손님'으로 찾아오곤 했다고 한다. 탄타루스(Tantalus)는 또한 신들 곁에 손님이 되기도 했다. 괴테의 『이피게니에』에서 이피게니에는 「운명의 노래」 가운데 탄타루스의 황금빛 의자에서 추락하는 장면을 노래하고 있다. 이러한 내용이 이 시에 스며든 것으로 보인다. 그러나 되돌아오리라는 희망이 노래되고 있는 이어지는 부분은 추락해서 어둠 가운데 헛되이 권리를 되찾아 줄 심판을 기다리고 있는 괴테 작품에서의 영상과는 거리가 멀다.

8) 이 시행도 '... 할 때(wenn 문장)'라는 부문장의 한 부분이다.
9) 그처럼 그대 나에게 증언하고(So bezeugst du mir's): 첫 번째 초고와는 달리 디오티마를 통한 시인 횔덜린의 의식 가운데서의 시인된 사명의 고양과 치유가 특별히 눈에 드러난다.
10) 아폴론의 은빛 산들로부터(von silbernen Bergen Apollons): 파르나소스의 눈 쌓인 산정을 뜻한다. 횔덜린은 산정의 눈을 말할 때 '은빛'이라는 관형어를 많이 사용하고 있다.
11) 이슬 맺힌 섬 위(auf thauender Insel): 초고에서의 복된 자들의 섬들(die Inseln der Seligen)에 대치되어 있다. 그 명료성 — 즉 특정한 지역을 지칭하려는 초고에서의 뜻이 여기서는 크게 약화되어 있는데, 변화된 수식어, 단수로서의 섬, 그리고 '여기'라고 하는 부가어가 그것을 보여 준다.
12) 우리 영혼의 연륜(Jahr unserer Seele): 횔덜린은 충만된 시대와 신과 멀어진 시대를 단지 낮과 밤의 영상으로만 나타냈던 것이 아니라, 계절의 바뀜으로도 표현하고 있다. 시 「아르히페라구스 Archipelagus」에서 가을을 '연륜의 완성 des Jahrs Vollendung'으로 노래한 것 등이 그러하다. 여기서는 새로운 공동체의 돌아옴과 같은 표상을 읽을 수 있다.

| 해설

이 시는 1799년 가을에 쓴 것으로 보이는 시 「비가 Elegie」를 1800년 여름경 고쳐 쓴 것이다. 초고 「비가」는 완전한 시연을 갖추지 않은 채 길이가 불규칙한 시연으로 나누어져 있었고 '디오티마'라는 이름이 한 번도 등장하지 않는다. 시 「디오티마에 대한 메논의 비탄」은 초고와 비교할 때 14행이 확대되어서 총 130행으로 구성되어 있는데, 각 시연이 14행의 길이를 주로 가지고 있다(14, 14, 14:14, 12, 14:12, 14, 22).

이 시에서 시인은 디오티마라는 이름을 표면에 내세운다. 표제에 뿐 아니라, 제3연의 마지막에서는 감동적인 부름의 대상이 되기도 한다. 시인 횔덜린의 프랑크푸르트에서의 체험이 배경을 이루고 있음을 알 수 있다. 이 시의 흐름은 밤(죽음, 고독)과 빛(신적인 삶, 사랑의 공동체) 사이를 바꾸어 가며 노래하다가 끝에 이르러 이러한 대립이 보다 드높은 차원 위에서 화해되는 일치성으로 고양되고 있다. 첫 시연에서 비탄하는 메논의 사념은 밤과 낮 사이를 왕래한다. 이러한 시적 자아는 '슬픈 꿈', 생동하는 신들을 잃어버린 데에 대한 슬픈 꿈 때문에 어찌할 바 모른다. '화살에 맞은 들짐승'이 되는 그의 비탄도 여기서 나온다. 두 번째 연에서는 현세적인 고통이 지옥의 모습을 띠고 있다. 이처럼 캄캄한 밤의 영역에서 시인의 영혼은 '우정 어린 것'에 다다른다. 제3연에서 '사랑의 빛'이 신적인 것, 정원들이나 별들이 그 중언과 다름없는 신적인 것을 회상케 한다. 또한 '신들의 아이'인 디오티마를 회상케 하는 것이다. 4연은 사랑하는 백조들의 영상을 통해서 모든 생동하는 것은 내면적인 일치의 징후를 부여하고 있다. 이것은 자연의 힘이나 차가운 북풍에도 맞서 있다. 6연은 메논의 운명을 '신들을 잃은 자'의 운명에 비유한다. 오만함을 통해서 신을 잃고, 신들로부터 떨어져 나온 그리스인들의 운명에 비유하는 것이다. '신들의 아이' 디오티마에게서 비탄하는 메논은 아직도 작용하고 있는 신적인 것의 징표를 찾아낸다. 이러한 징표를 통해서 신적인 것의 되돌아옴, 그가 잃어버린 것으로 생각했던 삼라만상을 일치시키는 힘에 대한 그의 믿음이 새로워지고 있다. 이로부터 비로소 그에게는 비가적인 노래의 힘이 자라난다. 이를 '증언하는' 디오티마가 시인으로서의 그의 태도 속에 그것을 보장한다. 노래하며 '황금빛 날'을 '다시 말하며' 그는 제 방식대로 다가오는 신들의 날을 증언한다. 이리하여 다른 시연들에서 노래된 갈등들은 제9연에 이르러 시인의 기도로써 화해에 이르는 것이다. 시인은 노래들이 참되게 될 바탕을 준비한 것이다.

눈물

| 주석

1) 내 잊는다면(wenn ich...): '내 그대를 잊는다면'은 그 생략된 동사와 목적어를 거의 드러내지 않은 가운데서 멀리 제5행의 '그대들(즉 사랑스런 섬들)'에까지 목적어가 펼쳐져 있음을 암시하고 있다. '...한다면 (wenn...)은 '그 때는' (dann)이라는 문장으로 이어지는 것이 정상적인데, 그것이 생략되고 있다. 이러한 생략은 그럴 리가 없다는, 말하자면 생각할 수도 없는 일이라는 것을 은연중 표현한다. 마지막 시연에 이르러서 비로소 여기서 말하지 않았던 생각이 언급된다. 시인은 아름다운 그리스 세계의 '회상'이, 인간적인 것의 신적인 충만함의 의식이 그에게 계속 살아 남아서 그가 '고귀하게 죽도록' 해 줄 것을 간청하고 있는 것이다.

2) 숙명적인 것들인 그대들, 불길 같은 그대들(ihr geschicklichen/ Ihr feur'gen): 그들은 사라져 갔고 힘차게 부여잡는 신적 숙명에게 몸 맡김으로써 성스러운 충격의 과잉 속에서 달아오르고 있다. 때문에 그들은 이제 '잿더미로 가득 차고' '황폐해지고 동떨어져 고독' 하다. '숙명적이 되는' 일, 하나의 운명을 지니는 일, 그것은 아름다우면서도 동시에 영웅적 세계의 비극적인 운명이다. 이 지상에 얽매이지 않고 오히려 '천국적인 사랑'은 이 송시에서 '사랑'에의 과잉인데, 이 과잉은 파괴적인 운명의 본질적인 근원을 나타내고 있다. 즉 불길처럼 무한정한 것만으로 가고 있는 무한한 행렬, 신적인 것, 천국적인 것의 무한한 삶을 향하는 행진이 파괴적 운명의 근원이란 말이다. 신적인 총체적 삶은 그것이 무한한 것으로 느껴지기 때문에, 영웅적인 개별적 삶이 그 총체적 삶에 또한 무한히 자신을 맡기려 한다는 것이 바로 영웅적인 개별적 삶의 총체적 삶에 대한 '감사'이다. 그리고 그 가운데 개별적인 삶이 자신의 현존재의 척도와 한계를 이렇게 파괴시킬 수 있기 때문에 그 개별적 삶은 어쩌면 너무도 '감사드리는' 지도 모른다. 제1연의 첫머리와 제2연의 마지막 시구는 분명히 상호 연관되어 있고 그 사유의 과정에 완벽한 표현을 부여하고 있다. '천국인 사랑이여! ... 그러나 사랑은 오로지 천국적인 것에 doch Himmlischen nur. die Liebe.'가 이를 말해 준다.

3) 경이로운 세계의 눈들(Augen der Wunderwelt): 가장 아름다운 것, 가장 가치 있는 것, 가장 사랑스러운 것의 은유.

4) 분노하는 영웅들(Die zorn'gen Helden): 여기서는 누구보다도 아킬레우스(Achill)를 생각할 수 있다. 『일리아드』는 아킬레우스의 분노를 노래한 작품이다. 그의 분노는 명예의 손상, 아름다운 브리스에이스와의 사랑에서 받은 상처 때문에 일어나고 있다. 그러나 횔덜린은 이러한 영웅들의 분노로써 더욱 심오한 것을 뜻한다. 그의 글 「외디푸스에 대한 주석 Anmerkungen zum Oedipus」에 나타나는 바와 같이 분노(Zorn)는 그 최고의 본래적인 의미에서 볼 때, 영웅적인 영혼의 넘침, 망아적인 무한의 감동, 영감에 찬 감격이며, 이런 가운데서 인간적인 것은 신적인 것으로부터 떨어져 나오고 또한 결합에 이르게도 된다. 이런 의미에서 '분노하는 영웅들'의 분노는 '천국적인 사랑'의 넘침과 동일시된다.

5) 깊이 생각하는 사람처럼(gleich einem sinnigen Mann): 도시들은 고대에 있어서나 횔덜린의 관점에서 볼 때 생동하는 유기체였지, 결코 생명을 잃은 돌더미는 아니다. 시 「슈투트가르트 Stutgard」에서 특히 그렇게 나타난다.

6) 속임 당하고(übervorteilt): 사랑은 '도처에서' 속임을 당할 수밖에 없다. 사랑은 계산하지도 않고 자신을 방어하지도 않으면서 머무적거림 없이 몰락에 이를 때까지 헌신하기 때문이다.

7) 너희들/ 미망의 것, 은밀스러운 것들이여(ihr Trügerischen, Diebischen): '부드러운 눈물', 사라져 버린 그리스에 대한 비탄 그리고 신적으로 채워졌던 삶에 대한 비탄이 시인으로 하여금 실존을 해소시켜 버리는 힘으로써 깊은 절망으로 빠뜨리려고 위협한다. 그 때문

에 시인은 지나간 신적 삶에 대해 머물러 있는 의식, 회상을 간청하고 있다. 그렇게 해서만이 그는 '고귀하게 죽어갈 수' 있다. 그러한 이유로 비탄, '눈물'은 미망의 것, 은밀한 것을 가져오리라는 위험을 느끼게 만든다. 이것은 제1연에서 '내 그대를 잊는다면'으로 표현되는 망각일는지도 모른다.

아름다움의 상실에 대한 고통이 한 때 아름다움이 있었다는 환희에 찬 의식을 소멸시켜서는 안된다. 이것이 시인의 소망이다. 그러나 이러한 일이 성공되지 않으리라는 뒤섞인 예감이 이 시를 하나의 순환형태로 만들어 주고 있다. 다시 말해서 시인이 비탄 때문에 파멸하고 만다면 그것은 한 때 있었던 신적으로 아름다운 삶에 대한 사랑의 넘침 때문에 생겨날 것이라는 말이다. 왜냐하면 사랑이야말로 비탄과 눈물의 척도이기 때문이다. 그리고 이러한 사랑의 넘침 가운데 그는 제 자신의 그리스적이고 영웅적인 세계와 닮아 버릴는지도 모를 일이다. 다 쏟아 버리지 않은 눈물 때문에 시인은 살고 있다. 찬가 「므네모쥔네」의 주제도 이와 비슷하다.

| 해설

1802년 경에 썼다가 「밤의 노래들」 가운데의 하나로 인쇄에 넘기기 전 1803년 12월 다시 검토했던 작품으로서 당초에는 삽포 운율로 시도되었지만 알케이오스 시연으로 바꿔 쓴 송시이다. 표제와 그 의미 내용의 어긋남은 이 작품을 매우 신선한 느낌으로 읽게 해 준다. 횔덜린 시의 현대성의 한 단면을 잘 드러내 주는 작품이다.

저 멀리에서부터

| 해설

1811년 이전에 씌어진 시다. 시인의 영원한 연인 디오티마도 죽고(1802년 6월), 제 자신은 튀빙엔의 정신병원으로부터도 치료가 포기된 채 넥카 강변에 있는 목수 찜머(Zimmer)의 집으로 옮겨져(1807년) 이제 거의 유폐된 삶을 살기 시작했을 때, 시인은 먼저 세상을 떠난 디오티마의 입을 통해서 위의 시를 읊게 하고 있다. 일종의 역할시(Rollengedicht)인 이 시는 프랑크푸르트 시절의 디오티마에게 바친 많은 송가들과는 달리 디오티마가 시인을 향해 노래하는 것으로 구성되어 있다. 형식은 알카이오스 시연의 송시이다.

3. 시대와 역사

디오티마에게

| 해설

1797년 경에 쓴 시이다. 첫 2행 시구는 낯선 환경에서의 디오티마의 고독한 삶을 그리고 있다. 두 번째 2행 시구는 참된 근원적인 생명 연관을 향한 디오티마의 노력을 그리고 있다. 세 번째 2행 시구는 다시 디오티마의 고독의 원인과 시대의 변화로 방향을 바꾸고 있다. 그렇게 해서 이 시의 결구는 보다 아름다운 시대를 향한 추구에 대해서 가차없이 사실적인 세계관계를 대칭시키고 있는 것이다. 디오티마의 현재는 고대의 "세계의 청춘"에 대해 "겨울"과 "밤"으로서 대칭을 이룬다. 다 아는 바처럼, 횔덜린의 후기시에서 현재는 "밤"으로 그려지고 있다.

치유할 수 없는 자들을 위한 기도

| 주석

1) 얼마나 분별이 있는지(wie verständig sie sind): 역설적인 표현이다. 이 시구는 당초 "그들이 완전히 무분별한지"라고 되어 있었다.
2) 본문에 비워 져 있는 단어 또는 어구를 역자가 추측으로 보충해 보았다.

| 해설

1797년 경에 썼다. 제바스(Friedrich Seebaß)의 「횔덜린의 알려지지 않은 시들」로 1922년에 처음 인쇄되었다.

보나파르트

| 해설

1796년과 1797년 프랑스의 혁명장교로서 이태리에서 보여주었던 승승장구하

는 나폴레옹의 인상을 담고 있는 시편이다. 1797년에 씌어졌거나 늦어도 그 이듬해 쓴 것으로 보인다. 이 미완의 작품은 본래 송시로 구상되었음을 시행의 배열이 보여준다. 시는 행동하는 현존의 인물을 담는 그릇이 된다는 것, 아니 그런 그릇이 아니라는 것임을 노래하고 있다. 슈미트 편집의 전집에는 「구상, 단편, 스케치」 (Entwürfe, Fragmente, Skizzen)로 분류되어 있다.

디오티마

| 주석

1) 디오티마는 본래 플라톤의 『향연 Symposium』에서 에로스의 본질에 대해 탁월한 식견을 피력하고 있는 현명한 여인의 이름인데, 횔덜린은 프랑크푸르트 공타르 가에서 가정교사로 일할 때 그 집안의 부인 주제테 공타르(Susette Gontard)와 사랑하게 되자, 그녀를 디오티마라 부르고 문학작품에 형상화시켰다. 소설 『휘페리온』의 여주인공도 디오티마이며, 많은 시작품을 그녀를 상정(想定)한 가운데 쓴 바 있다.
2) 전통적인 은유의 하나이다. 키케로(Cicero)의 『수사학 De oratore』에는 '말의 꽃들로' (mit den Blumen der Worte)라는 표현이 있다. 횔덜린은 시 「빵과 포도주」 제 90행에서도 '이제 그것을 나타낼 말들 꽃처럼 피어나야만 하리라' (제5연의 끝)고 노래하고 있다.
3) 그대의 아버지이며 나의 아버지(Wie dein Vater und der meine): 태양의 신(Der Sonnengott)
4) 81-84행(마지막 3행): 시 「디오티마」는 세 번째에 걸쳐 고쳐 씌어졌는데, 이 마지막 본이 앞선 두 개의 초고와 가장 큰 차이를 보여주는 시구가 바로 이 네 개 행이다. 활동적인 삶에로의 귀환을 말해주기 때문이다.

| 해설

1797년 쉴러의 『시연감』에 실린 이 시는 전년에 씌어진 같은 제목의 두 개의 시를 개작한 것이다. 1796년에 쉴러에게 보낸 중간본(Mittlere Fassung)에 대해서 쉴러는 '현명하게 절약하면서 의미있는 것을 조심성있게 선택하고 명료하면서도 간결한 표현'을 시도해 보라고 횔덜린에게 충고하고 있다. 횔덜린은 이 충고에 따라서 전체 15연이었던 중간본을 7연으로 줄이고 시상의 전개를 보다 집약시키면서 전체의 지향점도 새롭게 구도했다. 이 시의 형식은 8음절의 강약격(Trochäus)을 가진 시행이 교체적 각운 (abab, cdcd)으로 시연을 이루도록 되어 있다.

특히 중간본의 3개의 시연을 1개 연으로 축약시키고 있는데 중간본에서 '어두운 하늘'에 있는 별들을 그리고 있는 데 반해서 여기서는 '맑은 하늘'의 '그대의 아버지이며 나의 아버지'로 변환시키면서 한낮의 활동적인 삶으로의 전환을 의미하고 있다. 이 활동은 시인으로서의 활동이다. '기쁘게 노래하며 바라보고자'라는 시구가 이를 말해 주며, '나의 노래의 꽃들'이라든지 '사랑스러운 뮤즈여!' 며 '가인의 곁에'라는 표현들로 이를 뒷받침한다.

시 「자연에 부쳐」에서 움트는 자연과의 새로운 만남은 여기서 디오티마의 만남을 통해서 과거 자연에서 멀어짐으로부터 생긴 상처가 다 나았고 — '어찌 이렇게 달라졌는가?'에서 보는 것처럼 — 그러한 사실은 곧 시작(詩作)의 새로운 출발을 의미한다.

디오티마

| 주석

1) '결코 존재하지 않는'으로 직역되는 원문 'nimmer sind'는 여기서 '더 이상 존재하지 아니하는' 'nicht mehr sind'로 번역된다. 'nimmer'는 'nicht mehr'의 슈바벤 방언이다.

| 해설

1798년 여름 친우 노이퍼에게 출판을 의뢰하면서 보낸 「사죄」, 「인간의 갈채」, 「그녀의 회복」 등 짧은 송시 18편 가운데의 하나이다. 이 에피그람의 성격을 띤 짧은 송시들은 고대의 송시연을 그대로 따르고 있는 모범적인 작품들인데, 이 작품도 알케이오스 시연으로 구성되어 있다. 같은 시제(詩題)의 작품들이 많이 있지만, 이 짧은 송시를 방대한 규모의 시편을 위한 습작으로 생각해서는 안 된다. 다른 송시연인 아스클레피아데스 시연과 함께 이 고대 송시연은 그 운율에서 2개의 횡단면을 가지고 그 형식에 힘입어 내용적인 대립과 지양을 잘 표현해 준다는 점에서 그 형식 적용의 의의가 크다.

1연에서는 현재의 부질없는 추구를, 2연에서는 다가오는 희망의 날을 '노래'가 앞서 '보고' 있다. 마지막 2행은 단편(斷片)으로 남아 있는 같은 제목의 시에서 '영웅들의 이름을 내 부를 수 있노라/ 또한 여장부들 가운데 가장 아름다운 여인에 대해 내 입다물 수도 있노라'고 노래하고 있는 것으로 미루어 디오티마에게서 느끼는 조화와 아름다움이 신들이나 영웅들에 이어서 같은 반열에 놓이는 날이 도래(到來)할 것을 기대하며 또한 믿고 있음을 나타내 준다.

독일인들에게

| 해설

1798년 프랑크푸르트 시절에 쓴 아스클레피아데스 시연의 송시이다. 이 짧은 송시는 1799, 1800년에 14연의 동일한 시제로 확장되었다. 이 시에서 시인은 행동하지 않는 독일인들을 향해 비웃고 있다. 제3행의 '그대들 독일인들이여, 그대들 역시' 는 확장된 작품에서는 '오 그대들 착한 이들이여, 우리들 역시' 로 수정되었는데, 시인은 이 첫 작품에서 보이고 있는 독일인들에 대한 거리감으로부터 벗어나 확장된 시에서는 그 비난의 대상 안에 끼어들며, 자신이 취했던 불확실성을 벗어나고 있다. 아직 스스로 깨닫지 못했던 '이상주의적' 입장에서부터 보다 참여적인 측면으로 기울어져 가는 과정을 이 첫 작품과 새로 확장시킨 작품의 대비가 보여준다.

시대의 정신

| 해설

1799년 7월 중순경 친우 노이퍼에게 보낸 알케이오스 시연의 송시이다. 이 시는 두려운 시대 체험에서부터 빠져나와서 시 「위대한 우리의 시인들」에게나 「시인의 사명」에 표현하고 있는 시 예술의 영웅들을 향한 요구를 예비하고 있다. '쉼 없는 이 넓은 세계에서의 행동', '운명의 날들', '격동하는 나날들'을 숨김없이 털어놓아야 하고 받아들여야 하는 시인의 사명을 앞서 의미하고자 한다. 4번째 시연을 횔덜린이 지금까지 신적인 것으로 찬미해 마지 않았던 영역, 즉 자연을 노래한다. 이에 반해서 역사 가운데서 신적으로 작용하는 힘, 혁명전쟁의 변혁적인 사건들 가운데서의 신적인 힘들을 이제 '시대의 신 Gott der Zeit' 이라 부르고 있다. 시 「시인의 사명」에서는 바로 이러한 신을 노래해야 할 시인의 과제를 말하고 있다. 시인은 단순히 두려운 현실로부터 자유로워지는 가운데 이러한 사명을 다할 수 있을 것이라

고 생각하고 있다. '뜬 눈으로 그대를 맞게 하시라!' 라는 시구는 바로 이러한 소망을 집약해 주고 있다.

모든 악의 근원

| 해설

1799년에 쓴 시로 보인다. 횔덜린이 1799년 6월 4일 동생에게 보낸 편지에는 "그들이 존재하고 있는 방식이 아니라 그들이 무엇인가로 존재한다는 것을 유일한 것으로 생각하는 것, 그러면서 다른 어떤 것도 인정하려 하지 않는 것. 그것이 바로 악이다."

「모든 악의 근원」: 첫 행 "일체가 된다는 것은 신적이며 선한 일이다"는 범신론적 지평을 열고 있다. 이것은 소설 『휘페리온』에 등장하는 유명한 주장 "살아있는 모든 것과 하나가 되는 것! 이 말로써 덕목은 그 분노하는 투구를 벗어버리고, 인간의 정신은 그 주도권을 내던진다. 또한 모든 사념들은 애쓰는 예술가의 규칙들이 우라니아 앞에서 그러하듯, 영원히 일치적인 세계의 영상 앞에서 자취를 감추고 마는 것이다. <...> 내 마음의 피난처, 영원히 일치적인 세계 <...>"와 일치하는 심상이다. 이 지평안에서 횔덜린은 고립하는 개별화와 자아의 어떠한 절대화도 부당한 것으로 비판했다.

독일인의 노래

| 주석

1) 모든 것을 인고하며(allduldend): 조국 강산이 감사받음도 없이(침묵하며/ 인정받음도 없이) 경건한 운명에의 믿음 가운데 한밤중 생명을 나누어 주고 있기 때문에.
2) 모습 갖추지 못한 덩굴(ungestalte Rebe): 모습이 일그러진 덩굴. 버팀대 없이 땅에 이리저리 흩어져 자라나는 포도덩굴.
3) 사랑의 나라(Land der Liebe): '사랑하는 나라' 라는 의미보다는 '사랑을 나누어 주는 나라' 라는 뜻이 알맞다. 바로 위의 '진지한 정령의 나라' 와 보다 의미 깊은 병렬을 생각할 때 그러하다. 이어지는 '내 비록 그대의 것일지라도 Bin ich der deine schon' 는 '내 비록

그대와의 뗄 수 없는 유대를 느끼고 있을지라도 그대를 탓할 수밖에 없도다' 라는 뜻으로 읽힌다.

4) 부지런함이 침묵하고(wo der Fleiß...schweigt): '부지런한 일꾼은 말이 없고' 의 뜻
5) 미네르바의 아이들(Minervas Kinder): 미네르바는 아테네 여신에 대한 로마식 이름. 아테네 사람들의 수호여신. 미네르바의 아이들이란 아테네인들. 앞의 시구에서, 일터에서 부지런한 일꾼도 침묵하고, 학문이 말없이 융성하며 예술가들이 진지하게 창조에 임하고 있는 독일의 도시들이 언급되었는 바, 현명함의 여신으로서 철학자와 시인을 보호하는 미네르바를 통해서 독일인이 아테네 사람들과 비교된다. 제2연과 3연에서 '사상 Gedanken', '정신 Geist' 그리고 '정령 Genius' 이 조국 독일의 특성으로 언급되어 있음도 이러한 견줌과 맥락을 같이한다.
6) 플라톤의 경건한 정원(Platons frommer Garten): 아테네의 헤로스 아카데모스(Heros Akademos) 지역에 있는 아카데미.
7) 옛 강가(an alten Strome): 아테네 북부에 있는 케피소스(Kephisos) 강가, 아카데미가 자리하고 있다.
8) 밤의 새(Vogel der Nacht): 부엉이
9) 그 신 자신의 두려운 빛살로... (Er... mit reinem furchtbarn Strahle): 'Er' 가 대문자로 씌어 있음에 주의할 일. 최고의 신으로서 '천둥을 치는' 제우스 신을 의미. 그는 운명을 조정한다.
10) 불꽃들 서둘러 떨어져 나가... (die flammen eilten entbunden zum Äther über...): 불꽃 같은 생명의 정신인 신적인 것은 죽음 속에서 육체의 제약으로부터 빠져 나와 생명의 불길이 당초 출발했던 천공의 신(Äther-Gott)과 재결합한다. 이로써 다음 시연에서 (정령은 나라에서/ 나라로 방랑하고) 끝내 새로운 형태를 취할 가능성을 지니게 된다.
11) 어디(wo)...?: '독일이 아니라면!' 으로 대응된다.
12) 새로운 이름으로(mit neuem Namen): 새롭게 부활한 고대 그리스로서, 이어지는 시대의 함뿍 익은 열매(reifeste Frucht der Zeit)는 가을의 상징으로 이해된다.
13) 우라니아(Urania): 아홉 명의 뮤즈 여신 가운데는 마지막 여신이지만, 포괄적이며 우주적 하모니의 여신으로서는 으뜸의 위치에 있다. 때문에 이어지는 시연에서 '사랑에서 태어난' 작품으로 이상적인 충만에 이 신이 지칭되고 있다.
14) 델로스(Delos) ― 올림피아(Olympia): 고대 그리스적 삶의 만남의 장소로서, 이오니아 내지는 범그리스적인 축제의 장소로서, '그대의 델로스/ 그대의 올림피아' 라는 표현은 '그대, 즉 우라니아가 우리의 델로스/ 올림피아로 생각해 두었던 장소' 를 뜻한다. 모두를 포괄하는 하모니는 독일에 대한 시인의 소망임을 나타내고 있는 것이다.

| 해설

1799년 홈부르크에서 쓴 것으로 보이는 알케이오스 시연의 송시이다. 이 송시는 총 15연으로서 6+3+6의 엄격한 대칭구조로 되어 있다. 또한 앞뒤 두개의 6연은 각기 자체에 3+3으로 양분되어 있음을 볼 수 있다. 결국 3연 1단으로 짜여져 있다고 하겠다.

1~3연은 조국을 부르고 있다. 외지의 사람들에게는 감사도 돌봄도 받지 못해서 무시되고, 스스로가 인정하지 않아서 자신의 아들에 의해서도 탓을 들어야 하는 조국. 그러나 많은 사람들의 축복을 위해서 부름을 받고 있다.

4~6연은 이러한 조국이 찬미한다. 시인은 대지로 뻗친 밝은 정경, 강물들이 흐르는 목가적 계곡들, 강변의 도시들, 일과 학문과 예술이 피어나는 그 도시들을 기쁨에 차서 진지하게 찬미한다.

7~9연, 이 시의 중심을 차지하는 이 시연들은 그리스의 유산을 노래하고 있다. 그리스의 유산은 이제 자유로워졌다. 운명은 플라톤의 그리스적 세계와 옛 시절의 영웅들을 뛰어넘어 발걸음을 옮긴 탓이다. 자유로워져, 그리스적 정령은 인간들이 있는 도처에 머물고 있다.

10~12연은 독일을 위한 약속의 징표를 노래한다. 독일 땅에 그리스적인 봄이 다가와 있는가? 그리스의 정령은 독일에서 새로운 거처를 찾게 될 것인가? 이에 대한 믿음직한 징후들이 제시된다. 젊은이들은 그리스적 신앙으로부터 무엇인가를 예감하며, 여인들은 그리스적인 청순함과 평온을 보존하고 있다. 시인은 선조들과 마찬가지로 신적인 힘과 결부되어 있음을 느끼고 있다. 현자들은 그리스적 학문의 명료한 눈길을 지니고 있다.

마지막 13~15연은 시인이 확신하는 가운데 맞이하고 있는 우라니아의 이름으로 조국에게 약속한다. 시인은 조국을 새로운 그리스로서, 우라니아를 운명의 조종자로 맞이한다. '새로운 형상'은 아직 현실화되지 않았다. 그러나 '연륜의 완성은 다가와 있다'. 때문에 아들은 새로운 델로스, 새로운 올림피아가 찾아질 때까지 기다릴 줄 알아야 한다.

독일을 새로운 약속의 땅으로, 그리스적 정신의 새로운 거처로 만들고 있는 부활의 분위기는 이 송시 이외 1년 후에 쓰여진 시 「아르키펠라구스 Archipelagus」정도에서만 긍정적으로 나타나 있다. 독일에 부활되어야 할 것이 그리스적 정신이라는 것은 다분히 횔덜린의 개인적 신념이다. 무엇이 그러한 신념으로 기울게 만들었는지는 말하기 어렵다. 다만 횔덜린은 독일 민족의 결점을 무시하고 있다기 보다는 그리스의 목소리 그리고 그리스인들처럼 신들의 목소리를 듣고 이것을 본래의 뜻대로 받아들일 것을 독일인들에게 예언적으로 경고하려 했던 것 같다.

격려

| 주석

1) 정신(Geist): 횔덜린의 시 — 특히 후기시에 있어서 '정신' 이라는 낱말은 '유한한 것 가운데 있는 무한한 것' 으로 이해된다. '우리의 내면에 들어 있는 신 Gott in uns' 과 동일하며, 우리를 지배하고 생동하게 하며 어떤 행동으로 이끌어 가는 '천상적인 것' 이기도 하다.
2) 오 희망이여! (O Hoffnung!): '희망' 의 의인화는 송시 「희망에 부쳐 An die Hoffnung」에도 여기서처럼 '오 희망이여!' 라는 부름(Anrede)으로 제기되고 있다.
3) 마치 황량한 들판처럼... 그 시간 다가올 것이기 때문이로다. (10~16행): 시 「사랑 Die Liebe」의 제3연에 대한 주 참조.
4) 은밀히/ 미래를 예비하는 (unbekannt/ Zukünftiges bereitet): 미래, 더욱 아름다운 나날을 예비하는 신적인 힘은 '은밀히' 행하거나, 아니면 시 「유일자 Der Einzige」의 제2초고에서처럼 '시대의 폭풍우 가운데 In Stürmen der Zeit' 에서 행한다는 것이 횔덜린의 변함없는 시상이다. 말하자면 신적인 힘은 '부단히 ständig' 미래를 예비하고 있다.

| 해설

이 시는 1800년 이전에 시작해서 1801년 초 완성한 알케이오스 시연의 송시이다. 변함없이 작용하는 자연의 생명력과 희망을 잃고 현실 속에서의 인간의 좌절을 대비시키면서 '말없이 지배하는 자' 의 현존을 일깨워 미래에의 동참을 요구하고 있다. 여전히 시인의 노래 — 인간의 입/ 인간의 언어 —가 이러한 '격려' 의 가장 확실한 방편임을 읊고 있다.

게르마니아

| 주석

1) 복된 자들(die Seeligen): 찬가 「라인 강」에서처럼 신들을 의미한다. 더욱 구체적으로는

'옛나라(=그리스)' 의 신들이다.

2) 기대에 차 이 땅은 놓여 있고(Denn voll Erwartung liegt/ Das Land...): 복된 자들, 그리스의 신들을 일깨우고 싶다는 유혹은 기대에 가득 차 위협하는 천후의 하늘 아래 놓여 있는 땅에서 기인되고 있다. 왜냐하면 하나의 새로운 신적 충만이 직접적으로 다가와 서 있는 순간, 사념들은 미래를 향해 수행되는 과도기의 긴장을 내면에 보존해 나가는 대신에 과거의 아름다운 영상으로 빠져버리려 하기 때문이다. 이것은 '죽은 자들' 로의 도피 ('그리고 내 영혼 뒷걸음쳐 달아나지 않으리라' 에서 느낄 수 있다)일 것이며 따라서 '죽음에 이르는' 것일는지도 모른다. 이와 반대로 한때 있었던 것과 지금의 종합은, 신으로 채워진 새로운 미래가 현실성이 되고 현재가 된다면 생성될 수도 있는 일이다. 과거에로의 방향 전환은 현재적 결핍에서가 아니라, 정신적 동질성으로부터 유래되기도 한다. 이 동질성은 과거의 신적인 삶이 다시금 진정하게 내면적으로 현재화되는 것을 북돋는다. 이러한 주제(主題)는 종결 시연에서 완성되고 있는데, 이 시연은 불가피한 전제로서 내면적 충만(=부족함 없음)을 통한 동질성을 내보이고 있다. 날카롭게 핵심을 찌르는 그 마지막 시연의 시구는 '또한 부족함 모르는 신들이 기꺼이/ 부족함 없는 축제일에 손님을 반기며/ 옛날을 회상하고 있다./ 게르마니아여' 이다.

3) 기대에 차... 두렵게 보인다(ahnungsvoll ein Himmel... drohend auch): 횔덜린이 현시되는 신적인 것을 상징화시키고 있는 이 천후의 하늘이라는 영상은 91행 '하늘에서의 분노 진지해진다' 는 언급에서 재현된다.

4) 내 영혼 뒷걸음쳐 달아나지 않으리라(Und rückwärts soll die Seele mir nicht fliehn): 시「편력」의 86행 '허나 인간에게 현재적인 것 사랑스러워' 와 비교, 다음 행 '과거를 향해 달아나지 않으리라' 도 같은 뜻의 반복.

5) 달아나 버린 신들이여! ... 그 때에는 더욱 진실되었던 그대들(Entflohene Götter! auch ihr, ... damals/ Wahrhaftiger): 신들은 '죽어 버린 자들' 이라고 생각했던 이전의 사고는 여기서 수정되고 있다. 그들은 단지 '달아나 버렸을 뿐' 이며 본래는 아직도 '현존해 있다' . 그러나 비현실적인 것이라는 숨김 가운데 있는 것이다. 그들이 그 옛날 '당시' 충만된 시간 가운데서는 완전한 현실성을 띠고 '진실되게' 존재했던 것과는 다르게 말이다.

6) 아무것도 아직 빛날 수가 없기 때문에(Keines mag noch scheinen): 동사 'mögen(여기서는 mag)' 은 본래의 뜻인 'vermögen(능력이 있다)' 'imstande sein(그럴 채비가 되어 있다)' 로, 'scheinen(빛나다)' 는 'glänzen(반짝이다)' 'leuchten(밝히다)' 의 뜻으로 사용되고 있다.

7) 묘지의 불길(Grabesflammen): 그리스에서는 죽은 이를 장작더미에 올려놓고 화장했다.

8) 의심하는 우리들(uns Zweifelnden): 여기서 'Zweifeln' 은 그 본래의 뜻인 'doppelten(이중적인)' 'gespaltenen(분열된)' 의 의미로 쓰이고 있다. (=이중적인, 두 개의). 이러한 이중적인 것은 다음에 이어지는 시구에서 분명해진다. 과거를 돌아보기도 하거니와 미래를

바라다보기도 하는 이중적 태도가 등장하기 때문이다. '옛 사람들, 지상을 새롭게 찾는 그들의 그림자'

9) 예언적인 산(Prophetische Berge): 시「슈투트가르트」 59행에는 '태고의 의미에 찬 산들'이 등장한다. 아시아의 '예언자들은 종일토록 산들 위에 뿌리 박은 듯 앉아 있다'는 시구를 시「도나우의 원천」에서도 볼 수 있다.

10) 천공으로부터/ 참된 영상이 떨어져 내리고(Vom Aether aber fällt/ Das treue Bild): 고대의 믿음에 따르면 특별히 의미 있는 문명 내지는 은총은 하늘에서부터 내려온다고 한다.

11) 임원의 깊숙이에서 소리 울린다(es tönt im innersten Haine): 한 때 예언적인 임원 도도나스(Dodonas)에서처럼.

12) 아버지께 바칠 사냥물을 찾는다(und frohe Beute sucht/ Dem Vater): 독수리가 '아버지' 제우스에게 갖다 준 가뉘메트 신화를 연상시킨다.

13) 독수리가 가뉘메트를 아버지에게 갖다준 것이 그리스시대였다면, 지금 독수리는 '능숙한 날개짓으로' 더 넓게 세계를 날고 있다.

14) 여사제(Die Priesterin): 게르마니아가 최초로 미래의 사명을 부여받은 가운데 도입되고 있다.

15) 폭풍우 죽음을 위협할 때(ein Sturm/ Toddrohend über ihrem Haupt): 혁명전쟁의 혼돈.

16) 보다 나은 것(ein Besseres): 전쟁터에서의 성취보다 더 나은 것.

17) 하여 신들 사자를 보냈으니(Drum sandten sie den Boten): 원문에서의 'sie'는 하늘에 펴져 있는 신들을 의미한다.

18) 부서질 수 없는(unzerbrechliche): 게르마니아는 전쟁과 전쟁의 소음 가운데에서도 그 내면적이며 고유한 본성을 때문지 않게 보존하고 있다.

19) 젊은 독수리(Der Jungendliche): 앞서 '늙은' 독수리로 불리웠던 그 독수리는 영감에 찬 소명으로 회춘되었다. 그는 신들의 소명을 젊은 목소리로 외친다.

20) 어려운 행복(ein schweres Glük): 찬가「라인 강」의 205행 참조. 횔덜린은 1801년 1월 곤젠바하(Gonzenbach)에게 보낸 편지에서 '행복을 건디어 내는 것이 모든 덕망 가운데 가장 힘들고 아름다운 일'이라고 쓴 바 있다.

21) 이후 이 찬가의 종결에 이르기까지 독수리의 말들이 이어진다.

22) 한낮에(Am Mittag): 게르마니아는 한낮의 뜨거움 중에 졸면서 '비밀스럽게 계속 자라나는 힘'을 축적했다. 소명의 순간에 깨어나 이를 펼치고자 해서이다.

23) 입의 꽃(Die Blume des Mundes): 말(die Sprache)

24) 제5연의 전반부는 그 내용이 타키투스(Tacitus)의『게르마니아 Germania』에서 크게 영향을 받고 있다.

25) 모든 것의 어머니(Die Mutter ist von allem): 마지막 시연 97행 '오 그대 성스러운 대

지의 딸이여, 한번 어머니라 불러 보라' 참조. 게르마니아가 어머니 대지에 대해 가지는 기본적인 연관은 횔덜린에 있어서는 게르마니아의 본래적이며 자연스러운 충만 가운데 들어 있다.
26) 아침의 바람(Morgenlüfte): 아침 바람을 마심으로 해서 게르마니아는 아직도 어둠에 가라앉아 꿈꾸는 무의식적인 상태에서 벗어나서 그 본질을 명료하게 보여 주며 완전히 수행되는 사명으로 깨어나야만 한다. '아침 바람' 과 같은 과도적 순간을, 여명을 의미하는 '낮과 밤 사이' (92행)라는 어법이 확인해 주고 있다.
27) 그대 열릴 때까지(Bis daß du offen bist): 게르마니아는 자신의 내면적인 개방성을 근거로 해서 오랫동안 '베일에 싸여 있었던 신비' 를 개방시키고 이름 부를 힘을 지니고 있다.
28) 신들에 대해서... 현명하기 때문이다(Denn Sterblichen geziemet die Scham,/ Und so zu reden die meiste Zeit,/ Ist weise auch, von Göttern): 이 시구는 신비가 오랫동안 베일에 가려져 있었다는 사실을 증언한다. 그것은 필멸의 인간들의 마땅한 부끄러움과 대부분의 시간을 한밤과 같은 중간의 시간에 너무 약한 인간으로 하여금 신적인 것을 받아들이도록 화해시키려 예비했던 신들의 예지 때문이었다.
29) 황금(Das Gold): '순수한 샘물보다도 더욱 넘치는' 황금이라는 어법은 게르마니아가 끝없이 솟는 황금빛 언어의 충만을 불러일으킨다는(73행~74행) 말과 어울려 들린다.
30) 한번쯤 참됨이(Einsmals/ ein Wahres): 'einsmals'는 'einmal' 의 구어체이다. '참됨' 에 대해서는 주 5)의 'Wahrhaftiger' 참조.
31) 94~96행: 성스러운 자의 이름은 그러나 불리워져서는 안 된다. 유태인들은 그들의 신의 이름을 부르고 쓰는 것을 두려워했다. 이름부름은 정당한 권리로서 마음대로 부르는 일이어서는 안 된다. 단지 그것은 간접적으로 '되 고쳐 쓰어', 환기시키는 부름에 끝나야만 한다. 이러한 부름의 양식은 다음 시연에서 실제 이행되고 있다.
32) 불러 보라(nenne): 똑같은 명령은 83행에도 나온다.
33) 흘러간 신성(Vergangengöttliches): 13행의 '흘러간 것들이여!' 와 같음.
34) 천공(der Aether): '아버지 천공' 이 모든 이들에게 알려지고 났을 때 비로소 신성은 인간들 사이에 작용할 수 있다.
35) 왕들과 백성들에게(Den Königen und den Völkern): 고대 율법적인 어법.

| 해설

확실한 생성연대를 알 수는 없으나 그 양식상의 특징으로 미루어 보아 1801년에 쓴 것으로 보이는 「조국적 찬가」의 하나이다. 이 찬가는 16행의 7개 시연으로 구성되어 있다. 「조국적 찬가」가 3연 1단의 형식을 특징으로 한다고 볼 때, 이 찬가는 이러한 기본적 특징을 가지고 있지 않은 작품이다. 3연 1단의 형식을 떠나 이 작품은

3개 부분으로 나누어 볼 수 있다. 첫 두 개 시연 — 시인은 과거를 회고하는 것으로부터 떨어져 나온다. 두 개의 마지막 시연 — 각기 찬가적 비상으로 시작하는(오 아침의 공기를 마시라뜬뜬뜬뜬이름 부르라) 두 개의 마지막 시연은 신성으로 가득 채워진 미래를 지향하고 있다. 각기 2개 시연을 가진 첫 부분과 마지막 부분의 사이에 3개의 중간 시연이 놓여 있다. 이 시연들은 예비의 시간, 신성의 현시와 맞이함을 위한 비밀스러운 힘의 성장에 바쳐지고 있는 것이다. 이처럼 2-3-2연의 형식은 완전한 대칭구조로 결과되는 셈이다.

이 시는 송가 「독일인의 노래」와 「독일인들에게」와 더불어 프랑스 혁명에 대한 환멸을 경험하고 나서 역사적인 진화를 희망하고 있는 시편의 하나이다. 좌절된 혁명의 나라인 프랑스가 이제 진화의 나라로서의 독일에 대한 희망으로 맞세워져 있다. 독일이 지역적으로 흩어져 있고 정치적으로 무력하지만 다른 한편으로는 괄목할 만한 일련의 시인들의 등장을 위시해서 문화적 자의식이 형성되어 왔기 때문이다. 문화적인 애국주의가 밑바탕을 이루고 있다. 그리고 종교적으로는 경건주의적인 애국심으로 개별적인 모티브들을 연결시키고 있다. 게르마니아는 전투의 여신이 아니라 문화의 여신인 것이다.

소크라테스의 시대에

| 해설

이 시편은 횔덜린 전집에서 「계획과 단편(斷片)」 또는 「계획, 단편, 노트」 등의 분류에 포함되어 있다. 이 분류에 포함되어 있는 단편들은 어떤 완결된 시와 관련을 맺고 있는지 확실하지 않다.

"간사한 족속이여!" 이후 끝까지를 시인이 삭제선을 긋고 "후세(Nachwelt)"라는 단어로 대체시키려고 한 흔적이 원고에 남아 있다. 신이 사라진 현실에서 누가 심판할 수 있는가. 아무도 없다. "지상에 척도는 있는가, 없다"고 시인은 읊은 적이 있다.

평화의 축제

| 주석

1) 시인은 기독교적 사회의 독자들을 의식하고, 이 작품의 내용이 매우 혁신적인 것이라 생각한 나머지 작품의 서두에 이처럼 당부의 말을 적어 놓았다.
2) 회당(Saal): 신과의 만남을 위해 드높이 쌓아 올린 공간으로서 정경의 메타포를 사용해서 나타내고 있다는 해석이 많다. 그리스적이라기보다는 슈비엔 지역을 연상시킨다.
3) 환희의 구름(Die Freudenwalk): 이 시연에 나오는 유일한 메타포이다.
4) 사랑하는 손님들(liebende Gäste): 모든 천상적인 것들이 모이는 축제를 생각할 때, 사람들의 손님은 천상적인 것들로 이해된다.
5) 어른거리는 눈길로(dämmernden Augens): 2행 뒤의 'sehen(본다)'를 동사로 하고 있다. 주어는 '나'이다.
6) 진지한 한낮의 역사로부터 미소짓는 (Vom ernsten Tagwerk lächelnd): '축제의 영주'를 꾸미고 있는 13~15행을 '나는 벌써 가물거리는 눈길을 생각하노라/ 진지한 한낮의 역사로부터(내가) 미소지으며/ 그 사람 자신, 축제의 영주를 보는 듯하여라'라고 번역한다면 이 찬가의 전체 맥락에서 볼 때 잘못된 번역이 된다.
7) 축제의 영주(den Fürsten des Fests): 이 애매한 방식으로 제기된, 그리고 이 찬가의 절정인 제9연에 다시 등장하는 신적인 형상체는 어떤 다른 이름으로 부를 수 없다. 횔덜린은 다른 축제적인 시에서는 확실한 이름을 제시하고 있는데, 여기서처럼 막연한 형상체를 제시한 것은 예외적이어서 그것이 의도적임을 반증한다. 여기서 이 시인으로서는 이름할 수 없는 이 형상체에게 어떤 이름을 가지고 대치시키고자 하는 해석자가 있다면 그는 이 찬가의 주제 동기를 파괴하는 일이 된다. 왜냐하면 이 신적인 정령은 평화의 축제에 처음 그리고 유일하게 등장하는 것이 아니고, 작품마다 그 형상체의 이름이 다양하기 때문이다. 여기서도 '축제의 영주' 그 자체이지, 달리 이를 해석할 수 없다. '이름 없음'이 평화의 축제에 나타나는 형상체의 진면목인 셈이다.
8) 낯선 곳(Ausland): 횔덜린이 '세계의 생명'을 '열림과 닫힘의 교체'로서 '떠남과 제 자신에로의 복귀'로서 파악하고 있는 것은 단지 소설 『휘페리온』에 나타나는 현상만은 아니다. 평화의 축제에서의 신적인 정령은 '제 자신에게로 돌아옴'가운데 자신이 목적지로 삼아 떠났던 '낯선 곳'을 기꺼이 거부하고 인간의 창조적인 신과의 만남을 위한 예비로서 '우리 믿고 있는 보다 아름다운 시절'의 문턱에 다시금 '우정 어린 모습'을 띠고 나타났다. '낯선 곳'은 여기서는 지리적인 의미로서가 아니라, 고향의 원천으로부터 잠시 떠나 있는 것을 표현했다고 생각된다. 이러한 의미로 '낯선 곳'을 쓴 것은 문학사적인 관점에서 특이한 현상이 아니다. 쉴러도 같은 의미로 여러 곳에서 'Ausland'를 쓰고 있다.

9) 길고 긴 행군으로 지친(als vom langen Heldenzuge müd): 이 시적인 상징은 먼 하늘 아래 성숙한 신적 정령에 대해서 언급하고 있는 것으로 보인다. 그 정령은 '낯선 것'을 동화시켜서 제 자신의 태생적인 것 안에 자신을 더욱 확고히 하고 힘을 부여한다. 그것은 결국 외래적인 것을 정복한 바커스 — 시 「시인의 사명」 —처럼, 이 정령도 모두를 정복하면서 다가오는 것으로 표상케 하는 것이다. 여기서 '지쳐 müd'라는 낱말이 혹시 '행군'에 지쳐 있다는 것으로 이해해야 할지 아닌지가 문제된다. 'müd'라는 단어는 이 때 '눈길'에 관련되어 있다고 보는 것이 타당하다. 'als'가 이러한 해석을 가능케 하기 때문이다. 즉 '길고 긴 행군으로 지친/ 눈길 떨구고'로 해석함이 타당하다. 부연하자면 축제의 영주는 그의 눈길을 떨구고 있다. 왜냐하면 그 눈길은 오랜 행군 때문에, 전쟁의 오랜 세월 동안 끝나지 않았던 그 행군으로 지쳤기 때문이다.

10) 잊으며(vergessen): 수동이지만 능동으로 번역되어야 한다.

11) 두루 알려진 자여(Allbekannter): 일부 해석자들은 당대의 나폴레옹을 지칭한 것으로 해석하기도 하지만 위의 주 7) 및 8)의 취지에서 역시 '축제의 영주'를 지칭하는 것으로 해석하는 것이 타당하다.

12) 그대 앞에서(vor dir): '그대의 신적인 임재 앞에서'로 이해된다.

13) 홍수도 불길도 (겁내지 않았던)(nicht Flucht noch Flamme): 물불로 꿰뚫어 가는 한 길의 위험성에 대한 표상은 성서의 구절을 연상시킨다. 시편 66편 12절 '우리가 불과 물을 통과하였더니 우리를 끌어내시어 풍부한 곳에 들이셨나이다' 비교.

14) 놀라움을 자아내니(Erstaunet): 여기서 한 사람(einer)은 시대의 소란과 싸움에 얽혀들었던 자이다. 그러한 싸움의 소용돌이에서 문득 멈추어 서는 것으로서도 '놀라움을 자아낸다'. 바이스너는 여기서 'erstaunen'이라는 동사를 'Staunen erregen(놀라움을 자아내다'가 아니라, 'empfinden(느끼다)'로 해석하기를 권한다. 빈더(Binder)는 이 구절을 '이제 평화의 고요함이 돌아온 사실에 대해서 결코 놀라워하지 않을 수 있는 유일한 자'는 바로 평화를 가져온 그 당사자라고 해석한다. 빈더대로 한다면 '느끼다'라는 해석이 타당해 보인다. 그러나 이러한 해석 때문에 'erstaunen'을 'empfinden'으로 옮기는 것은 지나친 비약이라고 생각된다.

15) 신들(bei Geistern): 'Götter' 대신에 'Geister'로서 '신들'을 표현하는 것은 횔덜린 후기시의 특징을 이룬다.

16) 영원한 젊은이들처럼(ewigen Jünglingen ähnlich): 신들과 신들의 자식들, 이들 가운데 가장 젊은 자들을 이 찬가에서는 강조해서 '젊은이들 Jünglinge'이라 이르고 있다.

17) 또한 내 많은 이들을 초대코자 한다. 그러나 오 그대(Und manchen möcht' ich laden, aber o du,): 처음으로 여기 두 번째 Trias의 첫 머리에 그리스도에 대한 언급이 등장하고 있다. 시인은 초대하고자 하는 많은 이들을 생각하면서 맨 먼저 '젊은이들'의 하나이기도 한 그리스도를 생각한다. 그러나 'aber'라는 말로 머뭇거리는 태도로 그를 생각한다. 이

'aber' 로 인해서 생긴 파격을 오해해서는 안 될 것이다. 바커스나 다른 신들과 마찬가지로 아버지의 한 아들인 그리스도는 다른 형제들과 구분되는데, 그것은 그가 자신의 행로를 끝까지 가지지 못하고 '말씀의 한가운데' '죽음에 이르는 숙명' 이 그 행로를 막아 버렸기 때문이다. 그가 이르고자 했던 그 환희는 빨리도 숨겨져 버렸다. 따라서 이 즐거운 잔치에 그가 한 사람의 손님이 될 수 있는지 의심스럽다. 그러나 이 찬가의 진행 가운데서 차츰 그리스도의 '복된 평화' 에의 동참은 의문의 여지가 없는 것으로 굳혀져 가는 것이다.

18) 그리스도에게 바쳐지고 있는 이 두 번째 Trias의 마지막 시구들에서는 일찍이 어두운 운명 때문에 그늘에 덮인 자가 기쁨에 찬 잔치의 손님이 될 수 있는 지의 해명은 결국 긍정적인 해답에 이르고 있다. '그에 대해/ 많은 환희와 노래 이루어진' 아버지의 아들로서 그 역시 평화의 축제에 참여하게 되리라고 노래한다.

19) 그(der): 여기서 'der' 는 이 세계의 드높은 자, 세계의 정신을 말한다. 그는 오랫동안 시간의 주인되기에 너무도 위대해서 방향을 돌리어 이제 다시금 인간에게로 몸을 기울이고 있다.

20) 역시 하나의 말씀(auch eine Sprache): 궁핍한 시절의 여러 가지로 엇갈린 '대화' 는 '모두가 각기를 체험하도록' 작용하고 떠들썩한 혼란이 다시금 정적을 이루었을 때 하나의 말씀, '사랑하는 자들의' 유일한 '말씀' 이 존재하도록 작용한다.

21) 시간의 말없는 신(der stille Gott der Zeit): '말없는' '고요한 still' 이라는 형용사의 의미가 크다. 지금까지 '시간의 신' 에 대해서는 다른 식으로 언급되어 왔다. 주로 '광란하는', '혁명적인' 신이라고 불린 것이다. 이제 시간의 신 — 혹은 그대로의 시간 내지 시대(Zeit)는 더 이상 '격동하는 reißend' 것이 아니다. 그 시간의 신은 '고요해' 졌다. 평화는 지배의 다툼을 끝내게 하고, 인간들에게 다시금 '삶에의 머무름(Bleiben im Leben)' 을 부여한다. 아름답게 균형된 사랑의 법칙만이 이제 유효하게 될 것이다.

22) 그러나 우리는 곧 합창이어라(bald sind wir aber Gesang): 원문의 'wir' 는 육필본에 들어 있지 않다. 횔덜린의 부주의에 의해 빠졌거나, 혹은 함부르거(Hamburger)가 말하는 대로, 대명사의 생략이 횔덜린의 어법에 크게 어긋나는 것은 아닌지도 모른다. 바이스너가 편찬한 전집과 슈미트가 편집한 전집에 대명사 'wir' 가 그대로 삽입되어 있다.

23) 하나의 징후로 우리 앞에 놓여 있으니(Ein Zeichen liegts vor uns, daß): 원문의 'daß' 도 육필본에는 'das' 로 되어 있다. 이것 역시 하나의 실수로 보인다. 함부르거는 이 부분의 영역(英譯)에서 'a token... that...' 로 쓰고 있는 바, 'das' 대신 'daß' 를 취하고 있는 것이다.

24) 초목들(Pflanzen): 마치 봄철 새로운 연관이 싱싱하게 푸르러지는 초목들을 통해서 예고되듯이 횔덜린에 있어서 이전부터 이러한 초목들의 싱그러움은 '우리가 믿고 있는 보다 아름다운 시절' 의 징표이다. 그것은 초목에서 대지와 빛과 대기가 상호작용하는 흔적을 인식할 수 있기 때문이다. 그렇기 때문에 평화의 축복 속에서 피어나는 시대의 영상은 모

든 신들의 쇄신된 상호작용, '위대한 정신'과 '다른 힘들 사이의' '유대'를 알려주는 징표인 것이다.
25) 모두를 모이게 하는 축제일(der Festtag/ Der Allversammelnde): 이 작품 가운데 유일한 시연 도약(Strophensprung)이다. 이러한 시연 뛰어넘기는 극도의 파토스를 읽게 한다.
26) 모두 매달려 있는... 사랑하는 자(ihr Geliebteste..., / An dem sie hängen): 인간에게 다시금 애정을 기울이는 신들은 모두 제대로의 작용을 위해 하나의 중간자를 필요로 한다는 것은 횔덜린의 종교적 사상에서 확고한 모티브이다. 이 중간자는 이 때문에 그 신들의 가장 사랑하는 자이며, 그들 모두는 그에게 매달려 있다.
27) 하여 내 불렀노라(denn darum rief ich): 여기부터 정점을 이루는 이 시연의 핵심적인 시구가 시작되고 있다. 이 시연의 5행 반이 모두가 모이는 축제일에 천상적인 것들이 어떻게 자리를 함께 하는지를 말하고 있고, 또 다른 5행 반은 이 천상적인 것들이 어떻게 인간들에게 되돌아오는지를 말하고 있다. 시인은 이 두 개의 부분을 잇는 중간부분에서 신들이 매달려 있는 가장 사랑하는 자, 오랫동안 기다려온 자, 또 오랫동안 떨어져 있었던 자, 그러나 잊지 못할 자를 불렀다는 것을 기뻐하고 있다.
28) 축제의 영주에게로(zum Fürsten des Festes): 시인이 부른 자와 축제의 영주가 같지 아니한 것을 주목해야 한다. 그를 '축제의 영주'라고 부른 것이 아니라, '축제의 영주'에게로 부른 것이다.
29) 또한 죽어 쓰러지는 것 거의 없어 보이고(Und wenige scheinen zu sterben): 마치 시몬과 아나(혹은 한나 Hanna)처럼. 누가복음 2장 25~38절 참조.
30) 그대 오 어머니, 그대 자연이여(O Mutter.../ Natur): 인간은 자연으로부터, 신들과 인간 자신의 어머니로부터 떨어져 나왔고, 자연의 아들인 양 보이는 불안이라는 적대적 정신으로 인해서 유혹당했다. 그 적대적 정신은 단지 사티로스로 증명되었지만 말이다. 이제 인간들, 도주자들은 다시금 신들의 가족들로 받아들여진다. 삼라만상의 어머니인 자연과 신들에게로, 평화축제가 벌어지는 모두가 모이는 축제의 날에.

| 해설

이 작품은 그 초고「너 결코 믿기지 않은 화해자여... Versöhnender der du nimmergeglaubt...」를 쓴지 일 년 반이 지난 1802년 가을에 완성된 것으로 추측된다. 이 작품은 1954년 런던에서 그 원고가 처음 발견되었고, 이어서 독일 문예학계에서 그 해석을 둘러싼 가장 격렬한 논쟁을 겪었던 작품이다. 평화의 축제는 4개의 Trias(즉 전체 12연)로 구성되어 있고 매 Trias는 12-12-15행의 시연들을 가지고 있다. 매우 의도적인 구조를 갖추고 있는데, 정서된 원고에 그러한 Trias의 구분이 한눈에 드러나는 것도 이러한 의도성의 반증이다. 이 작품의 초고「화해자」를 보

면 그 창작의 동기가 1801년에 맺어진 르네빌(Lunéville) 평화협정이었음이 분명하다. 그러나 완성고인「평화의 축제」에서는 이 사실적 평화가 완전히 삭제되고 대신 이상주의적인 '평화'가 노래되고 있다. 모든 대립과 갈등 — 신과 인간, 자연과 역사, 그리스 신화의 세계와 기독교적인 교회 —의 극복 가능성이 드러나 보이는 것이다. 어떻게 보면 이미 도래한 '평화'가 아니라 이 노래 안에 이 노래를 통해 다가오는 '평화'를 예비하고 있는 것으로 생각되기도 한다. 자세한 해석은 장영태, 횔덜린의 찬가「평화의 축제」— 신의 익명성 또는 의도된 애매성 (『지상에 척도는 있는가 — 횔덜린의 후기문학』, 유로서적 2003, 45쪽~85쪽) 참조.

4. 시인과 민중

나의 결심

| 주석

1) 판다르의 비상(Pindars Flug): 1800년 이후 횔덜린에게 결정적으로 중요한 그리스의 시인 판다르가 여기서 처음 등장하고있다. 퀸틸리안 이래 "서정적 시인의 제왕"으로 판다르는 평가되었다. 그의 시적인 높은 비상은 다다르기 어렵다는 사실은 고대로부터 전해 내려온 고정된 관념이었다. 그렇기 때문에 횔덜린은 판다르의 날아오름을 향한 "연약한 날아오름"을 말하고 있는 것이다.
2) 클롭슈토크의 위대성(Klopstocksgröße): 클롭슈토크는 각운없는 송가라는 형식과 시인된 사명의 개념을 통해서 횔덜린에게는 매우 중요한 시인이다.

| 해설

사교적인 생과 고독, 감격과 우울, 명예에 대한 갈증과 의기소침함의 대립과 갈등이 이 마울브론 시절, 1787년 경에 쓴 송가에 예언적으로 표현되어 있다. 시인이 충실하게 머물게 된 판다르와 클롭슈토크와 더불어 세워진 기준은 시간의 경과와 취향의 변화에도 불구하고 그대로 유지되었다.

현명한 조언자들에게

| 주석

1) 백조의 노래(Schwanenlied): 백조는 죽기 전에 노래를 부른다는 전설이 있다는 것, 그리고 시인을 노래하는 백조로 비유하는 문학적 전통이 있다는 것이 한데 묶여 있는 표상이다.
2) 헤스페리엔의 융성한 정원(Hesperiens beglückter Garten): 이어지는 시행에서의 '황금의 열매'는 헤라클레스 설화에서 헤라클레스가 헤스페리엔의 정원에 훔친, 영원한 청춘을 의미하는 황금열매를 연상시킨다. 그렇지만 여기서는 단지 비교될 만한 일로 노래되고 있다. 여기서는 고대문학에서 '헤스페리아'(Hesperia)로 항상 불리어진 이태리가 의미되고 있다.
3) 죽은 자들이여, 그대들의 죽음 만을 장사지내라(Begräbt sie nur, ihr Toten, eure Toten): 마태복음 8장 22절 "죽은 자들의 장례는 죽은 자들에게 맡겨 두고 너는 나를 따르라", 누가복음 9장 60절 "죽은 자들의 장례는 죽은 자들에게 맡겨 두고 너는 가서 하나님 나라의 소식을 전하라"

| 해설

가장 늦게 잡더라도 횔덜린이 예나에서 달아나듯 빠져나오고 나서 그와 쉴러의 관계는 파탄에 이르렀다. 1795년 여름 횔덜린의 해명에 가까운 편지에 대한 답변 대신에 잡지『호렌』(Horen)에는 이행시구의 교훈적인 훈계시「철학에 봉사하고자 함에 즈음한/ 젊은 친구에게」(Einen jungen Freunde/ als er sich der Weltweisheit widmete)가 게재되었다. 1796년 4월에는 쉴러는 결론적으로「미적 관습의 도덕적 유용성에 대해서」(Über den moralischen Nutzen ästhetischer Sitten)라는 논문을 발표했다. 감동을 일종의 광기로 다루어야 하며 톤을 낮추어야 한다는 이 논문 안에 제기된 요구에 맞서서 논쟁적인 이 시가 쓰여졌다. 1797년 8월에 쉴러에게 보낸 이 시를 쉴러는 수정을 가했지만 그가 관여하여 길이가 줄어진 시는 발행되지 않았다. 1797년 여름, 내용을 유연하게 고쳐 쓴 제2초고「젊은이가 현명한 조언자들에게」를 쉴러에게 보냈으나 현명한 남자, 쉴러는 인쇄에 넘기지 않고 한쪽으로 제쳐 놓았다.

천재와 대중

| 주석

1) 악마의 옹호자(Advocatus diaboli): 시성식(諡聖式)에서는 하나님의 옹호자(advocatus dei)가 등장해서 성인의 명부에 등재할 근거를 제시한다. 이와 반대편에선 악마의 옹호자(advocatus diaboli)는 있을 수 있는 흠결을 언급한다. 횔덜린은 "독재자와 세속적 성직자 무리와" 한 패가 되고 있는 천재의 시성에 반대하는 역할을 맡아 시를 쓰고 있다.
2) 아폴로(Apoll): 아폴로는 전통적으로 시인의 신이다.

| 해설

이 격언시(Epigramm) 5편은 횔덜린의 외디푸스(Ödipus auf kolonus)의 번역문과 예정된 송가의 단편들이 포함된 별도의 원고지 여백에 들어 있다. 1797년에 쓴 것으로 보인다. 횔덜린은 이 5편의 격언시를 통해서 괴테와 쉴러가 1796년 가을에 발행한 「격언시 연감」(Xenienalmanach)에서 보여주고 있는 문학적인 권력장악에 응답하고 있다. 횔덜린을 겨냥하고 있는 이들의 격언시 한편은 쉴러가 최종 편찬에서 제외시켰다. 이 격언시는 오랜 논쟁점—엠페도클레스 이후에 결별하게 된 자매영역인 문학과 철학을 시대의 끝에 화해시키려고 하는 횔덜린의 시도를 비꼬아 풍자하고 있었다. 이에 대해서 횔덜린의 5편의 격언시는 고전적 시대의 현상을 천재, 편협성과 안이함의 혼합체로서 그 실태를 규명하려고 하고 있다. 여기서 공격의 대상이 되고 있는 기준들은 중용의 법칙과 이제 막 부정적인 반응을 얻고 있는 취미의 비뚤어진 차원에 정확하게 상응하고 있다. 즉 가짜 철학적인 판결, 정치적인 기회주의, 심미적인 전제주의, 그리고 대중연합주의의 가짜 광채가 그것이다. 이 가짜 광채가 괴테와 쉴러를 시민의 얼치기교양의 우상으로 만들어 주었다.

운명의 여신들에게

| 주석

1) 운명의 여신들(Parzen): 그리스의 신 Moiren에 해당되는 로마의 운명의 여신들, 이들 세 여신 크로토(Klotho), 라케시스(Lachesis) 그리고 아트로포스(Atropos)는 인간 생명의 끈을 잡고 있다가 죽음에 이르며 그 끈을 잘라 버린다고 전해지고 있다.

2) 유희(Spiele)는 다른 시 「안락 Die Muße」에서 '삶의 유희 Spiele des Lebens'로 구체화되어 있다.
3) 그림자 세계(Schattenwelt): 망령의 세계, 하계를 뜻함.
4) 하계에서도 노래하는 오르페우스가 되지 않을지라도.

| 해설

역시 프랑크푸르트 시절인 1798년에 쓴 알케이오스 시연의 송시이다. 그의 튀빙엔 시절의 초기시들에서 나타나는 시인으로서 지상에 살고자 하는 포부가 그대로 재현되어 있으며, 실제 시인으로서의 자질과 고양된 감정이 이 시에서 성공을 거두고 있다. '초조한 동경'으로부터 어떤 확신으로 넘어가고 있는 성숙을 보여 주기도 한다. 늘 아들 때문에 염려하는 어머니, ― 그녀는 횔덜린이 목사가 되기를 간곡히 바라고 있었는데 ― 그 어머니를 향해서, 역시 자신의 단호한 결심을 보여 주고 있기도 하다. 이 때문에 노이퍼의 『소책자』에 실린 이 시를 읽은 횔덜린의 모친은 1799년 7월에 쓴 편지 속에서 자신의 소망이 빗나가고 있음을 염려하고 있다.

이 송시의 외형적인 특징은 무엇보다 의미를 담고 있는 단어들이 모두 운율상 강세를 갖도록 배치되었다는 점이다. 원문에서 시연 내지 시행의 건너뜀(Enjambement)이 사용된 것도 이를 위해서 이다.

시어와 운율의 어울림을 통해서 이 시의 내면적 율동 형식은 생겨난다. 이 가운데 첫 시연이 포괄적으로 담고 있는 문학과 죽음의 달콤한 유희 가운데서의 충만 이라는 기본 모티브는 4단계로 전개되고 있다. 우선 자아가 운명의 여신들을 향해 서 있는 주술적인 말 붙임 중에 그 모티브는 나타난다. 5~6행에는 청원의 절박성을 근거케 하는 에피그람 같은 주문의 평범한 언술 ― '삶 가운데 그 신적인 권한 누리지 못한 영혼/하계에서도 평온을 찾지 못하리라' ― 뒤에 그 모티브는 숨겨져 있다. 7~11행에서 서정적 자아는 시작에 성공하고 죽음 앞에 서 있다는 미래의 만족감으로 자리를 옮긴다. 마지막 시행들에는 기본 모티브가 다시 한번, 그러나 이제는 완성한 자의 시각으로 노래되고 있다. 완성자는 최고에 매달리고 두 번째의 말마디 ― '나는 더 이상 부족함이 없도다' ― 는 첫번째의 언급에 마주 세워져 있다. 시가 4개의 변전 속에서 기본 모티브의 주위를 맴도는 가운데 운명의 여신들에 대한 부름의 순간에서부터 고양됨이 이미 과거에 속하는 지점까지 궁형을 이루고 있다. 시인의 실존적인 결속이 이렇게 적은 말수로 긴박감 넘치게 노래된 시는 독일문학에서 찾아보기 어렵다.

백성의 목소리

| 주석

1) 그대는 신의 음성이라고(Du seiest Gottes Stimme): 격언 "백성의 소리는 신의 소리이다" (Vox populi, vox dei)에서.
2) 제3연 "왜냐면 자신을 잊고..."에서 4연의 서두인 "그 짧기 이를 데 없는 행로 우주로 되돌아가듯": 1796년 6월 2일자 동생에게 보낸 편지 참조. "어쩌면 우리는 때때로 이 삶과 죽음의 중간 단계를 넘어서 아름다운 세계의 무한한 존재로, 영원히 청춘인 자연, 우리가 떠나는 그 자연의 품으로 돌아가기를 동경한다".
3) 죽음의 충동(die Todeslust): 시 「유일자」에서 "백성들의 죽음의 충동" (Die Todeslust der Völker) 참조.
4) 긴 예술(die lange Kunst): 격언 "예술(기술)은 길고, 인생은 짧다" (vita brevis, ars longa)를 연상시킴.
5) 그 모방할 수 없는 것(vor jenen Unnachahmbaren): 횔덜린이 핀다르의 퓌티아 송가(Pythischer Ode)의 번역에서 ἀπείρονα를 "무한한"(unendlich) 또는 "모방할 수 없는"(unnachahmbar)으로 옮기고 있다. 즉 모방할 수 없는 것은 무한한 것과 동일하다.
6) 또한 독수리의 새끼들을... 먹이를 찾게 만들듯이(wie des Adlers Jungen...): 소설 『휘페리온』에서 "우리는 그 아비가 높은 천공에서 먹이를 찾도록 둥지에서 내몬 어린 독수리들과 같다"는 구절이 있음.
7) 수확의 맏물처럼(gleich den Erstlingen der/ Ernte): 모세 제5권 (신명기) 8장 3~4절 "백성의 제물을 잡아바칠 때 사제들은 그들에게서 소나 양의 앞다리와 턱과 위를 받을 권리가 있다. 또 맏물로 거둔 밀, 술, 기름, 처음 깎은 양털도 받을 권리가 있다." 참조.

| 해설

같은 시제의 2연짜리 짧은 송시를 확대해서 1800년에 쓴 작품이다. 알케이오스 시연으로 되어 있다. 2연짜리 짧은 송시에는 제 자신의 '행로'와 강물의 여정(旅程) 사이의 구분이 제시되어 있지 않았으나, 이 확장된 송시에서는 그것이 구분되어 있다.

"신들의 소망"은 "필멸하는 것"이 "우주로 되돌아"가는 것이다. 이 소망은 그러나 자주 "너무도 넘치게 예비되어" 충족된다. 다시 말하면 "가장 짧은 행로"를 통해서 충족되는 것이다. 이 되돌아감의 형식은 예컨대 인간에 비추어볼 때 신적인 의지에 철저히 들어맞는다고 할 수는 없다. 신의 의지는 오히려 지상에서의 "활처럼 구부러진 행로"를 생각하고 있는 것이다. "때 이르게 쓰러진 자"에게 이 시는 말하자면 당연해 보인다. 그러나 이 지상에서의 머무름은 "더욱 위대하다." 삼라만상 우주를 향한 엠페도클레스의 몸 던지기에 대해서 이제는 깨어있는 그러나 동시에 성스러운 자를 향하는 "삶에의 머무름"이 대칭되어 있다. 이러한 "성스러운 명징성"을 자체 안에 결합하고 있는 이 대칭적인 요소들은 모순형용인 '서두는 가운데 머뭇거리며'를 통해 표현되어 있다.

이 지상을 너무 빨리 떠나려고 하는 "죽음의 충동"은 모든 백성들을 붙잡아버릴 수도 있다. 이것은 이 시의 주제 "백성의 소리"에 대한 하나의 암시이다. 마지막 시연이 이 주제를 다시 제기한다. 여기에서 "백성의 목소리"는 약간의 반어적인 음조를 띠운 가운데 "평온한 목소리"라고 불리고 있다. 이렇게 해서 이 목소리는 "때 이르게 쓰러진" 자들의 "쉼"과 연관을 가지게 된다. 즉 그 목소리는 세상을 떠난 자처럼 아무런 행동도 하지 않은 채이다. 이것은 신들이 멀어져 가버린 시대에 처한 백성의 목소리이다. 그러나 이 목소리는 "경건하다". 왜냐면 그 안에는 신적인 것과의 연관을 다시금 제기할 가능성이 숨겨져 있기 때문이다. 마지막 시연은 이러한 쉼이 영속적인 상태로 굳어버릴지도 모를 일에 대해서 경고하고 있다.

짧음

| 해설

1798년 6월에서 8월 사이에 쓴 것으로 보임. 이 무렵 횔덜린은 이 「짧음」을 위시하여 「그 때와 지금」 「인간의 갈채」, 「운명의 여신에게」 등 15편의 짧은 송시를 친구 노이퍼에게 보냈다. 노이퍼는 이 시들을 그의 『교양 있는 여인들을 위한 소책자』(1799년)에 수록해서 발행했다.

이 「짧음」은 시 「소크라테스와 알키비아데스」처럼 질문의 시연과 답변의 시연으로 구성되어 있고, 그 구조는 「인간의 갈채」와 유사하다. 두 시연의 첫 구절은 음절의 수효까지 일치한다. 이 두 개의 구절은 질문과 답변의 핵심을 포함하고 있다. 의미상 본질적인 것이 그러한 함축을 지닌 채 앞에 제시되고 있는 것은 짧은 송가의 내외적인 형식에 있어서 대담한 간결성에 상응하는 것이다.

인간의 갈채

| 해설

　앞의 시와 같은 때에 쓴 알케이오스 시연의 송가이다. 1798년에 노이퍼에게 여러 편의 송시를 보내며 동봉한 편지에서 횔덜린은 '내가 아직 아무것도 아니라는 사실, 어쩌면 내가 결코 아무것도 아닌 자로 남게 될지도 모른다는 사실을 나는 알고 있다. 그러나 이러한 사실이 나의 신념을 포기케 하는가? 나의 신념이 그 때문에 하나의 상상이며, 지나친 것인가? 나는 그렇게 생각하지 않는다. 이 지상에서 내가 뛰어난 무엇에 달하지 않는다면, 내 자신을 내가 옳게 이해하지 못했다는 것을 말할 수 있을 것이다. 우리 자신을 알자! 우리를 의기차게 해 주는 것은 바로 그것이다. 우리 스스로 자신을 알지 못할 때, 모든 예술도 모든 노력도 헛된 것이다'라고 쓰고 있다. 시인은 인간들의 갈채에 이끌리는 대중성이 아니라 제 자신 안에 숨겨진 신성을 믿고 그것을 찾아내는 일에 예술성을 담보하고 있다.

젊은 시인들에게

| 해설

　역시 프랑크푸르트 시절에 쓴 아스클레피아데스 시연의 송시이다. 시인은 여기서 교훈하는 시, 도취에 빠진 시를 쓰지 않기로 다짐하고 있다. 에피그람 「서술하는 문학」(1797년경)에서 시인은 '아폴론은 신문 기사나 쓰는 자의 신이며' 그에 충실하게 사실을 말하는 자는 '그의 부하'라고 쓰고 있으며, 1797년 6월 쉴러에게 보낸 편지에서는 자신이 '다른 예술 비평가나 대가들과는 무관하게 될 만한 용기와 판별력을 가지고 있고 필요한 만큼 평온을 지니고 자신의 길을 갈 것'이라고 말하고 있다. 그러나 쉴러에게 의존된 자신의 창작을 인정하면서 '궁극적으로 누구의 눈길도 두려워하지 않을 때 예술은 성취되리라'고 쓰고 있다. 두려움, 어떤 것에 붙들림은 '예술의 죽음'이고, 따라서 자연을 옳게 표현해 내는 일이 그만큼 어려운 것을 알게

된다고도 쓰고 있다. 진정 위대한 작품은 예술가가가 살아 있는 세계와 접할 때 탄생한다는 것이다. 시인은 궁극적으로 대가의 모방이 아니라, 자연에 순응하는 길을 가야 한다는 횔덜린의 시론적 시의 하나이다.

변덕스러운 자들

| 해설

  1799년 7월 친구 노이퍼에게 보낸 편지에 동봉되어 있는 시이다. 이 시는 우선 자아에 대해서, 그리고 일반화하여 자연의 시인들에 대해서 읊고 있다. 이 두 개의 영역에서 묘사된 분위기의 곡선은 분노에서 평온으로 이어지고 있다. 이 시의 한가운데에는 시인의 긴장된 본질에 대해서 매우 간결한 어휘로 표현하고 있다. "쉽게... 비탄하고 눈물짓네/ 그 복받은 자들" 복됨과 방황 사이의 긴장 가운데서 시인은 자연의 눈짓을 통해서 자연의 궤적으로 되돌아 갈 것을 발견한다. 자연의 궤도 안에 존재하는 것, 자연에 순종하는 것, 그것이 시인의 본래적인 행복이다. 이러한 순종은 시인의 본질의 기본적인 힘인 것이다. 그것은 순수하고 자기희생적인 자연정신의 수용에 대한 능력이다. 그러나 이 시는 그렇게 이해된 순종이 의미하고 있는 특출함을 제기하고 있지는 않다. 그것은 어린아이같이 순진한 유순함으로 나타난다. 시인들은 여기서 민감성이 강조되는 가운데 그들의 본질 중 겉에 드러나지 않는 측면에서 모습을 드러낸다. 그러나 동시에 이들은 자연의 시인들로서 당연히 그들의 본래적인 삶의 공간에 서 있기도 하다.

삶과 예술

| 해설

  이 네편의 에피그람은('시대와 역사'에 수록한 「모든 악의 근원」도 마찬가지지만) 언제 쓴 것인지 정확하게 알 수는 없으나, 횔덜린이 발행을 계획했던 잡지「이두나」(Iduna)에 실을 셈으로 쓴 것으로 보인다. 그렇다면 1799년이거나 이보다 조금 늦게 쓴 것이라고 생각된다. 육필본의 필적이 이를 증명한다고 학자들은 밝히

고 있다.

「자신에게」(ΠΡΟΣ ΕΑΥΤΟΝ)는 그리스어로 표제되어 있다. 이 표제는 아울레리우스 로마 황제, 즉 "왕좌에 앉아 있는 철학자"의 저서인 『독백』(Selbstgespräche)을 연상시킨다. 횔덜린이 이 책을 가지고 있었고, 송가 「시인의 용기」는 그에게 이 책이 곧 큰 의미가 있었음을 보여준다.

「소포클레스」: 여기서 원어 "Trauer"는 "비탄, 슬픔"으로 옮기기보다는 "비극"(Tragödie, Trauerspiel)으로 옮기는 것이 알맞아 보인다. 횔덜린은 1804년에 프랑크푸르트와 홈부르크 시절에 번역했던 소포클레스의 『외디푸스 왕』과 『안티고네』를 출판한 바 있다. 횔덜린이 이 에피그람의 첫 행에 쓰고 있는 "기쁨(Freude)"이라는 개념도 오늘날의 의미와는 전혀 다른 의미를 가지고 있다. 어떤 감정의 한 표현이 아니라, "신적인" 총체가 모습을 나타내는 충만의 상태를 의미한다. 이 열락의 상태가 개인이 비극적으로 몰락하는 곳에서 발생한다는 것, 다시 말해서 분리되어 있는 개체가 지양됨으로서 전체성의 인식이 비로소 가능하다는 것은 소설 『휘페리온』의 종결점에서의 디오티마의 죽음이나 『엠페도클레스의 죽음』에 잘 나타나 있고, 특히 『외디푸스왕』과 『안티고네』의 번역에 붙인 주석에 변형된 형태로 잘 드러나 있다.

「분노하는 시인」이라는 제목은 1826년에 발행된 슈봐프(Gustav Schwab) 편찬의 횔덜린 시집에 처음 쓰였다. 이 에피그람은 신약성서 「고린토인들에게 보낸 둘째 편지」의 제3장 6절 "이 계약은 문자로 된 것이 아니고 성령으로 된 것입니다. 문자는 사람을 죽이고 성령은 사람을 살립니다"를 연상시킨다.

「농하는 자들」역시 앞의 에피그람처럼 슈봐프 편찬의 횔덜린 시집에서 처음 제목을 얻었다.

나의 소유물

| 주석

1) 피어나면서 나에게 머물러…착한 성좌를(Die blühend mir geblieben sind, die / Holden Gestirne): 하늘의 꽃으로서의 별이라는 은유적인 표현과 지상의 덧없는 꽃에 비견된 지지 않는 꽃으로서의 별은 횔덜린이 자주 사용한 전래적인 표현법(Topos)이다.

2) 그대 복을 주는 자여!(du / Beglückender!): 이 지점에서 이 시의 주도동기적인 기본사고가 정점으로 옮겨진다. 즉 충만된 현존안에서의 행복이라는 사고. 시인은 삶의 현실에 의해서 복을 누리는 자들을 시기했더라면, 이제 '노래'를 그 자신의 고유한 재산으로, 자신을 행복하게 해주는 자로 발견하고 있는 것이다.
3) 운명의 여신(Parze): 시 「운명의 여신들에게」 참조.

| 해설

초고에는 ― 처음에는 「가을날」(Der Herbsttag), 그다음에는 「가을날에」(Am Herbsttag)라는 제목을 달고 있었는데 ― "작별의 날에는 그랬었다" (So wars am Scheidetage)라는 구절이 있다. 이 시는 일년 전 디오티마와 작별이 있었던 계절이 되돌아온 인상 아래 쓴 작품이다. 마지막 원고에서는 이러한 직접적인 연상은 삭제되었다. 다만 그전 행복의 상실은 여전히 흔적을 남기고 있다. "한 때 나도 그랬었다, 그러나 장미처럼, 경건한 삶! 속절없었다." 이 시가 생성하게 된 감정 상태에 대해서 그 상실은 밑바탕에 그대로 깔려있는 것이다. 제7연은 이 시의 기본 주제를 제시하고 있다. 즉 "성스러운 대지", "제자신의 땅", 필멸하는 자(인간)의 세계는 필연적으로 "하늘" 아래의 삶에 귀속된다. 일방적으로 "하늘"을 향하는 일, 한낮의 빛을 향하는 일은 죽음을 낳는다. 타서 시들어버리지 않도록 막아주는 "확고한 남자"의 행복은 시인에게는 용납되어 있지 않다. 자신의 현존을 구출해내기 위해서 시인은 자신의 가장 고유한 소유물(재산)로서 "노래"를 취한다. 노래는 "정원"으로 그의 "단단한 대지"이다. 그 대지 안에서 그는 "확고하다." 정도를 벗어난, 일방적인 "천상적인 드높음"을 향한 사랑가운데에서의 엠페도클레스적인 죽음의 위험은 자신의 본질, 시적인 것에의 무조건적인 충실을 통해서 추방되어야 한다. 이러한 시로의 시급성이랄까 그 강도는 노래에 대한 부름의 3개 결정적인 시연이 한 문장으로 이루어진 사실에서도 드러난다(10-12연). 마지막 시연은 시인의 창조적인 개성에 대한 고백 같은 것을 담고 있다고 볼 수는 없다 ― 이러한 개념은 횔덜린의 문학에서는 낯선 개념이다 ― 오히려 천상의 힘들에 대해서 축복을 비는 간청이 담겨 있다.

마치 축제일에서처럼...

| 주석

1) 강물은 또다시 그 둑을 따라 흐르고(In seinem Gestade... tritt der Strom): 본래 종속적인 이 문장은 병렬적인 형식 속에 계속되고 있다.
2) 혼돈(Chaos): 세계 생성 이전의 무한한 공간.
3) 감격(Begeisterung): 횔덜린이 즐겨 사용하는 시어이다. 이것은 그리스 문명에 대한 디오니소스적인 파악을 나타내 준다. 시 「디오티마」에서 '오 감격이여, 그렇게 우리는/ 그대의 마음 속에 하나의 복된 묘지를 찾는다' 고 되어 있다. 이러한 연관에서 볼 때 '감동/ 감격'은 창조적인 원초적 힘, 세계의 시원(始原)에서나 시인의 영혼에 작용하는 창조적 힘으로 파악되고 있다.
4) 세계의 행위들(Taten der Welt): 여기서는 프랑스혁명과 연합전쟁을 암시한다.
5) 밭을 일구었던 자/ 종복의 모습이지만(den Acker gebauet in Knechtsgestalt): 아포론 신은 델피의 퓌톤(Python)의 살해를 속죄하기 위해서 종과 목동으로서 아드메트(Admet) 왕에게 봉사했다고 한다.
6) 뇌우(Wetter): 자연현상으로서의 뇌우에서 시대의 뇌우로 전환되는 것을 표현하고 있다.
7) 제멜레의 신화는 에우리피데스(Euripides)의 드라마 『박카스의 여인들 Die Bakchen』에 전해지고 있는데, 이 가운데 디오니소스의 서두 대화를 횔덜린은 번역한 바 있다. 호머나 헤시오드 그리고 핀다르에서도 제멜레 신화를 읽을 수 있다. 이들에 따르면 제우스 신은 테바이의 왕녀 제멜레를 덮쳤다고 하는데 헤라 여신의 꼬임에 빠져 보아서는 안 될 제우스 신의 본래 모습을 보려고 하자 제우스가 번개 가운데 뇌우의 신으로 나타나서 제멜레가 타죽게 되고, 제우스는 제멜레가 잉태하고 있었던 디오니소스를 꺼내서 자신의 허벅지에 넣어 길렀다는 것이다. 디오니소스 혹은 바커스는 포도주의 신이 되고, 그 포도주를 통해서 인간은 위험 없이 천국적 불길을 마실 수 있게 되었다.

| 해설

자유 운율의 찬가문학으로 넘어가기 직전의 형식을 잘 나타내 주고 있는 이 작품은 1800년에 쓴 것으로 보인다. 횔덜린 연구가인 바이스너에 따르면 이 작품은 핀다르의 승리가에 영향을 받아서 9개의 시연을 갖추고 매 3개 시연이 하나의 그룹을 이루도록 시도되었다고 한다. 그러나 제8, 9시연이 미완성으로 남겨져 있는 바, 핀다르 식의 구성을 기준으로 한다면 그 운율의 구조로서 'abc. abc...Strophe, Antistrope, Epode'의 형태를 취했어야 옳았을 것 같다. 어떻든 미완성의 찬가 초

고로서 시 「반평생」의 시적 동기도 이 초고로부터 얻어왔다는 것이 문헌학적으로 밝혀지고 있다.

많은 휠덜린의 다른 시들처럼 이 시도 자연의 영상을 묘사하는 것으로 시작되고 있다. 뇌성번개 친 후 휴일의 아침이 제1연의 자연배경이다. 대지는 푸르고 포도나무에는 이슬이 방울져 있으며 고요한 태양 아래 나무들이 서 있다. 뇌우는 파괴시키는 것이 아니라 오히려 새로운 삶을 불러일으키는 것이다. 제2연에서는 '은혜의 천후' 아래 서 있다. 말하자면 신성의 영향 아래 놓여 있다. 이 시의 사념은 모두 시인을 에워싸고 맴돌고 있다. 휠덜린에 있어서 시인은 단순히 '짓는 이 poeta'가 아니라 예언하는 자(vates)인 것이다. 어떤 거장도 어떤 규칙도 시인을 기를 수 없고 '힘찬 자, 신적으로 아름다운 자연'이 그를 기른다. '이제'라는 말로서 의미하려는 바가 등장한다. 시적 언어 가운데 성스러움이 형성되며, 자연은 깨어난다. 제2연에서 자연을 해석한 뜻은 계속 이어져 나간다. '힘찬' 자연은 '무기의 소리' 더불어 깨어나고, 도처에 현존하는 것은 '천공의 높이에서 심연에까지' 이른다. 이 자연은 시간보다도 오래이며 신들의 위에서 있다. 그 안에서 확고한 법칙과 성스러운 혼돈이 이해된다. 이러한 자연관은 개념으로 잘 파악될 수 없는 것이다. 휠덜린에 있어서 자연은 결코 철학적 이념도 아니며 어떤 시적 은유도 아니다. 그것은 그 자신에 의해서 신뢰되고 공경되는 삼라만상의 원초적 힘인 것이다. 자연의 깨어남은 시인의 영혼 가운데 불길을 당긴다. 느끼지 못했고 '예감만 했던' 일이 이제 명료해진다. 종복의 모습으로 알려지지 않았던 것, '뭇 신들의 힘' ― 즉 자연은 이제 비로소 인식된다. 그러나 오로지 시인들에게만 알려져 있다. 그렇지 않다면 어찌 그것에 대해 물을 수 있단 말인가? '노래 속에 그것들의 정신은 나부긴다'.

제5연과 제6연은 사실 이 한 줄의 시구를 더욱 심화시키고 있을 뿐이다. 노래는 자연과 시간 가운데에서의 내외(內外)의 과정이라는 체험으로부터 생겨난다. 이 모든 과정이 종결되었을 때 중단된 것이 아니라, 시인의 영혼 속으로 흘러들었을 때 노래는 생겨난다. 비밀스러운 앎으로 영혼이 채워지고 나면 성스러운 빛살이 불 당겨지고 시는 성취된다. 시적 창조 과정으로서의 시학이 무엇을 의미하는지 이보다 더 간결하고 심오하게 언급될 수 없는 노릇이다. 그것은 개념으로 개진된다기보다는 실천적인 과정 가운데 전개되는 것이다. 결정적인 위치에서 두 번째로 뇌우의 영상이 등장하는데, 그것은 이제 더 이상 자연현상으로서가 아니라 신화적인 사건으로 등장한다. 그처럼 제멜레도 제우스의 벼락을 맞았고 죽어가면서 디오니소스를 낳았던 것이다. 이제 37행은 제7연에서 계속 이어진다. 노래 가운데 그들의 정신이 나부끼고, 또한 그 때문에 지상의 아들들은 위험 없이 천상의 불길을 들이마신다. 시인의 본질과 사명은 이제 거대한 영상 가운데 요약된다. 농부와 제멜레의 영상이 아무런 보호도 없이 신의 뇌우 아래에 서서 천국의 선물을 노래에 휩싸서 인간에게 갖다 주는 시인의 영상으로 뻗어나고 있다. 빛살은 그것이 제멜레를 불타게 했듯이 순수하고 죄 없는 마음을 불태워 버리지는 않는다. 마음은 노래에 단단히 머물고 있다. 여기서 이 시구는 중단되고 있다. 원래의 구조대로 따르자면 23행이 부족한데 이에 대해서는 몇몇 단편적인 시구들이 이어지고 있을 뿐이다. 어쩌면 시인들에게조차도 제멜레의 운명이 서둘러 다가올는지도 모르리라는 것이 노래되었을 가능성도 있다. 왜냐하면 '하나 슬프도다! 그로부터'에 이어 또다시 '슬프다!'가 이어지고 '내 천상의 것들 바라보고자 다가갔으나'로 그 단단한 마음 가운데의 동요가 엿보이기 때문이다. 영원한 마음이 그에게는 단단히 머물고 있으나 빛살이 그를 태워 버릴 시간도 곧 다가오리라는 예감이 나머지의 씌어지지 않은 시행들을 지배하고 있음 직하다. 횔덜린은 스스로 친우 뵐렌도르프에게 보낸 편지에 '아폴론이 나를 내리쳤다'고 말한 적도 있기 때문이다.

시인의 사명

| 주석

1) 환희의 신/ 바커스(des Freudengotts/ Bacchus): 바커스는 포도주의 신이며, 환희를 가져오는 신이다. 바커스는 인도로부터 그리스를 향해 오는 동안 백성들을 미개의 잠에서부터 충만된 현존으로 일깨웠다. 그렇기 때문에 바커스는 횔덜린에게 있어서 위대한 혼이며 문명의 후원자이다. 참된 시인들은 바로 그처럼 되어야 한다. 시 「빵과 포도주 Brod und Wein」에서 '... 궁핍한 시대에 시인들은 무엇을 위하여 사는가? ... 시인들은 성스러운 밤에 이 나라에서 저 나라로 향했던/ 포도주 신의 성스러운 사제와 같으니'라고 노래하고 있는 것도 같은 맥락에서이다. '시인의 사명'은 「우리의 위대한 시인들에게 An unsre großen Dichter」라는 2연으로 된 송시를 확장시킨 작품인데, 그 1연은 「시인의 사명」에서 그대로 수정없이 받아들였고 제2연은 다소 변경되었는바, 2연짜리의 송시 제2연은 이렇게 읊고 있었다.

오 깨워라, 그대들 시인들이여! 아직도 잠자고 있는 자들

그 잠에서부터 깨워라, 법칙을 부여하고 우리에게
생명을 주어라, 승리하라, 영웅들이여! 그대들에게만
정복의 권한이 주어져 있으니, 마치 바커스와 같도다.

바로 이 시연에 나타나는 시인들에 대한 심상이 시인의 사명 제2연에서 보다 더 상징적이 며 의미를 깊이 함축하는 시어들로 재구성되고 있다.

2) 한낮의 천사여!(des Tages Engel): 같은 시연의 '거장이시여 Meister' 와 더불어 위에서 분명히 드러난 '시인들' 을 의미한다.

이 두개의 부름은 바로 시인의 사명으로 직결된다. 일깨우고 밝히는 과제가 바로 시인의 사명이라는 것이다. '한낮의 천사여!' 에서 '한낮' 과 같은 단어는 낮의 신이자 태양의 신인 아폴론(Apollon)을 연상시킨다. 이 신 역시 시인의 신이다. 시 「시인의 용기」에서 '태양의 신은 시인의' 조상 Ahnen '이라고 하고 있다. '천사여!' 라는 부름을 통해서 시인은 한낮의 사자로서 ― 천사(Engel)라는 단어는 본래 그리스어 'angelos' 에서 나왔는데, 그 뜻은 '사자(使者)' 임 ― 인간들을 어둠에서부터, 그리고 잠으로부터 일깨워 보다 높고 밝은 삶으로 나가도록 영감을 불러 일으켜야 함을 뜻하고 있다. 따라서 2연의 1~2행에서 말하고자 하는 바는 '또한 그대, 한낮의 천사임에도 불구하고, 잠자고 있는 이들을 일깨우지 않는가?' 라 할 것이다.

3) 금수, 들짐승(Wild): 시 「알프스 아래서 노래함」의 주 3) 참조.

4) 살아가려 할 때(sich/ Wehret): 여기 동사 'sich wehren' 은 슈바벤 지방에서는 일하다(arbeiten), 혹은 살림을 꾸려나가다(im Hauswesen vorwärts kommen)의 뜻으로 쓰이는 바, 여기서는 그냥 '살아나가다' 의 뜻으로 번역해 보았다.

5) 시인들(den Dichtenden): 시 「귀향 Heimkunft」에서도 Dichtende라는 단어가 등장하는 바, ― was auch Dichtende sinnen(시 짓는 이들이 깊이 생각하는 것) ― 시 짓는 행위를 강조해 표현한 것으로 생각된다. 실제 클롭슈토크는 그렇게 사용한 적이 있다.

6) 허나(Und dennoch): 여기 제5연에서 시작되는 의문제기의 흐름은 제 10연에서야 끝나고 있다. 이 흐름은 대체로 3단계로 나뉘진다. 첫 부분은 8연의 서두 '우리가 입 다물어야 하는가?' 에서 끝난다. 두 번째 부분은 8연의 서두부터 9연의 첫행 ― '장난삼아 건드려 켜듯이 그렇게 울려야 하겠는가?' ― 까지이다. 세 번째 부분은 9연의 2행부터 10연 끝까지이다.

이렇게 여러 단계로 가지를 뻗고 있는 물음의 흐름에 변함없이 유지되고 있는 생각은 시인이란 가장 지고한 자에 몸바쳐져 있고, 그렇기 때문에 '가까이, 언제나 새롭게 찬미되어/ 친밀해진 마음 그 분을 들어 알 수 있다' 는 제4연의 확신이다. 그를 '좀더 가까이' 그리고 '언제나 새롭게' 노래한 이러한 가능성은 이 세속의 모든 영역, 역사의 '쉬임 없는 행동들', '변함없이 쉬고 있는' 자연의 생명들의 '연륜' 그리고 과거의 위대한 전승들과 사건들 가운데에 주어져 있다. 그러나 이제, 시인의 여러 비탄에 이어서, 이 세속적인 모든 영역에서의 보다 드높은 뜻은 옳게 인지되지도 않고, 침묵되거나 심지어는 모욕되고 있기까지 하다. — 12연 및 13연에서 직접적으로 이런 사실이 노래되고 있다. 바로 이 때문에 시인은 격분해서 묻고 있는 것이다. 말하자면 '허나 (und dennoch)' 라고 한 제5연의 서두는 '우리 시인들은 어떻든 여러 영역에서 신성(神性)을 항시 새롭게 노래하고 알아들을 수 있도록 만들어야 함에도 불구하고' 를 뜻하고 있다. 첫 물음 부분에서의 '침묵하였고' 는 '새롭게 노래 부르고 친밀해진 마음 그 분을 알 수 있도록' 하는 것에 명백한 대립을 보이고 있다. 이어지는 물음들은 명백히 상승적인 특성을 보여준다. 단순한 '침묵' 에서 유희에 빠진 진지하지 못한 문학의 '농삼는' 모욕과 남용이 뒤따른다. 이와 대립해서 신적인 것의 삶과 활동, 세속적인 것에 들어 있는 정신의 작용 그리고 이와 함께 시인의 본래적인 사명이 시종해서 제시되고 있다

7) 그대 머릿단을 부여 잡았을 때(als du die Loken ergirffen): '천상적인 것' 들 중의 하나를 '그대' 라 부르고 있다. '머릿단을 부여잡는다' 는 구약성서 「에스겔」 제8장 3절의 '그가 (주께서) 손 같은 것을 펴서 내 머리털 한 모숨을 잡으며 신이 나를 들어 천지 사이로 올리시고...' 의 심상을 따르고 있다.

8) 변함없이 쉬고 있는 연륜의 화음(Vom stetigstillen Jahre der Wohllaut): 앞의 시연에서의 역사 가운데의 격동하는 운명의 나날에 대칭되는, 계절의 조용하고도 조화이룬 진행, 즉 자연의 생명을 가리키고 있다.

9) 그 때문에(Und darum): 새로운 시상(詩想)의 삽입. '동양의 예언자들과 그리스의 노래' 의 모범을 받아들여서 7연에서 말하고 있는 강렬한 시대적 사건들과 8연에서 언급되고 있는 자연의 '변함없이 쉬고 있는 연륜' 에 접합되고 있다.

10) 원천을 회상하고(Des Ursprung sich erinnert): '정신' 의 도구화가 그 가장 내면적인 천성에 거슬린 나머지 신적인 원천의 힘이 극단적이며, 파괴적인 반응으로까지 자극되고 있음을 표현하고 있다. 이러한 사실은 신화적 복수의 영상으로 표출된다. 신적인 '거장' — 아폴론 — 은 순수와 활쏘기의 신으로서 뜨거운 죽음의 화살로 신성 모독의 충동을 말살시킨다.

11) '모든 신적인 것 너무도 오랫동안 값싸게 이용되었고...,' 이하 세 개의 시연에서 제기되고 있는 자연적 삶에 대한 무시와 업신여김에 대한 비탄은 문학의 잘못된 사용에 대해 던지고 있는 앞 시연에서의 발언에 대한 계속적인 조건제시이기도 하다. '농삼는다' 라든지 '멋대로 이용하고', '헛되이 써 버리고' 등의 시어들이 앞선 시연에서와 마찬가지로 여기에서도 재등장한다. 자연이 더 이상 그 신적인 생명체로 체험되지 않는다면, 보다 심오하고 내면적인 문학과의 연관성, 그리고 본래적인 '시인의 사명' 에 대한 의미는 사라지고 말 것이고 시인도 역시 그 사용 가치에 따라 평가될 것이라는 내용을 담고 있다.

12) 망원경은 그들 모두를 찾아내고... (es späht- Das Sehrohr wohl sie all und ...): 시편

147편 4절 '저가 별의 수효를 계산하시고 저희를 다 이름대로 부르시도다' 참조. 물론 이 시편의 구절에서는 신을 일컫고 있고, 횔덜린은 인간의 행위를 말하고 있다. 횔덜린은 이로서 '간교하고' '생각이 없는' 족속들의 오만을 경고하는 의미로 사용하고 있다. 자연의 힘을 숫자나 이름으로 통제하고 이를 지배하려는 인간의 간악함을 의미한다.

13) 감사가 그를 알고(Ihn kennt/ der Dank): 천국적인 힘에 대해서 감사함을 모르고 그저 그 힘을 '안다고 생각하고 있는' '교활한 인간'들과는 달리 시인은 자신의 경건하고 감사하는 가운데 받드는 태도로써 천국과의 실제적이고 내면적인 연관성을 지닌다. 그러한 시인 내지는 경건한 인간은 천국 즉 '그를 Ihn' 알고 있다.

14) 그러나 아버지 성스러운 밤으로... 신이 없음을 도울 때까지는 (마지막 세 개 시연): 출판을 위해 보내진 마지막 원고상의 이 세 개 시연은 두 개의 초고가 있는 것으로 밝혀졌다. 그 중 두 번째 초고에서의 마지막 시행은 다음과 같다.

또한 어떤 서품도 필요치 않으며, 어떤
 무기도 필요치 않으니, 신이 우리들 가까이 머물고 있는 한.

'신이 우리들 가까이 머물고 있는 한', 다시 말해서 시인이 한데 어울릴 수 있는 경건한 사람들이 존재하고 있는 한 시인은 어떤 품위나 무기도 필요치 않다고 말하고 있다. 그러나 시인은 '신 앞에 홀로' 머물러야 할 경우에도 그는 자신의 경건성이라는 단순함과 순수함으로 보호되어야 한다. 신에 대한 인간의 기억이 존재할 때 시인은 그를 구분시키고 특별히 표시해 주는 서품이나 지략을 필요로 하지 않는다. 오히려 지상에서 신들이 사라지고 말 경우에야 비로소 신의 부재가 시인을 표시하는 서품을 대신해 줄는지 모른다. 그럴 때 교활한 인간들과 맞서는 구별된 자이며 홀로 가는 자로서 시인에게 무기와 지략이 도움을 줄는지 모른다. 그 때야말로 신성에 대한 회상을 일구는 유일자가 바로 시인일 것이기 때문이다. 따라서 '신이 없음이 도울 때까지' 라는 어법이 이런 이유로 본래 '신이 우리들 가까이 머물고 있는 한'을 고통스러운 역설로 대체하고 있다. 시인이 어울릴 경건한 사람들도 발견할 수 없고 '외롭게 신 앞에' 서 있어야 할 경우에도, 이러한 고독 속에서도 발을 헛디디지 않을 수 있는 것은 '단순함' 이 그를 보호하고 천상적인 힘의 순수한 삶에 가까이 보존해 주는 순수한 시적 심정이 있기 때문이다. 이러한 성스러운 '단순함' 이면 충분하다. '신의 부재가 도움을 줄 때까지' 견디어 내는 데에 있어서 그 단순함 외에 어떤 무기도 지략도 필요한 것이 아니다. '신의 부재' 는 그 부정적인 어법을 통해서 인간적인 삶의 신적 충만이 참되게 될 가능성을 의미하고 있다.

| 해설

시 「우리의 위대한 시인들에게 An unsre großen Dichter」를 확장시킨 알케이

오스 시연의 송시이다. 1800년 여름에 쓰기 시작해서 다음 해에 완성시킨 것으로 보인다. 주를 통해서 자세히 언급한 바처럼, 이 송시에서 시인은 참된 시인의 과제를 노래하고 있다. 횔덜린의 시인의 과제에 대한 언급은 시작품에 계속 등장하는 주제이기는 하지만 이 시에서처럼 집중적으로 다루고 있는 작품은 없다. 시인에 의해서 '언제나 새롭게 노래되는' 지고한 자는 역사의 '쉬임 없는 행동들' 가운데서, 자연의 변화무쌍함 속에, '언제나 조용한 연륜'에, 그리고 '동양의 예언자들'이나 '그리스의 노래' 중에 언제나 들리도록 숨겨져 있으나, 시인의 비탄은 제5연에서부터 10연까지 몇 번씩 표출되고 있다. 시인은 단지 지나간 시절의 문학뿐 아니라, 현시점에서의 '천둥치는 자'의 소리를 들어야 한다.

눈먼 가인

| 주석

1) 이 시의 모토는 소포클레스의 아이아스 706행에 나오는 말이다. 부연하면 '전쟁의 신이 그 아레스의 눈길을 우울함으로부터 해방시켰다'고 번역될 수 있다.
2) 그대 어디 있는가, 청춘의 사자여!(Wo bist du, Jugendliches!): 원문 Jugendliches는 분명히 원문 Licht(빛)을 지칭하는 말이지만, 여기서 청춘의 사자(使者)로 번역해 보았다.
3) 사자(使者): 해가 뜨기 전, 빛에 앞서 아침 바람이 분다. 바람을 여기서는 사자라 하고 있다.
4) 이 시연의 3~4행은 1연의 3~4행에서 약간의 변화 가운데 다시금 등장한 시구이다.
5) 내 자신의 두 눈처럼 꽃들도(Die Blumen, wie die eigenen Augen): 괴테의 「크세니엔」(Xenien) 가운데도 '내 눈이 태양과 같지 않다면...'이라는 표현이 있거니와, 횔덜린의 다른 시 「인간의 갈채」에서도 '그 스스로가 신적인 자들만이 신성을 믿는다'는 구절을 볼 수 있다. 눈과 꽃의 연관은 시 「파트모스 섬」에 '부끄러워하는 많은 눈길... 피어나려 하지 않는다'에도 깔려 있다.
6) 천국의 날개(die Fittige des Himmels): 하늘의 새들(Die Vögel des Himmels). 이것을 하늘에 날고 있는 구름으로 연상하는 것은 적절하지 않다.
7) 내 젊은 시절에(da ich ein Jüngling war): 역시 자연에 대한 어린시절의 내면적인 근접을 읊고 있는 시 「내가 한 소년이었을 때...」와 같은 이미지를 낳고 있다.
8) 이 시간에서/ 저 시간으로(von einer Stunde zur anderen): 시 「휘페리온의 운명의 노래」 20행 이하 참조.
9) 나의 사념(mein Gedanke): 단지 생각 가운데서만, '보다 밝은 나날'에 대한 회상과 새로

운 미래에 대한 희망 속에서.
10) 천둥 치는 자(Donnerer): 제우스, 주피터를 의미.

| 해설

    1801년 여름에 쓴 것으로 보이는 알케이오스 시연의 송시이다. 후에 이 시는 송시 「케이론」으로 수정되었다.
    첫 세 개 시연은 시인(Sänger)의 청춘의 빛(Jugendlicht)에 대한 내면적인 연관, 즉 자연의 힘의 총화로서의 빛에 대한 관련을 노래한다. 동시에 젊은 시절의 소박하고도 의식 없는 삶과 함께 사라져 버린, 그리하여 잃어버린 조화에 대한 그의 동경을 불러일으킨다. 삶을 살찌게 해주었던 연관의 이 상실은 '밤 Nacht'으로 그려져 있으며 그 새로운 일깨움에 대한 동경은 '나의 가슴은 다시 깨어나건만'으로 그려져 있다. 4연과 5연은 인간과 자연의 잃어버린 지난날의 조화가 노래되고 있다. 6연의 사념과 희망, '친밀한 구원자'에 대한 기대 가운데에만 이제 현존의 위안이 놓여 있다. 이러한 기대 속에서 눈먼 시인은 때때로 '천둥치는 자의 목소리'를 듣는다. 이 천둥치는 자는 '한낮에', 뜨거움 가운데 자신의 거대함을 알리고 있다. 자연의 외부에서의 이러한 힘찬 일들에 관해서 '한밤중에 있는' 시인은 거의 비슷하게 자신의 내면을 감동시키는 신적인 일에 대한 환상으로 붙당겨진다. 이 환상은 그로 하여금 '빛'을 다시 보게 하고 잃어버린 조화에 다시 이르게 한다. 제7연에서는 '집', '대지', '산'이 서 있는 외적인 뇌우가, 제8연에서는 희망해 온 내면적인 뇌우가 언급된다. '해방자'로서 '소리 울리며' '흔들리게 하면서' 작용하고 있는 제6연의 '구원자'에 연결된다. 이 해방자이며 구원자는 마치 뇌우를 지닌 폭풍우처럼 예전의 순수하지 못하고 조화를 이루지 못한 상태를 이겨내고, 새롭고 성싱하며 조화 이룬 삶으로 감동시킨다. 그는 '서쪽에서부터 동쪽으로', 다시 말해서 새로운 삶의 근원을 향해서 서둘러 간다. 이어지는 시연에서는 눈먼 시인(가인)이 내면적인 환상의 힘에 의해 이끌리어서 빛을 다시 보고 ─ '낮이여! 낮이여!' ─ 청춘의 빛살보다 '영적으로' 흐르는 ─ 다시 말해서 새롭게 이룩된 조화가 옛처럼 단지 소박하지만은 않기 때문에 ─ 최고의 경지에까지 다다르는 것을 노래한다. 12연에서는 4연에서 그 상실로 인해 비탄했던 자연과의 조화가 되찾아졌음을 의미한다. 볼 수 있는 능력의 회복이 사실적인 것이 아니라 일종의 환상의 결과라는 점이 이렇게 소망되고 있는 조화가 본래의 조화와는 구분되도록 하고 있다. 지극한 개인적인 행복의 근원은 환

상으로써, 아직도 역사 가운데는 그 힘이 흘러내리지 않고 있다. 마지막 시연에서 이러한 인식은 시인의 소망 가운데 정점을 이룬다. '오 내가 지니고 있는 것 받아가거라, 나의 이 생명을, 힘겨운 이 가슴으로부터 이 신적인 것을.'

알프스 아래서 노래함

| 주석

1) 순결(Unschuld): 여기에서, 한 가치 개념을 담고 있는 이 단어의 의인화시킨 용법은 휠덜린의 시적 형상화에 대한 훌륭한 예시이다. 첫 시연에서 순결은 '나이든 이들'의 발치에 앉아 있는 형상체 내지는 개체적 존재로 등장한다. 그러나 이 순결의 의인화는 이러한 명료한 윤곽에서 머물지만은 않는다. 3~4연에서 이 순결의 영역은 현상들의 근원적 다양성으로 확대되는 것이다. 어린아이와 순결한 인간들을 생각하게 해 주는 듯하다. 삼라만상으로부터 신뢰를 받고 자연의 현시 가운데 함께 참여하는 그러한 아이들과 인간들의 심상으로 연장된다. 비록 계속되는 '그대'라는 말붙임에도 불구하고 개별적으로 조형적인 어떤 사물로 연상되지는 않는다.

2) 그대 집 안에서 ... 앉아 있어도 좋다: 그대는 자유롭다. 그대는 '나이든 이들' 곁에 앉아 있어도 된다. 왜냐하면 그대에게는 당초부터 그 나이든 이들이 오랜 생활 가운데서 비로서 얻었던 바를 스스로 지니고 있기 때문이다. 이렇게 설명될 수 있는 시구이다. 이렇게 해서 바로 이어지는 제5행의 '언제나 만족하는 지혜에 찬 이들'이라는 표현이 바로 '나이든 이들' 그리고 '순결'로 연관된다.

3) 들짐승(Wild): 시 「시인의 사명」과 비가 「디오티마에 대한 메논의 비탄」 또는 「도나우 강의 원천에서 Am Quelle der Donau」등에도 '들짐승'이 등장한다. 휠덜린은 무지몽매함의 상징으로 들짐승을 쓰고 있기는 하지만, 이 단어가 전적으로 부정적인 의미만을 내포하고 있지 않다. 영악함이나 이성의 명령에만 복종하는 폐쇄적인 인간보다는 들짐승처럼 전혀 문명화되지 않은 상태를 오히려 구원 가능한 것으로 보고 있다.

4) 자리(Ort): 본래의 뜻으로 '종말, 끝머리'를 의미한다. 광부들은 오늘날에도 갱도의 끝을 가리켜 'Ort'라는 말을 사용한다.

5) 그들 앞에서 (vor ihnen): '천상적인 것들 앞에서'의 뜻.

6) 수양버들... (die Weide...): 시냇가에 서 있는 버드나무. 구약성서 이사야서 44장 4절 '그들이 풀 가운데서 솟아나기를 시냇가의 버들같이 할 것이라' 참조. 시 「넥카 강」이나 「편력」에도 버드나무가 등장한다.

| 해설

  1801년 초 스위스의 하우프트빌(Hauptwil)에서 쓴, 횔덜린의 작품 중 유일한 삽포(Sappho)운율의 송시이다. 삽포운율이라고는 하지만 본래의 그리스 내지는 라틴의 형식이 아니라 변형된 형식이다. 본래의 삽포운율은 긴 3행의 각기 3번째 강세 다음이 모두 이중 약음으로 되어 있는 데 반해서 이 송시에서 보이는 변형된 형식은 이중 약음이 1~3행간에 각기 계단식으로 뒤로 물러나 있어, 마지막 4행의 운율이 제3행 말미를 반복하는 듯이 구성되어 있다.

  이 송시는 1801년 초 스위스의 하우프트빌의 곤젠바하(Anton von Gonzenbach)가에 가정교사로 일하기 위해 체류했을 때, 스위스의 알프스 정경이 그에게 준 인상을 추상적 세계와 접맥하여 쓴 작품이다. 1801년 2월 23일자로 누이동생에게 보낸 편지와 친우 란다우어에게 보낸 날짜를 적지 않은 편지에서 횔덜린은 알프스에 감탄했음을 고백하고 있거니와 동생에게는 '여기 삶의 이 순수함 가운데서, 여기 은빛 알프스 산 아래서 이제 끝내 내 가슴도 가벼워질 것이다'라고 쓰고 있다. 횔덜린은 이 시에서 당시의 다른 시인들이 알프스를 찬미하면서 도시와 시골 풍경을 대조해 노래했던 것과는 달리, 자연과 문명을 경이롭게도 변형된 관계에 놓고 노래하고 있다. 짐승들이나 숲과 산들이 어린아이에게 봉헌하며, 그것은 순수 무결한 것이다. 삶의 일치성에 참여하면서 어린아이는 많은 체험을 거친 사람에게 비밀스러운 일을 알려준다. 자연의 제자가 시인의 교사가 되는 것이다. 어린아이에 체험되는 순결은 시인으로 하여금 하나의 결말에 이르게 한다. 그것은 천성(Natur)에의 머무름이다. '하나 충실한 가슴 속에 신성을 지니는 자, 기꺼이/ 제 집에 머무는 법'이라고 노래하면서, 이러한 순수함을 통해서 천국의 말씀들을 '뜻 새기고 노래하리라' 다짐하는 것이다.

회상

| 주석

1) 북동풍(der Nordost): 그리스의 여름에 부는 북풍은 쾌청한 날씨와 항해를 돕는 바람. 「가장 가까운 최선 Das Nächste Beste」의 첫 초고 마지막 구절 비교. '그리고 날카롭게 불면서 북동풍의 눈은 그들을 깨어나게 한다'.

2) 그러나 이제 가거라(Geh aber nun): 북동풍은 남서쪽을 향해 분다. 시인이 있는 곳으로부터 보르도를 향해서 부는 것이다. 이 방향은 또한 광활한 바다를 향한 것이다. 때문에 북동풍은 '사공들에게 탈 없는 항해를 약속한다'.

3) 그러나 그 위를(darüber aber): '그러나' 라고 하는 말은, 아래로 깊숙이 떨어지고 있는 시냇물과 조용히 치솟아 있는 '떡갈나무와 백양나무' 의 쌍 사이의 대조를 드러내 주고 있다. 이 나무들의 쌍을 '고귀한' 이라고 부르고 있다. 떡갈나무는 예부터 영웅적인 건강함을, 백양나무는 영원불멸을 상징해 왔다. 이 한 쌍은 영웅적 현존재의 상징인 셈이다.

4) 지금도 잘 기억하고 있거니(Noch denket das mir wohl): 원문은 슈바벤 지방의 당시 구어체를 그대로 쓴 것이다. 표준어로 고쳐 쓰면 'Ich erinnere mich noch gut daran(번역문과 같음)'이다.

5) 짙은 빛깔로(Des dunkeln Lichtes): 짙은 붉은 빛의 '향기나는' 보르도 포도주. 그 포도주의 짙은 빛깔은 기쁨과 회상의 '빛 Licht' 을 지니고 있다. 시 「란다우어에게 An Landauer」에서도 '어두운 빛깔의 포도주처럼, 진지한 노래 역시 기쁘게 해주네' 라고 읊고 있다.

6) '사랑의 나날과 일어난 행위' 는 시 「거인들 Die Titanen」 초고에 나오는 '옛 시절 장군들 / 그리고 아름다운 여인들과 시인' 에 순서를 바꾸어 정확히 상응되고 있다.

7) 그러나 친우들은 어디 있는가?(Wo aber sind die Freunde?): 함께 과거를 회상할 수 있는 친구들, 그들은 지금 여기에 없다. 친구들은 바다로 갔다. 다음 이어지는 시구는 이러한 문맥을 뒷받침한다. 벨라르민(Bellarmin)은 소설 『휘페리온』에서 휘페리온이 편지를 써 보낸 상대자로서 그 역시 배를 타고 세계를 떠돌아다녔던 사람이다.

8) 마치 화가들처럼(wie Maler): 키케로(Cicero)가 전해 주는 이야기를 연상시킨다. 화가 제우키스(Zeuxis)는 헬레나의 아름다움을 표현해 내기 위해서 열 명의 아름다운 처녀들의 가장 아름다운 육체의 부분들을 골라서 하나의 그림으로 결합시켰다는 것이다. 예술가, 시인 그리고 용감한 항해자는 서로가 결합되어 있음을 암시한다.

9) 날개 달린 싸움(den geflügelten Krieg): 날개(Flüge)는 돛(Segel)을 의미한다. 여기서 '날개 달린 싸움' 이 해전(海戰)을 의미하는지 아니면 바람과 파도와 싸워 나가는 항해를 의미하는지 결정적으로 말하기는 어렵다.

10) 인도를 향해(zu Indiern): 초고에는 'nach Indien' 으로 되어 있다. 콜롬버스(Kolomb)가 서쪽을 향해 갈 때, 그는 인도를 향해 가려고 했다. 여기서는 멀고 먼 목적지를 나타낸다.

11) 거기 바람부는 곳(an der luftigen Spiz'): 가롱 강과 도르도뉴 강이 합쳐 흐르는 곳의 바다로 뻗친 곳 (Bec d'Ambés)를 말한다. 그러한 곳으로부터 친우들은 항해에 오른다.

12) 머무는 것은 그러나 시인들이 짓는다(Was bleibet aber, stiften die Dichter): 이 유명한 시구는 '회상' 이라 제목된 이 시에 알맞은 결구이다. 아킬레우스가 호머에 의해서 영원불멸한 영웅이 되듯이, 어떤 영웅도 그것을 찬미하는 시인 없이는 영원할 수 없는 것이

다. 시적 회상으로부터 형성되는, 궁극적인 의식이 드러나는 총체적 표상만이 머무는 것을 만들어 내는 법이다.

| 해설

    1803년 고향 뉘르팅엔에서 쓴 이 시는 횔덜린의 시 가운데 「반평생」과 더불어 가장 아름다운 시의 하나이다. 이 시는 그가 이 작품을 쓰기 1년 전 약 반 년을 가정교사로 가서 머물렀던 남불(南佛)의 보르도를 회상하고 있다. 그러나 이러한 회상이 단지 목가적인 정경의 드러냄에 끝나지 않고 인간의 문제에까지 깊숙이 맥락을 짓고 있다는 측면에서 이 작품의 아름다움이 형성되고 있다. 이 시의 내면적 구조를 결정짓고 있는 것은 장렬한 영역과 목가적이고도 소박한 영역의 조화 있는 대립과 결합이다. 제1연에서 북동풍이 부는 방향을 따라서 시인의 생각은 어느덧 '아름다운 가롱 강'이 흐르는 땅과 '보르도의 정원'에 가 닿는다. 그 가운데 시인은 '떡갈나무와 백양나무'처럼 고독한 한 쌍이 아니라 인간적인 활동의 영역 ― '물레방아' ― 과 인간들의 깃듦 ― '마당에는' ― 에 결합되어 있다. '마당에는 그러나'에서 '그러나'는 자연으로 자라고 있는 느릅나무의 숲과 가꿈의 터전 사이에 조화로운 상호 침투에 축을 이루고 있다. 원문에서 'Die breiten Gipfel neigt/ Der Ulmwald, über die Mühl' ― 'Im Hofe aber wächset ein Feigenbaum'의 격자배열은 이러한 상호 침투를 예술적으로 잘 표현해 주고 있다. 인간적 삶의 영역이라는 장렬한 영역과 목가적이며 소박한 자연의 영역과 함께 이 두 영역의 총화로서 '사랑'을 제기하고 있는 것이 제3연이다. '사랑'은 결국 시인적인 현존재의 양식으로의 진전을 예비한다. 전체 5연의 이 작품 한가운데 제3연 전체는 이러한 사랑과 시인적 현존재에 바쳐지고 있다. 이 3연은 시인을 다른 두 영역을 초월해 있는, 말하자면 두 영역을 반영하는 존재로 그리고 있다. 시인은 '사랑의 나날'과 '일어난 행위'를 생각한다. 제3연이 시적 '회상'과 '성찰'을 하나의 과정으로 그리고 있다면 이 작품의 마지막 결구는 이 성찰의 결과를 요약하는 것이다. 마지막 시구는 행동의 영역, 사랑의 영역 그리고 시인의 영역을 그것의 확고함, 머무름에 따라서 평가한다. 행동의 영역은 그 부단한 사건들로써 영원한 부침(浮沈) 가운데 '기억을 주고 또 뺏기도 한다'. 어떤 머무름도 부여하지 않는다. 이러한 행위 영역의 비극적이며 동시에 공허한 지평은 제4연과 5연의 전반부에 그려져 있다. 사나이들은 싸움 가운데서, 부질없는 노력 가운데서 '대지의 아름다움을 모으려 한다'. 그러나 그들 스스로가 먼 곳

으로 사라져 가고 마는 것이다. '또한 사랑은 부지런히 눈길을 부여잡는다'. '부여잡는다 heftet' 라는 단어는 영속적인 것, 머무는 것에 관련되는 단어이다. 사랑이 눈길을 부여잡고, 고정시킴으로써, 사랑하는 자의 눈길은 그 대상에 머무르게 한다. 그렇게 말하는 가운데 마지막 시구에 달한다. '그러나 머무는 것은 시인들이 짓는다'. 이 '그러나' 로써 사랑의 영속적인 것에의 관련은 시인의 총체적인 지평으로 넘겨지게 된다. 인간의 행동과 사랑은 한순간, 개별적인 것에 집착하는 데 반해서 시인다운 지평은 의미의 성취와 머무는 것의 촉진을 나타내는 것이다. 행위자는 하나씩 떨어져 나가고, 사랑하는 자들은 무상한 개별적 존재에 침잠하고 만다. 소설 『휘페리온』에서 행위의 영역을 나타내는 인물 알라반다나 사랑의 화신 디오티마가 시인이 은둔 가운데서 회상하는 현존재로 지양되고 있는 것은 이 「회상」에서의 의식과 같은 것이다. 이 「회상」은 정경(情景)과 인간이라는 양 주제의 각개에 대립된 한 쌍의 영상을 엮어 넣음으로써 그 최후의 결합인 시인의 총체적 지평을 부인할 수 없을 만큼의 견고함 위에 올려놓고 있다. 주제, 이미지 그리고 분위기의 교차에 상응해서 언어수단이 또한 예술적으로 선택되고 있는 것도 이 작품의 아름다움을 더해 주고 있다.

므네모쥐네

| 주석

1) 므네모쥐네(Mnemosyne): 우라노스와 가이아(즉 하늘과 땅) 사이의 딸로서, 제우스신으로 부터 아홉의 뮤즈를 낳았다. 이름의 뜻은 기억, 회상이다.
2) 뱀처럼(Schlangen gleich): 모든 것들이 '천국의 언덕으로 올라가는' 것은 '뱀처럼' 그래야 한다는 것인데, 뱀은 다른 것들이 도저히 이를 수 없는 춥고 어두운 곳에 작은 통로를 통해서 몸을 숨기는 동물인 까닭이다.
3) 천국의 언덕으로 올라가는(alles hineingeht... auf/ Den Hügeln des Himmels): 이는 죽음을 의미한다. 올라간다는 뜻의 'hineingeht' 는 '죽는다 stirbt' 에 대신한 말인데, 횔덜린이 번역한 『안티고네』에서도 'weiter gangen(멀리 가버리다)' 가 '죽었다 gestorben' 의 뜻으로, '그는 멀리 가 있다 ist er weiter' 가 '그는 죽었다 ist er gestorben' 의 뜻으로 쓴 것이 이를 뒷받침한다.
4) 예언적(prophetisch): 원문의 이 말은 주어인 '법칙' 과 떨어져 있으나, 여기서는 의미상 그 '법칙' 의 보어로 쓰였다. 즉 '무제약 Ungebundenes' 에의 몸맡김, 일종의 죽음에의 매혹은 하나의 법칙인 것으로 우리 인간을 친절하게 초대한다는 의미 연관을 이 시 안에서 읽

을 수 있기 때문이다.
5) '또한 많은 것은 어깨 위에 올려진 장작더미의 짐처럼 지켜져야 한다' : 이 구절은 '무제약'의 위협적인 진행 앞에서 머무름의 가능성을, 즉 '삶에의 머무름'을 말하고 있다. 이러한 생각이 이 작품 안에서 끝까지 유지되는 것은 거의 같은 의미의 시구가 여러 번 반복된다는 것에서도 알 수 있다.
6) 바르게 가지 않는다(unrecht... gehn): 그 동안에 갇혀 있었던 요소들이 마치 고삐를 풀고 달리는 야생마처럼 내닫는다. '지상의 법칙'이 그렇다는 것은 죽음에의 유혹, 무제약에의 돌진이 모든 법칙성을 파괴한다는 뜻이다.
7) 이 구절이 의미하는 것은 혼돈의 위협 안에서 운명에 대해 자신을 고집하지 않으며 어떤 방향으로든지의 지향을 포기하는 단지 순간에 맡기려는 현존재의 시도를 나타낸다. 그러나 확실함이나 정지를 찾아낼 수 있는 방법도 또 있는 것 같다. 그것은 목가적인 영역에서이다. 그러나 이러한 목가적 영역도 순간적인 가능성일 뿐이다.
8) 그러나 사랑스러운 삶은?(Wie aber liebes?): 'liebes'를 호격으로 볼 수도 있으나, 사랑스런 삶(liebes Leben)으로 읽는 것이 타당해 보인다.
9) 그리고/ 탑의 옛 용두머리... 좋은 것이다: 앞의 '고향의'라는 말과 더불어 '평화롭게'가 강조되어 있는데, 이 역시 '삶에의 머무름'에 대한 가능성이다. 시 「안락」에서도 '두려운 것'이나 '불안의 비밀스런 정신'에 대칭되어 있는 것이 이러한 도시와 마을의 정경이었다. 이러한 '한낮의 표지'는 '영혼이 응수하면서 천상적인 것이 생채기를 낼' 경우 더욱 필요한 것이다. 말하자면 무제약을 향한 동경을 불러일으키는 다른 표지들도 있다는 말이다.
10) 왜냐하면 은방울꽃처럼 눈이... 그러나 이것이 무엇이란 말인가?: 눈이 '푸르른 초원에 절반쯤 빛나고 있기에'는 이 계절이 초봄임을 의미한다. 이 시절 눈은 재빨리 녹아든다. '마치 은방울꽃처럼'. 말하자면 순수함과 아름다움은 무상한 것이다. 영웅적인 것 '고귀한 품성'이 이처럼 무상한 것은 강렬한 죽음의 닥침이 영웅들의 특별한 운명이기 때문이다. '도중에 한 때 죽은 자에/ 세워진 십자가' — 역시 눈이나 은방울꽃처럼 죽음의 표지이다. '드높은 길' — 알프스의 길을 가고 있는 '방랑자' — 시인은 영웅들을 회상하기에 이른다. 방랑자는 '멀리 예감'한다. 회상 — 므네모쥔네는 그의 생각을 영웅적인 먼 곳으로 데려가는 것이다. '이것이 무엇이란 말인가?' — 그의 회상의 의미가 이 물음 안에 제기된다.
11) 나의 아킬레우스 나로부터(mein Achilles mir): 이 시의 싹이 제기된다. '나의 아킬레우스 나로부터'라는 구절에 들어있는 '나의'의 강조에 시인이 이 영웅적인 젊은이에게 어느 정도로 내면적으로 동화되고 있는지가 드러난다. 이어지는 3개의 시구에서도 역시 죽음이 제기되고 있다. 앞의 '십자가'의 잔영을 볼 수 있다. 무화과나무는 호머에 있어서 전쟁터에서의 전사들에 대한 하나의 특징적인 지시로서 사용되는 것을 볼 수 있다.
12) 관자놀이에 한 때 부는 바람(An Schläfen Sausen einst): '바람이 분다'의 뜻인 'Sausen'은 본래 좀 더 명확하게 'bei Windessausen'이라고 되어 있었다. 바람이 부는 것은 휠

딜린 작품에서, 무엇이라고 말할 수 없는 '영감'의 뜻으로 나타난다.
13) 파트로클로스는 그러나 왕의 갑옷을 입고 죽었다(Patroklos aber in des Königes Harnisch): 호머의 『일리아드』 16번째 노래 참조. 이 때 '왕'은 아킬레우스를 말함. '그러나'라는 말은 아이약스의 자살과 아킬레우스의 전쟁터에서의 죽음을 대비코자 한 것으로 이해됨.
14) 에레우터라이(Eleutherä): 엘레우터라이(Eleutherai)는 므네모쉰네가 지배하던 장소로 헤시오드의 신통기에 나오다. 이 이름은 아폴론과 포세이돈의 딸 아이투사(Aithusa) 사이의 아들 엘레우터(Eleuthér)로부터 따왔다. 키타이론 산의 남쪽 끝에 놓여 있다. 여기서 단지 영웅의 죽음 뿐만 아니라, 므네모쉰네, 즉 회상의 죽음을 말하고 있다.
15) 신도 그의 외투를 벗었고(als/ Ablegte den Mantel Gott): 그리스의 신화적 세계의 종말을 의미하면서, 신의 직접적인 체현이 갖다 주는 죽음의 접근을 의미한다.
16) 저녁 어스름(das Abendliche): 고대적인 세계의 종말, 죽음 자체를 의미.
17) 머릿단을 풀었다(löste/ Die Loken): 죽음의 사자는 죽을 자의 앞머리를 잘라 낸다는 고대적 믿음에서 유래함.
18) 그러한 자에게 비탄은 잘못이리라(dem/ Gleich fehlet die Trauer): 여기 비탄은 절망해서 고개를 떨구는 것을 의미한다. 말하자면 무제약에의 충동을 이기지 못해서 그것에 항복하고 마는 것이 잘못이라는 것이다.

| 해설

이 시는 그의 조국적 찬가의 맨 마지막 작품으로서, 1803년 가을에 쓴 것으로 보인다. 이 시 역시 「회상」과 동일한 사상적 기반을 가지고 있는 작품으로서 다만 그 회상의 공간적·시간적 거리에 차이를 가지고 있다. 「회상」이 가까운 자신의 체험에 기반하고 있다면 이 「므네모쉰네」는 더욱 먼 시절 그리고 더욱 먼 장소에까지 나아가고 있다. 모든 목가적 유혹이나 사랑과 영웅적인 가치들에 대한 긍정적인 수용에도 불구하고 여전히 '회상'이라는 시제에 부응해서 시인들만이 머무는 것을 짓는다고 한 「회상」에서와 마찬가지로, 혼란되고 어두운 시절에 시인과 인간들을 계속해서 이끌어 가고 있는 죽음, 무제약에의 행복한 몸 맡김의 유혹으로부터 벗어나서 그처럼 회상에서 받은 모든 허무를 넘어서서 비탄(=절망에 의한 고개 떨굼)을 벗어나고자 하는 시인의 결단이 많은 기억의 편력으로부터 결론되고 있는 것이다. 시인 자신의 자기반성이 처절하게 드러나면서도 차분한 시행의 진전은 그의 후기시의 발걸음을 짐작케 한다. 이 작품 이후 그는 정신 이상자로서 세상을 살면서 격정으로부터 벗어난 작품을 쓰고 있다. 더 자세한 해석은 장영태, 횔덜린의 찬가「므네모쉰

네— 머무름의 시학」(『지상에 척도는 있는가』, 서울 2003, 87쪽~135쪽) 참조.

5. 신들과 안티케

그리스

| 주석

1) St에게: St는 친구 슈토이트린(Gotthold Friedrich Stäudlin, 1758-1796)을 말한다.
2) 세피수스 강(Cephissus): 아테네에 흐르는 강.
3) 아스파시아 미르테 나무(Aspasia…Myrten): 페리클레스의 연인이며 후일 그의 부인이 된 고귀한 정신과 품위를 갖춘 여인. 미르테나무는 사랑의 여신 아프로디테에게는 성스러운 나무이고 따라서 에로틱한 분위기를 나타낸다.
4) 아고라(Agora): 민중이 모이던 아테네의 시민광장.
5) 나의 플라톤이 천국을 지었던 곳(Wo mein Plato Paradiese schuf): 아테네의 북서쪽에 위치한 넓은 공원 지역에 플라톤은 기원전 387년에 가장 유명한 교육장소인 아카데미를 지었다. 아카데미의 "천국과 같은" 위치는 아리스토파네스가 작품 『구름』에 가장 인상적으로 그렸다.(1005-1008행) 젊은이들 "연푸른 갈대 잎을 이마에 둘러 장식하고 (...)/ 주목(朱木)의 향기를 받으며, 플라타너스가 참나무를 향해/ 속삭일 때 봄의 환희 속을/ 백양목의 은빛 이파리와 한가한 평온과 함께" 가고 있다.
6) 봄에 아테네 사람들은 꽃의 축제를 벌였다.
7) 미네르바가 성스러운 산으로부터(Von Minervens heil'gem Berge): 아테네에 있는 아크로폴리스. 미네르바는 아테네의 수호여신, 팔라스 아테네의 라틴식 이름이다. 이 수호여신의 사랑은 아크로폴리스에 있었다.
8) 마라톤의 영웅들(Marathons Heroën): 마라톤에서 아테네인들은 기원전 490년에 페르시아군을 격파했다. 페르시아에 대한 승전의식은 아테네의 전성기를 이끌었고, 고전시대의 시인들에게는 중요했다.
9) 월계수가지(Lorbeerzweig): 시인의 영광의 화관.
10) 베스타의 불꽃(der Vesta Flamme): 베스타는 부엌 아궁이의 불을 지켜주는 그리스 여신 헤스티아(Hestia)에 대한 라틴식 명칭이다. 로마에서는 베스타는 국가경영의 가장 중요한 신성이다. 이 베스타 신을 돌보는 여 사제들의 임무는 그 사당에서 성스러운 불꽃을

유지하는 일이다. 그 불꽃은 꺼져서는 결코 안 되었다. 따라서 횔덜린은 베스타의 불꽃이 "영원"하다고 하고 있다.
11) 헤스페리엔은 먼 서쪽에서 생명의 나무에 열린 황금사과를 감시했다. 이 황금사과는 영원한 청춘, 즉 불사의 상징으로 해석되었다.
12) 형제애의 혁명적이며 민주적인 이상과 슈토이들린의 혁명적인 현실참여를 암시하고 있다. 1789년부터 횔덜린과 사귀었던 슈토이트린은 1791년 슈바르트가 죽고 나서 그의 「연대기」(Chronik)를 맡아서 발행했는데, 1793년 프랑스 혁명에 동정적이라는 혐의를 받아 제국 황실로부터 발행이 금지되었고, 그는 국외추방 명령을 받았다. 1796년 탈출구 없는 상황에서 자살하고 말았다. 이러한 사건을 이 시연은 앞서 예견하고 있다고 볼 수 있다.
13) 플라톤 이래 전래되어온 표상. 육신을 영혼의 "감옥"으로 보는 생각이 표현되어 있다.
14) 아티카(Attika): 아테네를 수도로 두고 있는 지역.
15) 일리수스(Ilissus): 아테네의 남서쪽 변두리에서 세피수스쪽으로 흐르고 있는 강.
16) 알케이오스는 헤스보스 섬 출신의 그리스 시인으로서 전쟁가와 축배노래의 시인이다. 아나크레온은 테오스 출신의 시인으로서 사랑과 즐거운 향유를 노래했다. 알케이오스가 남성적 시인이라면 아나크레온은 여성적이며 경쾌한 시인이다. 횔덜린은 이들 시인을 한꺼번에 제시하여 서정시의 전체 영역을 표현하고 있다.
17) 운명의 여신: 원문에서 Parzen이라고 부르고 있는 신은 로마의 운명의 여신들이며, 그리스에서는 모이라이(Moirai)에 해당한다. 호머 이래 모이라이를 물레 잣는 여인으로 생각하고 있다. 이들 중 클로토는 생명의 실을 잣고, 라케시스가 생명의 실을 배당하고, 나트로포스는 실을 자른다.

| 해설

1793/1794에 쓴 시이다. 친구인 슈토이트린에게 바친 이 시는 당시 그리스 찬미의 문맥에 연관되어 있다. 그리스 찬미시에는 쉴러의 「그리스의 신들」(Götter Griechenland), 그리고 횔덜린의 튀빙엔 신학교 은사인 콘쯔의 「그리스를 향한 환상의 비상」(Pantasieflug nach Griechenland)이 있다. 횔덜린은 후자에서 몇몇 외적인 모티브를 취하고 있다. 그러나 횔덜린의 그리스 상은 1793년 7월 친구 노이퍼에게 보낸 편지에 잘 표현되어 있고, 그 내용이 대부분 이 시에 반영되어 있다.

이 시의 보다 사실적인 표현 방식 경향은 친구에 대한 직접적인 말걸음과 그리스라는 주제의 선택에 담겨있다. 즉 이 시는 추상적인 우주의 힘이 아니라 명백한 세계의 한 시대에 바처지고 있는 것이다. 그 우주적인 힘들이 맨 처음 완벽하게 드러났던 그 시기에 바처진 것이다.

횔덜린은「그리스 정령에게 바치는 찬가」(Hymne an den Genius Griechenlands, 1790년 무렵)를 쓰기도 했지만, 이「그리스」에서는 주제를 더 이상 찬가로서가 아니라, 비가적으로 다루고 있다. 찬가가 신들과 인간 사이의 결합의 재현이라는 희망으로 부풀어 오르고 있는 반면에, 시「그리스」는 고대의 "보다 나은 나날"의 상실을 비탄하고 있다. 비탄의 감탄사 "아"는 네차례나 반복되며 앞의 아홉 개 시연들은 충족될 수 없는 소망의 형식을 통해서 억제된 진술로 전체의 음조를 결정짓고 있다. 이 시의 종결을 이루고 있는 죽음에의 소망, 고귀한 정신의 성분과 요소, 신들과 인간들 사이의 결합이 현재에는 존재하지 않는다는 극단적인 결론이 모두 비가적인 요소이다. 이 철저한 비가적 음조가 분위기의 새로운 통일성으로 작용하고 있다.

바니니

| 해설

이 알케이오스 시연의 송가는 범신론에 대한 횔덜린의 고백과 내세를 지향하는 전통적인 신앙 및 그 대변자들에 대한 반감에 대한 가장 중요한 증언이다. 이탈리아의 철학자 루치리오 바니니(Lucilio Vanini, 1585~1619)는 그의 저서에서 신과 자연을 동일시 했다. 특히 1616년에 발행된 그의 두 번째 저서에서는 모든 초월성을 부정하는 가운데 이러한 범신론적인 세계관을 한층 명백히 했다. 그 때문에 1619년 그는 이단자로 화형에 처해졌다. 당대의 범신론에서 바니니를 언급하는 것이 당연시되었음은 횔덜린의 이 송시뿐 만 아니라, 헤르더의 범신론적 주저서인 『신, 몇몇의 대화 Gott. Einige Gespräche』(1787)에도 나타난다. 헤르더는 이 책에서 바니니의 작품인 송시「신」(Deo)을 인용하고 있는 것이다.

첫 시연은 종교재판을 통한 바니니에 대한 모욕과 박해를 그리고 있으며, 이미 논쟁적인 재평가를 수행하고 있다. 종교재판관들이 초월적인 신에 대한 정교신앙의 입장에서 바니니를 "신을 모독한 자"로 비난했던 반면에 시인은 자연이 내재적인 신성이라고 생각하는 범신론적인 세계관의 입장에서 그를 "성스러운 사람"이라고 부른다.

두 번째 시연에서 시인은 한편으로는 광신적인 정교신앙의 대변자들을 "중상모

략자들"이라고 부르면서 재평가로부터 결론을 이끌어 낸다. 폭풍이 "미개한 자들의 유골을 이 대지로부터, 고향으로부터 불어내 버렸으면" 하는 소망은 화형에 처해 진 이단자 바니니의 유해를 한 장소에 안치하도록 용납하지 않고 바람에 날려 보낸 종교재판관들의 처리방식을 비유하고 있는 것이다.

세 번째 시연에서 시인은 복수하려는 분노가 치밀어 오름과 함께 종교재판의 태도 자체에 다가섰다는 것이 바로 범신론적인 세계관과 모든 것을 포괄하고 화해하는 힘을 지니고 있는 '성스러운 자연'에 충돌하는 일이라는 것을 깨닫기에 이른다. "성스러운" 자연에의 부름은 이러한 생각을 논쟁적으로 그 정점으로 이끈다. 초월성이라는 정교적인 구원 대신에 이제 내재성의 범신론적인 구원이 대두하고 있는 것이다.

휘페리온의 운명의 노래

| 해설

1799년에 발간된 소설 『휘페리온』 제2권에 삽입되어 있는 작품이다. 계단식의 시행구성은 송가형식을 차용한 것이지만, 완전히 일치하지는 않는다.

대체로 정·반·합(正·反·合)의 구성을 보이는 다른 3연 구성의 시들과는 달리 여기서는 '운명을 모른 채' 숨쉬는 천상적인 힘과 '운명에 맡겨진' 인간이 완전히 대립되어 있고 이것이 해소되지 않고 있다.

소설 『휘페리온』에서 주인공 휘페리온은 카라우레아(Kalaurea)로 떠나기에 앞서 극도의 고통 가운데서 이 노래를 부르고 있다. 휘페리온은 이 노래와 함께 '내 영혼은 서서히 죽어 가는 청춘의 고통스러운 나날에 비싼 대가를 지불했다. 아름다운 비둘기 떠도는 것처럼, 내 영혼은 미래 위에 방황하고 있다'고 말하고 있다. 횔덜린은 이처럼 영원히 방황하는 인간의 운명을 떨어져 내리는 폭포의 물줄기에 비유하여 시각적으로 표현하고 있다.

내가 한 소년이었을 때...

| 주석

1) 헬리오스(Helios): 태양의 신
2) 엔디미온(Endymion): 달의 여신 루나는 미소년 엔디미온을 사랑한 나머지 제우스의 청에 따라서 영원한 잠에 빠지게 하고 그 청춘을 그대로 보존하도록 했다고 한다.
3) 루나(Luna): 달의 여신

| 해설

프랑크푸르트 시절의 마지막 시기(1798년 가을경)에 쓴 작품이다. 시인은 혼돈의 시대, 가정교사로 살면서 이러한 불안과 불만의 세계에 맞서 신과 자연과의 일치를 이루었던 소년시절을 노래하고 있다. 자연 속에 깃든 범신론적 세계 안에 시적 자아가 아무런 갈등을 느끼지 않았던 무위(無爲) 가운데의 행복감이 전편에 흐르고 있다. 이러한 주제는 횔덜린 문학을 관통하는 목가적 요소와 본래성으로의 귀환이라는 문학적 기반을 드러내 주고 있다. 앞의 시「휘페리온의 운명의 노래」처럼 첫 연은 계단식의 독특한 시행 구성을 보이다가 4개 행 무운각의 횔덜린 고유의 시연이 이어지고 있다. 전체 시연은 마지막 독립된 1개 시행 안에 수렴된다. '신들의 품안에서 나는 크게 자랐었네' 라는 이 마지막 시행은 그 내용으로 이 작품의 다른 시행들을 모두 수렴하고 있다.

사라져 가라, 아름다운 태양이여...

| 해설

1799~1800년 홈부르크 시절에 쓴 알케이오스 시연의 송시이다. 1846년 최초로 인쇄된 횔덜린 작품집에는 「저녁에 Am Abend」라는 제목으로 되어 있다. 애씀도 없이 변함없이 뜨고 지는 태양을 시인은 디오티마와 겹쳐 놓고 있다. 디오티마를 통한 치유가 태양 아래 반짝이며 생동하는 자연을 바로 바라보게 만들어 주었음을 노래한다. '조용함' 과 '당당함' 이 다시 떠오르기 위해서 지고 있는 태양의 이미지이며, 그 것은 작별을 고한 디오티마의 심상이기도 하다. 제1연과 2연은 정립과 반립으로서 서로 마주 세워져 있다. '힘들여 사는 자들' — 이 그것을 반증한다. 제3연과 4연은

변모된 세계로서 시연도약으로 밀접하게 결합되어 있다.

이 시는 서로 대립적인 운동들로 일관한다. 제 1연에서의 태양의 사라짐과 떠오름, 3연에서 하늘을 올려다 봄과 마지막 연에서의 대지로 허리를 굽히는 천공의 움직임이 그것이다. 이러한 다른 방향으로의 운동들은 이 시에서 만남으로 수렴되고 있다. 또한 이 시에서는 자연의 정령화(精靈化)가 나타난다. 마지막 연에서 자연은 살아 있고 스스로 숨쉬며, 시적 자아를 대상으로 사랑하며 천공은 스스로 미소 지으며 대지를 향해 허리를 굽힌다. 디오티마의 자연화, 자연의 의인화를 통해 자연에 대한 경건성이 잘 표현되어 있다.

신들

| 해설

이 시는 횔덜린의 "신들"은 영원히 생동하는 자연의 총화라는 사실을 인식케 해준다. "천공"은 범신론적으로 영혼을 부여받은 총체자연을 대표한다. 총체자연은 인간적인 파멸현상들, 즉 "고통", "불화", "근심", "방황"을 전체로 중재하고 지양시켜 준다. 그러나 총체자연은 다만 부정적인 것으로부터 해방시킬 뿐만 아니라, "환희"와 "노래"의 영감도 준다. 그렇기 때문에 총체자연은 시인의 근본적인 체험의 기반이다. 총체자연은 "정령이 비탄하면서 지내는 것을 결코 그냥 두지 않는다." 횔덜린이 이 시에서 천공과 태양의 신만을 부르고 있으나, 대지(大地)도 다른 시에서 신으로 부른다. 천공, 태양, 땅과 같은 신들은 실제 작용하고 있는 자연의 힘들이며 도처에 있고 모든 것을 생동하게 하면서 모든 개별의 현존을 결정지워준다. 따라서 신들에 대한 언급은 결코 관조적인 요소를 지닐 수 없다. 신에 대한 언급은 체험 가능성의 저편 영역에 신을 옮겨놓아서는 안되며 인간의 일상체험에 속하는 현존재의 단순한 기본적 힘 가운데 체험되어야 한다. 따라서 신적인 것은 '단순히 자연적'인 것도 아니다. 신적인 것과 자연은 분리되어 있는 영역이 아니며, 따라서 단순한 자연은 존재하지 않는다. 예컨대 "천공"은 자연과학이 생각하고 있는대로 측량할 수 있는 대상이 되어버린 공기가 아니라, 현존재의 존속의 비밀에 숨겨져 있는 생명을 부여해주는 요소인 것이다.

이 시는 횔덜린의 신에 대한 관념과 자연관을 함께 드러내주는 작품이다.

빵과 포도주

| 주석

1) 빌헬름 하인제(Wilhelm Heinse), 횔덜린은 원래 찬가 「라인 강」도 그에게 바치고 있다. 1796년 여름 횔덜린은 디오티마와 하인제와 더불어 전쟁을 피해서 카젤을 거쳐 드리브르크로 여행한 적도 있다. 소설 『휘페리온』도 하인제의 소설 『아르딩헬로 Ardinghello』로부터 많은 영향을 받았다.
2) 이 첫 시연은 1807년 젝켄도르프(Seckendorf)가 펴낸 시화집에 「밤 Die Nacht」이라는 표제로 별도 게재된 적이 있다. 브렌타노(Clemens Brentano)는 이 시를 읽고 헨젤(Luise Hensel)에게 보낸 편지(1816년 12월)에서 극찬을 아끼지 않고 있다. 헤르만 헤세(Hermann Hesse) 역시 그러했다.
3) 「케이론」에서의 '놀라게 하는 밤 die erstaunende Nacht'과 같음. 타동사의 현재분사로서, 밤이 인간들을 놀라게 한다는 의미를 내포하고 있다.
4) 그대를(dich): 하인제를 뜻한다.
5) 머뭇거리는 순간(in der zaudernden Weile): 여기서 밤이라는 개념이 그리스 신들의 나날과 현재 사이의 시간으로 확대되고 있다.
6) 성스러운 도취(das Heiligtrunkene): 시인이 신적인 것에 취해 있다.
7) 졸음도 없는(schlummerlos): 이 단어는 횔덜린의 작품에 자주 등장하는 말인데 '끊임없고, 생동하는 원천의 힘'이라는 의미로 사용된다. 이 'schlummerlos'는 '말 Wort'을 수식하지만 그 위치는 원문 시행의 서두에 나와 있다. 운율 때문이기도 하고 강조의 의도가 있다. 이어지는 시구에서 '가득 찬 술잔/대담한 인생'은 원문에서 다같이 비교급인데, 이러한 절대비교급은 단지 표현의 상승적인 효과를 위한 것이다.
8) 성스러운 기억(Heilig Gedächtnis): 망각과 성스러운 도취와 함께 한밤에 가슴이 깨어 있기 위해서 필요한 '성스러운 기억'은 무엇을 머릿속에 채워 넣는 기억이 아니라 지나간 시절의 신적인 것과 영웅적인 것에 대한 회상을 의미한다. 이것은 현재의 한밤중에 샛별처럼 반짝이어야 한다. 이러한 기억은 '망각'이나 '성스러운 도취'에 반대를 이루는 것이 아니라 우리들로 하여금 드높은 감정과 사념으로 감동시키고, 한때 일어났던 위대한 일들의 회상을 통해서 감각에 불길을 당기며, 어둠, 부정적인 것, 노심초사하는 것, 궁핍한 것들을 잊게 만들고 그것들을 의식 속으로부터 떼어내 버리는 힘을 가지고 있다.
9) 강력하게 추진하는 내면적인 에너지를 의미한다.
10) 디오니소스는 포도주의 신이자 문학적 감동의 신으로서 또한 기쁨의 신이기도 하다.
11) 하나의 척도/모두에게 공통이며(ein Maß, / Allen gemein): '한낮'이건 '한밤'이건 언제나 '단단히' 머무르는 인간의 역사적인 속박. 이어지는 '그러나 각자에겐 자신의 것이 주어져 있고'는 각자는 자신의 영감과 내적인 힘의 정도에 따라서 자신의 사고를 충만의 장소와 시

간으로 편력케 할 수 있음을 의미하며, 시인이 그리스로 편력함을 변호하려고 한다.

12) 기쁨의 열광 (frohlockender Wahnsinn): 신적이며 시적인 열광이다. '조롱 Spott' 은 일방적이며 오로지 이성적인 정신이 신적으로 감동된 자, 열광자에 대해 가지는 반응을 말한다.

13) 이스트모스(Istmos): 코린트(Korinth) 지방에 있는 지협. 지리적으로 그리스의 중심지. 세 개의 산들로 이 지역의 전체적인 중요성이 제시되고 있다. 파르나스 산, 올림포스 그리고 키타이론이 그것이다. '그러니 이스트모스로 오라!' 라는 표현은 앞의 '그러하거늘 오라!' 의 반복으로서 핀다르의 방식에 따르는 상상속의 여행에 대한 촉구이다.

14) 테에베(Thebe): 샘의 여신인 님프

15) 이스메노스(Ismenos): 테에벤에 있는 작은 강의 이름

16) 카드모스(Kadmos): 테에벤 성(城)을 세운 자

17) 다가오는 신(der kommende Gott): 포도주의 신 디오니소스(Dionysos). 시인이 디오니소스가 온다는 사실만을 표현하려고 했다면 '다가오는 kommend' 이라는 현재분사를 사용하지는 않았을 것이다. 이 시구의 본래적 의미는 '다가오는 신' 이라는 본성에 가장 알맞은 본성을 지닌 것이 디오니소스임을 드러내는 것이다. 신화적인 디오니소스에 대한 암시는 먼 세계로부터 온다는 것이고 따라서 횔덜린에게는 동방에서 서방으로의 신적인 충만의 움직임, 그리스에서 서구에로의 편력의 상징인 것이다.

18) 제4연의 서두 55행~57행은 그리스의 정경은 아직도 그대로 존재한다는 생각을 반영하고 특히 그것이 섬들에 관련되어 있음을 암시해 주고 있다. '장중한 홀', '바다', '산' 은 다같이 바다에 떠 있는 섬들의 형상을 나타내 준다.

19) 넥타르(Nektar): 암브로시아 및 넥타르는 신들로 하여금 영생을 보장해 주는 음식과 음료이다. 여기서 넥타르는 '그릇들' 과 연관되어 있는 것이 아니라 '노래' 에 연관되어 있다.

20) 멀리를 정통으로 맞힌 예언들(die fernhintreffenden Sprüche): 이어지는 '델피 Delphi' 라는 말이 델피의 신탁을 의미하는 것을 나타내 준다. '멀리 정통으로 맞히는' 이라는 말은 호머에서 델피의 신인 아폴론을 수식하는 말로 사용되고 있다.

21) 델피 신전은 졸고 있다(Delphi schlummert): 「아르히페라구스」의 시구 '델피의 신은 침묵하고' 와 비교해 볼 수 있다. 아폴론의 신탁과 예언이 역사의 진행에 더 이상 개입하지 않음을 나타낸다.

22) 아버지 천공이여!(Vater Äther!): 여기서 서술되고 있는 과거는 마지막 시연 153~154행에 의망되고 있는 미래에 상응하고 있다. '청명한 대기', '천공' 은 여기서 모든 것을 포괄하고 생명을 주는 자연력이며, 우리를 지배하는 신의 힘이기도 하다.

23) 아무도 삶을 혼자서 짊어진 자 없었다. (es ertrug keiner das Leben allein): 시「눈먼 가인」의 '오 내가 나의 삶을, 내 마음의 신적인 것을 건디어 냄을 보아라' 참조.

24) 자면서도(schlafend): 의식적인 행위 없이도.

25) 태고의 징표(das uralt/ Zeichen): '아버지 천공'이라는 단어는 감동된 인간에게 보다 드높은 삶의 운명의 지표로 소용 닿는다.
26) 느끼지 못한다(unempfunden): 그것들이 본래 어떠한 것인지 그대로 느끼지 못한다. 인간은 신들이 오는 방식, 과도함, 미지의 넘치는 행복 따위를 잘 느낀다. 그러나 바로 행복은 '너무도 밝게, 눈부시게' 오기 때문에 그 알맹이를 알지 못하며 감각하지도 못하는 것이다.
27) 부정한 것을 성스럽게 여겨(fast ward ihm Unheiliges heilig): 우상숭배 등을 가리킨다.
28) 그들 자신이/ 진실 가운데 모습을 나타내고(dann aber in Wahrheit/ Kommen sie selbst): 천국적인 것이 존재하지 않았다는 것을 의미하지 않는다. 이 시연의 첫머리에 '천상의 신들 처음에 올 때 아무도 느끼지 못한다'고 노래하고 있기 때문이다. 천상의 신들은 온다, 그러나 본래가 무엇인지 누가 느끼지는 못한다는 것이다. 이 천상의 신들이 나중에 '그들 자신이 올 때' '진실안에서' 오리라는 것은 그들의 본질에 따라서 이제 비로소 적합하게 인식되리라는 것을 말하는 것이다. 이때 '진실'이라는 말은 '숨김없음', '열려있음'의 의미로 이해된다.
29) 하나이며 전체(Eines und Alles): 범신론의 공식으로 생각된다. 그리스어 'Hen kai pan'.
30) 참고 견디어야만 한다. (tragen muß er): 이 때 '참고 견디다 tragen'는 '달이 찰 때까지 배에 넣고 기다리다 austragen'의 뜻이다.
31) 이러한 표현법의 기원을 거슬러 가보면 말을 꽃에 비유하는 것은 '장식적인 미'라는 의미에 제한된다. 횔덜린은 그러나 이 비유를 다르게 들리게도 한다. 동생에게 보낸 한 편지에서(1798. 11. 28) '생동하는 말'을 '생생한 꽃'이라고 말하고 있다. 찬가 「게르마니아」에서는 '입의 꽃들'이라는 시어로서 독일에는 위대한 시인들이 많다는 것을 의미하고 있다. 시 「반평생」은 '슬프도다, 겨울이 되면/ 내 어디서 꽃들을 찾을가'라고 읊고 있다.
32) 하지만 그들은 어디에?(Aber wo sind sie?): 여기서 생각의 진행은 4연 '그 재빠른 숙명은 어디에?'에서 중단되었던 보다 높은 차원으로 다시 돌아가고 있다. 그 사이에서는 인간들에게의 신들의 귀환이라는 점진적인 작용을 통해서 신들의 본성이 노래되었다. 또 이와 함께 그 서술들이 그리스로부터는 차츰 거리를 두었음이 눈에 보인다. 제5연만 해도 수천년 전인 그리스 시절의 신들의 현현을 언급했다기보다는 새로운 시대에 가능하고 소망스러운 '다가오는 신'의 재림을 노래하고 있는 것이다. 인간과 신들 사이의 연관이 서술의 정점에 달하자 눈길은 다시 과거의 그리스로 돌아가고 있다. 이리하여 비가적인 방식으로 현재와 과거, 현실과 이상이 서로 연결 짓게 된다.
33) 오랜 성스러운 극장들(die alten heiligen Theater): 디오니소스에 바쳐진 극장들. 극장은 도시국가의 공동체에게는 매우 큰 의미를 지니고 있었다.
34) 신에게 바쳐진 춤(der geweihete Tanz): 디오니소스는 춤의 신이기도 하다.

35) 제6연 마지막 두 개 시행은 예수 그리스도를 암시하고 있다. 그리스도의 위한은 만찬에의 참여에서 성립된다. 예수 그리스도의 '위안을 주는' 고별은 요한복음 14장~16장에 기록되어 있다. 그리스도는 '천국적인 축제'를 마무리했다. 횔덜린에 따르면 그리스도는 고대의 마지막 신이며 그가 세상에 모습을 나타내고 나서 밤은 찾아들기 시작했다고 한다. 이어지는 세 개 시연은 이를 다루고 있다.
36) 친구여(Freund!): 하인제를 일컫고 있다.
37) 딴 세상에서(In anderer Welt): 피안에서.
38) 다만 때때로만(Nur zu Zeiten): 그러한 시절은 바로 '그리스적인 나날' 이었다. 시적 충만의 위험을 횔덜린은 제 자신이 체험했었다. (1801년 12월 4일자 뵐렌도르프에게 보낸 편지 참조).
39) 궁핍과 밤도 우리를 강하게 만든다(stark machet die Not und die Nacht): 방황, 궁핍 그리고 밤은 신으로부터 멀리 떨어져 있음을 나타낸다. 그러나 이것들은 영웅을 기르고 한낮을 예고하는 강한 요람이기도 하다. 시 「파트모스」에서 '위험이 있는 곳에/ 구원도 따라 자란다' 고 읊고 있는 것도 같은 맥락이다.
40) 바커스의 성스러운 사제(des Weingotts heilige Priester): 시 「시인의 사명」에서 '인도로부터 모든 것을 정복하며/ 젊은 바커스 성스러운 포도주 가지고/ 백성들을 잠으로부터 깨우며 왔도다' 비교. 주신이나 그 사제와 마찬가지로 시인들 역시 이 '궁핍한 시절'에 인간들을 새롭고 드높은 삶으로 일깨우고 신적인 것으로 길을 넓히는 자가 되어야 한다. 주신과 시적인 영역의 결합은 디오니소스가 옛 전설에는 시인의 신이라는 사실로서 타당해 보인다.
41) 그대(du): 역시 하인제를 가리키고 있다.
42) 천국의 위안을 전하며(himmlisch/ Tröstend): 그리스도가 재림을 약속하면서.
43) 한낮의 종말을 알리고(welcher des Tags Ende verkündet): 요한복음 9장 4절 '때가 아직 낮이매 나를 보내신 이의 일을 우리가 하여야 하리라. 밤이 오리니 그 때는 아무도 일할 수 없느니라' 와 요한복음 12장 35절 '아직 잠시 동안 빛이 너희 중에 있으니, 빛이 있는 동안에 다녀 어두움에 붙잡히지 않게 하라' 참고.
44) 천상의 합창대(der himmlische Chor): 그리스도가 그 마지막인 고대의 신들. 마치 데메테르(Demeter)가 빵을, 디오니소스가 포도주를 선물로 주고 갔듯이 그리스도는 만찬에서 감사함을 남기고 갔다.
45) 인간의 분수대로... 즐길 수 있나니(menschlich... freuen): 우리는 우리에게 천상적인 것들이 남겨 준 선물을 '인간적으로, 그 전처럼' 즐길 수 있다. 이 말은 정신, 순수한 신적인 것은 직접적인 현재화를 통해서가 아니라 자연의 체험, 예컨대 포도주를 음미하는 가운데 작용한다는 아니뜻한다. 기쁨(Freude)은 횔덜린 문학의 중심적 테마이다. 기쁨은 눈에 보이는 확연한 영향에 대한 감정의 표출만이 아니라 그것은 신적인 것에 대한 연관

아래에서의 실존적 상태를 나타내기도 한다. '기쁨', '기쁘게', '기뻐하다' 등은 항상 성스러움에 연관되어 있고 그것은 직접적으로 디오니소스적인 영역에 나타난다. 성스러운 체험으로써의 '기쁨'은 특히 환희의 신인 디오니소스의 선물로부터 분출된다.

46) 강한 자들(die Starken): 제7연 117행 이후에 나타나는, 그 힘에 있어서 천상적인 것들과 비슷한 영웅들과 정령들.

47) 천둥치는 신으로부터(von donnernden Gott): 제멜레를 덮쳐 디오니소스를 잉태케 한 제우스로부터 - 그처럼 불길처럼 천상적인 힘과 대지가 포도송이를 영글게 하는 데 함께 한다.

48) 성좌의 운행(Führe des Himmels Gestirn)은 디오니소스의 작용을 나타내고, 송악이나 가문비 등은 모두 디오니소스에 대한 특별한 표지이다. 디오니소스는 포도주의 신일 뿐 아니라 모든 식물성장을 관장하는 신이기도 하다.

49) 서방의 열매(Frucht von Hesperien): 예언의 실현은 동방의 나라에서가 아니라, 서방에서 일어나게 될 것이다. 그 때문에 시인은 의식적으로 '보라! 우리 자신이다' 라고 강조하고 있다.

50) 원문에서 'genau' 는 오늘날 '정확하게' 로 읽히는 것이지만, 횔덜린 당시에는 '매우 가까이' 의 뜻으로 쓰였다.

또 원문에서 'als' 는 '~으로서' 로 읽히는 것이지만, 여기서는 'als ob', 즉 '마치 ~이듯이' 로 읽힌다. 하나님의 나라가 가까이 다가왔다는 선포는 신약성서 마태복음 10장 7절, 마가복음 1장 15절등에 기록되어 있다.

51) 지고한 자의 아들, 시리아의 사람/ 햇불을 든 자로서(als Fackelschwinger des Höchsten/ Sohn, der Syrier): 디오니소스는 신화에서 가끔 '햇불을 든 자' 로 나타난다. 그러나 횔덜린은 신적인 빛에 대한 성서의 어구를 의지해서 비슷한 표상을 그리스도에게 옮겨 쓰고 있다. 디오니소스나 그리스도가 다같이 '지고한 자의 아들' 로 불릴 수 있다. 그러나 '시리아 사람' 이라는 말은 명백히 그리스도를 지칭하고 있다.

52) 거인족(Titan): 티탄 족은 제2의 신들의 세대인데, 제우스의 제3대에 의해 정복되고 지하로 내동댕이쳐졌다. 여기서는 에트나 산 밑에 잠들어 있는 튀포에우스(Typhoeus)를 생각하고 있다.

53) 케르베루스(Cerberus): 지하의 출입구를 지키고 있는 개. 이 개는 지옥에 도착하는 자들에게는 꼬리를 치지만, 아무도 그 지옥을 빠져 나가게 하지 않는다. 이제 이 개도 잠자고 있으니 주신은 죽은 자들을 생명으로 되돌려 줄 수 있을 것이다. 시인은 여기서 디오니소스도 그리스도도 단독으로 우리의 어두운 중간 시점에 직접 내려오지 않을 것이며, 그들은 간접적으로 포도주를 통해서 오리라 말하고자 한다. 케르베루스도 '취하여' 잠들어 있는 것처럼, 평화를 잃지 않은 현재의 밤의 정신도 포도주와 함께 신적인 것을 마시고, 잠들어서 빛에게도 틈을 줄 것임을 말하고 있는 것이다.

| 해설

1800~1801년 사이의 겨울에 완성한 비가이다. 이 비가는 명백하게 3개 시연이 한 덩어리를 이루고 그러한 3연 1단(Trias)이 3번 반복되고 있는 구조를 지니고 있다. 제7연에서 한 2행 시구(Distichon)가 짧을 뿐, 각 시연은 다시금 3개의 2행 시구가 3개씩 묶여져 있다. 첫 Trais에서는 밤이 노래된다. 이 밤은 두 번째 첫 시연의 말미에서의 실제적인 밤으로부터 어느 사이엔가 두 번째 시연의 신들이 멀어져 간 시대라는 역사적인 밤으로 이어지고 있다. 제3연에서는 환상을 통해 감동된 사념들이 그리스문명의 드높고도 신성에 가득 찬 날로 깨우쳐 이어지고 있다. 두 번째 Trias는 그리스의 신들의 날에 대해서 읊고 있다. 제4연은 시초를, 제5연은 성장을, 제6연은 신들의 날의 완성과 종말을 노래한다. 이러한 영상을 통해서 소망되는 미래의 신들의 날에 대한 조건들이 명백해지고 있다.

마지막 Trias는 서구의 밤으로 눈길을 돌린다. 제7연은 더욱 강해지는 중간적인 시기가, 제8연에서는 신들이 주고 간 자연의 선물인 빵과 포도주를 통해 깨어 있게 하는 희망이 노래된다. 마지막 시연은 밤으로부터 밝고 충만한 미래에로의 환영에 다다르고 있다.

비가 「빵과 포도주」는 횔덜린이 자신의 세계관을 문학적으로 형상화시킨 가장 빈틈없는 시도의 산물이다. 서구의 역사의 의미는 여기서 그리스적인 한낮, 서구적인 밤 그리고 다가오는 신의 시대라는 순차로 극히 단순화된 표상을 통해 인식되고 있다. 그것은 떠나는 신들이 그들의 되돌아옴의 징표로서 '빵과 포도주'를 남겨 놓았기 때문이다. 횔덜린 세계상의 본질적인 특성은 그리스도를 고대 신들의 마지막 출현자로 봄으로 그리스적인 신들의 세계와 기독교를 조화시켜 보려는 시도이다. 그리스도는 다른 신들과 더불어 되돌아갔고 그들과 더불어 '다른 세계에' 살고 있다. 그러나 '천상의 합창대'는 그 재림의 표지로서 빵과 포도주를 지상에 남겨 두었다. 상징적인 것도 아니고 기독교적 의미에서 성찬 예식의 것도 아닌, 선물의 신적인 본질은 횔덜린에게서 중요한 역할을 하고 있는 제우스 ― 제멜레 신화를 생각할 때 명백해진다. 빵과 포도주는 천상의 신이 제멜레, 즉 지상의 여신에게 준 사랑의 선물이다. 빵과 포도주는 이러한 사랑의 고유한 열매인 것이다. 우리는 늘 이러한 열매를 앞에 두고 있기 때문에 신성의 되돌아옴을 희망할 수 있다는 것이다. 비가 「빵과 포도주」에서의 역사가 헤겔의 변증법적인 진행을 뼈대로 가지고 있다는 생각은 오해이다. 왜냐하면 헤겔에서 '종합'으로 나타나는 것은 이 시에서는 지양이 아니라, 화해이며 원초적인 상태로의 되돌아감이기 때문이다.

라인 강

| 주석

1) 황금빛 한낮 샘을 찾으며(der goldene Mittag/ Den Quell besuchend): 한낮 정오의 태양빛이 협곡의 바닥에까지 이르며.
2) 알프스 산맥의 계단(von Treppen des Alpengebirgs): 찬가 「편력」에서도 알프스 산맥은 지복한 슈비엔에 그늘을 던지고 있으며, '집의 아궁이' 즉 근원의 장소로 찬미되고 있다.
3) 천국적인 것들의 성(Die Burg der Himmlischen): 마치 그리스의 신들이 올림프스의 신들의 성에 살며 그 곳으로부터 인간의 숙명을 조정하듯이, 알프스도 그렇게 생각됨을 뜻함.
4) 비밀스럽게(Geheim noch...): 비록 인간들에게는 어둡고 이해 불가할는지 모르지만, 미리 정해진 계획에 따라서.
5) 모레아(Morea): 펠레폰네스에 대한 중세의 이름. 원래 '해변의 나라'라는 뜻이다.
6) 젊은이(Jüngling): 젊은 라인 강. 라인 강의 첫 줄기. 실제로 '라인 강'으로 불리게 되는 것은 33행에서이다.
7) 어머니 대지 — 천둥치는 자(die Mutter Erd' — den Donnerer): 대지와 하늘은 고대적인 표상계에서는 모든 생명의 양친이었다. '천둥 치는 자'는 제우스 신을 말하는데, 횔덜린에게서는 신화적인 제우스가 '아버지 천공'으로 변환되고 있음을 볼 수 있다.
8) 반신(Halbgott): '어머니 대지'와 '천둥 치는 자' 즉 천상의 신 사이에 태어난 아들로서 라인 강은 '반신'이다. 제4연의 마지막 구절에서도 '높이'에서 '그리고 성스러운 품'에서 라인 강은 행복하게 태어났다고 부연되고 있다.
9) 테씬 강과 로다누스 강(Dem Tessin und dem Rhodanus): 다같이 알프스에 원천을 둔 강으로서 특히 뢴느(Rhone) 강을 로다누스라고 라틴어로 쓴 것은 그것이 테씬 강과 라인 강의 형제인 것을 음성상으로 맞추어 표현해 내기 위해서이다.
10) 라인강은 처음에는 동쪽으로, 즉 '아시아를 향해' 흐른다. 이것은 '그 위풍당당한 영혼'과 함께 근거된다. 이 영혼의 내면적인 무한성은 동쪽 먼 곳에 있는 무한하고 신적인 것에 상응한다. 그렇기 때문에 남동쪽의 모레아 해변을 향해서 가고 있는 시인의 정신(제1연)은 의미심장하게도 라인강에 비유되는 것이다.
11) 이 구절은 누가복음 9장 58절 '여우들도 굴을 가지고, 새들도 하늘 아래 둥지를 가지고 있으나, 사람의 아들은 머리를 눕힐 곳을 지니지 못하노라'에서 차용하고 있다. 신들의 아들들(반신들)은 동물과 인간들의 위에 있으나 이 현세에서는 제약의 행복, 고향의 행복을

알지 못한다. 그들은 이 세계에서는 '낯선 자들'이다. 149행 참조.

12) 순수하게 태어난 것들이 그 원천, 신적으로 순수한 삶에 대해서 어떤 위험과 변환을 거치더라도 충실하게 머물러야만 한다는 것은 설명할 길 없는 수수께끼이다. 순수하게 태어난 것은 그 근원, 신적인 힘들에 대해 직접적인 연관을 맺고 있다. 라인 강과 같은 반신, 그리스인들에게서 볼 수 있는 영웅들, 그리고 루소나 서구의 어두운 밤에 살고 있는 시인들이 바로 이 순수하게 태어난 것들에 속한다.

13) 필연과 길들임 ─ 탄생(Not und Zucht ─ die Geburt): 아래에는 힘겨운 길, 위에는 탄생의 행복.

14) 제 자신의 이빨 사이(im eigenen Zahne): 육필본에 보면 '목구멍 Schlund' 대신 '이빨 Zahn'이 쓰여져 있다. 강안(江岸)이 갓 태어난 강물을 '기르고 보호하려고' 한다면 이 강안의 생각은 강물을 집어 삼키고 그 당당한 본성을 파괴시키려는 것이다.

15) 뱀들을 잡아채고(Zerreißt er die Schlangen): 마치 젊은 반신 헤라클레스가 아직 젖먹이었을 때 시샘하던 헤라 여신으로부터 보내진 뱀 가운데 두 마리를 잡아챘던 것처럼.

16) 자라도록(wachsen): 강물이 더욱 커다란 강물 줄기에 길들여지고, 제지된다면 바다로 자라날 수 밖에 없다.

17) 만일 더욱 큰 물줄기가 그 어린 강물을 길들이지 않고 오히려 자라도록 버려둔다면 그는 번개처럼 지상을 가르지 않을 수 없다. 계곡을 잡아채는 강의 영상은 제약되지 않은 정령의 상으로 넘어간다. 이 정령은 인간들에게 놀라움을 던져 주고 인간들을 유혹하면서 파멸로 이끌어 가고 말 것이다.

18) 아끼다(sparen): 오랫동안 끌다의 뜻. 정령의 운명적인 제약은 신의 현명함으로 제기되고, 이로써 그 에너지가 한꺼번에 쏟아지지 않게 된다. 때문에 정령이 '성스러운 알프스'의 방해에 대해 분노하며 헛되이 싸움 벌이려 할 때, 신은 미소 짓는다.

19) 대장간(Esse): 단순한 쇠붙이가 강철로 연마되는 곳.

20) 비록 정령(Genius)은 스스로에 만족하고, 그에게 지워진 한계를 인정한다 할지라도, 자신의 신적인 근원을 결코 잊어서는 안 될 것이다. 왜냐하면 신으로부터 떨어져 나옴은 세계질서를 파괴시킬 것이며, 미개의 상태로 이끌어 갈 것이기 때문이다.

21) 사랑의 유대... 올가미(Liebesbande... Stricke): 라인 강은 현존의 온갖 제약과 고정된 가운데서도 순수한 원천의 생명을 유지한다. 이 라인 강을 만든 유대는 '사랑의 유대'이며, 이 유대를 통해서 삶과 형식, 신적인 정신과 세속적인 제약, 비유기적인 것과 유기적인 것, '자연'과 '예술'(송가 「자연과 기술 혹은 사투르누스와 주피터」)이 조화 있게 서로 침투한다. 하여 정신, 원초적인 삶은 '올가미'에 매이지 않은 것으로 느낄 수 있다. 이러한 조화된 관련 안에서의 라인 강에 대한 근원적인 영역의 우월성을 제7연의 첫 5개 행이 노래하고 있다. 이러한 우월성은 '거처'가 텅 빈 집이 되고, '규약'이 죽은 문자로 변화될 위기에 처하면 혁명적으로 작용한다. 모든 전개 가운데 운명적으로 투여되고 실증적인 것

이 되어 버릴 위험은 진화적인 원죄로 결정된다. 따라서 '최초로 사랑의 유대를 망그러뜨리고/ 그것으로 올가미를 만든 자가/ 누구였던가?' 라고 묻고 있는 것이다.

22) 자신의 권리(des eigenen Rechts): 올가미로 고착되어 버린 법칙과 함께 실증적인 권리는 생겨난다. 이 권리는 더 이상 심오한 삶의 연관에 의존하고 있는 것으로서가 아니라 인간의 본래적인 권리로 나타난다. 이러한 자율성은 오만으로 연결되고, 다음 시행들이 강조하듯이 뻔뻔스러움으로 연결되는 것이다.

23) 무엇인가를(eines Dinges): 'irgendetwas' '무엇인가' 로 옮기고 그렇게 이해해야 할 것이다. 어떤 구체적 사물을 뜻하는 것이 아니다.

24) 신들은 제 스스로를 느낄 수 없다. 왜냐하면 무조건적이며 독립적 자기만족은 제 자신 이외에 아무것도 인식할 수 없기 때문이다. 피히테의 '절대자아 das absolute Ich' 와 다름이 없다. 횔덜린은 헤겔에게 보낸 편지(1795. 1. 26일자)에서 피히테의 절대자아는 모든 현실성의 요청 때문에 대상을 지닐 수 없고 따라서 어떤 의식도 지닐 수 없으리라 말하고 있다. 이와 연관해서 시구에 나타난 바의 본의를 다른 말로 정리하자면, 신들은 자신의 과제를 게을리 해서 필요 없이 되어 버린 인간들을 멸망케 한다는 뜻도 된다. 신들은 자신들을 경건하게 공경하도록 인간과 영웅들을 만들었다는 것이다. 신들 앞에서의 인간적 실존의 정당화는 가장 심오한 신적 비밀의 하나이다. 그렇기 때문에 '감히 말해도 된다면' 이라는 조건을 앞세우고 있기도 하다.

25) 아버지와 아이... (sich Vater und Kind): 신에 의해서 얻어맞은 자는 경건의 의무를 저버린다. 그는 자연스러운 질서를 뒤집어 놓는다.

26) 망상가(der Schwärmer): 고대신화의 표상이 떠올려진다. 탄타로스(Tantalos), 니오베(Niobe), 아테(Ate), 휘브리스(Hybris) 등.

27) 같지 않음(Ungleiches): 신들의 자유에 대칭해 있는 인간적인 척도. 원문 'dulden' 은 이 때 'hinnehmen(받아들이다)' 의 뜻으로 새김이 옳다.

28) 때문에... 행복하나니(Drum wohl ihm...): 그간에 불리워진 거대한 현존 양식은 반신의 영웅적 삶을 왜곡시킬 가능성의 하나이다. '무모함이 택한' 자들과는 반대로 반신은 이제 '복되이 겸손하다' 에서 복되이 겸손함(seligbescheiden)이라는 말은 천상적인 것(selig)과 세속적인 것(bescheiden) 사이의 조화를 의미한다.

29) 해안(Gestade): 라인 강의 강안을 나타내고 있는 것이 아니라, 바다의 해안을 뜻한다. 이 새로운 이미지는 항해자가 바다의 위험으로부터 확고한 해안에서 구원되는 것을 나타내 준다.

30) 경계선(Grenzen): 인간의 한계선.

31) 복되게 겸손히(seligbescheiden): 앞의 주 28)와 122행의 '잘 나누어진 운명' 비교.

32) 내 이제 반신들을 생각한다(Halbgötter denk' ich jezt): 시인은 1-6연에서 그 영웅적인 생명 양식을 노래하면서 라인 강을 반신이라 부르고 있다. 그러나 여기서는 전혀 다른

형태의 반신적 존재를 말하려 한다. 앞서의 반신인 라인 강은 영웅, '대담한 자 Kühnen', 능동성과 행위의 영역을 나타내고 있는 데 반해서 다른 반신 루소는 '순수한 자들의 언어'를 베풀고 수동적인 받아들임의 영역에 속하는 시인을 체현하고 있다. 여기서 이 「라인 강」을 친구 징클레어(Sinclair)에게 바치고 있는 보다 깊은 뜻을 읽을 수 있다. 횔덜린은 혁명적이며 활동적인 이 친구와의 우정을 영웅과 시인의 유대로 생각했던 것이다. 한 사람은 행동을 통해, 또 다른 쪽은 언어를 통해 하늘과 땅 사이의 조화를 형성해 내는 과제를 지니고 있는 것이다.

33) 루소(Rousseau): 쥬네브의 철학자 J. J. Rousseau(1712~1778). 횔덜린이나 그 동시대의 사람들은 벌써 루소를 새롭고도 직접적인 자연 감정의 제기자로 존경하고 있었다. 횔덜린은 루소와 친화력을 느끼고 있었고, 그 이름은 1800년 여름에 쓴 송시 「루소」에 표제로 등장하기도 한다. 이 시에서 루소는 자연 속의 신적인 것을 경건하게 예고해 주는 자로 나타난다.

34) 듣고/ 말하는(zu hören/ Zu reden so…): 행을 바꾸면서 연달아 배열되어 있는 위치도 범상한 것은 아니다. 신적인 자연력에 대한 정기어린 '귀기울임 Hören'으로부터 직접적이며 순수하게 시인 루소에게는 '말함 Reden'이 생겨나게 된다.

35) 주신(Weingott): 주신 디오니소스는 열정, 영감, 그리고 시인들의 신이다.

36) 어리석게도 신적으로/ 그리고 법칙도 없이(törig göttlich/ und gesetzlos): 여기서 '어리석게도 törig'라는 말은 오늘날 쓰이는 'töricht', 즉 비합리적, 비이성적이라는 의미를 지니고 있지 않다. 그것은 단순한 이성을 넘어서 신적인 영역으로 넘어가는 것, 따라서 세속적인 제약이나 법칙을 지키지 않고 무한한 신성 자체처럼 '가장 순수한 자들', 신들의 언어를 부여하는 것으로 이해된다.

37) 신성을 모독하는 종복들(Die entweihenden Knechte): 오로지 명령, 계율, 법칙에 따라서 행동하는 종과 같은 영혼들은 모든 생명을 신적이며 근원적인 것에 대한 감정 없이 죽은 틀 안으로 강제하고자 한다. 따라서 그들은 보다 심오한 삶에 대해 '불손한 자들'이 되고 그 삶을 모독하는 것이다. 그들은 거의 법칙도 없는 근원성을 말하는 정령에 맞세워지고 그 다음에는 필연적으로 '분별없이' 내리침을 당하는 것이다. 이 구절은 루소가 당대의 사람들에게서 보았던 이해할 수 없는 행동을 나타내 주기도 한다.

38) 낯선 자들(den Fremden): 시인이 시연의 서두에서 그가 자신의 시적 경험으로부터 그 (문학적) 반신을 알고 있음이 틀림없다고 말하고 나서, 그러나 이제 루소는 아주 근원적이며, 인간적인 범주로서 파악하기 어려운 자연적 천재로 나타나자 그 본질을 '불러 이르고', 명확하게 규정짓는 일이 거의 어려운 것으로 생각된 나머지 낯선 자로 보이게 된다. 그 때문에 '내 이 낯선 자를 무엇이라 부를까?'라고 묻는 것이다.

39) 대지의 아들들(Die Söhne der Erde): 이 어구에 바로 앞의 물음에 대한 답이 포함되어 있다. 루소는 대지의 아들이다. 라인 강과 동급에 있음을 확인한다. 그렇지만 '필멸의 사

람' 이기도 하다. 신적 은총과 허약함 사이의 갈등은 '잠' 으로 느껴진다.
40) 자주(oft): 시적인 반신은 영감의 무의식적인 충만으로부터 그에게 세속적 현존재로서의 제약을 명백하게 해 주는 의식의 영역으로 넘어간다. 일회적으로가 아니라, 그의 삶은 이 두 개의 영역을 자주 바꾸어 넘나든다. 이러한 교차 가운데서 근원적 상태와 세속적으로 제약된 현 존재 사이의 조화 이룬 침투는 일어난다.
41) 숲의 그늘 가운데(Im Schatten des Walds... in frischer Grüne): 이 찬가의 서두에서 보았던 시인이 처한 상황과 병렬되어 있다. 시 「회상」의 제29행에도 '숲의 그늘' 이 나온다.
42) 빌러 호수(Bielersee): 스위스 베른 주에 있는 호수로서, 그 호수 가운데의 페터스인젤(Petersinsel)에서 루소는 머물면서 행복한 도피생활을 잠깐 누린 적이 있다.
43) 성스런 잠에서 일어나(aus heiligem Schlafe): 시 「아르히페라구스」에서의 '창조적인 잠' 의 의미 참조.
44) 저녁 따스한 빛살을 향해 나아가는 것(abends nun/ Dem milderen Licht entgegenzugehen): 대립을 평정케한 저녁은 한낮의 지나침을 견딜 수 없었던 '필멸의 사람' 에게도 신성을 견디어내도록 해준다.
45) 176~179행 및 결혼잔치(das Brautfest): '제자 Schülerin' 는 '오늘의 대지' 그리고 또한 '짓는 자, 창조하는 자 Bildner' 의 작품이며, 이제 그의 신부, 즉 '한낮의 신' 의 신부가 된다는 것을 이 시구의 첫 원고가 명백하게 제시해 준다. 결혼잔치를 예비하고 있는 '한낮의 신' 은 거기서 '멋진 퓌그말리온 herrliche Pygmalion' ― 제 자신이 만든 미녀상에 반해서 그 미녀상과 결혼한 Zipern섬의 국왕 ― 이라고 불리고 있다. 한 중간 초고에는 또 '화해하면' 이라는 단어를 삽입하고, 평화와 그리스도를 화해자로 부르고 운명의 균형, 인간과 신이 벌이는 결혼축제 이전의 세계상황을 의미하고 있는 시 「평화의 축제」에 대한 첫 동기들과 일종의 연관을 제시해 주고 있다.
46) 한동안/ 운명은 균형을 이룬다(ausgeglichen ist eine Weile das Schicksal): 자유와 제약, 신과 인간의 대립이 보다 높은 질서, 전체 세계의 조화 안으로 지양된다.
47) 기억 속에(Im Gedächtnis): 운명의 균형, 신적인 현존과 인간적 현존의 화해는 주기적 사건으로 생각될 뿐이다. 결혼잔치는 오로지 '한동안' 만 계속된다. 때문에 이러한 사건, 최상의 것을 최소한 '기억속에' 보존하는 일이 중요하게 된다. 회상으로부터 이러한 체험은 주어진 역사적 상황 가운데에서도 체험 가능한 '최고의 것' 이다.
48) 다만 인간 각자는 자신의 척도를 지니는 법(nur hat ein jeder sein Maß): 시 「빵과 포도주」 제3연에서의 '한낮이건/ 한밤중에 이르건 언제나 하나의 척도 존재하는 법/ 모두에게 공통이며, 그러나 각자에겐 자신의 것이 주어져 있고...' 와 비교. 이 구절에 대한 주 10)을 참조.
49) 행복(das Glück): 신적 충만의 행복은 '기억 속에' 지니는 것도 힘들다. 그것은 자신의 내면이 기억의 대상에 알맞은 것이고 위대한 '척도' 를 지니고 있어야 한다는 전제가 있기

때문이다. 이러한 위대한 척도의 예시로서 이어지는 시구에는 소크라테스와 플라톤의 『향연』 가운데서 취하고 있는 그의 자유자재로운 태도의 해명이 도입되고 있다.
50) 현자(Weise): 소크라테스
51) 210~212행: 이 시행들은 친우 징클레어의 다양한 활동성에 연관되어 있다. '뜨거운 길 위에서'는 관리로서의 징클레어의 긴장된 활동을 의미하는 가하면 '떡갈나무 숲의 어두움 가운데'는 시인이며 철학자로서의 징클레어가 자연에 결합되어 있는 평온과 깊은 사색을 의미한다.
52) 혹은 구름 속에서(Oder/ In Wolken): '강철에 휩싸여'는 나폴레옹 전쟁의 발발과 거기에 결부된 시대의 신, 전쟁의 신을 연상케하는 데 반해서 이 구름에 싸인 신은 평화를 지배하는 신으로 생각된다. 징클레어가 두 신을 알아보는 양면적인 모습을 다시 나타내려고 한다.
53) 지배자의 미소(das Lächeln des Herrschers): 신의 미소에 대해 말하고 있는 일련의 모티브가 여기서 정점을 이루고 있다. 신의 미소는 하늘과 대지의 조화를 의미한다.
54) 217~221행: 다시 한 번 이 찬가의 기조에 놓여 있는 대립이 되살아나고 있다. 모든 역사적인 일들은 이제 그러한 대립으로 환원되는 듯싶다. 제약 ─ '속박 Fesseln'과 '올가미 Strick'가 되어서 근원적이며 '생동하는 것'이 묶여져 버린 듯 보이고 한편으로는 무제약으로 뚫고 나가려고 열에 들뜨게 되는 ─ 그러한 제약과 '질서도 없으며' 구체적 한계도 없는, 마치 세계 생성 이전에 지배했던 혼돈, '태고의 혼돈'인 속박으로부터의 완전한 자유 사이의 대립이 다시 살아나고 있는 것이다.

| 해설

이 작품은 1801년 초 하우프트빌에서 처음 착수하여 그 해 여름에 완성된 작품이다. 1803년 겨울 출판업자인 빌만스(Wilmans)에게 보낸 편지에서 횔덜린은 '독자에게 희생되는 일, 그리고 독자와 더불어 아직 어린아이 같은 운명의 좁은 시렁 위에 있다는 것은 하나의 기쁨이다. 그렇지 않아도 사랑의 노래들은 언제나 지친 날갯짓이다. 왜냐하면 그 소재의 다양성에도 불구하고 우리는 아직 그렇게 멀리 있기 때문이다. 다른 것이 있다면, 그것은 조국적인 노래들의 높고도 순수한 비상이다'라고 쓰고 있다. 이 「라인 강」 찬가는 바로 그가 명명하고 있는 '조국적 찬가들'의 하나이다. 주의할 일은 이 때 '조국적'이라는 말이 애국주의적이거나 민족주의적인 것을 의미하지는 않는다는 사실이다. 조국은 횔덜린의 역사철학의 의미에서 본다면 '한 사랑하는 백성을 아버지의 품안에 모여/ 옛처럼 인간적으로 환희하며/ 하나의 정신이 모두에게 공유될 때'(시 「아르히페라구스」에서의 일절) 형성되는 것이다. 요즘

의 개념으로 말하자면, 조국은 '살만한 사회'를 의미하는 것이다. '조국적 찬가'는 횔덜린의 말대로 '내용이 직접적으로' 위의 뜻에서의 '조국에 관련되고 또 시대에 관련' 되는 노래이다. 횔덜린은 찬가 「라인 강」에 대해서 간단히 「난외 주석 Randbemerkung」을 붙여 놓았다. 즉 '이 노래의 법칙은, 처음 두 개의 Partie(한 Partie는 3연을 의미함)가 형식상으로는 전진과 후퇴로서 대립되어 있지만 그 소재에 따라서는 동일하게 이어지는 두 개의 Partie는 형식상으로는 동일하면서 소재에 따라서는 대립되며, 마지막 Partie는 그러나 철저한 메타포로서 모든 것을 균형 있게 하는 것이다.'라고 적어 놓았다. 바이스너 같은 사람은 주제의 전개과정을 이 법칙에 의존해서 해명하고 있기도 하다. 그의 설명은 이렇다. 우선 소재는 라인 강의 진행을 나타내는 첫 두 개의 partie는 소박한 경향으로 형상화된 자연현상(강물의 흐름이라는 현상)을 응용하여 투쟁하는 자의 운명을 드러내고, 제4 Partie는 영웅적인 경향으로서 투쟁자인 루소를 제기하고 있다. 매번의 Partie에서 결과되는 종결점 혹은 정지점에서는 진정된 동경과 안정의 동일한 모티브가 떠오른다. 마지막 Partie는 이제 '철저한 메타포'와 이념적 경향을 지니고 '모든 것을 균형케' 하는 Partie로서 이 평온의 모티브와 진정된 동경의 모티브로부터 출발한다. 그리하여 '인간과 신들의 결혼잔치'가 열리는 것이다. 끝에 이르러 이 찬가가 지금까지 3번이 취했던 모티브로 종결되는데, 그 모티브는 과도기에 있어서 개인의 깨어 있는 불안의 모티브인 것이다. 바이스너의 해석에서 마지막 Partie에 대한 해석은 적절해 보이지 않는다. 왜냐하면 실천적 인물인 징클레어로 상징되는 현재에 있어서의 현재의 굴레, 또 행위로 인해 결과될 수도 있는 혼돈의 위험성에도 불구하고 시인의 미래에 대한 희망은 조금도 퇴색하지 않는 것을 강조해 보여주기 때문이다.

신이란 무엇인가?...

| 해설

1803~1805년 사이에 쓴 시로 보인다. 신 자신은 형체가 없다. 알려진 바도 없고 볼 수도 없다. 그러나 그는 일상적으로 형체를 갖추지 않는 의상을 걸쳐 입는다. 그 의상은 인간들에게 가시적이며 신의 개별적 특성에 대한 지각을 인간에게 매개해준다. 의상은 낯선 것이기도 하다. 그것을 통해서 신은 자신을 보낸다. 번개와 천

둥은 예컨대 이러한 낯선 어떤 것에 해당된다.

유일자

| 주석

1) 오래고 복된 해변(die alten seligen Küsten): 그리스.
2) 천국의 감옥 안으로인 것처럼/ 팔려갔기 때문(wie in himmlische Gefangenschaft verkauft): 고대에는 전쟁포로를 노예시장에서 노예로 팔아버리는 것이 흔한 일이었다. 이러한 노예시장 중 가장 유명한 시장이 델로스 섬이었는데, 그곳은 바로 아폴로가 태어난 곳으로 신성시되었다. 아폴로라는 시어가 등장하면서 이를 연상시키고 있다. 그러나 시인은 여기서 다른 연관 아래서 이 표상을 쓰고 있다. 즉 신에게의 봉헌, 봉사를 감옥으로, 신적인 것에 붙잡힌 것으로 표현하고 있는 것이다. 신약「필레몬에게 보낸 편지」에서 사도 바울은 "그리스도 예수를 위해서 갇혀 있는 나 바울로"라 하고 에페스 3장 1절에도 "이방인 여러분을 위해서 그리스도 예수의 포로 된 나 바울로"라고 자신을 표현하고 있다. 이것은 나중에 집중적인 신의 체험에 대한 표지로 쓰이게 된다. 신비주의에서 경건주의에 이르기까지 '신의 포로'(captivus dei)라는 용어는 자주 등장한다.
3) 드높은 사념 (…) 아버지의 머리로부터 솟아나와(Der hohen Gedanken (…) des Vaters Haupt): 우선 이 구절은 확실한 신화를 암시한다. 즉 아테네 여신은 제우스의 머리에서 탄생했다는 것이다. 그러나 이러한 신화의 특성은 횔덜린에 의해서 보편화된다. '드높은 사념들'은 세상에 자신을 드러내 보이는 신적인 로고스의 개별화이다. 횔덜린은 이러한 로고스를 자신의 시 구성에 대해서 결정적인 사유로서 고대의 스토아적인 범신론 전통으로부터 이어받고 있다. 고대의 범신론적인 전통은 다신론을 하나의 신적인 총체이성이라는 철학적 이론으로 해소시키고 개별적인 신들의 이름을 하나의 신성의 다른 이름으로 그 작용력에 따라서 재해석했던 것이다. 이러한 기본적인 생각을 통해서 이 시에 등장하는 일련의 신들의 명칭들 — 아폴론, 그리스도, 헤라클레스, 디오니소스 그리고 디오니소스의 별칭인 에비어 —로 환기되는 풍성함이 결정되는 것이다.
4) 엘리스와 올림피아(Elis und Olympia): 펠로폰네스의 지역이름.
5) 파르나스(Parnaß): 아폴로와 뮤즈 여신들에게 바쳐진 델피근처의 성스러운 산.
6) 이스트무스(Isthmus): 코린트의 이스트무스에서는 포세이돈을 기리는 이스트무스 경기가 열렸다.
7) 스미르나와 (…) 에페소스(Smyrna und (…) Ephesos): 에게 해의 건너편에 있는 이오니아를 대표해서 등장하는 지역이름들이다. 에페소스라는 지역은 고대 사원과 형상체를 모시

는 종교와 기독교적이며 영적인 종교가 특히 대립을 보이는 곳으로 등장한다. 이로써 이 찬가의 문제성이 제시되기도 한다. 에페소스는 장려한 사당들의 구역일 뿐 아니라, 무엇보다 하늘에서 내려왔다는 디아나 여신의 신상이 있어 유명한 곳이다.

8) 그대들의 족속의 마지막인 자(den letzten eures Geschlechts): 신계보의 마지막 자로서의 그리스도는 비가 「빵과 포도주」에도 등장한다.

9) 가문의 보물(Des Hauses Kleinod): 아이쉴로스(Aischylos)의 『아가멤논 Agamemnon』에서 그대로 차용하고 있다. 아우리스에서 이피게니에가 희생의 제물로 바쳐져 죽기 직전에 합창대는 아가멤논의 말을 '가정의 보물'이라고 노래하고 있다.

10) 나의 스승(Mein Meister): 75행에서와 마찬가지로 그리스도를 칭하고 있다. 요한복음 13장 15절, "그런데 스승이며 주인 내가 너희의 발을 씻어 주었으니"와 마태복음 23장 8절, "그러나 너희는 스승 소리를 듣지 마라, 너희의 스승은 오직 한 분뿐이고" 참조.

11) 헤라클레스의 형제(Herakles Bruder): 본래 신화에서 헤라클레스는 힘세고 활동력 넘치는 영웅으로만 그려져 있다. 헤라클레스는 갈림길에 선 헤라클레스에 대한 프로디코스(Prodikos)의 유명한 이야기를 통해서 결정적인 내면화를 경험하게 된다. 이상화시키는 변신을 통해서 그는 스토아적인 삶의 이상에 알맞은 덕목의 영웅이 되었고 쉴러나 횔덜린에게도 이런 변용된 헤라클레스상을 이어받고 있다. 횔덜린의 시 「운명」과 「헤라클레스에게」가 그것을 말해준다. 헤라클레스에 대한 상은 마침내 종교적이며 신학적인 차원으로까지 그 질적인 이전을 경험하게 된다. 헤라클레스는, 그리스도와 마찬가지로 세속에서 활동하는 신적 로고스의 대표자, 신적으로 과제를 받는 정화자, 인간을 모든 악에서부터 구원해 주는 구원자, 문명의 후원자로 변화된다. 그렇게 해서 이 인물상은 소위 조터(Soter) — 즉 구원자의 전형적인 계보에 위치하게 된다. 조터의 특징은 — 첫째, 여러 신상들의 사이에 태어난 아들이라는 점 — 헤라클레스가 제우스와 알크메네 사이에서, 디오니소스가 제우스와 제메레 사이에서, 그리고 그리스도가 하나님과 마리아 사이에서 태어난 것이 그 예이다. — 둘째, 아이로서 조터는 특별한 위험에 내맡겨진다는 점 — 헤라클레스가 질투심에 사로잡힌 헤라가 보낸 뱀과 싸워 이기고, 디오니소스가 번개에 맞은 제메레의 몸에서 구출되며, 예수가 헤롯왕에 의해서 제기된 베들레헴 아기 살해에서 구원되는 것이 그 예이다 — 셋째, 성년이 되어 조터는 위대한 행동과 기적을 통해서 그 드높은 본질을 증언하고 보존한다는 점이다. 그리고 네 번째의 특징은 다른 여타의 행위들을 통해서 인간의 선행자이자 친구로, 평화를 가져다 주고, 문화를 증진시키는 자로 나타나며, 마지막으로 거의 희생자로서 끔찍한 죽음을 맞는다는 점이다. 헤라클레스는 오이테(Öta) 산에서 불에 타 죽고, 디오니소스는 찢겨 죽으며, 그리스도는 십자가에 못박혀 죽는다. 죽음 뒤에는 승천한다. 그리스도와 마찬가지로 헤라클레스도 하늘로 올라가 영생하는 것으로 그려져 있고, 디오니소스도 승천한 것으로 그려진다. (헤라클레스의 승천. 아폴로도로스 지음/ 천병희 역. 원전으로 읽는 그리스 신화. 174쪽. "장작더미가 타는 동안 한조각

구름이 헤라클레스 밑을 지나가며 천둥소리가 울리는 가운데 그를 하늘로 들어 올렸다고 한다. 그 뒤로 그는 불사의 몸이 되었고,", 디오니소스의 승천, 같은 책 204쪽. "그리고 그는 저승에서 어머니를 데리고 올라와 튀오네라고 이름지어주고는 그녀와 함께 하늘로 올라갔다.") 휠덜린이 의식적으로 이러한 유형형성에 관심을 두었다는 사실은 이 비유들을 시의 전체구성에 끼워 넣은 것으로부터 추론된다.

12) 에비어(Evier): 디오니소스의 제례명칭.
13) 마차에 범을 묶어 (An den Wagen spannte/ Die Tyger): 그리스 예술과 문학에서 범은 디오니소스의 동물이고, 그는 범으로 하여금 마차를 끌게 했다. 범은 그러나 덩치가 크고 사나운 짐승으로 그려져 있었던 만큼, 이 범이 마차를 끌게 한 것은 야생의 힘을 제어한 것으로 문명화의 상징적 행위이다. 헤라클레스의 12개 고역의 극복도 이와 같은 문명화 행위에 해당된다. 그리스도의 윤리와 도덕적인 힘도 원초적인 충동에 대응한다는 점에서 같은 맥락으로 볼 수 있다.
14) 인더스 강에 이르기까지/ 기쁨의 봉사를 명하면서(Bis an den Indus/ Gebietend freudigen Dienst): 우선 그 추종자들이 신에 봉사로 결합되었던 디오니소스적인 신비종교를 의미한다. 횔덜린은 신화 상의 전래에 맞추어서 디오니소스에 있어서의 '환희'를 제기하고 또한 그가 '가장 기쁜 자' (Freudigster)라고 부르고 있는 (「파트모스 섬」 90행) 그리스도에의 '환희' 도 제기하고 있다.
15) 포도밭을 일구고(Den Weinberg stiftet): '포도주의 신' 디오니소스에 의한 포도재배의 도입만을 의미할 뿐만 아니라, 여기서는 특별하게 체계적인 것을 의미한다. 즉 대지가 열매를 맺도록 돌보는 행위와 결합된 — 즉 근본적인 의미에서 '문화' (Kultur)와 관계되는 기초를 닦는 행위를 의미한다.
16) 백성의 원한을 길들였다(Den Grimm bezähmte der Völker): 헤데리히에 따르면, 디오니소스는 '세상의 많은 부분을 유랑했으며 온 도시들과 백성들의 다툼거리를 평정했다' 고 한다. 이러한 평화촉진의 작용을 횔덜린은 디오니소스에게 부여하고 있다. 여기서 '원한' 은 백성들의 투쟁추구를 의미한다. 디오니소스나 헤라클레스는 백성을 '길들이는 자' (Bezähmer)로 여러 고전들은 기록하고 있다.
17) 세속적인 사나이들(Die weltlichen Männer): 헤라클레스와 디오니소스를 말함. 이들이 세속적인 것은 인간의 모친으로부터 탄생해서가 아니라, 이들이 그리스도의 교훈에 나타나는 정신적, 정령적인 본질에 비교해 볼 때, 세속적이면서 감각적인 체험의 원리를 더 강하게 체현하고 있기 때문이다.
18) 왜냐면 그 혼자 지배한 적 없기 때문이라.(Denn nimmer herrscht er allein): 여기서 '그' 는 '아버지' (Vater)를 의미한다. 그는 직접 혼자서 '지배하는' 것이 아니라, 헤라클레스, 디오니소스 그리고 그리스도와 같은 '아들들' 을 자기 대신 내세우고 있는 가운데, 간접적으로 다른 이들을 통해서 지배하는 것이다.

19) 신이 (...) 최상의 것을 아시리라(Ein Gott weiß (...) das Beste): 주 24) 참조.
20) 붙잡힌 독수리(Ein gefangener Aar): 기독교적인 전래에 따르면 독수리는 하늘로 날아 간 주의 상징이다. 그리스도나 고대의 반신들은 세속에 똑같이 '붙잡혀' 있었고, 그리스 도가 이러한 갇힘으로부터 빠져나와 천국으로 되돌아가듯이 다른 고대의 반신들의 영혼 도 그러했으리라고 생각할 수 있다.
21) 그의 최선을 행하시고 (...) 실제로 작용했기 때문 (sein Äußerstes tat/ Der Vater und (...= wirkete wirklich): 신적인 것을 세속 안에 전달하면서 제 자신을 스스로 버리는 가운데 (빌립보서 2장 7절 "오히려 당신의 것을 다 내어놓고 종의 신분을 취하셔서 우리 와 똑같은 인간이 되셨습니다" 참조) 아버지는 자신의 "최선의 것"을 행하신다. 이때에 이 상적인 것의 전달이 현실성 안으로 도달된다는 것을 어원적 비유로 그가 "실제로 작용했 다"고 쓰고 있다.
22) 그리고 많은 이들 두려워했었으니 (...) 그 아들 그렇게 오랫동안 상심했었기 때문(Und viele (...) fürchteten sich,/ (...) Und sehr betrübt war auch/ Der Sohn): 두 개의 문구는 대칭적인 관점에서 신적인 것이 그것에 본질적으로 걸맞지 않은 인간적인 것으로 넘어가 발현했을 때의 소통상황의 문제점을 요약하고 있다. 인간들의 두려움은 현실에서 의 모든 익숙한 척도를 넘어서 버린 신적인 기적의 작용에 상응된다. 성서의 곳곳에 이러 한 기적에 대한 사람들과 제자들의 놀라움, 두려움이 기록되어 있다. 이러한 두려움은 어 떤 넘침, 과잉의 체험을 의미한다. 이에 반해서 그리스도의 '상심'은 결핍을 암시한다. (마태복음 26장 38절, "예수께서 근심과 번민에 싸여 그들에게 '지금 내 마음이 괴로워 죽을 지경이니 너희는 여기 남아서 나와 같이 깨어 있으라' 하시고는..."을 암시하고 있 다). 그 상심함은 여기서 신적인 천성이 그 현세적 실존의 한계성 가운데 '갇혀 있음'의 체험을 의미한다.
23) 그처럼 영웅의 영혼은 갇혀져 있도다.(Dem gleich ist gefangen die Seele der Helden): 여기서 영웅들은 반신(半神)들이고, 특히 헤라클레스와 디오니소스이다. 헤라클레스가 인 간적인 모습을 띠고 있지만 신적인 영역으로 넘어서 간 영웅의 전형이라면 디오니소스는 신으로서 인간적 영역으로 내려간 신이다. 디오니소스는 "신들 가운데 있는 영웅"이다.
24) 시인들은 또한 정신적인 자들로서 세속적이어야만 하리라(Die Dichter müssen auch/ Die geistigen weltlich sein): 시인들은 현실 안에 머물면서 그 현실 안으로 정신적인 것을 받아 중재하며 신적―이상적인 것의 도구로서 현실 안에서 활동해야 한다. 그러므로 이 마지막 시구는 이상적인 것의 표상으로 일방적으로 도취하는 것을 용납해서 안 되고 이 이상적인 것을 현실의 영역으로 중재하는 것을 게을리 해서는 안 된다는 자기경고만을 포함하지는 않는다. 이 시구는 시인을 그리스도나 다른 고대의 반신들 곁에 세우는 가운 데 시인의 사명에 대한 특별히 높은 지위를 부여하고 있는 만큼, 그것은 시인의 운명을 비 극적인 것으로 의미하고 있는 것이다.

| 해설

 이 시의 첫 초고는 1801년 가을 휠덜린이 보르도로 떠나기 전에 시작해서 1802년 가을에 끝낸 것으로 추측된다. 이 제1초고는 완결되지 않은 채 남겨졌다. 6연이 5행 중간에서 중단되었고 7연은 첫행만 스케치로 흔적을 남기고 있다.

 시「유일자」는 그 전체 주제로는 찬가「평화의 축제」와「파트모스 섬」과 유사하다. 이 찬가들에서는 그리스도라는 인물이 획기적인 의미를 부여받고 있는 것이다. 동시에 다른 신적인 형상체들이 그리스도의 곁에 나란히 등장하고 있어서 기독교의 배타적인 독점요구에는 반하고 있다. 이 세편의 찬가에는 하나의 지고한 아버지라는 신성이 자리하고 있다. 이 아버지 신성에는 그리스도만이 아들로 연결되어 있는 것은 아니다. 다른 신적인 또는 반신적인 형상들도 이 아버지의 아들로, 그러니까 이들이 출생했고 이들이 다시금 중재하려는 초역사적인 전체성의 역사적 전개로서 등장하고 있는 것이다.

 「파트모스 섬」바로 직전에 쓴 찬가「유일자」는 그리스도의 특수한 위치를 내보인다. 이 찬가는 고대로부터 기독교적인 시대로의 전환을 구상적인 것에서부터 정신적인 것으로의 전환으로 파악하고 고대의 반신들 (또는 '영웅들')인 헤라클레스와 디오니소스와 똑같이 그리스도를 그 중간위치에서 그리고 '세속적인 것'과 '정신적인 것' 사이, 사실적인 것과 이상적인 것 사이의 긴장 가운데서 바라보고 이들에게 일종의 특수한 중재사명을 부여하고 있는 것이다. 이 중재사명은 끝에 이르러 시인 자신의 사명으로 이어진다. '정신적인 것'과 '세속적인 것'사이의 긴장과 중재라는 이러한 관점 아래 그리스도와 다른 반신들은 결국 '동일한' 것으로 나타난다. 우선은 그리스도가 보다 더 '정신적인 것'의 영역에 속하기 때문에 '유일자'로 보이기는 했긴장, 결국은 다른 반신들과 크게 다르지는 않아 보이는 것이다. 이렇게 해서 끝에 이르면 질적인 측면에서조차 '유일자'라는 제목, 즉 '비교할 수 없는 자'라는 제목은 취소될 수밖에 없다는 것이 확실해진다.

 4연과 5연에서와 마찬가지로 8연의 중간에 이르기까지 새삼스럽게 그리스도를 향한 편애와 다른 신적인 형상체들도 함께 연결시켜야 할 필연성 사이의 변증법적인 움직임이 반복된다. 9연에 이르면 이러한 변증법은 종합으로 지양된다. 시는 이제 열려져 있는 시적인 문제성을 연관지움으로써 이러한 종합을 수행한다. '세속적인 것'과 '정신적인 것'사이의 긴장어린 대립은 시인 자신의 현존의 긴장에 상응한다는 것을 인식하기에 이르는 것이다. 그리스도가 자신의 신적인 천성 때문에 이 지상에서 한 마리 갇힌 독수리처럼 유랑했던 것과 마찬가지로 헤라클레스와 디오니소스도 인간인 어머니와 신적인 아버지 사이의 아들로서 마치 갇힌 것처럼 자신을 느꼈던 것이다. 이들은 신적인 것을 현세 안에 중재했을지라도 그들의 가장 깊은 성향은 세속적인 것을 벗어나 천상적인 것을 향해 있었다. 바로 이러한 현실성과 이상성 사이의 현존의 긴장에 이상적인 것을 세속적인 것으로 중재하는 자로서 시인도 내맡겨져 있는 것이다. 시인들은 그들이 그 가장 깊은 내면에는 이상을 향하는 경향, 세속적— 현실적인 것 이상을 따르고자 한다는 점에서는 그리스도와 같지만, 바로 그 때문에 그리스도와 다른 '영웅들'처럼, '정신적' 면서도 '세속적' 인 과제를 스스로 짊어져야만 하는 것이다. 시인들은 신적이며 이상적인 것의 매개체로서 현실성 안에 작용해야 하며, 그 현실성 안에 정신적인 것을 중재해야 하는 한 현실 안에 머물 수 밖에 없는 것이다. 시 「유일자」는 시인이 걸을 수 밖에 없는 '유일한 길'을 노래하고 있다고 생각된다.

파트모스

| 주석

1) 시인의 세계관이나 역사관을 가장 잘 함축하고 있는 구절이다. 구원의 다가옴을 깊은 어두움 가운데서 확신하고 있다. 현대시인 첼란(Celan)은 이 첫 구절을 시 「테네브레」에 차용하고 있다. 여기 '위험' 은 우리 인간이 처한 상황의 제약 속에서 이 지상에 현시되어진 신성의 위대한 연관성을 형성해내지 않는다면 그의 '가까움' 에도 불구하고 신은 낯설 수 밖에 없는 그러한 위험이다.

2) 독수리들(Die Adler): 고독한 바위의 틈바귀, 모든 다른 것들과 떨어져 있는 '위험' 이 가장 큰 그 곳에 헤아릴 수 없을 만큼 '구원' 역시 따라 자라나 동반해 주는 그러한 자들이 살고 있다. 힘찬 날개를 가진 독수리들이 바로 이런 자들이다. 여기서 강조해 읽어야 할 부분은 역시 '어둠 속에' 이다.

3) 알프스의 아들들(Die Söhne der Alpen): 독수리들이 날개를 가지고 있듯이 산에 사는 자들은 심연으로 인해 떨어져 있어야 하는 위험에 대해서 '가볍게 걸쳐 있는 다리'를 가지고 있다. 산정과 산정 사이의 떨어져 있음을 극복할 다른 가능성을 시인은 '순수한 물결' 이라고 하기도 한다. 그러나 곧이어 열정적인 상승 — 보다 빠른 결합에의 참을 수 없는 동경 가운데 다시금 독수리의 형상으로 돌아오고 있다. '오 우리에게 날개를 달라'고 시인은 외친

다. 주 1)에서 말하고 있는 위험 때문에 '가장 사랑스런 자들' 인 신들의 아들들은 지칠 위험에 놓인다. 이들 각자는 그가 보내어진 역사적 상황 가운데서, 시간의 절정에서 아버지를 위해 애써 왔다. 그들의 노력은 우리 후대가 거기에 이르는 다리를 놓을 수 없다면 모두 헛되게 보일 뿐이다.

4) 순결한 물길(unschuldig Wasser): 호격으로 보는 이들도 가끔 있으나, 4격 목적어로 보아야 한다. 신을 향해 청원하고 있다. 바탕에 놓인 사상은 물과 대기가 떨어져 있는 곳을 결합시킬 수 있으리라는 것이다.

5) 여명 속에 가물거렸다(es dämmerten im Zwielicht): 서구의 땅에 저녁의 어스름이 깃든 상태를 말한다.

6) 황금빛의 연기(Im goldenen Rauche): 시 「게르마니아」의 24~25행 참조.

7) 아시아(Mir Asia): 이미 찬가 「도나우의 원천에서 Am Quell der Donau」도 그 이름이 불려졌던 아시아는 여기서 시연의 첫 머리, 그것도 시연을 뛰어넘는 자리에 등장해서 유난히 드러나 보인다. 시연 뛰어넘기의 문체적 효과의 본보기로 들 수 있는 구절이 아닌가 생각된다.

8) 하나를(eines): 시인은 파트모스 섬을 찾고 있는 중이다.

9) 황금으로 장식한 팍톨 강(Der goldgeschmükte Pactol): 시 「넥카 강」 15행 참조.

10) 은빛의 눈(der silberne Schnee): 시 「귀향」 19행 참조.

11) 기둥들(Säulen): 나무들을 비유하고 있다.

12) 그늘도 없는 바닷길(Der schattenlosen Straßen): 원문에 단순히 '길 Straße' 이라 되어 있으나 여기서는 해로를 뜻한다. 이 뜻에 따라 '바닷길'로 의역했다.

13) 파트모스... 어두운 동굴(Patmos... der dunkeln Grotte): 파트모스 섬에 있는 동굴. 이 동굴에서 복음 전파자인 요한(Johannes)이 묵시록을 기록했다.

14) 자리잡다(wohnt): 그리스어에서는 '깃들다 wohnen' 가 '위치해 있다 liegen, gelegen sein' 과 같은 의미로 쓰이고 있다. 그리스어에 능통했던 횔덜린은 가끔 그러한 의미 연관을 염두에 두고 단어를 쓰기도 한다.

15) 또한 그 섬의 아이들(und ihre Kinder): 초고에는 '바위에 깃들어 있는 대기 felsbewohnenden Lüfte' 이고, 그 위치에 '뜨거운 임원의 목소리들' 이 나중에 등장하고 있다. 임원이 뜨거운 태양빛을 식히지도 못하고, 오히려 더위의 작용으로 황폐한 곳에 '모래가 떨어지고, 들판이 갈라지는' 그러한 장소에서 들을 수 있는 '소리' 가 이 '목소리' 와 같은 것으로 구도되어 있다. 이 '목소리' 와 '소리' 는 전혀 매력 없는 섬 파트모스의 가장 뛰어난 표출이다. 이 소리들은 그곳에 도피한 사람들의 비탄을 들어 주는 이 섬의 아이들이기도 하다.

16) 예언자(Seher): 요한을 지칭함.

17) 떨어질 수 없도록(unzertrennlich): 요한복음 13장 23절 '그 때 제자 한 사람이 바로 예

수 옆에 앉아 있었다. 그는 예수의 사랑을 받던 제자였다' 와 19장 26절 '그 때 예수께서 당신의 어머니와 그 곁에 서 있는 사랑하시던 제자를 보시고 먼저 어머니에게, 어머니, 이 사람은 어머니의 아들입니다라고 말씀하셨다.' 등 요한복음 20장 2절, 21장 7절, 21장 20절 참조.

18) 최후의 사랑(und die letzte Liebe): 세상을 떠나기 전날 밤 그리스도가 만찬에 자리를 함께한 것은 '마지막 사랑'으로 보인다.

19) 왜냐하면 모든 것이 좋은 것이기 때문에(Denn alles ist gut): 소설 『휘페리온의 단편 Fragment von Hyperion』에서도 '모든 것은 좋은 것이다 Alles ist gut' 라는 구절이 있다. 횔덜린은 1800년 3월 19일 누이동생에게 이렇게 쓰고 있다 '그리고 끝에 이르러서 모든 것이 좋은 것이라는 것이 나의 확실한 신념이다. 또한 모든 슬픔도 단지 참되고 성스러운 기쁨에 이르는 길이라는 것도.'

20) 그 일에 대해 할 말은 많으리라(Vieles wäre/ Zu sagen davon): 시 「이스터 강」의 제45행에도 똑같은 시구가 나온다.

21) 고통 대신에 이처럼 승리의 기쁨을 강조하는 일은 당시의 신학에서는 거의 증언된 적이 없었다.

22) 성서 누가복음 24장 17절 참조. 엠마오로 가는 길에 무덤에서 일어나신 예수가 두 제자에게 말하기를 '너희가 길가면서 서로 주고 받는 이야기가 무엇이냐 하시니 두 사람이 슬픈 빛을 띠고 머물러 서더라.' 또한 누가복음 24장 29절 그들이 알지 못하는 예수에게 말하기를 '때가 이미 저녁이 되었으니, 우리와 함께 머무사이다.'

23) 쇠속을 불길이 뚫고 가듯(wie Feuer im Eisen): 불길이 단단한 쇠 속을 뚫고 들어가 그것을 빨갛게 달구어 놓는 것처럼.

24) 100행~105행: 사도행전 2장 1절~4절. '오순절이 이미 이르매 저희가 다같이 한 곳에 모였더니 홀연히 하늘로부터 급하고 강한 바람 같은 소리가 있어 저희 앉은 온 집에 가득하며 불의 혀같이 갈라지는 것이 저희에게 보여 각 사람위에 임하여 있더니 저희가 다 성령의 충만함을 받고 성령이 말하게 하심을 따라 다른 방언으로 말하기 시작하니라' 참조.

25) 태양의 한낮 위풍당당한 낮이 꺼져 버렸고(Denn izt erlosch der Sonne Tag): 오순절에, 신들의 마지막 자손 그리스도는 지상을 완전히 떠나고 그 때부터 밤은 시작되었다.

26) 곧게 빛을 내는 왕홀(Den geradestrahlenden/ Den Zepter): 신성의 왕홀은 고대의 신화적 세계에서는 '곧게', 즉 직접적으로 빛을 발했다. 신성은 인간에 직접 작용했던 것이며, 현재의 밤의 시간처럼 숨겨져 간접적으로 작용하지 않았다. 간접적인 신성의 작용은 194행 '조용히 빛나는 힘이 성스러운 기록에서 떨어지면' 같은데서 드러난다.

27) 제 때(zu rechter Zeit): '돌아와야 했기 때문이다' 와 같은 삽입문구에 연관되어 있다. 제 때에 돌아와야 할 것은 원문의 'es' 인데, 그 내용은 한낮의 신성으로 채워진 삶을 의미하고 있다.

28) 뒤늦게... 불성실했다(113~115행): 이 지구에 앞서 놓여 있었던 '태양의 한낮... 꺼져 버렸고'는 일종의 이유를 제시해 주는 삽입구이다. 이 113~115행은 이 삽입구의 앞에 놓여 있는 '그 때 떠나가면서/ 다시 한번 그 분 그들에게 모습을 나타냈다'에 연결된다. 후일 밤의 시간에, 삶은 예수 그리스도의 떠남에 보내진 정신, 그 위안의 도움 없이는 '좋지 않을 것'이라고 한다. 신성의 사라짐의 이러한 태도는 '갑자기 중단하고 불성실한' 것이었는지도 모른다. 왜냐하면 제자들을 홀로 남겨 두었기 때문이다. 그러나 그리스도는 '나는 너희들을 고아로 남겨 두지 않으리라' 했다. 따라서 무상하게도, 신적인 방식으로 역사의 순간을 넘어 작용하지 않는 것은 인간의 업보일는지도 모른다.

29) 기쁨(Freude): 성령과의 연관에서 자주 '기쁨'이 언급된다. 성령의 약속으로서 그리스도는 기쁨의 약속을 역시 특별하게 강조한다.(요한복음 16장 20~24절)

30) 첫 초고에는 '하여/ 어두움 속에서도 피어나는 영상들은 반짝이도다'로 되어 있었다. 신성을 대신해 작용하는 자연의 힘은 역사의 한밤중에도 예지와 마찬가지로 빛나고 있다.

31) 이중으로 인식되었을 때(wo Zweifach/ Erkannt): 엠마오의 두 제자, 빵조각에서 그리스도를 인식했던 두 사람을 암시한다. 그러나 이중으로 인식된 현실이라는 것은 보다 큰 객관성을 소유하고 있다는 의미를 지닌다.

32) 머릿단을 움켜 잡았다. (die Locken ergriff es): 사도가 사명의 의식을 깨닫는 순간에.

33) 128행~135행(그리고 그것은 예언된 것이 아니라... 손길을 건네었을 때): 바로 앞선 시구가 갑자기 중단되고 나서 이제 이어지는 128~135행은 그 갑작스러운 중단의 의미를 알아차릴 수 있도록 해 주고 있다. 차츰 확대되는 고독의 운명과 신으로부터 멀어지는 운명은 우선 몇 가지 신적으로 감동된 위대한 순간에 의해서 중단되었다고 한다. 이러한 순간들은 '예언된 것이 아니며', 고지되었거나 예비된 것이 아니라, 아무런 준비 없이 '갑작스럽게' 그 제자들에게 닥쳐왔다. 이러한 갑작스러움은 '머릿단을 움켜잡다'와 같은 어법에서 느낄 수 있다. '멀리 서둘러 가면서 신이 뒤돌아보는' 위대한 순간들에 대해서는 성서에서 인용하고 있다(특히 요한복음 20장과 21장). '그렇게 신이 멈추도록' — 그렇게 해서 멀리 서둘러 가는 신이 그 계속된 행진을 중지하도록, 제자들은 '천상적인 정신이 일치하였던' 그러한 공동체의 힘을 통해 신성을 멈추게 하기 위해서, 또한 작별과 고독의 정신인 악령을 불러 쫓기 위해서 서로 손길을 내 뻗친다.

34) 아름다움(Schönheit): 시편 45편 3절 그리스도를 지칭하는 예언. '그대는 사람들의 자식들 중 가장 아름다운 자이라'.

35) 139행~140행(천상적인 것... 기억 속에 함께 살고 있었다): 여기에서 '천상적인 것 그를 가리켰을 때'는 예수의 요단 강에서의 세례를 고대의 표상과 함께 융합시키고 있다. 신적인 정령은 세례를 통해서 강림하고 하늘의 한 목소리를 외치는 탓이다. '영원한 수수께끼...'는 그리스도의 죽음 이후 시작된 분열과 고립이 한 때 기억 속에서나마 함께 살았던 이들이 적대적인 분파로 갈라져 역사 속에서 그 정점에 달했음을 나타낸다.

36) 141행~143행(그들이 서로를 이해할 수 없고... 덮쳐 버릴 때): 신을 잃고만 시대의 모습이 다른 측면에서 묘사되고 있다. 궂은 날씨, 모든 것을 휩쓸어 가는 홍수.
37) 무엇이란 말인가?(was ist dies?): 시「므네모쉰네」제34행 참조.
38) 151행~158행(그가 키를 들고... 나쁠 게 없다): 키질하는 자의 모습은 성서의 곳곳에 나온다. 「룻기」3장 2절의 보아스 등. 특히 이 시구는 마태복음 3장 12절의 묘사와 유사하다.
39) 하나의 동상(ein Bild): 여기서는 청동의 입상(立像)
40) 163행~175행(말하자면 광맥이... 더 이상 인간들 가운데 효험이 없다): '하나의 동상'을 지어 가질 수 있는 시적인 능력은 신성을 단지 역사화 시키는 공허한 설정으로 잘못 빠져서는 안 되며 신성에 대한 서두르는 동경으로부터 초래되어서도 안 된다. 종교는 결코 '실증적' 구성이 될 수는 없는 것이다. 이렇게 될 때 경건하게 기다리지 않으면 안 되는 신성의 현재화는 분별없이 서두르는 것이 될는지 모르며, 올바름과 충만된 삶 대신에 '거짓됨', 일종의 우상, 모든 삶의 질서를 뒤집어 놓는 왜곡된 우상이 들어설지도 모른다.' 그렇게 되면 인간적인 것 더 이상 인간들 사이에 효험이 없다. 원문 172행의 sie(그들)는 불멸하는 자들, 천상적인 자들을 의미함.
41) 불멸하는 자들의 운명(unsterblicher Schicksal): '불멸의 운명'이 아니라, '불멸하는 자들의 운명(Schicksal der Unsterblichen)'임.
42) 종말(Ende): 중간적 시간의 종말, 새로운 충만된 시간의 시작.
43) 시「빵과 포도주」에서도 '지고한 자의 환희에 찬 아들'은 암호의 표지라고 불리고 있다.(155행)
44) 노래의 지휘봉(der Stab/ Des Gesanges): '그리고 나면 노래의 시각이다 Dann ist die Zeit des Gesanges' 라고 초고에는 되어 있다. 문학은 신들의 재림에 있어서 각별한 과제를 수행해야만 한다. 이러한 문학에 주어져 있는 마법적인 힘이 '지휘봉 Stab' 으로 표현되어 있다. 노래의 이 마법적 지휘봉은 천상적인 것들로 하여금 지상에 내려올 것을 신호한다. 그런 일이 어떻게 해서 일어나는지는 '왜냐하면 아무것도 천한 것이 없기 때문'이라는 시구에 담겨 있다. 세계가 신으로부터 떨어져 한밤의 상황에 있기는 하지만, '천한 것'은 아니며 스스로의 내부에는 드높은 삶으로 상승할 만한 힘을 가지고 있다. 그렇기 때문에 노래는 '죽은 자들'을 일깨울 수도 있다.
45) 날카로운 빛살(scharfen Strale): 직접적인 신적 존재의 임재라는 '날카로운 빛살' 가운데서는 아직도 '겁먹은 눈들'은 현혹을 면치 못한다. 따라서 그들은 성스러운 문자를 읽음으로서 가능한 간접적인 만남을 좋아한다. '익히는 üben' 일은 직접적인 신과의 만남을 위해 그들이 충분히 강하게 될 때까지의 노력을 뜻한다. 성서의 경건성을 드러내 주는 시구이다.
46) 그대를(Dich): 홈부르크의 방백. 14연의 서두 시인 자신과 방백을 천상적인 것들의 은총 아래 놓고 노래하면서 앞선 시연에서의 시인 자신에 대한 묘사와 균형을 이루려 하고 있다.

47) 천둥치는 하늘에／ 그의 징표는 고요하다(Still ist sein Zeichen/ Am donnernden Himmel): 번개 ― 더 이상 만날 때도 아니고 그렇다고 다시금 직접적인 신의 현시가 이루어지는 시간도 아니다. 때문에 번개는 내면에 자제하고 있는 것이다. '고요하다'는 이를 두고 이른 말이다. '영원한 아버지'와 인간 사이의 중재자로서 그리스도는 아버지의 징표 아래 있다. '그리스도는 아직 살아 있기에' 이 말은 교회에서 계속 살아 있는 그리스도라는 전통적인 관념에 부응하고 있다. 휠덜린은 제8연에서 십자가에서의 죽음을 넘어서 이렇게 살아 있는 그리스도를 정신의 보냄으로 노래했다. 그리스도의 유일한 특성은 다른 영웅들과는 달리 영적으로 계속 살아 있다는 점이다. '그러나 영웅들, 그의 아들들 모두 도래했고'라 했는데, '그러나'라는 말이 강조되는 '한 사람'에 대칭해서 '모두'를 강조하려 할 때 비로소 이 시구에 바른 의미를 부여하게 된다. 두 낱말 사이의 긴장이 드러나기 때문이다. 그리스도의 유일한 장점과 우선권에도 불구하고 결국은 신적인 현현의 총체성이 문제시되는 것이다. 모든 영웅들(고대의 반신들)도 그리스도와 마찬가지로 '영원한 아버지의 아들들'이다. 이 모두가 그 아버지를 위해서 작용하고 또 그의 현존을 고지하고 있다. '성스러운 문자', '지상의 행위들' ― 역사적인 사건들 가운데 '그는 함께 한다'. 즉 '영원한 아버지는 함께 한다'. 이어지는 210~211행은 사도행전 15장 18절의 구절을 빌리고 있다.

48) 천상의 것들의 영광(Die Ehre der Himmlischen): 144~145행 '반신과 그 종족의 명예도 바람에 날리고' 참조.

49) 어떤 힘이 우리의 마음을(das Herz uns eine Gewalt): 원문 읽기에서 조심할 일은 '마음'이 목적어이며 '어떤 힘'이 주어라는 점이다. 우리가 신성에 대해 그렇게 무감각해서 우리의 마음이 신성의 너무 명료한 표지를 마치 강제적인 힘에 의해서인 양 아끼게 되는 것은 부끄러운 일이다.

50) 217행~226행(천상의 것들... 독일의 노래 이를 따라야 하리라): 두 번에 걸쳐서 총체성의 사상이 재차 제기되고 있다. '천상적인 것들 각기'가 그 하나이며 '삼라만상을 다스리는, 아버지'와 '어머니 대지'가 그 다른 하나이다. '위대한 아버지'가 멀리 있는 동안, 어머니 대지가 대신해서 신적인 공경을 받는다. 신이 멀리 있는 시대에서 같은 기능을 '태양의 빛'이 또한 지니고 있다. 어머니 대지와 태양의 빛은 포괄적 자연의 영역을 체현하고 있다. 이 자연을 통해 아버지는 간접적으로 우리에게 말을 걸어온다. 앞선 시연에서의 '지상의 행위들', 역사와 '성스러운 문자'도 모두 아버지의 간접적인 작용의 장이다. 신성의 이러한 간접적 작용은 넓게 깔린 밤의 시대에 관련된 것들이다. 이 아버지는 봉헌에 노래도 가담해야 한다. 성스러운 문자, '확고한 문자'의 해석은 이 때 특별한 위치를 지닌다. 확고한 것 그리고 현존하는 것 따라서 유일하지는 않지만 확실한 실마리를 노래는 제시하기 때문이다. '독일의 노래 이를 따라야 하리라'. 이 말은 두말할 나위 없이 독일의 시인은 그러한 자신의 위치에 순종하고 실천해야 한다는 뜻이다.

| 해설

이 작품은 1803년 여름과 가을에 걸쳐 쓴 것으로 친우 징클레어를 통해서 홈부르크의 방백에게 헌정된 작품이다. 전체 15연으로 역시 3연 1단의 구조를 가지고 있다. 매 시연은 15행(단 10연 예외)을 가진 장시이다. 이미 부분적인 주석을 통해서 드러나고 있는 바처럼 비가 「빵과 포도주」의 원대한 역사적 전망이 「파트모스」에서도 반복되고 있다. 그러나 그 출발점은 더 이상 그리스적인 '한낮'이 아니라, 그리스도의 순교사 및 사도행전의 시대이다. 눈에 떠올릴 수 있는 공간이 '복된 그리스'가 아니며, 사도 요한의 섬인 '파트모스'인 것도 그러하다. 찬가「평화의 축제」나 「유일자」에서 시도되는 것과 같은 그리스도와 고대 신들의 화해적인 평정이 이 시의 핵심을 이루고 있지 않으며 시대의 중심으로서 그리스도가 문제의 중심을 이루고 있다.「빵과 포도주」처럼 내용과 구성이 모두 3연 1단의 리듬을 보존하고 있는데, 다 같이 시대의 궁핍으로부터 앞서간 세계의 시대가 환상적인 전망으로 시인에게 대두되고, 그 대립이 다가오는 시대에 대한 희망으로 지양되고 있다. 그러나 그 중점은 비가와는 달리 그리스도로부터 다가온 '저녁'에 주어져 있다. 그리스도는 '하나의' 신이며 영원한 아버지의 아들들, 천상적인 것들의 한 사람이다. 그러나 이 그리스도가 비가에서보다는 보다 본래적인 것으로, 다른 천국적인 것들과는 구분되는 자로 강하게 대두된다. 그럼에도 불구하고 이 「파트모스」찬가나 기타 후기의 다른 작품 어디에서고 다른 신들과 그리스도의 상이 의문의 여지없이 명쾌하게 관련지어지고 해명된 것은 찾을 수가 없다. 이 문제는 여전히 남겨진 휠덜린 문학의 해석상의 문제이다. '그리스도 찬가'로 잘 알려진 이「파트모스」에서조차 시연을 더해 갈수록, 그의 송가에서 찬미되고 있는 신적 자연의 힘이 역시 '영원한 아버지'의 존재를 대신하는 위치로 부각되고 있는 것이다. 시인은 교리에 입각한 기독교 보다는 참된 종교에 대해서 생각하고 있으며, 그것이 순수한 독일문학의 전제라는 것을 이「파트모스」에서 제기하고 있다.

사랑스러운 푸르름 안에...

| 주석

1) 인간은 그것을 본떠도 무방하리라(Der Mensch darf das nachahmen): 앞 구절에 나오

는 '영상들'은 구체적으로 교회 안에 있는 성상(聖像)이나 성화를 의미한다고 본다. 그것들의 단순성과 성스러움을 필설로는 다 할 수 없다. 그것들은 '천국적인 것'과 관련되어 있다. 그렇지만 그 본질이 무엇인지 인간에게 알리지 않는다. 인간은 그것들에 뒤지지 않으려고 노력할 뿐이다. 그런 의미로 읽는다. 에베소 5장 1절 "여러분은 하나님을 닮으시오"를 연상시킨다.

2) 신은 알 수 없는 존재인가?(Ist unbekannt Gott?): '신은 알 수 없는 존재'라는 관념이 그 당시에도 널리 퍼져있는 사상이었다. 그러나 범신론적인 입장에서 보면 하늘은 '열려져' 있고, 신은 도처에서 알아볼 수 있다. 횔덜린의 시 스케치 한편은 이를 이렇게 고백하고 있다.

신이란 무엇인가?

신이란 무엇인가? 알 수가 없다. 그렇지만
하늘의 얼굴은 그의 본성으로
가득하다. 말하자면 번개는
신의 분노이다. 어떤 것이
보이지 않으면 않을수록, 낯선 곳으로 자신을 보낸다. 그러나
천둥은 신의 명성이다. 불멸영원에 대한 사랑은
우리들의 것과 마찬가지로,
신의 재산이다.

WAS IST GOTT? ...

Was ist Gott? unbekannt, dennoch
Voll Eigenschaften ist das Angesicht
Des Himmels von ihm. Die Blitze nämlich
Der Zorn sind eines Gottes. jemehr ist eins
Unsichtbar, schicket es sich in Fremdes. Aber der Donner
Der Ruhm ist Gottes. Die Liebe zur Unsterblichkeit
Das Eigentum auch, wie das unsere,
Ist eines Gottes.

따라서 "신은 알 수 없는 존재인가? 신은 하늘과 마찬가지로 열려 있는가? 나는 차라리 후자를 믿는다"고 노래하고 나서 "그것이 인간의 척도"(Des Menschen Maaß ist's)라고 읊고 있다.

3) 온통 이득을 찾으며, 그렇지만 인간은 시인처럼 이 땅 위에 살고 있다.(Voll Verdienst,

doch dichterisch, wohnet der Mensch auf dieser Erde): 시 「마치 축제일에서 처럼...」 에 "그러나 우리들에게는 신의 뇌우 아래서도/ 그대 시인들이여! 맨 머리로 서 있음이 마땅 하도다"라고 읊고 있으며, 시 「유일자」의 종결구는 "시인들은 또한 성직자답고도 세속적이 어야만 한다"고 하고, 시 「회상」에서는 "그러나 머무는 것은 시인들이 짓는다"고 읊고 있 다. 이러한 시구들과 똑같은 맥락에 서 있다.

다만 '깃들다' '살고 있다'(wohnen)라는 어휘에 주목할 필요가 있다. 그것은 지상을 거 주할 만한 곳으로 만들면서 현실을 '살아나가는' 인간의 본질적인 행위를 뜻한다. 현세적 인 삶을 나타내는 "온통 이득을 찾으며"라는 시구는 '수고로움과 일'(Mühe und Arbeit; 시편 제90장 참조)에 연관되어 있는 것 같다. 그러나 이 수고와 일은 "시적이다". 시인은 우 리 인간의 모든 현세적인 수고에도 불구하고, 또는 그러한 수고스러움 가운데에서도 신적 인 것에 대한 연관을 걱정하고 천국적인 척도를 인정하며 그것에 따라서 지상에서의 거처 를 마련하는 일은 "시적이다"라고 말하고 있다.

4) 신성의 영상(ein Bild der Gottheit): 인간은 신에 귀속되고 신에 의해서 제약된다. 신 없 이는 존재할 수 없는 인간은 그러니까 별들로 가득한 밤보다도 더 순수하다. 1800년 3월 5일자 쥬제테 공타르가 써 보낸 편지의 뒷면에 시인은 이렇게 읊고 있다.

인간의 삶이란 무엇인가...

인간의 삶이란 무엇인가 ― 신성(神性)의 한 영상이다.
세속의 사람들이 모두 하늘 아래를 떠돌 때 이들은 하늘을 본다.
그러나 어느 문자를 들여다보듯이, 읽는 가운데
인간은 무한을 본뜨고 풍요로움을 본딴다.
단순 간결한 하늘이 도대체
풍요롭단 말인가? 은빛 구름들은
활짝 핀 꽃과도 같다. 그러나 거기로부터
이슬과 습기가 비처럼 내린다. 그러나
푸르름이 꺼져 버리면, 그 단순성은
마치 대리석을 닮은, 단조로움은 광석처럼,
풍요로움의 표시처럼 보인다.

WAS IST DER MENSCHEN LEBEN...

Was ist der Menschen Leben ein Bild der Gottheit.
Wie unter dem Himmel wandeln die Irdischen alle, sehen
Sie diesen. Lesend aber gleichsam, wie

In einer Schrift, die Unendlichkeit nachahmen und den Reichtum
Menschen. Ist der einfältige Himmel
Denn reich? Wie Blüten sind ja
Silberne Wolken. Es regnet aber von daher
Der Tau und das Feuchte. Wenn aber
Das Blau ist ausgelöschet, das Einfältige, scheint
Das Matte, das dem Marmelstein gleichet, wie Erz,
Anzeige des Reichtums.

횔덜린은 뵐렌도르프에게 보낸 한 편지에서 "그렇지 않아도 우리는 스스로 어떤 생각을 지니고 있지는 않다네. 오히려 생각은 우리가 짓는 성스러운 영상에 속하는 것이네"(Sonst haben wir keinen [Gedanken] für uns selbst; sondern er gehöret dem heiligen Bilde, das wir bilden)라고 쓴 적이 있다.

5) 한송이 꽃도 태양 아래 피기 때문에 아름답다(Auch eine Blume ist schön, weil sie blühet unter der Sonne): 아름다움은 꽃의 고유한 질감이 아니고 아름다움은 태양으로부터 유래한 것이다. 꽃의 아름다움은 신적인 것의 반영일 뿐이다.

6) 눈으로부터는 눈물이 솟는구나(Tränen quillen aus dem Auge): 시 「디오티마에 대한 메농의 비탄」에서 자신의 영혼이 굳어져 버린 듯 비탄해서 "나의 눈으로부터 다만 차갑게 자주 눈물이 스며나오네" (Nun vom Auge mir kalt öfters die Tränen noch schleicht) 라고 노래한 적이 있다.

7) 나는 하나의 행성이기를 원하는가? (...) 행성은 불길에 닿아 피어오르며 순수에 기댄 아이들과도 같기 때문에(Nicht' ich ein Komet sein? (...) sie blühen an Feuer, und sind wie Kinder an Reinheit): 행성의 빠르기를 말한 것으로 볼 때, 운석(隕石)과 같은 것을 떠올릴 수 있다. 행성이 천국과 지상 사이를 가로 지르는 일, 그것은 시적과제와 같지는 않은가. 뜨거운 불길과 그 순수성이 더욱 더 시인됨에 연관된다. 횔덜린은 "천국의 날개처럼, 자유롭게"(frei, wie Fittige des Himmels) 날고 있는 새들의 영상과 시인을 연관시켜 노래한 적이 자주 있다.

8) 본성에 따라 그리고 감성에 따라 단순하기 때문(Weil sie einfach ihrem Wesen nach und ihrem Gefühl): 인간됨의 본성을 전원에 놓여 있는 한 아름다운 성처녀의 상이 상징적으로 나타내 준다. 그것은 하나님 앞에 서 있을 수 있는 인간됨의 전형으로서 찬미되는 동정녀 마리아의 상이다. 횔덜린의 유작(遺作) 중에는 1801/1802년에 쓴 164행에 달하는 「마돈나에게」(An die Madonna)가 있다.

9) 그 모습은 남자를 닮았다(es gleicht dem Mann): 어떤 한 사람이 거울을 들여다본다. 그는 자신과 마주하고 있는 영상이 "남자를 닮았다"고 말하고 있다. 즉 신성을 닮은 것이 아

닐뿐더러 정원의 아름다운 동정녀를 닮지도 않았다는 것이다. 제자신에 대한 혐오가 엄습함을 뜻한다.

10) 어쩌면 하나의 눈을 더 많이 가지고 있는지도 모를 일이다(Ein Auge zuviel vielleicht): 여기서는 외디푸스왕이 문제시된다. 이 지상에서 제자신이 원인이었던, 너무도 몸서리쳐지는 일을 보아야만 했기 때문에, 자신의 눈을 더 이상 뜨고 있을 수 없었던 외디푸스 왕, 그가 눈을 찔러본들 무슨 소용이 있는가? 그는 전율할 눈 찌르기를 통해서도 눈멀게 할 수 없었던 또 다른 하나의 눈을 지녔던 것이다.

11) 마치 시냇물처럼 종말은 나를 낚아 채간다(Wie Bäche reißt das Ende von Etwas mich dahin): 소포클레스의 『외디푸스 왕』(횔덜린은 이 작품을 독일어로 번역했었다)의 구절. "아 아, 악령이여, 그대 어디로 낚아채 가는 것인가?"(Io! Damon! wo reißest du hin?) 라는 외디푸스의 외침과 이에 대한 합창대의 대답 "말할 수 없이 무섭고, 차마 볼 수 없이 저 힘센 곳으로"(In Gewaltiges, unerhört, unsichtbar)를 떠올리게 한다. 이 때 "저 힘센 곳"은 아시아를 일컫는다. 아시아는 미지의 땅이거니와 무엇보다도 외디푸스가 대면하고 있는 어떤 "무절제성"(Maßloses)를 상징하기 때문이다.

12) 말하자면 헤라클레스처럼 신과 다투는 일, 그것이 고통이다(Nemlich wie Herkules mit Gott zu streiten, das ist Leiden). 이 구절은 바이프링어의 기록에 따르면 이태릭체로 강조되어 있다. 외디푸스, 헤라클레스, 디오스쿠렌 모두가 고통받는 영웅들의 표본이다. 원치 않으나 운명적으로 신과 다툰다는 것은 생각해 볼 수 있는 것 가운데 가장 큰 고통이다. 아폴론의 사랑을 훔치고 나서 아폴론과 싸움을 벌이게 된 헤라클레스, 헤라여신의 분노에 의해 쫓김을 당하게 되는 이 영웅의 전체적인 삶은 고통으로 규정된다.

13) 그렇지만 어느 인간이 많은 점들로 온통 덮여 있다면 그것 또한 하나의 고통이다!(Doch das ist auch ein Leiden (...) mit manchen Fluchen ganz überdeckt zu sein!): 1802년 11월 뵐렌도르프에게 보낸 편지에서 횔덜린은 "영웅을 따라서 말하자면, 아폴로가 나를 내리쳤다고 말할 수 있으리라"(wie man Helden nachspricht, kann ich wohl sagen, daß mich Apollo geschlagen)이라고 말하고 있다. 시인은 태양의 신이며, 시인의 신이기도 한 아폴론에 의해서 피폐해진 자신의 모습이 주근깨, 얼룩짐으로 뒤덮힌 것으로 의식한다. "얼룩짐"에 대해서는 『외디푸스 왕』의 한 구절을 떠올리게 된다. 외디푸스 왕이 눈을 찔러 앞을 못보게 된 상태로 집으로 돌아오자 합창대가 노래한다: "아 그대 무서운 일을 행하셨군요! 어떻게 그대의 눈을/ 그처럼 얼룩지게 할 수 있었습니까, 어떤 악령이 그대를 그렇게 내몰았는가요?"(O der du hast gewaltiges! wie konntest du/ Dein Auge so beflecken, welcher Dämon trieb dich?) 이에 대해 외디푸스는 대답한다. "아폴론이다, 아폴론이었다, 오 그대 사랑하는 자들이여,/ 그러한 불행을 가져다 준 자,/ 여기 나의, 나의 고통을 가져다 준 자는 아폴론이었다."(Apollon wars, Apollon, o ihr Lieben/ Der solch Unglück vollbracht,/ Hier meine, meine Leiden).

14) 그리스의 불쌍한 이방인(armer Fremdling in Griechenland): 외디푸스는 자신의 나라에서 낯선 사람이 되었고, 고향은 떠나기에 앞서 그에게는 낯선 곳이 되고 말았다.
15) 삶은 죽음이고 또한 죽음도 역시 하나의 삶이다.(Leben ist Tod, und Tod ist auch ein Leben): 신들이 한 인간에게 죽음으로 고통케할 때에도 그 안에는 삶이, 생명이 포함되어 있다. 이것은 역설이 아니라, 하나의 진리이다. 찬가 「파트모스」의 서두에서 읊은 것과 다르지 않다.

> 가까이 있으나
> 붙들기 어려워라 신은.
> 그러나 위험이 있는 곳에
> 구원 또한 자란다.

| 해설

이 작품은 횔덜린이 쓴 것이라는 확실한 증거가 없는 "저자가 의심스러운 작품"이다. 이 작품은 바이프링어(Waiblinger)가 쓴 소설 『파에톤』(Phaëton)에 「파에톤의 마지막 기록」이라고 표제되어 실려 있다. 이 부분이 횔덜린 작품으로 보이는 까닭은 바이프링어가 1822년 6월 정신착란을 앓고 있는 시인 횔덜린을 방문하고 나서 일기장에 자신이 소설 집필에 열중하고 있다고 하면서 "횔덜린의 이야기를 말미에 이용하겠다"고 적은 것에서부터 출발한다. 그 일기장에는 계속해서 "나는 그의 원고 한 뭉치를 손에 넣게 되었는데, (…) 나는 그런 원고를 또한 청했다. 핀다르식으로 자주 반복되는 '말하자면'이라는 단어가 아주 눈길을 끈다. 그는 이해가 될 만할 때에는 고통에 대해서, 외디푸스에 대해서, 그리스에 대해서 말한다. 우리는 헤어졌다"고 썼다. 그리고 소설 『파에톤』 — 광기에 붙잡힌 조각가이자 시인인 파에톤을 주인공으로 한 소설 — 을 쓴 것이다. 그가 청해 받은 원고가 그대로 이 「사랑스러운 푸르름 안에…」라고 볼 수 있다. 여러 증언들이 있지만, 주석에서 제시한 바대로, 시 안에 나타나는 횔덜린적 특징들이 명확히 이를 증거해 준다. 예컨대 갑작스러운 사유의 비약, 지나치게 많이 등장하는 "그러나"와 "말하자면"과 같은 사유의 불연속성, 웅얼거리는 듯한 혼잣말로의 전환, 모음의 중복과 스타카토식의 시행의 흐름이 그것이다. 이런 특징들은 1803/1805년의 횔덜린 작품의 양식적 특징들이다.

하이데거는 이 시를 가리켜 "거대하며 동시에 무서운 시"라고 평가하고, 뵈쎈슈타인도 "횔덜린의 위대한 외디푸스—시"라고 말했다. 이 작품은 횔덜린 시대와 그의 작품세계에서도 낯선, 나중에 보들레르가 그처럼 애호했던 산문시의 형상을 가지고 있다. 자세한 해설은 졸저 『지상에 척도는 있는가 — 횔덜린의 후기문학』, 180쪽이하 「지상에 척도는 있는가 — 횔덜린 또는 작자 미상의 시 '사랑스러운 푸르름 안에…'에 대한 해석」 참조.

6. 삶과 죽음

그때와 지금

| 해설

앞의 시와 같은 때에 쓴 알케이오스 시연의 송가이다. 고뇌에 찬 젊은 날, 희망을 가지고 하루를 시작하지만 역시 제자리로 돌아왔던 경험과 이제 달라진 마음가짐, 겸허한 하루의 시작과 그 끝의 만족감이 잘 대칭되어 있는 작품이다. 이러한 대칭은 알케이오스 시연의 특성으로부터도 도움을 받고 있다. 첫 행 초입의 '젊은 jung' 과 두 번째 행 말미의 '나이든 alt' 이 대립되고 첫 행 말미의 '즐거운 froh' 과 두 번째 행 초입의 '울다 weinen' 가 격자로 대립되어 있어, 1~2행의 내용적 대립을 나타내며 3~4행에서도 '시작하다 beginnen' 와 '종말 Ende' , '의심스러워하며 zweifelnd' 와 '성스럽고 유쾌한 heilig und heiter' 의 대립으로 3행과 4행의 내용적 대립이 확연히 드러난다. 이러한 대립은 결국 하나의 최고의 의식에 이르게 만든다.

즉 한낮은 이 세계의 불협화를 바라다 보는 가운데 절망적으로 시작되지만 이러한 불협화는 '마치 사랑하는 자들의 다툼처럼' (소설『휘페리온』의 마지막 구절)보다 위대하고 포괄적인 삶의 연관아래 해소된다. 때문에 한낮의 '종말' 은 '성스럽고 유쾌한 것이다'. 이러한 지양과 포괄은 우리가 이를 수 있는 최고의 의식 상태에서 일종의 완성을 표현해 주는 것이다.

고별

| 해설

1799년 여름에 쓴 시로 보인다. 세 번에 걸친 부름('착한 가슴이여', '나에게 사랑스러웠던 그대', '그대 사랑스러운 수호의 정령이여!')은 멀리 있는 디오티마를 향하고 있다. 디오티마는 세 부분으로 나누어 (1-2연, -3연 - 4-5연) 대칭을 이루고 있는 구조에서 첫 2개의 부분을 차지하고 있다. 세 부분 각기는 고별의 특별한 방식을 노래하고 있다. 우선 첫 2개 시연에서 사랑하는 이로부터의 작별을 그녀에 의해서 망각되는 일로 이해되고, 불확실한 미래, 굴욕에 가득 찬 죽음의 경우로 연결된다. 두 번째 부분, 즉 3연은 실제로 일어난 작별이 망각이라는 정신적인 작별에 앞서서 가지고 있는 끔찍한 우선성을 인식하고 있다. 이 사실적인 작별은 죽음을 피할 길 없이 가까이로 가져오고 있다. 완벽한 고립으로부터 이제는 아무런 조건도 없는 고별로서의 죽음을 불러오고 있는 마지막 4-5연이 이를 반영하고 있다.

죽음의 점차적인 다가섬은 1) '~한다면 그때는... 그러나 앞서서는 아니다!' 2) '곧' 3) '내일보다는 차라리 오늘'이라는 시간 부사구의 순차적 전개에 나타난다. 그러나 죽음은 여전히 다가오고 있는 그 무엇으로 머물기 때문에 전체 시의 진행은 미래를 목표로 하고 있다. 단편적(斷片的)인 특성이 허락하는 한에서 판단하자면, 마지막 시어 '내동댕이치다'가 비로소 현재의 사건을 야기시킨다.

무게는 강력하게 드러나는 격자의 시어 배치 - '고통이 나를, 나를 살해자가' - 가 생성시키고 있다. 처음으로 등장하는 실제적인 현재형이 또한 그 무게를 낳고 있는 것이다. 이 시는 횔덜린이 쓴 가장 절박한 시의 하나이다. 첫머리에서 단지 미래의 한 가능성인 적들에 의한 정령의 패배가 끝에 이르러 실제 이미 나타난 것으로 느껴진다. 단순한 이별이 아니라, 죽음으로 예감되는 고별(告別)의 시이다.

삶의 행로

| 주석

1) 활(Bogen): 그리스의 철학자 헤라크리트(Heraklit)의 단편 제 51번 '당신들은 하나가 서로 상반되어 갈리면서도 일치되어 가는 것을 이해하지 못합니다. 서로 달리 지향하는 일치,

활과 리라 악기에 있어서의 그 일치 말입니다'에서 따오고 있다. 플라톤도 『향연』에서 이 구절을 그대로 인용하고 있다. (187a)

2) 위를 향하거나 아래로 내려오거나(Aufwärts oder hinab!): 역시 헤라크리트의 단편 60번에서 그대로 차용한 말이다. 위로 향한 길이나 아래로 향한 길은 하나이며 동일한 것이다. — 1796년 6월 동생에게 보낸 편지에서 휠덜린은 '성스러운 밤에는 어쩌면 우리는 이 삶과 죽음의 중간적 위치를 벗어나 아름다운 세계의 무한한 존재로, 우리가 떠나온 영원히 젊은 자연으로 돌아가고자 동경하고 있는지 모른다. 그러나 모든 것은 자신의 한결같은 길을 가고 있을 따름이다'라고 쓰고 있다.

3) 당초 이 시구는 '명부 가운데서도/ 하나의 사랑스런 숨결 쉬고 있지 않은가?'로 되어 있었다.

4) 신약성서 데살로니가 전서 제 5장 21절. '그러나 모든 것을 시험하여 선한 것을 취하고'와 같은 의미.

5) 길러져(genährt): 본래의 광의의 뜻으로 사용되고 있다. 중고 독일어 'nern'은 치료하다, 건강하게 하다, 구원하다, 생명을 유지케 하다의 뜻이다.

| 해설

프랑크푸르트 시절에 썼던 에피그람을 1800년 여름 확대시킨 아스클레피아데스 시연의 송시이다.

에피그람 형태의 4행 송시에 최초로 나타나는 '활(Bogen)'은 이 확장된 송시에도 그대로 남겨져 있는데, 그것은 시인의 삶과 운명에 대한 확고한 사상을 나타내 주고 있다. 궁형을 이루고 있는 활의 이미지는 무한히 뻗어나려는 정신적 동경과 사랑으로 표현되는 감성의 제자리로 되돌아오려는 충동 사이의 팽팽한 긴장을 나타내 주고 있다. 이러한 긴장의 궁형은 인간적인 삶의 경로이다. 시인은 이 '삶의 행로'에서 이러한 궁형의 길(Bahn)을 부질없는 것이 아닌 것으로 그리고 있다. 프랑크푸르트 시절의 초고와 이 확대된 송시를 쓴 기간 사이에 시인은 디오티마와 헤어졌고, 잡지 발간의 계획도 무산되었으며, 희곡 『엠페도클레스의 죽음』도 중간에 쓰기를 포기했었다. 휠덜린은 이 시절 고뇌 속에 빠져 있었음을 토로한 바 있다. 그러나 이 송시를 통해서 그 고뇌와 고통을 긍정하며, 보다 당당한 해방을 증언하고 있는 것이다. 그것은 가장 깊숙한 곳, 한 밤에서조차도 신적인 '곧바름 Recht'이 지배하고 있다는 신념에 기반한다. 성서 시편 139편을 연상시키는 심상이 이 '삶의 행로'를 꿰뚫고 있는 것이다. 모든 지상의 생명체가 보상의 법칙 아래 놓여 있으며, 그것은 일종의 신적 법칙인 것을 시인은 '배워 알고 있다 erfahren'. 천상적인 것이 보존하는 우주의 삶은 한껏 분기충천하는 신적인 삶이 아니라, 서둘러 맹목으로 내닫는 것을 머물러 생각하는 삶이다. 횔덜린은 바로 인간이 당하는 고충과 고뇌를 그러한 천상적인 법칙의 작용으로 믿고 있다. 대상을 통해서 의식이 형성되듯이 가장 지고한 의식은 가장 거대한 저항에서 생겨난다. 신적인 것은 사랑 가운데에서도 체험하지만, 고통 가운데서 더욱 절실하게 체험되는 것이다. 이러한 의식 가운데서 모든 것에 감사함을 배우고 더욱 자유롭게 인간은 자신이 갈 길을 두려워하지 않고 갈 수 있다.

엠페도클레스

| 주석

1) 프리니우스는 『자연사 Naturgeschichte』에서 이집트의 여왕 클레오파트라가 안토니우스와 마주하고 한번의 식사에 천만 세스헤르젯 — 엄청난 금액 — 을 먹어치울 수 있다고 자신 있게 말했고, 값비싼 진주를 포도 식초에 넣어 녹인 후 다른 음료에 섞어 넣었다고 전하고 있다.
2) "그대의"라는 단어가 클레오파트라의 전혀 다른 재산과 구분하려는 의도로 강조되고 있다.

| 해설

횔덜린은 "시인의" 재산과 "영웅"에 대해서 말하는 가운데 우선 역사적으로 전래되고 있는 사실을 암시하고 있다. 역사상의 엠페도클레스는 시인이었다. 또 그는 조국인 아리겐트에서의 실질적이며 행정가로서의 활동을 통해서 영웅의 반열에 놓였다. 이를 넘어서 횔덜린은 시적인 것과 영웅적인 것의 원리적인 차원을 의미하고자 한다. 이것의 본래적인 "재산"은 인간적인 척도를 넘어서 있는 능력에 들어 있다. 제약된 현존재가 충족시킬 수 없는 어떤 내적인 무한성, 영원성으로 이루어져 있다는 것이다. 이 영원성은 자체에게 알맞은 무한성으로 해방되기 위해서 개별적인 형상을 희생하도록 요구한다. 횔덜린은 미완성의 드라마 『엠페도클레스』에 대한 「기초」에서 엠페도클레스는 무한한 보편성의 성향 때문에 "시인으로 태어난" 것으로 보인다고 말한 바 있다. 엠페도클레스의 운명에서 그는 제 자신의 본성, 자신의 시인된 운명이 선취되어 있는 것을 느끼고 있는 것이다. 그러나 시인은 이 시에서의 시적 자아는 "영웅을 뒤따르고자", 그러니까 "총체를 향해서 가장 짧은 경로로 되돌아" 가고자 한다. 그러나 "사랑"이 그를 붙들어 잡는다. 사랑은 그를 삶 속에 잡아두고 머무름을 가능케 해주고 있다. 그렇기 때문에 이 시는 엠페도클레스적인 총체성으로의 투신 대신에 삶 가운데의 머무름이 들어서야만 한다는 횔덜린의 견해를 드러내고 있

는 작품이다. 이 시는 1797년에 처음 초고가 쓰였고, 1800년에 비로소 완성된 것으로 보인다.

영면(永眠)한 사람들

| 해설

이 비명(碑銘)은 횔덜린이 친구 크리스티안 란다우어에게 구술한 것인데, 슐레지어(Gustav Schlesier)의 증언에 따르면, 얕게 부각(浮刻)되어 있었다고 한다. 슈바프(Christoph Schwab)의 증언에 따르면 이 비명은 1800년 가을 란다우어의 집에서 구술되었다고 한다. 슈바프의 증언. "란다우어의 집에서 그는 편안함을 느꼈고 란다우어에게 우정에 감사함을 표현했다 (...) 또한 작은 기념물에 써 넣은 비명문도 전했는데, 그 제목은 「영면한 사람들」이었다."

1800년 6월 6일에는 크리스티안 란다우어의 동생인 크리스토프 프리드리히가, 8월 21일에는 란다우어의 아버지가 세상을 떠났었다.

희망에 부쳐

| 주석

1) 그림자처럼(den Schatten gleich): 그리스적인 믿음에 따르면 죽은 자들은 하계에서 침묵하고 말을 잃은 그림자로 살게 된다.
2) 콜히쿰(Zeitlose): 사프란 속의 구근식물. 약용식물. 가을에 있어 봄의 희망을 나타내는 은유.
3) 피어나는 별들(die blühenden Sterne): 이것들은 천국의 '꽃들'이다. 지상의 꽃들과는 달리 '언제나 즐거운', 영원하고도 꺼지지 않는 꽃들이다.
4) 천공(Äther)은 횔덜린에게 있어 범신론적으로 이해된 자연의 총체적 생명의 총화이다. 그리고 자연의 이러한 힘으로부터 언제나 새로운 '희망'이 샘솟는다.
5) 그대 아버지의 정원을 나와(Aus deines Vaters Gärten): 희망이 여기서는 지고한 신의 딸로 불리고 있다. 이 아버지의 영원한 꽃밭은 별들로 씨뿌려진 하늘이다.
6) 다른 형상으로서라도(mit anderem): 첫 육필본에 따르면 '불멸의 것들로 mit Unsterblichem'라고 씌어 있었다.

| 해설

이 송시의 첫 원고는 1800년 말경 홈부르크에서 쓴 것이다. 그 제목은 '청원 Bitte'이었다. 이 송시가 「밤의 노래들」의 하나로 빌만스의 '소책자'에 실리기는 했으나 다른 「밤의 노래들」 대다수와는 달리 횔덜린의 후기적 단계에 포함된다고 보기는 어렵다. 알케이오스 시연으로 되어 있다.

반평생

| 주석

1) 배 열매(Birnen): 들배의 열매. 1846년 판의 시집(Christoph Schwab 편찬)에는 '꽃들 Blumen'으로 되어 있으나 헬링라트(Hellingrath)에 의해 바로 고쳐졌다.
2) 성스럽게 깨어 있는(heilignüchterne): 이미 시 「독일의 노래」에도 'des heiligen nüchternen Wasser'라는 말이 등장하고 있는 바, 이 시에서 처음 쓴 것은 아니다. '이 성스럽게 깨어 있는 물'은 '깨어 있는 도취'(sobria ebrietas)로서 특별히 문학적인 관점이다. 즉 참된 문학은 감동과 심사숙고의 결합에서 생성된다는 것이다. 성스럽게 깨어있는 물은 완벽한 문학적 상태에 대한 은유라고 볼 수 있다. 1800년 12월 누이동생에게 보낸 편지에서 '지나치게 깨어 있는 allzunüchtern' 사람이 될까 봐 염려한다고 쓰고 있는데, 여기서는 이 '지나치게 깨어 있음'을 부정하는 뜻으로 'heilig'를 썼음직 하다.
3) 이미 고대로부터 꽃은 '말의 꽃'처럼 은유로 사용되었다.
4) 풍향기(Fahnen): 직물로 만든 깃발로 생각해서는 안 된다. 여기서는 양철과 같은 것으로 만들어 바람의 방향을 나타내는 기구(器具)이다.

| 해설

1803년에 쓴 작품으로서 횔덜린의 작품 가운데 그 내용과 형식이 가장 잘 균형을 이루고 있는 작품으로 일컬어지고 있다. 이 가장 아름다운 작품은 창작의 후기에 들어 선 횔덜린이 어떤 깊은 인식을 말하고 있다기보다는 특정한 시점에 선 시인의 현존재를 제시해 보여 주고 있다. 33세로 그의 생애는 중반에 이르렀으나 디오티마의 죽음 이후 그리고 보르도(Bordeaux)로부터의 귀향 이후 그가 무엇을 더 희망할 수 있었을까? 두 개의 시연은 아직도 생생한 기억 속에 놓여 있는 과거와 예감되는 미래 사이의 대칭을 감동적으로 표현하고 있다. '너희들 사랑스러운 백조들'이라는 부름은 1연의 중심에 자리하고 있다. '호수'와 '물'은 원문에서 각각 앞 3행과 뒤 3

행의 끝에 놓여 있다. 말하자면 한여름 대지의 뜨거움과 백조들의 도취의 뜨거움을 식히고 있다. 첫 시연은 조화 내지는 횔덜린 자신이 이론적으로 제기하고 있는 '일치적인 것의 대립'이라는 생동하며 충만된 균형을 나타내 준다. '대지'는 호수에 달려 있고, 백조들은 그들의 머리를 '성스럽게 깨어 있는' 물 속에 담그고 있다. 시 「디오티마에 대한 메논의 비탄」에서 '사랑하는 백조들'은 순수한 사랑의 상징이다. 「반평생」에서 이 사랑의 내면성은 한층 더 강조되고 있다. 백조들은 '입맞춤에 취해' 있는 것이다. 이리하여 삶의 온갖 결합이 생성된다.

  2연은 이와는 완전히 다른 삶의 동절기가 그려지고 있다. 이 현존재는 황량한 동결(凍結)에 귀속되고 있다. '겨울'과 '꽃'과 따뜻한 '햇볕'의 결합은 존재하지 않는다. 이 '햇볕'은 '대지의 그림자'와 조화 이룬 상호작용 가운데 서 있지 않다. 물과 같은 유연한 수단 대신 가파르게 거부하는 '성벽이 말없이 차갑게' 홀로 떨어져 서있다. 형식도 내용에 잘 어울리고 있다. 1연에서의 간결한 어법과 찬미어린 부름에 맞서 고통어린 물음이 2연에는 등장한다. 1연에서의 모든 존재들은 풍부한 형용사들로 수식되고 있지만, 2연에서는 사물들이 아무런 장식도 없이 등장하고 있다. 1연이 조화이룬 매끄러운 리듬을 지닌 반면에 2연에서의 리듬은 시행의 통일성과 의미의 일치성이 갈등을 내보이는 사이에 방해받고 있는 것이다.

삶의 연륜

| 주석

1) 팔뮐라(Palmyra): 시리아 사막의 한 오아시스에 있는 도시 명. 구약성서에는 타마르(Thamar)로 나오는데 동방의 번창한 도시 중 하나였다. 오다에나투스(Odaenathus)와 그의 부인 제노비아(Zenobia)에 의해서 통치되는 동안 매우 융성했다가 서기 273년 로마에 의해서 멸망되었다. 현재의 많은 폐허가 한때의 융성을 말해 준다.
2) 기둥의 숲들이여(Ihr Säulenwälder): 폐허 가운데 그대로 서 있는 석주(石柱)들을 나무가 서 있는 숲에 비유하고 있다.
3) 너희들의 수관(die Kronen): 주두(柱頭), 지붕, 궁형의 천정 등 쓰러져 있는 건물들의 잔재를 가리키고 있다. 석주들을 숲에 비유한 만큼, 이 석주의 위에 놓여졌던 잔재들은 그대로 수관(樹冠)이라 할 수 있다.
4) '숨쉬는 자들(Atmende)'이 '인간들'을 의미한 것은 비가 「귀향」에서와 같다. '인간적인 영

역의 한계를 너희들이 넘어갔기 때문에'로 이 시행은 해석된다.
5) 원문에 보면 ( ) 안에 (deren/ Ein jedes ein Ruh' hat eigen)이라는 구절이 첨부되어 있다. 이 시의 맥락에서 이해될 수도 없는 구절이거니와 본래 육필본에는 들어가 있지 않았는데, 최초 인쇄(Wilmans에 의한 Taschenbuch für das Jahr 1805)에서의 오류였던 것으로 생각된다. 이 부분은 번역하지 않았다.

| 해설

1803년 12월 「밤의 노래들」의 하나로서 출판사에 보내진 시편이다. 다른 시편들이 송시의 시연을 따른 데 비해서 시 「반평생」과 함께 송시의 시연을 따르지 않고 있다. 내용상 송시와 찬가를 가르는 것은 매우 미묘한 것이지만, 함부르거 (Michael Hamburger)와 같은 이는 「반평생」과 함께 이 작품을 찬가의 범주에 넣고 있다. 함부르거는 형식요건으로 볼 때 송시에는 합당치 않다는 생각을 가지고 있는 듯 싶다.

이 시는 운명적인 적중 때문에 사멸해 버리고 만 그리스적·동양적인 불타는 과잉과 운명을 잊고 숲의 어두움 속에서 마치 '노루의 언덕에 앉아 있는 듯' 공허하게 삶을 보내고 있는 서구적— 독일적인 것 사이의 대립을 노래하고 있다. 이러한 대립은 친우 뵐렌도르프에게 보낸 1801년 12월 4일자의 편지와 「안티고네에 대한 주석」에서 잘 나타나 있다.

오아시스 도시인 팔뮐라의 멸망으로부터 횔덜린은 헤라클레이토스와 스토아 학파의 세계 대화재 소멸론 (Ekpyrosis)을 연상시킨다. 3세기에 잠시 존립했던 팔뮐라는 한때 제노비아 (Zenobia) 여왕의 치하에서 동방으로의 세력 확장을 꾀하고 여왕 자신이 '아우구스타' (Augusta)라 칭함으로써 로마의 패권에 도전하다가 로마의 응징을 받아 멸망했다. 이 여왕의 '오만' 은 거대한 기둥들의 장려함으로 이 시에 그려져 있거나, 결국은 '한계를 넘어서' 는 계기가 된 것이다. 횔덜린은 같은 시기에 쓴 시 「눈물」과 찬가 「므네모쉰네」에서도 세계 대화재 소멸론을 바탕에 두고 노래하고 있다. 즉 스토아 철학의 우주론에서 한 세계의 종말에 이를 때마다 일어나는 신적인 불길 속에서의 현존재의 해체를 바탕에 깔고 있는 것이다. 이는 횔덜린의 후기 문학에 나타나는 아주 특별한 모티브의 하나이다.

인간의 삶이란 무엇인가...

| 해설

이 시는 쥬제테 공타르가 1800년 3월 5일자로 보낸 편지의 뒷면에 기록되어 있다. 때문에 이 날짜보다 앞서서 쓴 것은 아니다. 문체로 볼 때, 훨씬 뒤에 쓴 것으로 보인다.

한 어린아이의 죽음에 붙여

| 해설

정신착란증을 앓고 있었던 횔덜린과 한 집에서 산 적도 있고 그를 자주 방문했던 아우구스트 마이어(August Mayer)가 1811년 1월 7일 동생 칼 마이어에게 보낸 편지에 이렇게 서술하고 있다. "불쌍한 횔덜린은 시연감도 발행하고 싶어한다. 그래서 이를 위해 매일 같이 여러 장의 종이에 가득 쓰고 있다. 그는 오늘 나에게 하나의 분책(分冊)을 읽어보라고 주었다. 그 가운데서 너에게 몇몇을 옮겨 써 보낼까 한다."

"다음의 것은 한 어린아이의 죽음에 대한 시편의 아름다운 마지막 구절이다"

이 어린아이의 죽음에 즈음한 시와 또 다른 시 「한 어린아이의 탄생에 붙여」(Auf die Geburt eines Kindes)의 창작 동기는 확인 가능하다. 횔덜린이 정신병을 앓으면서 기거한 찜머의 부인은 앞서 3명의 아이를 낳았는데, 이들은 태어나자마자 모두 죽었다. 1808년 1월 9일, 1809년 5월 6일, 1810년 11월 1일이었다. 이 탄생과 죽음이 창작의 동기였던 것으로 보인다. 따라서 이 시가 쓰인 것은 1810년 무렵이라고 볼 수 있다. 아우구스트 마이어의 편지에는 다른 시 「명성」(Der Ruhm), 「한 어린아이의 탄생에 부쳐」, 「이 세상의 평안함...」이 함께 기록되어 있다.

이 세상의 평안함...

| 해설

1811년 1월에 쓴 작품이다. 넥카 강변의 소위 '횔덜린 탑' 이라고 불리는 찜머의 집에서 유폐된 생활을 계속하고 있었던 시인은 여전히 시쓰기에 대한 집념을 버리지 않고 있었다. 1811년 1월 7일 마이어(August Mayer)는 횔덜린이 시연감을 낼 생각으로 매일 많은 종이에 가득 시를 쓰고 있다고 횔덜린의 동생 칼에게 편지를 쓰고 있다. 이 편지 안에 '다음 시구는 나에게 감동적이었다' 고 쓰고 위의 시를 적어 보냈다. 이 시는 수년전에 쓴 「반평생」의 '아 슬프다, 겨울이 오면 내 어디서 꽃과...' 에서 울리는 주제와 모티브를 반복하는 듯하다. 모든 시적 장식을 포기하고, 단도직입적으로 '내 이제 기꺼이 사는 것도 아니다' 라고 말하고 있다. '그 언제런가! 오래 전에 Wie lang! wie lang!' 라는 외침은 절망적인 구원의 외침으로 들린다. '불쌍한 시인 횔덜린 Le Pauvre Holterling' 이라고 말한 헷센 홈부르크의 대공비의 표현이 이 시구에서 확인되는 것이다.

찜머에게

| 해설

1812년 4월 19일 이전에 쓴 작품이다. 여기 찜머(Ernst Zimmer)라는 사람은 튀빙엔 교회 소속의 목공으로서 1807년 정신병원에서 나올 수 밖에 없었던 횔덜린을 자진해서 맡아 간병했던 사람이다. 1812년 4월 19일 횔덜린 모친에게 보낸 편지에서 찜머는 횔덜린의 시적 정신은 아직도 활발하다고 적고 있다. 그는 이 편지에 어느 날 사원(寺院)이 그려져 있는 그림을 보고 난 횔덜린이 찜머에게 나무를 가지고 그 사원을 하나 만들어 달라고 해서 '나도 밥벌이를 해야지 당신처럼 그런 식의 철학적 여유로서는 살 수 없다' 고 말하자, 횔덜린은 '아, 나 역시 가난한 사람이오' 라고 말하고 침대에 숨겨 두었던 연필을 꺼내서 위의 시 한 편을 적어 주었다고 전하고 있다.

즐거운 삶

| 해설

바이스너의 해명에 따르면 1841년 보다 '훨씬 이전'에 쓴 작품이라고 되어 있는데, 베크(Adolf Beck)와 라아베(Paul Raabe)의 「휠덜린의 연대기」에 따르면 1807년 여름에 쓴 작품이라고 한다. 그러나 슈미트는 창작시기를 1825년으로 추측하고 있다. 아직 많은 친구들의 방문이 있었지만 횔덜린은 이들에게 냉담했고, 한나절을 침대에 누워 있다가 때때로 산책을 나가곤 했으며, 이러한 산책으로부터 이 「즐거운 삶」이 씌어진 것으로 보인다.

모든 '오성과 지략'이 가져다주는 고통을 '친밀한 정경'으로부터 위로받고 아쉬운 듯 발길을 돌려 '끝내 집으로 돌아가면서' 거기 자신의 몫으로 있지도 않은 황금색 포도주의 숙성을 살피겠다고 꿈꾸고 있다. 말수가 그렇게 적어진 것은 아니나 시상의 비약과 전개는 작은 원 안에 맴돌고 있다. 그러나 그 정경에 대한 애정은 마법적으로 표현되어 있다. 즐겨 샛길을 찾고, 계단을 감싸 불어오는 바람결에 눈길은 즐겁게 하늘을 바라보는 순수하기 이를 데 없는 자연에의 합일을 읽을 수 있다.

한층 높은 인간다움

| 해설

슈바프는 이 시가 쓰인 때를 1841년 1월 21일로 기록하고 있다. 그는 일기에 이 시를 넘겨받았을 때에 생각해볼 만한 현상의 등장을 기록하고 있다. "오늘 나는 그가 쓴 시들을 가지려고 다시 그의 거처에 갔었다. 두 편의 시가 있었는데, 둘 다 서명이 되어있지 않았다. 찜머의 딸이 휠덜린의 이름을 거기에 써달라고 청해보라고 말했다. 나는 그에게 가서 그렇게 청했다. 그러자 그는 광기를 보이며 방안에서 이리저리 뛰었다. 그는 의자를 들고서 그것을 이곳 저곳으로 못마땅해 하면서 옮겨 놓으며 이해할 수 없는 말을 외쳤다. 그 외침 중에도 '내 이름은 스카르다넬리'야 라고 분명히 발음했다. 마침내 자리에 앉아서 화가 난 상태로 스카르다넬리라는 이름을 작품 아래 썼다."

7. 계절과 하루의 때

일몰

| 주석

1) 전설에 따르면 칠현금 악기는 태양의 신이자 음악의 신인 아폴론의 악기였다.

| 해설

이 알케이오스 시연의 송시도 프랑크푸르트 시절의 작품이다. 이 시는 조금 앞서 쓴 「태양신에게 Dem Sonnengott」를 줄여 다시 쓴 작품이다. 아폴론은 예언의 신, 음악과 문예를 맡은 신, 청춘과 생명을 상징하는 신이지만, 또한 기원전 5세기 경부터는 태양의 신으로 숭배되었다고 전해진다. 아폴론에 부여된 여러 신격 가운데서 이 시에서 시인은 태양과 음악의 신으로 노래하고 있다. 이 시의 마지막 구절 '아직도 그를 공경하는 경건한 백성들을 향해 멀리 사라져 가 버렸도다'는 아폴론이 어두운 때가 되면 삭풍이 불어오는 곳을 떠나 상춘(常春)의 나라에 살고 있는 사람들(Hyperboreer)에 가서 머물렀다는 전설을 가리키고 있다. 이들은 태양의 신을 특별히 공경하면서 세계의 끝에 살고 있는 행복한 백성들이라고 한다. 이 시는 일몰을 이처럼 신화에 비유하여 노래하면서, 일몰의 찬란함을 감격적으로 표현하고 있다.

저녁의 환상

| 해설

1799년 7월 이전에 쓴 작품이다. 역시 알케이오스 시연의 송시인데 서정적 자아와 제 스스로 조화 이룬 시민적 삶이 교차적으로 비교되고 있다. 두 번째 시연의 2~4행은 마치 비가 「빵과 포도주」의 도입부 — '사위로 도시는 쉬고 있다. 등불 밝힌 골목길도 조용하다/……/한낮의 즐거움을 만끽하고 사람들은 소리내며 사라져 간다' —와 유사하고, 마지막 시행 '노년은 평화롭고 유쾌하여라'는 같은 해 1월에 외

할머니에게 바친 시의 한 구절 '노년은 평온하고 경건하여라'를 연상시킨다. 이 시의 전반적인 음조가 비감에 차 있기는 하지만, 체념을 내보여 주지는 않는다. 서정적 자아는 사회 속에 자신이 차지할 수 있는 자리를 스스로 물으면서 그 갈등을 직접적으로 드러낸다. 그러나 역사와 시간의 힘은 성숙과 사라짐의 자연스러운 과정 안에서만 개체를 붙들 수 있음을 이 시는 인정하고, 또 거기서 위안을 찾고 있다.

아침에

| 해설

　이 시 역시 앞의 「저녁의 환상」과 같은 시기에 쓴 알케이오스 시연의 송시이다. 시적 자아의 아침 햇살에 대한 거의 망아적(忘我的)인 도취가 제3연 ― 이 시의 한 가운데 ― 에서 '그대 황금빛 한낮이여 **Du goldner Tag**'라는 직접적 말붙임으로까지 상승했다가 4연 마지막 '그러나 **doch**'로 반전되는 문체는 「저녁의 환상」과 유사해 보인다. 타오르는 태양과 같이 되려는 소망이 한갓 일시적인 열정인 것을 깨닫고 제자리로 되돌아서는 시적 자아의 감정의 곡선은 횔덜린의 송시에 등장하는 보편적 현상이기도 하다. 도취와 깨어남의 조화인 셈이다.

불칸

| 주석

1) 불칸(Vulkan)은 불과 대장간의 그리스 신이다. 이 시에서 불칸은 특히 가정적인 보호와 아궁이불의 신으로 등장하고 있다.
2) 다정한 불의 정신(freundlicher Feuergeist): 횔덜린은 후기작품에서 '신'(Gott) 대신에 '정신'(Geist)이라는 어휘를 자주 사용하고 있다. 횔덜린은 그가 번역한 『안티고네』에서 아레스(Ares) 신을 '전장의 정신', 에로스(Eros)를 '사랑의 정신' 또는 '평화의 정신' 등으로 표현하고 있다.
3) 보레아스 (Boreas): 거친 북풍.

| 해설

전래되고 있는 이 송시의 육필본에는 빌만스가 발행한 『소책자, 사랑과 우정에 바침』에서 부여된 제목 「불칸」과는 달리 「겨울」(Der Winter)이라는 제목을 달고 있다. 첫 육필본은 1800년 말에 쓴 것으로 보이고 두 번째 원고는 1802년에 완성되어 정서된 것으로 보인다. 알케이오스 시연으로 되어 있다. 불칸이라는 시제로 떠올릴 수 있는 활화산의 불길과 같은 심상과는 달리, 가정적인 평온을 간구하고 있는 작품이다.

봄

| 해설

휠덜린은 그의 말년에 9편의 「봄 Der Frühling」이라고 표제된 작품들을 썼다. 같은 제목의 다른 시들이 단지 각운시에 불과한 데 비해서 이 시는 알카이오스 시연의 작품인 것으로 미루어 보아서 그 제작 연대는 1825년 경으로 보인다. 거의 같은 때 쓴, 앞에서 읽은 것과는 또 다른 「짐머에게 An Zimmern」 역시 알카이오스 시연의 작품이다. 역시 병들어 고독한 시인에게 자연만이 유일한 동반자이며 위안이었던 것 같다. 삼라만상이 소생하는 봄의 매혹과 인간의 기쁨을 같은 지평 안에서 노래하고 있기 때문이다.

여름

| 해설

5편의 「여름 Der Sommer」이라 표제된 시 가운데 하나이다. 이 시는 1842년 3월에 썼다고 전해진다. 자신의 이름을 Scardanelli라 하고 창작 일자를 1940년 3월 9일로 적고 있다. 마지막 시구 '한 해가 찬란함을 지닌 채 지체하려는 듯 보인다'를 빼고 나면 위의 시는 하나의 풍경화이다.

가을

| 해설

슈봐프(Christoph Schwab)에 의하면 이 시는 1837년 9월 16일 쓴 것이라 한다. 「가을」이란 표제의 다른 시도 또 한 편 있다. 이 각운시는 그의 전성기 자유운율의 찬가에 비하면, 명료한 문장과 엄격한 각운을 가지고 있음을 바로 알아차릴 수 있다. 마치 학습하는 학생의 작문이나 시작의 훈련기에 쓴 것처럼 그 운율은 명료하다. 반복되는 약강격의 운율조차 그러하다. 이러한 규칙과 간결성은 넘쳐서 어딘지 모르게 사라질지도 모를 시상을 얽어매려는 안간힘에 연유하는 것 같다. '서둘러 소멸하는 시간으로부터' 시인은 무엇을 그렇게 많이 배우고 있을까. 사라지지만 그 '완성은 슬퍼할 일도 없다'고 시인은 말하고 있다.

겨울

| 해설

여섯 편의 「겨울」시 가운데 하나이다. 이 시는 1842년 11월 7일 쓴 것으로 전해진다. 이 해는 일련의 계절시(Jahreszeiten—Gedichte)가 집중적으로 쓰어진 때이다. 말하자면 시인의 정령은 이제 바뀌는 사계절의 시계에 모두 맡겨진 듯 싶다. 빈 들판의 풍경이 더욱 온순해 보이고, 그것은 마치 휴식의 날과도 같아 보인다. 한 해의 마지막, 인생의 마지막이 그러할지 모른다. 그 때문에 이 풍경은 완성을 묻는 소리처럼 들리기도 한다. 그러나 봄의 싹은 그 안에 숨겨져 있으니 삭막한 풍경 안에도 자연은 '당당함으로 반짝인다'고 노래한다.

봄

| 해설

횔덜린의 시집 제 2판이 나온 (1842년 말 경) 이후 여러 사람의 방문을 자주 받았다는 사실로 미루어 이 작품은 1843년 봄에 쓰어졌을 것으로 보인다. 3월 3일이

라는 일자는 허구가 아닐 가능성이 높다.

전망

| 해설

   횔덜린 생애의 마지막 작품으로서 1843년 6월 초에 썼다. 며칠 후 6월 7일 밤 11시 시인은 세상을 떠났다. 이 시에서도 스쳐 지나가는 시간을 영원한 자연은 '메꾸어 채운다'고 말한다. 시간에 떠밀려 자연의 품으로 다시 돌아가는 것, 그것은 고된 역경을 통해 완성에 다다랐음을 말하는 것이다. '천국의 드높음'이 비로소 인간에게 빛나고, 피우려고 자라난 나무에게 '꽃'이 피어 치장함과 다르지 않은 것이 자연으로서 자연에게로 돌아감이다.

후 기

자연과 정신의 일치, 신성을 노래함

장영태

시 「내가 한 소년이었을 때…」에서 횔덜린은 자신의 그리고 시인의 운명을 날카롭게 조명하고 있다.

"인간의 말을 나는 이해하지 못 했네"

이 시구를 뒤집어 본다면, "인간들은 나의 말을 이해하지 못 했었네"라고 할 수 있다.

횔덜린은 이해받지 못한 고독한 시인이었다.

횔덜린을 사랑하는 제자, 문하생으로 생각하고 자신이 펴내는 「탈리아 Thalia」라는 잡지에 『휘페리온 단편』을 실어주는가 하면 발터스 하우젠의 칼프가(家)에 가정교사 자리도 주선해 주었던 쉴러는 횔덜린이 『시연감』에 실어달라고 보낸 두 편의 시 가운데 한편만을 싣고 다른 시 「자연에 부쳐」는 실어주지 않았다. 쉴러는 이 시가 자신의 시 「그리스의 신들」을 모방하고 있기 때문에 독창성이 없다고 판단했다. 횔덜린의 자연에 대한 전혀 다른 시각을 쉴러가 간과했던 것이다. 횔덜린은 이러한 쉴러의 처사와 관련해서 친우 노이퍼에게 이렇게 쓰고 있다.

"그가 대수롭지 않은 것을 가지고 나를 번거롭게 하지만 않았다면 더 잘 되었을 법한데. 그러나 그는 「자연에 부쳐」를 받아들이지 않았다. 내 생각으로는 이 일에 있어서는 그가 잘 했다고 볼 수 없다. 하긴 우리가 쓴 시 한편이 쉴러의 『시연감』에 더 실리느냐 마느냐는 별 의미없는 일이기는 하다. 우리는 우리가 되어야 할 바대로 되면 그만이니까"

휠덜린은 역경의 삶을 살고 발표의 기회마저 제대로 얻지 못했지만, 시인으로서 자신의 길에 확고하게 머물었다. 그 높은 수준의 내용과 독특한 시어의 아름다움은 생전에 펴낸 소설『휘페리온』에 그 씨앗을 엿볼 수 있다. 이 소설에서와 마찬가지로 휠덜린의 시세계는 시인이 살았던 시대, 프랑스 혁명과 독일이상주의 철학의 시대에 전적으로 뿌리박고 있다. 그리고 무엇보다도 이것을 넘어서고자 분투하고 있다.

우리가 세계사에서 큰 영향을 미친 이상들이 있고 이중에서도 어느정도 높은 영향력을 미친것들이 있다고 한다면, 휠덜린은 이 소수의 아주 독창적이며 혁신적인 자들 가운데 한 사람이며, 벌써 2세기전에 현대를 선취한 시인이기도 하다. 휠덜린으로부터 영향을 받은 독일 시인들은 이미 고적적인 현대시인들이 되었다. 게오르게, 릴케, 트라클, 첼란, 보브롭스키 등이 그러한 대표적인 시인들이다.

문학적 실존의 표본으로서 시인 휠덜린상이 이들을 매료시킨 가장 큰 요소일 것으로 생각된다. 릴케의 시「마음의 산악에 버려졌노라」, 첼란의「튀빙엔, 정월」에서의 비극적인 시인상에는 휠덜린과 동질적인 자화상이 표현되어있다. 헬링라트는 휠덜린의 후기시가 현대 시인들의 "문학예술의 학교"가 되리라고 예언하기도 했다.

휠덜린의 비극적 삶은 불치의 정신착란증을 보이기 시작한 시점에 극에 달했다. 1806년 휠덜린은 튀빙엔의 아우텐리트병원에 입원하고 1807년 5월 3일 "기껏해야 3년을 더 살 수 있을 것"이라는 의사의 소견과 함께 퇴원, 넥카 강변에 있는 성구제작목수인 찜머의 집 옥탑방에 기거하기 시작해서 1843년 그곳에서 생을 마감했다.

휠덜린의 고독은 이해되지 못한 현세적 시인의 고독정도만은 아니었다. 그는 대기중에 떠도는 천후를 느끼며 그 예감속에서 고독하게 서서 차라리 '잠드는 것'이 더 나을 것 같다는 생각을 했던 정신사적 인물가운데 한 사람이다. 시인의 이러한 정신적인 고립은 전 생애에 걸쳐 그가 '신들'이라고 부른 존재에 대한 '경건한' 관계에 서 있었다는 사실에서 확인할 수 있다. 그리고 이 관계로부터 역설적으로 그의 고독이 위안을 받을 수 있었다.

시인 횔덜린에게 신들은 어떤 심미적인 현상체들도 아니고 최고의 윤리적 가치와 같은 것을 나타내는 의인화된 이념도 아니다. 오히려 자연의 현상들 가운데 신뢰하여 공경받으며 결국에는 경외(敬畏)에 까지 이르는 현실이었다. 고향의 산천초목과 같은 아름다운 전경과 역사는 따라서 그의 기본적인 주제에 해당된다.

신적인 혼이 담겨진 자연은 문화사적인 공간으로 확장되고 감상적이며 쉽게 손상받는 감정의 거울로 나타난다.

소설 『휘페리온』에서 주인공 휘페리온은 친우 벨라르민에게 이렇게 쓰고 있다.

"내가 자주 꽃들사이에 누워서 부드러운 봄볕을 쬐며 따뜻한 대지를 껴안고 있는 해맑은 창공을 올려다보았을 때, 생기를 돋워주는 비가 내린 후 신의 품 안에서 느릅나무와 버드나무아래 앉아있을 때… 세계의 평온이 나를 에워싸고 기쁨을 주어 나에게 무슨 일이 일어났는지를 알지 못한 채 주목하고 귀를 기울여 듣고 있었을 때 나는 그대 하늘에 계신 선한 아버지여, 저를 사랑하시는가라고 나지막하게 묻고는 그의 대답을 내 가슴으로부터 그처럼 확실하고 행복하게 느꼈던 것이다."

앞서 언급한 「내가 한 소년이었을 때…」에는 신성과의 이러한 단절없는 일치가 소년기의 존재 특성으로 그려져 있다. 그러나 서정적 자아 소년이 자라나면서 균형은 상실되고 오만은 그의 삶에서 신성을 내몰아 내버린다. 그는 새로운 힘에 내맡겨진다. 운명이 그것이다. 횔덜린은 신적인 힘들에 대한 내면적인 연관에도 불구하고 그의 삶가운데 참된 중용의 불가능성을 절감한다.

찬가 「유일자」에서 그는 비탄한다.

"내가 원하는 대로 척도를
나는 맞추지 못하노라"

그의 운명에 대한 의식은 「휘페리온의 운명의 노래」에 감동적으로, 또 가장 적절하게 표현되어 있다. 이 「휘페리온의 운명의 노래」는 그러나 휘페리온 생애의 한순간만을 포착하고 있으며, '중심을 벗어난 궤도'의 극단의 한 지점을 그리고 있다. 이 궤도는 인간적 현존의 공간 — 우정, 사랑, 전쟁, 이별, 절망 — 을 통과하고 나서 소년시대에 소박하게 체험했던 세계의 신성으로, 모든 존재와의 일치로 되돌아온다.

벨라르민에게 보낸 휘페리온의 두번째 편지서두에는 이러한 생각이 묘사되어 있다.

"살아있는 삼라만상과 하나가 되는 것, 행복한 자기망각가운데 자연의 총체 안으로 되돌아가는 것, 그것도 사유와 환희의 정점이자 성스러운 산봉우리이며 영원한 휴식의 장소이다"

또한 제1권의 끝에는

"오로지 하나의 아름다움만이 존재하게 될 것이다. 인간성과 자연은 삼라만상을 포괄하는 하나의 신성안에 결합될 것이다"라고 쓰고 있으며 소설의 끝에는 "그대 대지의 샘들이여! 그대 꽃들이여! 그리고 그대 숲들이여, 또한 독수리와 그대 형제같은 빛이여! 우리의 사랑은 얼마나 오래고 또 새로운가!"라고 쓰여 있다.

자연과의 일치로부터 맛본 행복, 그것으로부터 떨어져 나온 비감, 되돌아가려는 열망과 재회의 환희가 시「자연에 부쳐」,「천공에 부쳐」,「희망에 부쳐」,「삶의 연륜」등에 노래되고 있으며, 이러한 자연에 대한 숭배는 문화사적인 공간으로까지 확장되면서 고향의 범주로까지 연장되고 있다.

시 「하이델베르크」, 「넥카강」, 「떡갈나무들」이 자연과 문화, 자유와 예속사이에 펼쳐진다. 반복되는 모티브는 출발과 되돌아옴, 개별적인 차원에서의 떠남과 귀환 그리고 후기시에서는 시대사적인 차원을 지닌 고별과 귀환의 모티브이다. 시 「고향」, 「귀향 Rückkehr in die Heimat」, 또다른 시 「귀향 Heimkunft」, 「슈투트가르트」등이 그러한 시이며 젊은 횔덜린이 팔쯔 여행동안에 처음으로 본 라인 강과 같은 강은 삶과 역사진행의 상징으로 나타난다. 찬가「라인 강」에서 이것을 읽어볼 수 있다.

직접적인 체험들의 시적 승화는 횔덜린의 우정과 사랑의 관계를 바탕으로 하고 있으며 이 관계들은 이상주의적인 성격을 띠우고 있다. 시 안에서 쥬제테 공타르부인을 지칭하는 디오티마는 시인과 문학의 수호신이 된다. 비가 「디오티마에 대한 메논의 비탄」이 그러한데, 이 비가의 리듬안에는 과거와 현재가 결합된다. 다른 시형식인 송가도 개별적인 것과 보편적인 것, 자아와 주변세계를 병립해 노래하고 있다.

시 「사죄」, 「사랑」, 「이별」, 「눈물」, 「저 멀리에서부터…」가 이러한 사랑의 모티브를 담고 있다. 디오티마에 대한 사랑과 마찬가지로 징클레어에 대한 우정도 양식화 된다. 시 「에뒤아르에게」가 그러한 시이다. 횔덜린은 쉴러의 곁에 머물면서 피히테의 강의를 들었던 예나에서 그와 알게 되었었다. 튀빙엔 신학교에서 횔덜린은 후일 철학자가 된 헤겔, 쉘링과 한방을 쓴 적이 있다. 친구 노이퍼와 마겐나우는 문학서클을 함께 만들었다. 시 「노이퍼에게」는 그와 나눈 진한 우정을 읽어볼 수 있다. 튀빙엔 신학생들은 프랑스혁명을 열렬히 환영했다. 프랑스에서와는 달리 작은 공국에서 시행되고 있는 전제정치에 대한 고통, 인간성이상을 향한 열망이 일련의 시들에 스며들어있다. 시 「디오티마에게」에서는 디오티마조차도 보다 아름답고 조화로운 세계의 상징이 된다.

횔덜린의 이해에 따르자면 자연과 정신의 합일은 고대와 기독교, 파괴와 성장을 포괄한다. 프랑스 혁명과 이어진 혁명전쟁을 통해서 그는 영웅적인 것, 고대적인 것이 새롭게 소생하는 것을 보면서 한편으로는 서구적─기독교적인 전통에 매달려 "행동은 없고 사상만 가득찬"(시「독일인들에게」) 독일을 보았다. 독일인들을 향해서 '사고와 표상형식의 혁명'을 요청했다. "공동의 정신"이 "새로운" 질서안으로 들어 서야 하며 지금까지 지배적이며, 전쟁과 혁명을 통해서 심화되는 자기중심주의는 마땅히 극복되어야 한다고 그는 생각했다.

시인의 과제는 "조국적 회귀"의 순간에 시대의 "모든 것 안에 들어있는 모든 것"을, 그 전환점을 상징적으로 드러내도록 하는 일이다. 자유운율의 "조국적 찬가들"이 이런 출발점을 내포한다.

세계정신은 "방랑" 또는 '날아오름" 후에 외국을 통과해서 독일로, 제자신에게로 되돌아온다. 시「게르마니아」는 그렇게 노래하고 있다. 반복해서 횔덜린은 시인의 역할, 나아가 시문학의 역할을 정밀하게 추적하며 노래했다. 「눈먼 가인」과 같은 시편들에는 실천과 사상사이의 긴장이 뚜렷하게 드러나 있다.

시인과 민중의 관계도 그가 붙들고 있었던 주제이다. 시인은 고립되어 있기도 하지만 다른 한편으로는 '민중의 목소리'를 해석하고 보존하며 일깨우면서 영향을 미쳐야만 한다. 「백성의 목소리」, 「우리의 위대한 시인에게」, 「시인의 용기」, 「회상」 등에는 그러한 사명감이 표현되어 있다. 횔덜린의 생애를 통해서 시는 자신의 고유한 존재이유이며 감정의 필연성이라는 고백이 일관되어 나타난다. 「운명의 여신에게」, 「나의 소유물」, 「알프스 아래에서 노래함」이 그런 모티브를 지니고 있다.

고대문학에 대한 회고는 언어적으로도 '고유한 것'과 '외래적인 것'의 통합을 이루어내고자 하는 그의 관심을 반영한다. 고대역사는 젊은 시절부터 그를 붙들어 잡는다. 횔덜린의 고대는 고전적 고대의 역사적 그리스가 아니다. 역사적으로 존재했던 것의 영상에 포함된 횔덜린 자신의 세계관의 투영물이다. 이것은 괴테의 '순수 인간성'이라는 이상형이나 쉴러의 심미적— 윤리적 표상과는 다른 것이다.

그리스인은 신에 대한 생동하는 내면적인 관계에 있기 때문에 평화 시에나 전쟁 때에 모범적으로 행동할 수 있었다. 그리스인에게 신은 개별적이거나 초월적인 신이 아니며, 자연속에 내재하고 있다. 그 신은 천공(天空, Äther)과 비견되거나 동일시된다. 모든 것 위에 떠돌며 모든 것을 자신에게로 끌어당겨 모든 것을 하나로 만드는 천공. 천공으로부터 신의 사자(使者)로서 구름이, 빛이, "신들의 선물"이 지상으로 내려 보내진다.

"신들과 인간들 가운데 어느 누구도 그대처럼
성실하고 친절하게 나를 키운 이 없었나이다, 오 아버지 천공이시여!
어머니 나를 품에 안아 젖먹이기도 전에
당신은 사랑에 넘쳐 나를 붙들어 천상의 음료를 부으시고
움트는 가슴 안으로 성스러운 숨결 맨 먼저 부어 주셨나이다.

살아있는 것들 세속의 양식만으로 자라지 않으니
당신은 그 모두를 당신의 감로주로 길러 주시나이다, 오 아버지시여!"

(시「천공에 부쳐」)

자연이 영원한 자로서 다양한 모습으로 작용하듯이 횔덜린의 그리스 신은 그러하다. 그렇기 때문에 드높은 것의 힘들인 달, 별, 태양은 '신적'이며, 원소들도 역시 신적이다. 그리하여 바다도 신적이다. 본래는 신적인 존재들이 아니지만, 바다의 신의 아이들인 섬들은 그의 딸 그의 아들이다.

신은 그러한 자연적인 현현(顯現)을 통해서 그것을 받아들일 줄 아는 인간들에게 말을 걸어온다. 신탁을 통해서, 시인의 입을 통해서 신의 목소리는 인도되고 그 백성들 앞에 신적인 것의 예언으로 변화된다. 시인은 신과 인간사이에 존재하는 것이다.

"그러나 우리는 신의 뇌우 밑에서도
그대 시인들이여! 맨 머리로 서서
신의 빛살을 제 손으로 붙들어
백성들에게 노래로 감싸서
천국의 증여를 건네줌이 마땅하리라." (시 「마치 축제일에서처럼」)

어쩌면 인간들은—개별인간은 물론 민족도—영원한 신적인 힘에 비하면 하잘것없는 존재이다. 인간들의 세속적인 영역에는 '궁핍'과 '혼돈'이 지배한다. '나꾸어채는 시간', 영원한 변화와 변동이 지배할 뿐이다. 그러나 신들은 인간들을 "찾으며 아쉬워한다."

"그러나 신들은 자신들의
불멸로서 만족한다. 천상적인 것들
무엇인가를 필요로 한다면,
영웅들과 인간들
그리고 기타 필멸의 존재들이 그것이다. 왜냐하면
가장 복된 자들 스스로는 아무것도 느끼지 못하기 때문이다.
감히 말해도 좋다면
신들의 이름으로
참여하면서 대신으로 느껴야 하고
그 타인을 신들은 필요로 한다." (찬가 「라인 강」)

"그 때 인간들과 신들은 결혼 잔치를 벌리니
모든 살아 있는 이들 잔치를 열도다.
또한 한동안
운명은 균형을 이룬다." (찬가 「라인 강」)

신들이 인간의 희생을 먹이로 삼아 자신을 세우고 있다는 고대적인 사상은 완전히 정신적인 것으로 변화된다. 횔덜린의 이해에 따르면 그리스인들은 이런 의미에서 경건했으며, 신들의 목소리에 귀 기울이고 그 추종자가 되고 감사와 찬미가운데 응답했다는 사실이 그들을 신들의 '사랑스러운 자'로 만들어 뛰어난 행동을 가능케 해 주었다는 것이다. 이러한 경건성의 표현이 횔덜린의 창작 전면에 배어있다.

그러나 이제 횔덜린의 그리스는 자신의 시대에서 바라볼 때 역사적인 과거이다. 시간의 경과를 통해서 그리스의 의미를 횔덜린은 인류의 '한 낮'이자 '봄' 이라는 두 개의 영상으로 그리고 있으며 이와는 반대로 당대는 '밤'이다. 그리고 미래는 '가을'이다

인간이 내면적으로 신과 합일하고, 신들의 '정신'에 충실하게 머물었던 그리스적인 한 낮은 역사의 흐름속에서 과거가 되었고, 오늘날 신과 멀어진 '밤'은 그리스를 동경의 나라로 만들어 준다. 자연에 들어있는 신적인 힘들은 생동하고 있지만 신의 음성을 듣는 인간의 청각은 마비되고 말았다. 오늘날의 인류는 '한밤을 떠돌고' '신성을 잃은 채 명부에서' 살고 있다. 그리하여 휘페리온은 '그리스의 은둔자'로 비탄에 젖은 채 동경하는 그리스의 정경을 방랑하고 있다. 이러한 밤에 시인은 무엇을 해야만 하는가.

"따라서 인생은 그들에 대한 꿈이다. 그러나 방황도 졸음처럼
　도움을 주며 궁핍과 밤도 우리를 강하게 만든다.
하여 영웅들은 강철 같은 요람에서 충분히 자라나고
　마음은 옛처럼 천상적인 것들과 비슷하게 자라나고
그 다음에야 그들은 천둥치며 오리라. 그러나 이러는 사이 자주
　우리처럼 친구도 없이 홀로 있으니 잠자는 것이 낫다는 생각을 한다.
그렇게 언제나 기다리며 그 사이 무엇을 하고 무엇을 말할지
　나는 모른다. 이 궁핍한 시대에 시인은 무엇을 위하여 사는가?"

(비가 「빵과 포도주」)

신이 멀리 가버린 '밤'은 그러나 새로운 한낮의 전단계이기도 하다. 봄의 꽃들을 열매 맺게 하는 가을의 영상도 긍정적인 미래를 암시한다.

한번 존재했던 것의 어떤 것도 완전히 잃어버린 것이 아니기 때문에 신성으로의 되돌아감은 한때 있었던 상태의 단순한 회생을 의미할 뿐만 아니라 한층 충만하고 성숙된 상태로 신을 다시 일으켜 세워야 한다. 그렇기 때문에 횔덜린의 그리스는 보다 아름다운 미래의 증표가 된다. '가을'은 이러한 연관에서 횔덜린에게는 무상함의 상징이 아니라, 완성의 계절이다.

"그러나 지나간 것 다가올 것처럼 가인(歌人)들에게 성스러우며,
또한 가을의 나날에 우리들은 그늘의 대가를 받네." (비가 「슈투트가르트」)

정신착란의 시절, 1837년에 쓴 한편의 시도 이러한 생각을 표현하고 있다.

"과거의 영상들은 자연으로부터 떠나지 않고
한낮이 드높은 여름에서 창백해진다.
그러나 가을은 지상으로 한꺼번에 돌아오고
전율의 정령은 하늘에 다시 자리한다." (시 「가을」)

후기시에 들어서 그리스 신들과 함께 그리스도가 등장한다. 그리스도는 지상을 떠나버린 그리고 다시금 인간들에게로 되돌아오는 신들의 합창에 동참한다. (찬가 「평화의 축제」)

'천상적인 자들'은 자연과 정신의 새로운 일치에 대한 은유이다. 다시 말해서 세계사적인 완성에 대한 은유인 것이다. (비가 「빵과 포도주」) 그리스도는 존재의 자연적―정신적인 일체를 이루어낸 인간의 총화가 된다. 시인과 마찬가지로 그리스도는 보편적이어야 할 것을 앞서 보여주고 있다. 이루어내야 할 아름다운 인간성이라는 목표설정은 바이마르고전주의를 지시해보이기는 하지만 기독교적인 강조점을 통해서는 초기 낭만주의에도 접근하고 있다. 이러한 목표

설정은 당대에 거의 이해되지 못한 채였다.

그리스적인 당초의 경건성은 궁핍한 시대의 뜨거운 용광로를 통과해온 오늘의 서구인들에게는 쟁취된 재산이 된다.

"그러한 대장간에서 비로소
모든 순수한 것 역시 연마된다." (찬가 「라인 강」)

소설 『휘페리온』에서
"그들이 올것입니다. 그대의 인간들이, 자연이여! 회춘된 민족이
그대를 다시 회춘시킬것이며, 그대는 그 민족의 신부처럼 될 것이며,
정령들의 옛동맹은 그대와 더불어 새로워 질 것입니다."

이 미래의 민족은 더 이상 그리스 민족이지는 않다.

"그리고 인더스 강에서 떠난 독수리가
눈 덮인 파르나스
산정들을 넘어 날고, 이탈리아의 제단의 언덕들
높이에서 날다가 여느 때와는 달리 아버지께 바칠
사냥물을 찾는다. 늙은 독수리 날개짓에 능숙해져서,
이제 환호하며 마지막으로
알프스를 날아 넘어 각양각색의 나라들을 바라본다." (찬가 「게르마니아」)

이 각양각색의 나라에는 무엇보다도 먼저 독일이 포함된다.
그리하여 휠덜린은 고향으로 다시 눈길을 돌리는 것이다. 독일과 고향으로 눈길을 돌리는 것은 구체적인 현실을 통해서 형이상적인 세계를 표현하는 휠덜린의 신화적 표현방식의 하나일 뿐 결코 국수적인 태도에 연유하는 것인 아님은 재론할 여지가 없다.

1799년에 쓴 「독일인의 노래」는 그리스 정신이 독일에, 아니 정확하게는 모든 선하게 생각할 줄 아는 서구의 인간들 곁에서 부활을 축하하게 될 승리의 날이 다가온 것을 예감하고 있다.

"이제! 그대의 고귀함 가운데 인사 받아라, 나의 조국이여
새로운 이름으로 인사 받아라, 시대의 함뿍 영근 열매여!
그대 모든 뮤즈 가운데 마지막이자 처음인
우라니아여, 나의 인사를 받아라!" (시 「독일인의 노래」)

고향은 과거의 행복과 미래의 행복을 의미한다. 그러나 시인은 현재를 어떻게 정당화해야할 것인가. 고향은 그에게 제3의 길, 가장 어려운 것을 가르친다. "훌륭한 사업" 가운데 "동경을 달래는 것" (찬가 「라인 강」) 그런 가운데에서의 자족의 행복이 그것이다.

" 젊은이의 불타는 가슴 속에
가차 없는 소망들이 잠재워지고
운명 앞에서 침묵케 될 때" (시 「귀향」)

그때의 자족의 행복이다.

이것은 "모든 것을 인고하는 어머니 대지" (시 「독일인의 노래」)의 설교이며 마인 강의 경고하는 음성이다. 마인 강이 여전히 귀머거리에 대고 말했었을 때, "참을 수 없이 / 그 위풍당당한 영혼이 아시아를 향해서" (찬가 「라인 강」) 몰아대었던 라인 강은 저항하는 자에 대해서 "운명 앞에서 소망이란 부질없다"는 사실을 보여준다.

"때문에 잘 나누어진 운명을
찾아낸 자는 행복하나니,

아직 그의 방랑과
달콤하게 그의 고통의
회상이 안전한 해안에서 속삭이는 곳에서
여기 저기로 기꺼이
그는 태어날 때 신이
머물 곳으로 표시해준
경계선에 이르도록 눈길을 돌린다.
그리고 나서 복되게 겸손히 그는 쉰다.
그가 원했던 모든 것
천상적인 것, 스스로 거리낌 없이
포옹하기 때문이다. 미소 지으면서
그가 쉬고 있는 지금 그 대담한 자들." (찬가 「라인 강」)

이것이 고향이 시인에게 줄 수 있는, 주어야 할 최후의 것이자 최상의 것이다. 그러고 나면 신은 마침내 도처에 존재하고 아버지 천공은 지상의 도처에 나타난다. 그리스와 마찬가지로 독일에도, 그리고 이 세상 어떤 나라에도. 들을 수 있는 귀를 지닌 자는 도처에서 신의 말씀을 듣는 것이다. 시인은 정신착란의 고통가운데 고향에 충실하게 머물었다. "그가 자신의 영혼의 그리스를 고향에서 찾기 시작한" (헤세)때로부터 언제나 고향에 머문 것이다.

횔덜린의 생애와 그의 문학에 분명한 휴지와 전환점을 보여준 것은 그가 남프랑스의 보르도에서 돌아온 1802년이다. 보르도의 한 부유한 가정에서 가정교사로 일하려는 시도가 있었다.

낯선 나라의 자연과 역사와의 만남은 그의 영혼을 뒤흔들었고 그의 시간이해에 영향을 끼쳤다. 그동안 지속되었던 과도기적인 과정의 모순들이 이제는 예술적 표현에도 직접 드러난다. 뷔르템베르크의 정치적 체제안에서 민주적 공화주의를 관철시키려했던 계획들은 좌초를 겪어야 했다. 프랑스인들은 차츰 해방자라기보다는 정복자의 태도를 취했다. 횔덜린은 그러나 그의 문학적 사명을 포기하지 않았고 중재과정이 파멸되기 전에 그 계속을 위해서 노력을 늦추지 않았다. (시 「소크라테스의 시대에」)

시인은 모든 지속의 가차없는 부정을 통해서 영웅적인 죽음에 상응하는 '정신적 죽음'에 의해 위협받았다. 삶 또한 여러 가지 방식으로 강조되었다. 그것은 타인들과 공동으로 충만된 삶일 수 도 있으며 — '축제'라는 은유를 생각할 수 있는데— 위안없는, 고독과 시적인 감흥없는 실존을 살아나가기도 했다.

희망이 절규된 경우에도 저녁은 한층 그늘진 현존재의 총화이다. 이처럼 하루의 때와 계절의 리듬은 횔덜린의 시에서 큰 역할을 한다.

이러한 자연현상은 최후의 시편에도 역시 등장한다. 겨울은 동결의 두려움으로, 가을은 충만과 결실의 계절로, 여름은 빛의 단계, 봄은 예감의 시절로 노래된다. 자연, 그러니까 하루의 때와 계절이 초기의 시편들에서 삶의 역사 또는 신의 재현과 관련한 전달수단이었다면 (「태양의 신에게」, 「일몰」, 「저녁의 환상」, 「불칸」) 이제는 의미와 연관의 다양성을 벗어버리고 만다. (「이 세상의 평안함…」, 「즐거운 삶」, 「가을」, 「겨울」, 「봄」, 「전망」)

횔덜린은 그가 "되고자 했던" 대로 된 것처럼 보인다. 횔덜린의 시적 주제는 공간적으로는 하늘에서 땅까지, 인더스에서 아프리카, 그리스, 독일과 북극에 이르며 시간적으로는 태고에서부터 고대 그리스를 넘어 지금 현재에 이른다.

이러한 시적 주제의 시공에 걸친 폭과 깊이에 어떤 다른 시인이 도달한 적이 없을 것이다. 이 넓은 주제를 꿰뚫고 있는 하나의 요소를 들자면, 그것은 '자연'이다. 잃어버린 고향, 자연으로의 귀환에 대한 꿈과 열망이, 자연과 정신의 일치에 대한 희망이 횔덜린의 시세계를 관류하고 있는 것이다. 당대에 거의 주목받지 못했던 자연과 역사의 일치라는 원대한 꿈은 오늘날에도 우리가 꾸는 꿈이다.

독일의 철학자 마르틴 하이데거(Martin Heidegger)는 횔덜린의 시에 대한 해명을 위해서 많은 강의록과 저서를 남겼다. 그의 저서 『횔덜린시의 해명』 (**Erläuterungen zu Holderlins Dichtung**)(한국어판, 신상희 옮김, 대우고전총서 023, 아카넷 2009)에 실린 논문 「횔덜린과 시의 본질」에서 하이데거는 이렇게 기술하고 있다.

"시의 본질을 가리키려는 의도하에서 왜 하필 휠덜린 작품이 선택되었는가? 어째서 호머나 소포클레스가, 또는 버질이나 단테가, 또는 셰익스피어나 괴테가 선택되지 않았는가? 이러한 시인들의 작품들에서도 시의 본질이, 심지어 젊어서 갑자기 중단하게 된 휠덜린의 창작활동에서 보다도 더욱 더 풍요롭게 구현되고 있지 않는가? 그럴 수도 있다. 그러나 그럼에도 불구하고 휠덜린이, 그리고 오직 그만이 선택되었다.(…) 휠덜린이 선택된 것은, 그의 작품이 다른 작품들 가운데 하나의 작품으로서 시의 보편적인 본질을 실현하고 있기 때문이 아니라, 휠덜린의 시가 시의 본질을 고유하게, 시짓는 시인의 사변에 의해 지탱되고 있다는 유일한 이유 때문이다."

휠덜린의 시가 시의 본질을 '고유하게' 지탱하고 있는 것은 신성으로 노래되는 이러한 '자연으로의 되돌아 감', 원시적 자연으로가 아니라 역사를 이끄는 자연으로의 귀환이 아닌가.

이렇게 하여 휠덜린에 관련한 수많은 논문과 저술을 남긴 하이데거도 휠덜린 시에 대한 어떤 해명도 그것이 내포하고 있는 크기에 비하자면 종(鐘) 위에 떨어지는 눈송이에 지나지 않는 것이라고 했다.

그렇게 종 위에는 끊임없이 눈이 내리고 있다. 휠덜린은 이러한 눈내림이 부질없는 일이 아니라고 읊는다.

"흩날리는 눈송이처럼
미미한 것으로 인해
저녁식사를 알리는
종소리
제 가락을 잃는다네." (시 「콜롬보」 초안)

독문학자이자 소설가인 마르틴 발저(Martin Walser)는 휠덜린의 시문학이 20세기에 어떻게 이해될 수 있는가에 대해서 이렇게 간결하게 언급한 적이 있다.

"횔덜린은 그러니까 우리들 자신의 체험을 표현해내는데 봉헌하고 있다. 그는 그처럼 따라잡을 수 없이 능통하게 모든 것을 말했던 것이다."

오늘도 횔덜린을 함께 읽는 것은 시공을 초월하여 그의 꿈이 살아있기 때문이다.

횔덜린 연보

1770   3월 20일; 횔덜린(Johann Christian Friedrich Hölderlin), 라우펜(Lauffen)에서 하인리히 횔덜린(Heinrich Friedrich Hölderlin, 1736~1772, 수도원 관리인)과 요한나 크리스티안나(Johanna Christiana, 1748~1828, 처녀명 하인 Heyn) 사이의 첫 아들로 태어남.

1772   7월 5일; 36세의 부친 뇌일혈로 사망함.
      8월 15일; 여동생 하인리케(Heinrike) 출생.

1774   10월 10일; 모친 뉘르팅엔(Nürtingen)의 시장 고크(Johann Christoph Gock)와 재혼.

1776   학교에 다니기 시작함.
      10월 29일; 의붓동생 칼(Karl Christoph Friedrich Gock, 1776~1842) 태어남.

1779   의붓아버지 사망함.

1780   피아노 교습. 9월 중순: 1차 국가시험 치름.
      뉘르팅엔 부목사인 쾨스트린(Nathanael Köstlin)으로부터 개인교습 받음.

1783   쉘링(Wilhelm Joseph Schelling 1775~1854)과의 첫 만남. 그는 당시 친척인 쾨스트린의 집에 2년 간 머물렀음. 뷔르템부르크의 신교 수도원학교에 입학할 자격을 주는 4차 국가시험을 치름.

1784   10월 20일; 뉘르팅엔 근처의 덴켄도르프(Denkendorf) 초급 수도원학교에 장학생으로 입학함. 이 장학금 수여로 목회자 이외 어떤 다른 직업에도 종사하지 않는다는 의무를 안게됨.
      모친 1824년에 이르기까지 "프릿츠(횔덜린)가 순종하지 않을 때는 공제하게 될 그에 대한 지출" 명세서 작성하기 시작함. 횔덜린은 평생 지원금에 의존함. 대가를 목적으로 한 첫 작품 시도 있었음.

1786   마울브론(Maulbronn)의 상급 수도원학교에 진학.

	수도원 관리인의 딸인 루이제 나스트(Louise Nast)에 대해 애정을 느끼게 됨.
1787	종교적 직무수행에 대한 첫 의구심을 내보임.
1788	6월; 마차를 타고 브룩흐잘(Bruchsal), 하이델베르크(Heidelberg), 스파이어(Speyer)로 여행함.

10월 초; 덴켄도르프와 마울브론에서 쓴 시들을 소위 "마르바하 사절판 노트Marbacher Quartheft"에 정서함. 이 안에는 1787년 쓴 「나의 의도」(Mein Vorsatz)가 포함되어 있음.

루이제 나스트와 약혼함.

10월 21일; 튀빙엔(Tübingen) 신학교에 입학. 슈투트가르트 출신의 장학생 가운데 헤겔(Georg Wilhelm Friedrich Hegel 1770~1831)도 들어 있었음.

겨울 노이퍼(Ludwig Neuffer 1767~1846)과 우정관계를 맺고 문학 동아리를 만듦. 이들은 1791년에 이미 목사로 봉직하기 시작함.

1789　3월; 루이제 나스트와의 약혼 파기.

4월; 출판인인 슈바르트(Christian Friedrich Daniel Schubart 1739~1791)와 슈토이트린(Gotthold Friedrich Stäudlin 1758~1793)과 교유.

7월 14일; 바스티유 감옥에서 폭동 일어남.

여름 맹인 두롱(Dulon)으로부터 플롯교습 받음.

11월; 칼 오이겐(Karl Eugen) 대공으로부터 신학교에 대한 더욱 엄한 감시 감독 시작됨. 횔덜린 튀빙엔 시민의 모자를 쳐 떨어뜨림으로 학생 감옥에 투옥되는 처벌 받음. 얼마 후 모친에게 재차 신학공부 면제를 하소연함.

송시 「비탄하는 자의 지혜」(Die Weisheit des Traurers) 초고.

1790　9월; 석사자격 시험. 10월 쉘링 신학교에 입학함.

횔덜린, 헤겔, 쉘링 학습 동아리 맺고 우정을 나눔.

대학 사무국장의 딸인 레프레트(Elise Lebret)에 대한 애정. 이 애정관계는 신학교 재학 내내 지속됨.

1791　친구 힐러(Hiller), 메밍어(Memminger)와 함께 라인팔에서 취리히에 이르기까지의 스위스여행. 여행 중 4월 19일; 취리히의 라바터(Lavater) 방

	문함. 피어발트 슈테트 호(湖), 뤼트리슈부어 지역의 여러 곳을 방문함.
	9월; 슈토이트린의 『1792년 시연감』에 초기의 튀빙엔 찬가들 실림.
	10월 10일; 1777~1787년에 걸쳐 호엔아스페르크에 투옥되어 있었던 슈바르트 사망함.
1792	4월; 프랑스 공화국에 대항하는 연합전쟁 발발. 이 전쟁은 1801년 2월까지 계속됨.
	5월; 서한체 소설 『휘페리온』 계획. 같은 때 6각운의 초고 「봄에 바침」 (An den Frühling) 씀.
	9월; 슈토이트린이 발행한 『1793년 사화집』(Poetische Blumenlese fürs Jahr 1793)에 횔덜린의 시 7편 실림, 대표작 「인간성에 바치는 찬가」(Hymne an die Menschheit).
1793	9월; 헤겔 가정교사로 베른으로 감. 횔덜린과 쉘링 작별함.
	10월; 루드비히스부르크에 있는 쉴러(Schiller)에 소개되었고 쉴러는 샬롯테 폰 칼프(Charlotte von Kalb)가의 가정교사로 횔덜린을 추천함.
	12월 6일; 슈투트가르트 종무국의 목사자격 시험에 합격함.
	12월 10일경; 튀빙엔을 떠나서 28일 발테스하우젠에 도착, 칼프가의 가정교사로 부임함.
1794	칸트학습과 소설 『휘페리온』 집필 작업.
	11월; 제자 프릿츠(Fritz von Kalb)를 데리고 예나로 여행함. 쉴러가 간행한 『노이에 탈리아』(Neue Thalia)에 『휘페리온 단편』(Fragment von Hyperion) 실림. 쉴러를 자주 방문함. 거기서 괴테를 처음 만남.
	12월; 바이마르로 거처를 옮김. 헤르더 방문.
1795	1월; 가정교사로서의 교육시도 좌초되고 고용관계 해지됨.
	예나에 특별히 얽매이지 않은 상태로 머무름. 피히테(Fichte)의 강의를 듣고 2차 교류함.
	3월; 쉴러의 추천으로 출판사 코타(Cotta)가 『휘페리온』 출판을 맡음. 징클레어(Isaak von Sinclair, 1775~1815)와 사귀기 시작함.
	5월 말; 징클레어가 개입된 학생소요가 일어남.
	뷔르템베르크로의 갑작스런 출발.
	6월; 하이델베르크에서 에벨(Johann Gottfried Ebel, 1764~1830)을 만났으며, 에벨이 프랑크푸르트의 은행가인 야콥 공타르(Jakob

Gontard)가의 가정교사 자리를 소개함. 그의 부인 쥬제테 공타르 (Susette Gontard-Borckenstein, 1769. 2. 9~1802. 6. 22)는 『휘페리온』에서 이상적인 연인인 멜리테의 특성을 그대로 지니고 있어 횔덜린의 주목을 끌게 됨.

9월; 시들과 번역물을 쉴러에게 보냄. 그 가운데는 「자연에 부쳐」(An die Natur)가 포함되어 있었음. 쉴러는 횔덜린이 함께 보낸 서신에 답하지 않음.

연말까지 뉘르팅엔에 머물면서 『휘페리온』 집필 계속. 이 소설의 콜라쥬 기법 때문에 고전적인 서사형식을 포기함.

마겐나우는 당시 횔덜린의 상태에 대해서 '자기 동년배들과의 모든 감정에 대해서 무감각해졌었다, 살아 있는 살해자였다!' 고 쓰고 있다.

1796   1월; 공타르가에 가정교사로 입주함. 봄, 다시금 서정시 작품 쓰기 시작함. 「디오티마」 제1초고, 「헤라클레스에게」, 육각운의 시 「떡갈나무」들을 썼으며, 쉴러의 논술문 「심미적 습속의 도덕적 효용에 대해서」에 답하는 「현명한 조언자에게」를 씀.

6월; 육각운 단편인 「여가」(Die Muße)를 씀.

7월; 쥬제테 공타르, 세 딸의 가정교사인 마리 렛쩌, 횔덜린 그리고 그의 제자 앙리는 전쟁의 혼란을 피해서 카셀로 피난함.

8월; 쉴러가 횔덜린이 봄에 쓴 3편의 시를 받고서도 『크세니엔 연감』에 한 편도 실어주지 않음.

작가 하인제(Wilhelm Heinse, 1749~1803)와 함께 드리부르크로 계속 여행함. 편지체소설의 형태를 취한 『휘페리온』 제1권 집필 계속.

9월; 프랑스 공화파 군대의 퇴각, 슈토이트린 라인강에 투신자살.

10월; 카셀에 두 번째로 머물다가 프랑크푸르트로 귀가함. 가을 송가 단편 「오 조국을 위한 전투여...」를 씀.

1797   1월; 헤겔, 횔덜린이 소개한 프랑크푸르트의 가정교사 자리 받아들임.

4월; 소설 『휘페리온』 제1권 출판됨.

8월 22일; 프랑크푸르트를 방문하여 머물고 있었던 괴테를 예방함. 괴테는 '규모가 작은 시를 쓰고 모든 사람들에게 인간적으로 흥미를 끌 수 있는 소재를 택하라' 고 조언함. 괴테의 조언에 따라 간결하고도 날카로운 에피그램 형식의 송시들을 썼고, 1798년, 1799년 인쇄에 회부함.

	9월 초 비극 『엠페도클레스의 죽음』에 대한 「프랑크푸르트 구상」을 씀.
1798	봄; 송시 「하이델베르크」 초고. 6월 노이퍼가 12편의 에피그램 형식의 송시, 8월에는 4편의 짧은 시편들을 받아서 거의 모두 『여성을 위한 소책자』(Taschenbuch für Frauenzimmer)에 실어 줌. 쉴러 역시 5편의 송시를 받아 그 중에서 두 편의 짧은 시를 그의 『시연감』에 끼어 넣어 줌. 「소크라테스와 알키비아데스」와 「우리의 위대한 시인들에게」(후일 「시인의 사명」으로 확장됨)가 그것임.
	9월 말; 콩타르가에서의 소동이 있고 나서 횔덜린은 프랑크푸르트를 떠나 홈부르크의 징클레어 가까이에 거처를 정함. 홈부르크에 머무르는 동안 쥬제테 공타르와의 짧은 밀회, 서신교환이 계속됨. 가을 『휘페리온』 제2권의 인쇄회부용 원고 완성됨. 이 가운데는 「휘페리온의 운명의 노래」가 들어 있음. 『엠페도클레스의 죽음』 제1초고 집필 시작함.
	11월 말; 라슈타트(Rastatt) 회의에 징클레어와 동행하여 그의 많은 공화주의 동료들을 만남.
1799	3월; 노이퍼의 소책자에 실린 시들에 대한 쉴레겔(A. W. Schlegel)의 찬사가 담긴 독후감 발표됨.
	6월; 노이퍼에게 독자적인 문학잡지 발간을 제안함. 이 제안을 받은 슈투트가르트 출판업자는 괴테와 쉴러의 동참을 조건으로 제시함. 계획했던 잡지 『이두나』(Iduna)의 발간 무산됨.
	7월; 발간예정 잡지에 대한 보답이자 시험적인 작품으로 노이퍼와 출판업자 슈타인코프(Steinkopf)가 『여성을 위한 소책자』에 실릴 「결혼일을 앞둔 에밀리」라는 목가를 받았고, 이어서 5편의 다른 시작품을 받음. 이 가운데에는 에피그램 형식의 송시 「백성의 목소리」(Stimme des Volks), 「일몰」(Sonnenuntergang)과 목가적인 시 「결혼일을 앞둔 에밀리」에 대해 대칭을 이루는 작품인 혁명송시 「전투」(Die Schlacht)도 포함됨. 노이퍼는 이 「전투」를 첫 시연을 빼 버리고 잘못 이해될 수도 있는 제목인 「조국을 위한 죽음」(Der Tod fürs Vaterland)를 붙여 인쇄함.
	늦여름 잡지 발간계획의 차츰 드러나는 좌초에 대한 환멸. 송시 「아침에」(Des Morgens)와 「저녁의 환상」(Abendphantasie) 씀.
	초가을; 「나의 재산」(Mein Eigentum), 가을 이행시 형태의 성찰시 「자

신에게」(Προς Εαυτον). 이 시는 거의 마무리된 『엠페도클레스의 죽음』—첫 초고의 과제를 제시함. 비극 『엠페도클레스의 죽음』의 새로운 집필에 대한 이론적인 근거 제시함. 이 이성론적 근거의 변증적인 개관을 헤겔은 그의 첫 번째 「체계단상」(Systemfragment, 1800)에 계승함.

횔덜린은 쉴러의 근거리에서 일자리를 찾으려고 희망했으나 실현되지 못함. 송시 단편 「작별」(Abschied) 씀. 기타 여러 편의 송시들의 초고를 씀. '그대가 아니면 누구에게'(Wem sonst als Dir)라는 헌사와 함께 이제 막 출간된 소설 『휘페리온』 제2권을 쥬제체 공타르에게 건넴.

11월 28일; 홈부르크의 아우구스테 공주 그녀의 23회 생일을 맞아 그녀에게 바친 횔덜린의 송시 받음.

12월; 「불칸」에 대한 첫 번째 초고를 쓴 후 세 번째 『엠페도클레스의 죽음』 초고를 포함한 소위 슈투트가르트 2절판(Stuttgarter Foliobuch) 시작함.

1800 년초; 시학적인 논고들.

증오에 찬 이해할 수 없는 비판에 대한 반응으로서 송시 초고 「소크라테스 시대에」(Zu Sokrates' Zeiten)를 씀. 모친의 지출장부에 따르면 뉘르팅엔 방문. 당시 프랑크푸르트 봄상품 전시회를 방문했던 슈투트가르트 출신의 상인 란다우어(Christian Landauer)가 왕복여행에 동반했던 것으로 보임. 송시 「격려」(Ermunterung) 초고, 시 「다도해」(Der Archipelagus) 초고 씀.

5월 8일; 쥬제테 공타르와의 첫 번째 작별. 송시 단편 「날마다 나는 기쁘게 길을 가고…」(Wohl geh' ich täglich…) 씀. 횔덜린의 생활비 고갈. 건강이 흔들리고, 징클레어와의 우정관계가 무너짐. 그러나 이제 피할 길 없게 된, 오랫동안 약속했던 귀향을 1달간 연기시킴. 앞에 쓴 여러 시작품들을 정리하고 에피그램 형식의 송시를 확장시킴. 이러한 작업은 여름까지 지속됨.

6월; 송시 초고 「사라져 가라, 아름다운 태양이여…」(Geh unter, schöne Sonne…)를 통해 볼 때, 쥬제테 콩타르와의 마지막 대화. 뉘르팅엔으로 귀향.

6월 20일: 개인교습자로 슈투트가르트의 란다우어가로 입주함. 그러나 보수는 생활비에도 미치지 못함. 찬가 초고 「마치 축제일에서처럼…」

(Wie wenn am Feiertage...) 씀.
초가을; 「비가」(Elegie) (나중에 「디오티마에 대한 메논의 비탄」 Menons Klagen um Diotima으로 개작됨), 송시 「격려」, 육각운의 시 「다도해」 완성.
가을; 일단의 송시 초고 및 개작. 「조상의 초상」(Das Ahnenbild), 「자연과 기술」(Natur und Kunst)을 포함하여, 「에두아르에게」(An Eduard)로 제목이 바뀐 화해를 구하는 시 「약속의 충실」(Bundestreue)를 징클레어에게 보냄.

1801 1월 15일; 스위스의 하우프트빌에 있는 곤젠바흐(Anton von Gonzenbach)가에 가정교사로 들어감.
2월 9일; 르네빌 평화협정. 스위스로 출발하기 전에 시작했던 핀다르—번역 중단, 시학적 규칙에 따라서 구성된 자유운율의 찬가 초고들, 마지막 송가 초고인 「알프스 아래에서 노래함」(Unter den Alpen gesungen) 씀.
4월; 곤젠바흐 해고를 통보, 횔덜린의 뜻에 따랐을 가능성이 높음. 4월 중순 슈투트가르트를 거쳐 뉘르팅엔으로 돌아옴. 이후 비가 「귀향」(Heimkunft), 「빵과 포도주」(Brod und Wein) 그리고 비가 단편 「시골로의 산책」(Der Gang aufs Land)의 초고를 씀.
6월; 횔덜린 예나에서 그리스문학을 강의할 수 있도록 해달라고 쉴러에게 도움을 요청. 답을 받지 못함.
8월; 코타 출판사 1802년 부활절에 그의 시를 발행하기 위한 계약 맺음.
9월; 마지막 비가 「슈투트가르트」(Stutgard)를 씀. 이후 「시인의 사명」(Dichterberuf), 「백성의 목소리」(Stimme des Volks) 확장 및 완성. 찬가 「편력」(Die Wanderung), 「평화의 축제」(Friedensfeier)와 「라인 강」(Der Rhein) 완성. 계획된 시집발행을 위해 작품 정서.
12월 12일; 남프랑스 보르도를 향해 출발. 떠나기 직전 슈투트가르트의 친구 란다우어의 32회 생일을 맞아 「란다우어에게」를 씀.

1802 1월 28일; 어려운 여정 끝에 보르도의 함부르크 영사 마이어(Meyer)의 집에 도착. 소포클레스의 비극 『외디푸스』(Ödipus)의 번역, 보르도로 출발하기 전에 대단원에까지 이르렀었음.
5월; 초 쥬제테 공타르의 고별의 편지. 칼 고크가 전하는 바에 따르면, 그녀는 이 편지를 통해서 '자신이 중한 병에 걸렸다는 소식과 그녀의 가까운 죽음에 대한 예감과 함께 그와 영원히 작별을 고했다'.
5월 10일자로 발행된 여권을 가지고 파리를 거쳐 독일로 돌아옴.
6월 7일: 켈(Kehl)에서 라인 강을 건넘.
6월 22일; 쥬제테 공타르 세상을 떠남.
6월 말; 횔덜린 정신이 혼란된 모습으로 기진맥진하여 슈투트가르트에 도착, 뉘르팅엔으로 귀향함. 모친이 여행가방을 열어 쥬제테 공타르의 편지를 발견해 냈음. 그가 '광란하면서 모친의 집에 기거하는 사람들을 모두 문으로 뒤쫓아 간' 일이 있은 후, 가족에 의해서 정신착란자로 취급됨.
9월 말; 징클레어의 초대로 레겐스부르크(Regensburg)로 여행함. 헷센—홈부르크의 방백 프리드리히 만남.
10월 말; 뉘르팅엔으로 돌아옴. 코타 출판사의 계간지「플로라」(Flora)에 횔덜린의 4개 모범적인 시가 기념비적인 그룹으로 나누어 실림. 비가「귀향」, 찬가「편력」, 서로 모순되는 송시「시인의 사명」과「백성의 목소리」가 그것이었음. 소위 홈부르크 2절판(Homburger Foliobuch) 구성. 비가의 3부작「귀향」,「빵과 포도주」,「슈투트가르트」정서 후에 찬가「유일자」(Der Einzige),「파트모스」(Patmos)와「거인족」(Die Titanen)의 초고 씀. 이중「파트모스」만 완성됨.

1803 1월 30일; 방백의 55회 생일을 맞아 징클레어가 횔덜린의 시「파트모스」헌정. 여름에 이르기까지 소포클레스의 비극『안티고네』(Antigone) 번역 작업. 홈부르크 2절판에 실린 다른 찬가를 구상.
3월 15일; 클롭슈토크 사망.
6월 초; 무르하르트(Murrhardt)로 쉘링 방문. 쉘링은 헤겔에게 보낸 편지에서 횔덜린의 '완전한 정신이상'에 대해 씀. '그의 말은 정신착란을 덜 내보였지만', 그의 형편없는 차림은 '역겨움을 자아낼 정도'라고 전함.
6월 22일; 빌헬름 하인제 사망.
9월; 프랑크푸르트의 빌만스(Friedrich Wilmans) 소포클레스—번역의 출판을 수락함. 12월 초까지 횔덜린은 이 비극번역을 퇴고하고,『외디푸스에 대한 주석』(Anmerkungen zu Ödipus)과『안티고네에 대한 주석』(Anmerkungen zur Antigone) 탈고함.
12월 말; 빌만스가 간행하는 1805년 시연감(Taschenbuch für das

Jahr 1805. Die Liebe und Freundschaft)에 실릴 6편의 송가와 3편의 찬가 보충시편을 정리함. 이 시들을 그는 출판업자에게 「밤의 노래들」이라고 명명함. 「케이론」(Chiron), 「눈물」(Tränen), 「희망에 부쳐」(An die Hoffnung), 「불칸」(Vulkan), 「수줍음」(Blödigkeit), 「가뉘메트」(Ganymed), 「반평생」(Die Hälfte des Lebens), 「삶의 연륜」(Lebensalter), 「하르트의 협곡」(Der Winkel von Hahrdt)이 그것임. 동시에 '몇몇 큰 규모의 서정시 시작품'을 예고했는데, 「평화의 축제」(Friedensfeier)를 의미한 것으로 보임.

1804   1월 말; 빌만스 「밤의 노래들」인쇄에 회부함.
4월; 『소포클레스의 비극들』(Trauerspiele des Sophokles) 출판됨. 혹평 받음.
6월; 징클레어가 횔덜린을 홈부르크에 데려감. 슈투트가르트와 뷔르쯔부르크를 거쳐 감. 슈투트가르트에서 모반을 꾀하는 대화 있었음. 이 대화에는 횔덜린 이외에 복권 사기꾼 블랑켄슈타인(Blankenstein)도 참여함.
징클레어의 제안에 따라 매년 200굴덴의 추가 급여가 횔덜린에게 지불됨. 방백은 횔덜린을 궁정사서로 임명함. 년말까지 찬가를 계속 씀. 이중에는 「회상」(Andenken), 「이스터 강」(Der Ister)의 초고도 들어 있음.
12월: 나폴레옹이 황제에 오르고 징클레어 파리에 감.

1805   1월; 블랑켄슈타인이 징클레어를 혁명적인 모반의 우두머리로 밀고함. 이 모반의 첫 번째 목표는 뷔르템베르크의 선제후를 살해하는 것이라고 함. '나는 쟈코뱅파가 되고 싶지 않다. 신왕 만세'는 횔덜린의 공모를 증언해 주는 외침임. 이 문구의 어투는 『홈부르크 2절판』에 들어 있는 주해시(註解詩)편과 일치함.
2월 26일; 징클레어 선제후가 보낸 사람들에 의해서 뷔르템베르크로 압송됨. 횔덜린은 홈부르크 방백의 변호와 의사의 진단서로 체포를 면함.
5월 9일; 쉴러 사망
7월 10일; 징클레어 구속에서 풀려남. 곧이어 정치적인 사명을 받고 베를린으로 감.
여름; 5월에 예나 문학신문(Jenaische Allgemeine Literatur-Zeitung)에 빌만스의 1805년 시연감에 실린 「밤의 노래들」에 대한 부정적인 비평 실림. 횔덜린은 9편의 『핀다르 주석』(Pindar-Kommentare)으로 이에 반응함.

11월 말 징클레어와 함께 투옥되었던 젝켄도르프(Leo von Seckendorf) 수정된 찬가, 비가들을 받았고, 이것을 1807년 및 1808년 시연감에 실어 출판함.

1806 송가, 비가 및 찬가의 개작, 수정, 확장

8월 6일; 신성로마제국의 종언.

9월 11일; 헷센-홈부르크가 대공국 헷센-다름슈타트의 통치로 넘어감. 방백비 카트린네가 횔덜린의 강제적인 압송을 알림. ('불쌍한 횔덜린이 오늘 아침에 이송되었다' (Le pauvre Holterling a été transporté ce matin...)

9월 15일; 아우텐리트 병원에 입원.

10월 21일; 케르너(Justinus Kerner)가 관리한 환자 기록부에 '산책'이라는 마지막 기록.

1807 5월 3일; 횔덜린 보다 2세 연하인 목수 찜머(Ernst Zimmer)가 횔덜린을 돌보기로 함. 횔덜린은 죽을 때까지 넥카강변의 반구형의 옥탑방에서 기거함.

이 해 하반기 봐이프링거의 소설 『파에톤』(Phaëton)에 실려 전래되고 있는 「사랑스러운 푸르름 안에...」(In lieblicher Bläue...)를 쓴 것으로 추측됨.

1808 송시 「먼 곳으로부터...」(Wenn aus der Ferne...).

1810 횔덜린 연감의 발행을 생각함. 여기에 실릴 텍스트로서 「산책」(Der Spaziergang), 「즐거운 삶」(Das fröhliche Leben), 그리고 「만족」(Die Zufriedenheit)도 고려되었던 것으로 보임.

1812 찜머가 횔덜린의 심각한 병세에 대해서 모친에게 편지를 쓰고, 횔덜린이 쓴 「삶의 노선들은...」(Die Linien des Lebens...)를 동봉하여 보냄.

1815 4월 29일; 1806년부터 이름을 본명의 철자를 다르게 배열시킨 크리잘린(Chrisalin)이라는 가명 아래 시와 드라마를 출판하기도 했던 징클레어 빈(Wien)에서 사망함.

1820 징클레어의 친구인 프러시아의 장교 디스트(Diest)가 코타 출판사에게 소설 『휘페리온』의 재판(再版)과 횔덜린 시의 출판을 제안함. 홈부르크

의 공주 마리안네와 아우구수테가 이를 지원함.

1822   7월 3일; 빌헬름 봐이프링어(Wilhelm Waiblinger, 1804~1830)의 첫 번째 방문. '횔덜린은 그의 오른 손을 출입구에 놓여 있는 상자를 집고 왼손은 바지 호주머니에 넣고 있었다. 땀이 밴 셔츠가 그의 몸에 걸쳐 있었고 혼이 깃든 눈으로 나를 그렇게 동정해야 할 괴로움을 겪는 사람으로 바라다 보았다. 나의 골수와 사지에 한기가 스치며 지나갔다.' 그는 이 방문에 이어서 소설 『파에톤』을 씀. 횔덜린의 운명을 그대로 본뜨고 있는 이 소설은 끝머리에 횔덜린의 원고 중 한 장의 원고를 담고 있다.

1826   베를린에서 시작된 시집이 코타에서 출판됨. 발행자는 슈바프(Schwab)와 울란트(Uhland).
10월; 봐이프링어 로마로 감.

1828   2월 17일; 뉘르팅엔에서 모친 사망. 그녀에게 튀빙엔에서 보낸 60통의 편지 중 마지막 편지는 '저를 돌보아 주십시오, 시간은 문자 그대로 정확하고 마음도 따뜻합니다. 당신의 공손한 아들 프리드리히 횔덜린 올림.' 이라고 끝맺고 있다.

1830   1월 30일; 봐이프링어 25세의 나이로 로마에서 사망. 이듬해 그의 글 「프리드리히 횔덜린의 삶. 문학과 정신착란」 발표됨.

1837   사망하기 6년 전부터 횔덜린 여러 가지 뜻 모를 이름을 사용함. 부오나로띠(Buonarotti)라고 서명하기도 했고, 나중에는 스카르다넬리(Scardanelli)라고도 서명함.

1838   11월 18일; 에른스트 찜머 사망함. 그의 부인인 엘리자베트와 그녀의 1813년생 막내딸 로테(Lotte)가 간호를 떠맡음.

1841   1월 14일; 슈바프(Christoph Theodor Schwab)의 첫 방문. 그는 횔덜린의 신뢰를 얻고 1846년 2권으로 된 횔덜린 작품집을 출판함. 그는 첫 방문 얼마 후 시 「보다 높은 인간성」(Höhere Menschheit)과 「확신」(Überzeugung)을 횔덜린으로부터 받음.

1843   6월 7일; 횔덜린 세상을 떠남. 사망 며칠 전 두 편의 시 「봄」(Der Frühling)과 「전망」(Die Aussicht)을 씀.

찾아보기

한국어(독일어)

ㄱ

가을 Der Herbst 437
게르마니아 Germanien 192
겨울 Der Winter 439
격려 Ermunterung 188
고별 Abschied 390
고향 Die Heimat 42
고향 Heimat 95
귀향 Heimkunft 72
귀향 Rückkehr in die Heimat 46
그녀의 회복 Ihre Genesung 112
그때와 지금 Ehmals und Jetzt 388
그리스 Griechenland 298

ㄴ

나의 결심 Mein Vorsatz 220
나의 소유물 Mein Eigentum 254
내가 한 소년이었을 때...Da ich ein Knabe war... 310
넥카 강 Der Neckar 34
노이퍼에게 An Neuffer 106
농하는 자들 Die Scherzhaften 252
눈먼 가인 Der blinde Sänger 275
눈물 Tränen 147

ㄷ

독일인들에게 An die Deutschen 174
독일인의 노래 Gesang des Deutschen 182
디오티마 Diotima 164
디오티마 Diotima 172
디오티마에 대한 메논의 비탄 Menons Klage um Diotima 134
디오티마에게 An Diotima 158
떡갈나무들 Die Eichbäume 22

ㄹ

라인 강 Der Rhein 334
란다우어에게 An Landauer 126

ㅁ

마인 강 Der Main 38
마치 축제일에서처럼... Wie wenn am Feiertage... 260
모든 악의 근원 Würzel alles Übels 180
므네모쥔네 Mnemosyne 291

ㅂ

바니니 Vanini 304

반평생 Hälfte des Lebens 401
방랑자 Der Wanderer 62
백성의 목소리
    Stimme des Volks 236
변덕스러운 자들
    Die Launischen 248
보나파르트 Buonaparte 162
봄 Der Frühling 433
봄 Der Frühling 441
분노하는 시인 Der zürnende
    Dichter 252
불칸 Vulkan 429
빵과 포도주 Brot und Wein 318

ㅅ

사라져 가라, 아름다운 태양이여...
    Geh unter, schöne Sonne... 314
사랑 Die Liebe 118
사랑스러운 푸르름 안에... In
    Lieblicher Bläue... 380
사죄 Abbitte 108
산책 Der Spaziergang 97
삶과 예술 Leben und Kunst 252
삶의 연륜 Lebensalter 403
삶의 행로 Lebenslauf 392
서술하는 문학 Die beschreibende
    Poesie 230
소크라테스와 알키비아데스
    Sokrates und Alcibiades 116
소크라테스의 시대에 Zu Sokrates'
    Zeiten 202

소포클레스 Sophokles 252
슈투트가르트 Stutgard 50
시대의 정신 Der Zeitgeist 176
시인의 사명 Dichterberuf 268
신들 Die Götter 316
신이란 무엇인가?...
    Was ist Gott?... 352

ㅇ

아침에 Des Morgens 426
악마의 옹호자
    Advocatus diaboli 230
알프스 아래서 노래함 Unter den
    Alpen gesungen 281
에뒤아르에게 An Eduard 130
엠페도클레스 Empedokles 394
여름 Der Sommer 435
영면한 사람들
    Die Entschlafenen 396
용납할 수 없는 일
    Das Unverzeihliche 114
운명의 여신들에게
    An die Parzen 234
유일자 Der Einzige 354
이 세상의 평안함... Das
    Angenehme dieser Welt... 409
이별 Der Abschied 122
인간의 갈채 Menschenbeifall 244
인간의 삶이란 무엇인가... Was ist
    der Menschen Leben... 405
일몰 Sonnenuntergang 420

ㅈ

자신에게 Προς εαυτου 252
자연에 부쳐 An die Natur 16
잘못된 명망
　　Falsche Popularität 230
저 멀리에서부터... Wenn aus der
　　Ferne... 151
저녁의 환상 Abendphantasie 422
전망 Die Aussicht 443
젊은 시인들에게 An die jungen
　　Dichter 246
좋은 믿음 Der gute Glaube 110
좋은 충고 Guter Rat 230
즐거운 삶 Das fröhliche Leben 413
짧음 Die Kürze 242
짐머에게 An Zimmern 411

ㅊ

천공에 부쳐 An den Äther 24
천재와 대중 Genie und
　　Popularität 230
치유할 수 없는 자들을 위한 기도
　　Gebet für die Unheilbaren 160

ㅌ

특출한 사람들
　　Die Vortrefflichen 230

ㅍ

파트모스 Patmos 362
편력 Die Wanderung 83

평화의 축제 Friedensfeier 204

ㅎ

하늘에서부터 Wenn aus dem
　　Himmel 100
하르트의 협곡 Der Winkel von
　　Hahrdt 93
하이델베르크 Heidelberg 30
한 어린아이의 죽음에 부쳐 Auf den
　　Tod eines Kindes 407
한층 높은 인간다움 Höhere
　　Menschheit 417
현명한 조언자들에게 An die
　　klugen Ratgeber 224
회상 Andenken 285
휘페리온의 운명의 노래 Hyperions
　　Schicksalslied 306
희망에 부쳐 An die Hoffnung 398

독일어(한국어)

A

Abbitte 사죄 109
Abendphantasie 저녁의 환상 424
Abschied 고별 391
Advocatus diaboli
　　악마의 옹호자 232
An den Äther 천공에 부쳐 27
An die Deutschen
　　독일인들에게 175
An die Hoffnung 희망에 부쳐 400
An die jungen Dichter

젊은 시인들에게 247
An die klugen Ratgeber
　현명한 조언자들에게 227
An die Natur 자연에 부쳐 19
An die Parzen
　운명의 여신들에게 235
An Diotima 디오티마에게 159
An Eduard 에듀아르에게 132
An Landauer 란다우어에게 128
An Neuffer 노이퍼에게 107
An Zimmern 찜머에게 412
Andenken 회상 288
Auf den Tod eines Kindes 한 어린아이의 죽음에 부쳐 408

B

Brot und Wein 빵과 포도주 326
Buonaparte 보나파르트 163

D

Da ich ein Knabe war... 내가 한 소년이었을 때... 312
Das Angenehme dieser Welt...
　이 세상의 평안함... 410
Das fröhliche Leben 즐거운 삶 415
Das Unverzeihliche
　용납할 수 없는 일 115
Der Abschied 이별 124
Der blinde Sänger 눈먼 가인 278
Der Einzige 유일자 358
Der Frühling 봄 434

Der Frühling 봄 442
Der gute Glaube 좋은 믿음 111
Der Herbst 가을 438
Der Main 마인 강 40
Der Neckar 네카 강 36
Der Rhein 라인 강 343
Der Sommer 여름 436
Der Spaziergang 산책 99
Der Wanderer 방랑자 67
Der Winkel von Hahrdt
　하르트의 협곡 94
Der Winter 겨울 440
Der Zeitgeist 시대의 정신 178
Der zürnende Dichter
　분노하는 시인 253
Des Morgens 아침에 428
Dichterberuf 시인의 사명 272
Die Aussicht 전망 444
Die beschreibende Poesie
　서술하는 문학 233
Die Eichbäume 떡갈나무들 23
Die Entschlafenen
　영면한 사람들 397
Die Götter 신들 317
Die Heimat 고향 44
Die Kürze 짧음 243
Die Launischen
　변덕스러운 자들 250
Die Liebe 사랑 120
Die Scherzhaften 농하는 자들 253
Die Vortrefflichen

특출한 사람들 232
Die Wanderung 편력 88
Diotima 디오티마 168
Diotima 디오티마 173

E

Ehmals und Jetzt 그때와 지금 389
Empedokles 엠페도클레스 395
Ermunterung 격려 190

F

Falsche Popularität 잘못된 명망 233
Friedensfeier 평화의 축제 211

G

Gebet für die Unheilbaren 치유할 수 없는 자들을 위한 기도 161
Geh unter, schöne Sonne... 사라져 가라, 아름다운 태양이여... 315
Genie und Popularität 천재와 대중 232
Germanien 게르마니아 197
Gesang des Deutschen 독일인의 노래 185
Griechenland 그리스 301
Guter Rat 좋은 충고 232

H

Hälfte des Lebens 반평생 402
Heidelberg 하이델베르크 32
Heimat 고향 96

Heimkunft 귀향 78
Höhere Menschheit 한층 높은 인간다움 418
Hyperions Schicksalslied 휘페리온의 운명의 노래 308

I

Ihre Genesung 그녀의 회복 113
In Lieblicher Bläue... 사랑스러운 푸르름 안에... 383

L

Leben und Kunst 삶과 예술 253
Lebensalter 삶의 연륜 404
Lebenslauf 삶의 행로 393

M

Mein Eigentum 나의 소유물 257
Mein Vorsatz 나의 결심 222
Menons Klage um Diotima 디오티마에 대한 메논의 비탄 141
Menschenbeifall 인간의 갈채 245
Mnemosyne 므네모쉬네 294

P

Patmos 파트모스 371
Προϵ ϵαυτου 자신에게 253

R

Rückkehr in die Heimat 귀향 48

S

Sokrates und Alcibiades 소크라테스와 알키비아데스 117
Sonnenuntergang 일몰 421
Sophokles 소포클레스 253
Stimme des Volks
　백성의 목소리 239
Stutgard 슈투트가르트 56

T

Tränen 눈물 149

U

Unter den Alpen gesungen
　알프스 아래서 노래함 283

V

Vanini 바니니 305
Vulkan 불칸 431

W

Was ist der Menschen Leben...
　인간의 삶이란 무엇인가... 406
Was ist Gott?...
　신이란 무엇인가?... 353
Wenn aus dem Himmel
　하늘에서부터 102
Wenn aus der Ferne...
　저 멀리에서부터... 154
Wie wenn am Feiertage...
　마치 축제일에서처럼... 264
Würzel alles Übels
　모든 악의 근원 181

Z

Zu Sokrates' Zeiten
　소크라테스의 시대에 203